Das Mädchen aus der Pentecost Alley

ANNE PERRY
Das Mädchen aus der Pentecost Alley

ROMAN

Aus dem Englischen
von Susanne Höbel

WILHELM HEYNE VERLAG
MÜNCHEN

Titel der Originalausgabe:
Pentecost Alley

Die Originalausgabe erschien bei Fawcett Columbine/Ballantine Books,
New York

Umwelthinweis:
Dieses Buch wurde auf chlor- und säurefreiem Papier gedruckt.

Copyright © 1996 by Anne Perry
Copyright © 1998 der deutschen Ausgabe
by Wilhelm Heyne Verlag GmbH & Co. KG, München
Umschlaggestaltung: Atelier Ingrid Schütz, München
Umschlagillustration: Walter Wyles/Agentur Luserke, Stuttgart
Satz: Leingärtner, Nabburg
Druck und Bindung: Wiener Verlag, Himberg
Printed in Austria

ISBN 3-453-12917-2

Für Jonathan, Sylvia, Frances und Henry

1.
Kapitel

»Tut mir leid, Sir«, sagte Inspektor Ewart leise, als Pitt unver-
war.dt auf die Leiche auf dem großen Bett blickte, deren
Gesicht durch den Erstickungstod entstellt war. »Aber das konnte
ich Ihnen nicht ersparen.«

»Schon gut«, sagte Pitt unbewegt. Seit er zum Chef der Wache
in der Bow Street befördert worden war, befaßte er sich nicht
mehr mit gewöhnlichen Vergehen wie Schlägereien, Diebstäh-
len und Betrugsdelikten. Der stellvertretende Polizeipräsident
hatte angeordnet, daß er seine Aufmerksamkeit ausschließlich
solchen Verbrechen widmen sollte, die politische Aspekte berührten oder sich zu einem Politikum auszuwachsen drohten.
Außerdem war er für die Fälle zuständig, die Menschen mit Rang
und Namen betrafen und zu Peinlichkeiten in den obersten Kreisen führen konnten, wenn keine rasche und diskrete Aufklärung
erfolgte.

Daß er um zwei Uhr morgens wegen des Mordes an einer Prostituierten in die Slums von Whitechapel gerufen worden war,
bedurfte also einer Erklärung. Der blasse Wachtmeister, mit dem
er in einer Droschke durch die Augustnacht gerattert war, hatte
geschwiegen. Die Straßen waren enger und elender geworden,
der Gestank von säuerlichem Rauch und überfließenden Abfallkübeln hatte sich auf sie niedergesenkt, und ein immer schärfe-
rer Geruch war von der Themse zu ihnen gedrungen, je weiter sie
nach Osten kamen.

In der Old Montague Street, gegenüber der Pentecost Alley, einer Sackgasse, hatten sie gehalten. Der Schein der Gaslaterne an der Ecke reichte nicht bis dorthin. Der Wachtmeister hatte seine Lampe hochgehalten und Pitt in deren Licht an Abfallhaufen und schlafenden Bettlern vorbeigeführt, die steilen, knarrenden Stufen zu einem Mietshaus hinauf, durch eine dunkel gebeizte Tür und einen Flur entlang, wo Ewart wartete. Irgendwo auf dem Geschoß hörte man Weinen, voller Angst und hysterisch anschwellend.

Pitt kannte Ewart vom Hörensagen und hatte keinerlei Zweifel, daß es einen wichtigen Grund gab, warum nach ihm geschickt worden war, noch dazu mit solcher Eile. Abgesehen von allen anderen Überlegungen würde Ewart nur ungern einen Fall abgeben, und schon gar nicht an einen Beamten, der sich von unten emporgearbeitet und bis vor kurzem den gleichen Rang wie er selbst innegehabt hatte. Wie viele andere Mitarbeiter der Polizei war auch Ewart der Überzeugung, daß man in eine solche Position hineingeboren werden mußte, so wie Micah Drummond, Pitts Vorgänger, der vermögend war und einen hohen militärischen Rang bekleidet hatte.

Pitt betrachtete die Tote. Sie war jung. Das Alter einer Prostituierten zu schätzen war schwierig. Das Leben war hart, oft kurz. Doch war die Haut auf ihrer Brust, wo ihr Kleid zerrissen war, noch nicht gezeichnet von Alkoholmißbrauch oder Krankheit, und wo der rot-schwarze Rock hochgerutscht war, sah man das feste Fleisch ihrer Schenkel. Ihr linkes Handgelenk war mit einem Strumpf am Bettpfosten festgebunden, und um den Oberarm hatte ihr jemand ein Strumpfband mit einer aufgenähten blauen Satinrose gewickelt. Der andere Strumpf war wie eine Schlinge um ihren Hals gewunden, so fest, daß er in die Haut einschnitt. Der Oberkörper war naß und das Bett von Wasser durchweicht.

Immer noch konnte man das Weinen hören, doch war es leiser geworden. Außerdem erklangen andere Stimmen sowie leichte, flinke Schritte im Flur.

Pitt sah sich im Zimmer um. Es war erstaunlich gut eingerichtet, nur die Tapete war schon recht alt. Die ständige Feuchtigkeit und der Schimmelpilz hatten ihre Spuren hinterlassen, und wo das Sonnenlicht auf die Wände fiel, war die Tapete verschossen, doch das Muster war immer noch erkennbar. Der Kamin war klein, die kalte Asche grau-weiß. Das Feuer war eher eine Geste gewesen, mehr etwas Flackerndes, Lebendiges, denn eine Wärmequelle. Der einzige Sessel war mit leuchtendrotem Stoff bezogen, darauf ein besticktes Kissen. Auf dem Boden lag ein Flickenteppich. Über dem Kaminsims hing ein Sticktuch, und die Holztruhe für Kleidung und Bettwäsche war poliert. Selbst die Messinggriffe glänzten.

Es gab einen Ständer mit Waschschüssel und Kanne.

Auf dem Boden neben dem Bett standen die hohen, schwarzen Lederstiefel des Mädchens, jedoch nicht nebeneinander, sondern halb übereinander. Die runden, glänzenden Knöpfe des linken Stiefels steckten in den Knopflöchern des rechten. Daneben lag ein Stiefelknöpfer mit einem Elfenbeingriff. Eine derart groteske, verdrehte Anordnung konnte nur absichtlich hergestellt worden sein.

Pitt atmete tief ein und stieß einen langen Seufzer aus. Es war ein häßlicher und trauriger Fall, aber es gab nichts, was Ewart hätte veranlassen können, ihn zu holen. Prostitution war ein gefährliches Gewerbe. Morde geschahen allerorten und waren kein Grund zur Aufregung in höheren Kreisen, auch nicht in niedrigen Kreisen.

Er sah Ewart an, dessen dunkles Gesicht mit den schwarzen Augen im Licht der Laterne er nicht deuten konnte.

»Indizien.« Ewart beantwortete die Frage, die Pitt noch gar nicht gestellt hatte. »Zu deutlich, um einfach darüber hinwegzusehen.«

»Was sagen sie aus?« Pitt spürte in sich eine Kälte, obwohl es eine milde Nacht war.

»Ein Gentleman«, sagte Ewart. »Aus sehr gutem Hause.«

Pitt war nicht erstaunt. Er hatte so etwas befürchtet: ein sinnloser Akt der Zerstörung, den man nicht mit vornehmer Zurückhaltung behandeln konnte. Er fragte Ewart nicht, wieso er zu dieser Einschätzung kam. Besser war es, sich die Indizien anzusehen und seine eigenen Schlüsse zu ziehen.

Auf dem Flur waren Geräusche zu hören und das Knarren von Schritten, dann stand ein Mann in der Tür. Er war sicherlich zwanzig Jahre jünger als Ewart, höchstens dreißig. Er hatte eine frische Gesichtsfarbe, hellbraune, wache Augen und ein schmales, adlergleiches Gesicht. Seine Züge wirkten warm und gefühlvoll, doch auch Schmerz und Trauer hatten ihre Spuren hinterlassen, und in dem flackernden Licht wirkte er hager. Unbewußt strich er sich das Haar aus der Stirn und sah zunächst Ewart, dann Pitt an. In der Hand hielt er eine braune Ledertasche.

»Lennox. Der Arzt«, erklärte Ewart.

»Guten Morgen, Sir«, sagte Lennox mit belegter Stimme. Dann hustete er und entschuldigte sich.

Das war überflüssig. Vor einem Arzt, der sich einen durch Gewalt zu Tode gekommenen Menschen ohne Regung, ohne ein Gefühl der Empörung oder des Verlustes ansehen konnte, hatte Pitt keine besondere Achtung.

Er trat ein wenig zur Seite, um Lennox einen besseren Blick auf die Leiche zu gewähren.

»Ich habe sie schon untersucht«, sagte Lennox. »Ich wurde zur selben Zeit verständigt wie Inspektor Ewart und habe mich soeben um die anderen Frauen im Haus gekümmert. Sie sind etwas ... aufgewühlt.«

»Was können Sie mir sagen?« fragte Pitt.

Lennox räusperte sich erneut. Den Blick abwendend von der toten Frau auf dem Bett, den ausgebreiteten Haaren und der blauen Rose auf ihrem Arm, sah er Pitt an. »Sie ist seit einigen Stunden tot«, sagte er. »Wahrscheinlich seit zehn Uhr, auf keinen Fall später als eine halbe Stunde nach Mitternacht. Jetzt ist es recht kühl hier, aber es muß wärmer gewesen sein. Die Asche im Kamin ist immer noch warm, und die Nacht ist mild.«

»Ihre Zeitangabe ist recht präzise.« Pitt sah ihn fragend an.

Lennox errötete. »Ja. Es gibt einen Zeugen, der sie hereinkommen gesehen hat.«

Pitt lächelte, doch es war ein wenig grimassenhaft. »Und Mitternacht?« fragte er. »Gibt es dafür auch einen Zeugen?«

»Da wurde sie gefunden, Sir.« Lennox schüttelte fast unmerklich den Kopf.

»Was können Sie mir noch über sie berichten?« fragte Pitt weiter.

»Vermutlich ist sie Mitte Zwanzig, sie war gesund ... bisher.«

»Kinder?« fragte Pitt.

»Ja ... und ...«

»Was?«

Lennox' Gesicht war voller Pein. »Ihre Finger und Zehen sind gebrochen, Sir. Drei Finger an der linken Hand, zwei an der rechten. Und drei Zehen wurden ausgerenkt. Am linken Fuß.«

Ein eisiger Schauer durchlief Pitt, als wäre die Temperatur im Zimmer plötzlich gesunken.

»Kürzlich?« fragte er und wußte die Antwort bereits. Wären es alte Verletzungen gewesen, hätte Lennox sie nicht erwähnt. Er hätte sie womöglich gar nicht bemerkt.

»Ja, Sir. Es ist fast sicher, daß sie ihr in den letzten Stunden zugefügt wurden. Kurz vor Eintritt des Todes. Es sind so gut wie keine Schwellungen vorhanden.«

»Verstehe. Ich danke Ihnen.« Pitt ging wieder zum Bett. Er wollte ihr Gesicht nicht ansehen, aber es mußte sein. Er mußte verstehen, was und wer sie gewesen war und was ihr hier, in diesem einfachen, einsamen Zimmer, zugefügt worden war. Seine Aufgabe war es, das herauszufinden und den Täter zu fassen.

Sie hatte eine gute Figur und war von durchschnittlichem Wuchs. Soweit man sehen konnte, hatte sie ein ebenmäßiges, recht hübsches Gesicht. Unter der Schwellung waren die Knochen nicht gut zu erkennen, aber die Stirn war hoch, die Nase zierlich und der Haaransatz schön geschwungen. Ihre Zähne waren gleichmäßig mit Anzeichen von beginnender Verfärbung. In einer anderen Lebenssituation wäre sie vielleicht eine verheiratete Frau mit Aussicht auf ein bequemes Leben gewesen, die möglicherweise drei oder vier Kinder hatte und weitere bekommen würde.

»Welche Indizien haben Sie?« fragte er, ohne den Blick von der Frau zu wenden. Bisher deutete nichts daraufhin, daß dies mehr war als der brutale Akt eines Mannes, der sein Bedürfnis nach Gewalt und Schrecken nicht zügeln konnte.

»Eine Anstecknadel von einem Privatclub für Gentlemen«, erwiderte Ewart, hielt inne und atmete tief ein. »Mit Namenszug. Und ein Paar Manschettenknöpfe.«

Pitt drehte sich auf den Hacken um und sah ihn an.

Lennox betrachtete die Szene wie gebannt aus großen Augen.

»Was für ein Name?« fragte Pitt in das Schweigen hinein.

Ewart war blaß und fuhr sich mit dem Finger zwischen Kragen und Hals entlang.

»Finlay FitzJames.«

Im Flur knarrten die Dielen unter den Füßen des Wachtmeisters, und der vom Fluß aufsteigende Nebel waberte vor dem dunklen Fenster. Das Weinen aus dem anderen Zimmer hatte wieder angefangen, war aber schwächer, gedämpfter.

Pitt schwieg. Er hatte den Namen schon gehört. Augustus FitzJames war ein Mann von beträchtlichem Einfluß, ein Handelsbankier mit politischen Ambitionen und freundschaftlichen Kontakten zu mehreren Adelsfamilien, die in Amt und Würden standen. Finlay war der einzige Sohn, ein junger Diplomat, dem – so wurde gemutmaßt – in nicht allzu ferner Zukunft der Posten des Botschafters in einem europäischen Land angeboten werden sollte.

»Und Zeugen«, fügte Ewart hinzu, den Blick auf Pitt geheftet. Pitt erwiderte den Blick. »Zeugen wofür?« fragte er vorsichtig. Ewart fühlte sich offensichtlich unwohl. Sein Körper und seine Schultern waren angespannt, die Mundwinkel deuteten nach unten.

»Er wurde gesehen«, antwortete er. »Natürlich nicht von jemandem, der ihn kannte, und die Beschreibung würde auf mehrere passen. Klingt gewöhnlich genug. Aber es war mit Sicherheit jemand von Rang…« Er wollte noch etwas hinzufügen, vielleicht über Gentlemen, die solche Häuser aufsuchten, entschied dann aber, daß es unwichtig sei. Sie wußten beide, daß es Männer gab, die ihrer Frauen überdrüssig waren und es aus Furcht vor Kritik und Verurteilung nicht wagten, zu Frauen zu gehen, deren soziale Stellung der ihren eher entsprach. Und es gab Männer, die einfach das Verbotene reizte, der Kitzel der Gefahr. Außerdem gab es Hunderte von anderen Gründen, warum sie ihr Vergnügen in Gassen und Häusern wie diesen zu kaufen suchten.

»Und die Manschettenknöpfe«, fügte Lennox von der Tür her hinzu. Seine Stimme war immer noch belegt. »Gold.« Er lachte auf. »Mit Stempel.«

Pitt sah sich langsam im Zimmer um und versuchte sich vorzustellen, was vor wenigen Stunden hier vorgegangen war. Die Bettücher waren zerknittert, als wäre das Bett benutzt worden, aber soweit er sehen konnte, war nichts zerrissen. In der Mitte war ein kleiner Blutfleck zu sehen, doch der konnte auch von jemand anders stammen, konnte ganz frisch oder eine Woche alt sein. Wenn er ihn untersucht hatte, würde er Lennox fragen, ob er ihm eine Bedeutung zumaß.

Pitt ließ seinen Blick über die Wände und die kärglichen Möbel gleiten. Nichts war durcheinandergeraten. Doch wenn es kein heftiger Kampf oder einer zwischen zwei Menschen von ungefähr gleicher Größe und gleichen Kräften gewesen wäre, würde man der alten Tapete nichts ansehen, und auch der Sessel würde nicht umstürzen, noch der hölzerne Ständer mit der Waschschüssel und der gesprungenen und geklebten blauen Kanne.

Als könne er Gedanken lesen, sprach Ewart plötzlich.

»Im Schrank ist auch nichts von Interesse, nur ein halbes Dutzend Kleider und Unterkleider und ein Cape. In der Truhe haben wir Miederwäsche, zwei Handtücher, ein sauberes Paar Laken und Kissenbezüge gefunden. Unter dem Bett waren ein Nachttopf und ein schwarzer Strumpf. Wahrscheinlich war er schon vor einiger Zeit unter das Bett geraten, und sie hat ihn im Dunkel nicht mehr gefunden. Wir hätten ihn ohne die Laterne auch nicht entdeckt.«

»Wo haben Sie die Manschettenknöpfe und die Anstecknadel gefunden?« fragte Pitt. »Nicht unterm Bett?«

Ewart schob die Unterlippe vor. »Es war nur ein Manschettenknopf – also die beiden Hälften für eine Manschette. Hinter dem Kissen auf dem Sessel.« Er zeigte darauf. »In der Ritze zwischen Sitz und Lehne eingeklemmt. Vermutlich hat er sein Hemd ausgezogen und es über die Lehne gelegt, und vielleicht ist der Manschettenknopf hängengeblieben, oder er hat sich draufgesetzt. Dann ist er in Panik davongelaufen und hat nicht mehr daran gedacht. Allerdings können wir nicht sicher sein, daß er gestern abend liegengeblieben ist ...« Er sah Pitt erwartungsvoll an.

»Möglich ist es«, sagte Pitt. Sie wußten beide, wie unangenehm es war, gegen jemanden wie FitzJames, der eine hohe soziale Stellung innehatte, zu ermitteln. Wieviel leichter wäre es, wenn es ein einfacher Mann wäre, jemand aus der Nachbarschaft, der sich auf keinen Schutz, keine Macht berufen konnte.

Doch die Indizien waren nicht zu leugnen, und man mußte ihnen nachgehen. Pitt würde das tun müssen. Ewarts Wunsch, der Sache auszuweichen, war verständlich, aber nicht sehr hilfreich.

»Das beweist, daß jemand mit einem teuren Geschmack hier war«, sagte Pitt niedergeschlagen. »Und die Anstecknadel beweist, daß entweder FitzJames selbst irgendwann hier war oder jemand, der ihn kennt. Wo haben Sie die Nadel gefunden? Auch auf dem Sessel?«

Plötzlich war Ewarts Energie verpufft, er wirkte niedergeschlagen und bedrückt, und sein gefurchtes Gesicht drückte Erschöpfung aus. Im Kerzenlicht erschienen seine dunklen Augen fast schwarz mit vielen Fältchen um die Augenwinkel.

»Auf dem Bett«, sagte er mit dünner Stimme, fast flüsternd. »Unter der Leiche.« Es war nur zu offensichtlich, daß sie dort nicht bereits vorher gewesen sein konnte.

Pitt streckte die Hand aus.

Ewart kramte in seiner Tasche und brachte ein kleines, rundes Goldstück mit einer emaillierten Vorderseite und einer Nadel an der Rückseite zum Vorschein. Er ließ es in Pitts ausgestreckte Hand fallen.

Pitt drehte es um und betrachtete es konzentriert. Das Abzeichen war ungefähr ein Zentimeter lang und dazu gedacht, daß man es am Revers trug. Die Emaille war grau und unauffällig, so daß sie gegen den Stoff eines Anzugs kaum ins Auge springen würde. Darauf standen die Worte »Hellfire Club« und die Jahreszahl »1881« – das war vor neun Jahren. Er drehte das Abzeichen um und hielt es ins Licht. Trotzdem gelang es ihm nicht gleich, die sehr feine Gravierung auf der Rückseite zu lesen – »Finlay FitzJames«. Doch nachdem er sie entziffert hatte, bestand kein Zweifel mehr.

Pitt richtete seine Augen auf Ewart, dann auf Lennox, der immer noch in der Tür stand, das Gesicht bleich und blutleer, seine Augen voller Qual.

»Haben Sie sie gefunden?« fragte er Ewart.

»Ja. Der Wachtmeister hat die Leiche nicht bewegt. Er sagt, er hat gar nichts angerührt. Als er sah, daß sie tot war, hat er Alarm ausgelöst.«

»Warum war er denn hier? Aus welchem Grund hat man ihn denn geholt?« Vielleicht war das unerheblich, aber er sollte die Frage stellen. »Kannte er sie?«

»Vom Sehen«, erwiderte Ewart mit einem Schulterzucken. »Sie heißt Ada McKinley. Hat die letzten sechs Jahre oder so in dieser Gegend gearbeitet. Wachtmeister Binns sagt, er hat einen Mann panikartig aus dem Haus rennen sehen und ihn angehalten. Es konnte ja etwas passiert sein. Dann ist er mit ihm wieder reingegangen, weil er dachte, der Mann hat vielleicht Streit gehabt oder versucht, eins der Mädchen zu betrügen oder so. Anscheinend war er bei einem der anderen Mädchen gewesen, Rose Burke, und beim Rausgehen sah er, daß die Tür zu Adas Zimmer offenstand, und da er ein neugieriger Kerl ist, hat er reingeguckt. Wahrscheinlich wollte er sie beobachten. Aber damit hatte er wohl nicht gerechnet.« Ewart rümpfte angeekelt die Nase. »Kam rausgerannt, als wär der Teufel hinter ihm her. Aber der Täter kann er nicht sein. Bis kurz davor war er bei Rose. Das würde Rose auch beschwören. Sie hat auch gesehen, wie dieser andere Mann reingekommen ist. Sie ist hier, Sie können sie vernehmen.«

»Und der Mann?«

»Der auch.« Ewart schnaubte. »Der schäumt zwar vor Wut, aber er ist da. Flucht, was das Zeug hält. Genaugenommen sind alle wütend. So was ist schlecht fürs Geschäft.« Er machte ein säuerliches Gesicht.

»Ist es dafür nicht zu spät?« fragte Pitt. »Wann wurde sie denn gefunden?«

»Nachdem Binns den Mann draußen aufgehalten hat.« Ewarts Augen weiteten sich. »Das war halb eins. Ich bin seit kurz nach eins hier. Ich habe mich etwas umgesehen, und als ich die Ansteckicknadel fand, wußte ich, daß wir Sie dazuholen mußten. Deswegen habe ich Wachtmeister Wardle zu Ihnen geschickt. Tut mir leid, aber wie wir's auch drehen und wenden, es bleibt eine unangenehme Sache. Es läßt sich nicht ändern.« Er atmete tief ein. »Möglich ist es natürlich, daß FitzJames uns eine befriedigende Erklärung gibt, und dann können wir woanders weitersuchen.«

»Möglich«, sagte Pitt zweifelnd. »Was ist mit Geld? Wissen Sie, ob welches gestohlen wurde?«

Ewarts Gesicht hellte sich auf. Ein Leuchten trat in seine Augen, und er zögerte, bevor er sprach. »Ihr Zuhälter? Das wäre eine bessere Lösung. Ich meine, man würde es leichter verstehen ... oder glauben.« Er brach ab.

»Also, wurde etwas gestohlen?« hakte Pitt nach.

»In der Wäschetruhe war eine kleine Lederbörse«, sagte Ewart zögernd. »Mit drei Guineen drin.«

Pitt seufzte. Er hatte sowieso nicht daran geglaubt. »Wenn sie ihm das nicht geben wollte, dann wäre es jetzt verschwunden. Da hätte er als erstes nachgesehen«, sagte er betrübt.

Aus dem hinteren Teil des Hauses hörte man das grelle Pfeifen eines Wasserkessels, dann fluchte jemand.

»Vielleicht gab es einen Streit, und er hat sie umgebracht, bevor er nach dem Geld gesucht hat.« Ewarts Stimme war wieder voller Hoffnung. »Dann hat er Panik gekriegt und ist weggelaufen. Das wär doch logisch. Und die anderen Mädchen hätte er ganz schön eingeschüchtert. Er hat doch bessere Gründe, sie umzubringen, als jemand wie FitzJames.«

»Was ist aber mit den Stiefeln?« fragte Lennox von der Tür her mit belegter Stimme. »Daß er sie gequält hat, kann ich mir noch vorstellen, aber warum sollte jemand, der sie wegen Geld umbringt, ihre Stiefel so zusammenknöpfen? Oder ihr das Strumpfband um den Arm binden?«

»Weiß der Himmel«, sagte Ewart ungeduldig. »Vielleicht war das der Kunde davor? Er wußte, daß sie von ihrem Verdienst zuviel für sich behielt, und ist gleich nach dem letzten Kunden reingekommen, und sie hatte keine Zeit, die Stiefel wieder aufzubinden oder sich das Strumpfband abzunehmen.«

»Es leuchtet mir ein, daß sie keine Zeit hatte, die Stiefel aufzubinden«, sagte Lennox in bissigem Ton, »aber sollte der Kunde sie etwa mit einer Hand ans Bett gebunden verlassen haben, und sie hat dann mit ihrem Zuhälter gestritten, ohne sich loszubinden?«

»Ich weiß es auch nicht!« sagte Ewart. »Vielleicht hat der Zuhälter sie festgebunden und dann nach dem Geld gesucht. Kann doch sein. Um sie zu quälen.«

»Und dann hat er es nicht gefunden?« Lennox zog die Augenbrauen in die Höhe.

»Vielleicht war ja noch mehr da, unter der Matratze oder so. Jedenfalls, warum sollte ein Mann wie FitzJames eine Frau wie diese umbringen?« Ewart ließ seinen Blick mit einer Mischung aus Mitleid und Ekel über die Leiche auf dem Bett gleiten.

»Wahrscheinlich aus demselben Grund, aus dem er zu ihr gegangen ist«, entgegnete Lennox bitter. Zu Pitt gerichtet sagte er: »Ich habe nichts verändert. Haben Sie alles gesehen? Kann ich sie wenigstens zudecken?«

»Decken Sie sie zu«, sagte Pitt. Er bemerkte die Pein in dem Gesicht des Arztes und mochte ihn deshalb mehr als Ewart, obwohl er auch dessen Gefühle verstand, seinen Überdruß, weil er so häufig mit solchen Szenen und Lebensumständen zu tun hatte und den Menschen, die so lebten. Sollte er je romantische Vorstellungen mit jungen Prostituierten verknüpft haben, dann waren sie längst von der Wirklichkeit zerstört. Ewart war kein roher Mensch, aber wenn er sein inneres Gleichgewicht wahren wollte, mußte er sich mit Gefühlen zurückhalten. Und wichtiger noch: Um seine Arbeit tun zu können, mußte er einen klaren Kopf haben und sich vom Verstand, nicht von Gefühlen lenken lassen. Für Ada McKinley kam jede menschliche Hilfe zu spät, nicht jedoch für andere Frauen wie sie.

Dennoch war Pitt die Verletzbarkeit, die Lennox zeigte, lieber. Sie entsprang einer Hoffnung und einer bestimmten Fürsorglichkeit.

Lennox warf ihm einen dankbaren Blick zu und kam dann ins Zimmer. Zuerst zog er der toten Frau den Rock über ihre Beine, so daß sie bedeckt waren. Dann nahm er den Bettüberwurf und breitete ihn über sie und ihr entstelltes Gesicht.

»Haben Sie sonst noch etwas gefunden, das Sie bisher noch nicht erwähnt haben?« fragte Pitt Ewart.

»Wollen Sie eine Liste ihrer Sachen?« fragte Ewart bissig.

»Nein, jetzt nicht. Ich werde zunächst Wachtmeister Binns und dann die anderen Zeugen der Reihe nach vernehmen.«

»Hier?« fragte Ewart und vermied es, zum Bett hinüberzusehen.

»Gibt es noch andere Zimmer?«

»Die Zimmer der anderen Frauen, sonst nichts.«

»Dann vernehme ich Binns hier und die Frauen in ihren Zimmern. Ich muß mir eine Vorstellung von der Anordnung der Räume in diesem Haus machen.«

Ewart war zufrieden. Genau dasselbe hätte er auch getan.

Binns war um die dreißig, hatte blonde Haare und grobe Züge und stand immer noch ein wenig unter Schock. Er war es nicht gewohnt, bewegungslos Wache zu stehen, seine Beine waren steif geworden. Pitt erkannte das an seinem unbeholfenen Gang.

»Sir?« Er stand Pitt gegenüber und vermied jeden Blick auf das Bett.

»Erzählen Sie mir, was Sie gesehen haben«, sagte Pitt.

Binns stand stramm. »Jawoll, Sir. Ich war auf Streife, wie immer, also in Spittalfields, vom Ende der Whitechapel Road bis zum Anfang von der Mile End Road, dann nördlich bis zur Anbury Street und wieder zurück.« Er atmete tief ein und blickte unverwandt geradeaus. »Als ich zur Ecke Montague Street komme, seh ich, wie dieser Kerl aus der Pentecost Alley rausgeschossen kommt, wie wenn er ein Gespenst gesehen hätte oder so was. Also denk ich, da is bestimmt was faul, sonst wär der nich so gerannt und hätte immer über seine Schulter geguckt, als hätte er Angst, jemand würde ihn verfolgen.« Er schluckte. »Also schnapp ich ihn mir am Schlafittchen und knöpf ihn mir vor. Er zappelt, als hätte der Teufel persönlich ihn in den Klauen. Da war mir klar, das is was Ernstes. Der war ja fix und fertig vor Angst.«

Pitt nickte ihm ermutigend zu. Weder Ewart noch Lennox rührten sich. Sie hatten sich in den Hintergrund zurückgezogen und hörten zu.

»Also sag ich, er soll mit mir zurückgehen«, nahm Binns den Faden wieder auf und wippte ein wenig auf den Füßen hin und her. »Ich hatte mir schon gedacht, daß es hier oben war. Auf der andern Seite is eine Textilfabrik. Erst dacht ich, er hat was geklaut, aber er hatte nichts dabei, also bin ich hier reingekommen.« Sein Blick wanderte umher, glitt jedoch über Lennox und Ewart, als sähe er sie gar nicht. »Das is das erste Zimmer. Die Tür stand offen, also geh ich rein.« Er sprach im Flüsterton weiter. »Armes Luder. Hab gleich gesehen, die is tot, also hab ich nichts angefaßt. Mach die Tür zu und nehm ihn mit. Dann hab ich mit meiner Trillerpfeife Alarm geschlagen. Hat ewig gedauert, bis mich jemand gehört hat, aber wahrscheinlich warn's keine fünf Minuten. Wachtmeister Rogers hat mich auf der Wentworth Street gehört und is gleich angerannt gekommen. Ich hab ihn geschickt, damit er Mr. Ewart holt.«

»Um wieviel Uhr war das?« fragte Pitt.

Binns errötete. »Weiß nich, Sir. Erst hatte ich alle Hände voll zu tun, den Zeugen festzuhalten, da hab ich nich auf die Uhr geguckt, und als ich die Frau dann sah, hab ich nich mehr dran gedacht. Ich weiß, das is gegen die Regeln, aber ich kannte sie, und das hat mich ganz schön schockiert.«

»Was können Sie mir über die Frau sagen?« fragte Pitt und beobachtete das Gesicht des Mannes.

Er verlagerte sein Gewicht, blieb aber stramm stehen.

»Wohnt hier seit sechs Jahren so ungefähr. Wo sie her is, weiß ich nich. Pinner, so aus der Gegend. Vom Land, auf jeden Fall. Ziemlich weit von hier. War richtig hübsch, damals. Rote Backen und so.« Er schüttelte kummervoll den Kopf. »Hat erzählt, sie hat als Zimmermädchen in einem von den großen Häusern in Belgravia gearbeitet. Dann hat sie ihre Ehre verloren.« Er sagte das fast ausdruckslos, als sei es eine alte Tragödie und zu bekannt, als daß man sich noch darüber erregen konnte. »Der Butler hat sie verführt. Dann hat sie's der Herrschaft gesagt, und die haben den Butler behalten und sie an die Luft gesetzt. Das Kind kam zu früh. War zu schwach, is nich durchgekommen. War vielleicht besser so.« Sein Gesicht wirkte eingefallen, und sein Blick war in die Ferne gerichtet. »Sterben is besser, als wenn's in einem von diesen Armenhäusern lebt, oder in so nem Kinderheim. Und sie is dann auf den Strich gegangen. War nich dumm, und ich glaub, ziemlich angeödet und voller Wut.« Alle Sanftheit wich aus seinem Gesicht. Die Züge verhärteten sich. »Dem Butler hätt sie's gern heimgezahlt.«

Pitt zweifelte nicht, daß Binns, wenn ihr das gelungen wäre, von zeitweiser Blindheit geschlagen gewesen wäre. Als Wachtmeister hätte Pitt vielleicht auch so gehandelt, aber jetzt konnte er sich diesen Luxus nicht mehr leisten.

»Vielleicht hat sie versucht, den Butler zu erpressen?« Ewart sprach zum ersten Mal, und seine Stimme klang hoffnungsvoll. »Und dann hat er sie umgebracht?«

»Warum?« fragte Lennox bedächtig. »Seine Herrschaft wußte Bescheid, und es war ihnen gleichgültig.«

»Es ist nicht wichtig«, unterbrach Pitt die beiden. »Ihr Wort hätte keine Chance gehabt gegen seines. Nicht mehr.« Mit einem Satz hatte er deutlich gemacht, was aus ihr geworden war, und dessen war er sich bewußt. Der Name von Finlay FitzJames auf der Anstecknadel war der einzige Grund, warum er zum Tatort gerufen worden war. Ein anderer in Ewarts Position hätte das Indiz möglicherweise unterdrückt, nach dem Mörder gesucht und schließlich den Fall als ungelöst zu den Akten gelegt. Wäre Lennox nicht gewesen, hätte Ewart vielleicht auch so gehandelt. Aber Lennox hatte gesehen, wie Ewart die Nadel unter der Leiche fand, und er hätte nicht geschwiegen. Er wollte nichts vertuschen, in ihm regte sich kein Zynismus, nur wortloser Schmerz.

Im Haus herrschte Ruhe, doch von der Straße drangen erste Geräusche des frühmorgendlichen Verkehrs zu ihnen, und durch das Fenster sah man die bleiche Morgendämmerung.

Pitt sagte zu Binns: »Wäre das alles?«

»Jawoll, Sir. Ich hab noch auf Mr. Ewart gewartet, hab ihm berichtet und ihm den Fall übergeben. Das war kurz nach eins.«

»Danke. Sie haben ganz richtig gehandelt.«

»Danke, Sir.« Er wandte sich ab und ging mit geraden Schultern, erhobenem Kopf und immer noch steifen Beinen aus dem Zimmer.

»Wir sollten den Zeugen befragen.« Pitt nickte Ewart zu. »Bringen Sie ihn her.«

Ein paar Augenblicke später eskortierte ein anderer Wachtmeister einen mageren Mann mit schmächtigen Schultern herein. Der Mann trug ein braunes Jackett und dunkle Hosen, die sich über den Stiefeln wie eine Ziehharmonika zusammenschoben. Offenbar hatte er sie von einem größeren Mann übernommen. Sein Gesicht war aschfahl und angstverzerrt. Welche Fleischeslust auch immer er in diesem Haus käuflich erworben hatte, den Preis, den er dafür bezahlt hatte, hätte er nie freiwillig geboten.

»Wie heißen Sie?« fragte Pitt ihn.

»Ob-badiah S-Skeggs«, stammelte er, und ein Muskel zuckte in seinem Gesicht. »Ich hab sie nich angerührt, das schwör ich. Wirklich nich!« Seine Stimme wurde schriller und sollte seine Unschuld beteuern, doch war der Schrecken darin allzu offensichtlich. »Fragen Sie Rosie!« Er zeigte vage in die Richtung, in der er Rosie vermutete. »Sie sagt es Ihnen. Die is ehrlich, die Rosie. Die würde nich lügen wegen mir. Die kennt mich ja gar nich.« Er sah erst Pitt, dann Ewart an. »Das schwör ich.«

Pitt mußte lächeln. »Rosie kennt Sie gar nicht?«

»Nein.«

»Wieso kennen Sie sie dann?«

»Tu ich ja nich! Ich meine ...« Er erkannte die Falle, in die er aber schon getappt war. Er atmete tief und schluckte und fing an zu husten.

»Sie brauchen sich nicht zu erklären«, sagte Pitt trocken. »Ich werde Rosie selbst fragen. Sie wird schon wissen, ob Sie häufig zu ihr kommen.«

»Die lügt nich wegen mir«, sagte Skeggs verzweifelt und japste nach Luft. »Sie mag mich ja nich mal.«

»Das kann ich mir vorstellen«, stimmte Pitt ihm zu. »Wissen Sie, um wieviel Uhr Sie hierherkamen?«

»Nein.« Er würde nicht wieder in eine Falle tappen. »Nein. Ich wollt grad gehen, als mich dieser Polyp festgehalten hat. Das war aber nich fair! Ich hab nichts getan, was ungesetzlich is.« Er verfiel in einen Jammerton. »Ein Mann wird doch wohl sein Vergnügen haben dürfen. Un ich bezahl ja auch. Das kann Rosie Ihnen sagen.«

»Wie sollte sie das wissen?« fragte Pitt mit hochgezogenen Augenbrauen.

Skeggs sah ihn böse an.

»Sie dachten, Sie könnten sich noch ein bißchen gratis vergnügen«, fuhr Pitt fort, »und als Sie Adas Tür offenstehen sahen, haben Sie hineingeschaut. Nur daß Sie sie nicht mit einem Kunden sahen, sondern tot auf dem Bett liegend und am Bettpfosten angebunden, mit einem Strumpf um den Hals und einem Strumpfband am Arm.«

Skeggs fluchte wie ein Bierkutscher.

»Und als Sie fliehen wollten, hielt Wachtmeister Binns Sie fest«, schloß Pitt.

»Ich wollte Alarm auslösen«, protestierte Skeggs und blitzte erst Pitt, dann Ewart an, als ob der seine Geschichte bestätigen würde. »Die Polizei holen, das muß man doch! So schnell ich konnte, deshalb bin ich so gerannt!«

»Warum haben Sie dann Wachtmeister Binns nicht von Ada erzählt?« fragte Pitt.

Skeggs sah ihn an, als wollte er ihn aufspießen.

»Haben Sie sonst noch jemanden gesehen?« fragte Pitt weiter.

Draußen wurde es Tag. Immer mehr Geräusche drangen von der Straße herein. Man hörte Schritte und Stimmen, die Textilfabrik gegenüber machte auf.

»Sie meinen, den, der's getan hat?« fragte Skeggs düster. »Nein, hab ich nicht. Sonst hätt ich's schon gesagt. Meinen Sie, ich würde mich verdächtigen lassen, wenn ich wüßte, wer der Mörder is? Glauben Sie etwa, ich bin blöd?«

Pitt verkniff sich die Antwort, aber Skeggs verstand das Schweigen als Bejahung und zog ein beleidigtes Gesicht. Er folgte dem Wachtmeister auf den Flur, warf aber einen Blick zurück über die Schulter und suchte nach einer bissigen Bemerkung.

Pitt befragte Rose Burke in ihrem Zimmer zwei Türen weiter. Es war anders geschnitten und vielleicht etwas breiter, aber insgesamt recht ähnlich. Ein ausladendes Bett nahm den größten Platz ein, es war stark zerwühlt und offenbar erst kürzlich benutzt worden. Das Laken war zerknittert und in der Mitte grau verfärbt. Im Zimmer roch es nach kaltem Schweiß und anderen Körperausdünstungen. Offenbar hatte Skeggs gute Dienste für sein Geld bekommen, wenigstens bis dahin.

Lennox war aschfahl. Er hätte nicht mitzukommen brauchen, und Pitt fragte sich, warum er da war. Vielleicht glaubte er, Rose brauche seine Hilfe.

Doch Rose war nicht so zart besaitet. Sie hatte breite Schultern, eine große Oberweite und war durchschnittlich groß. Ihr dunkelbraunes Haar war über der Stirn in Strähnen gebleicht. Es stand ihr außerordentlich gut. Überhaupt war sie eine schöne Frau, auch wenn ihre Haut die jugendliche Straffheit eingebüßt hatte und ihre Zähne sich bereits verfärbten. Ihr Alter mochte irgendwo zwischen fünfundzwanzig und vierzig liegen.

Sie sagte nichts, ohne gefragt zu werden, sie wirkte sehr gefaßt. Sie stand mitten im Zimmer, ignorierte Lennox und sah Pitt an. Die Arme hatte sie verschränkt, und nur ein schnelles Heben und Senken der Brust verriet, daß sie unter Anspannung stand. Pitt wußte nicht, ob Adas Tod sie gleichgültig ließ oder ob sie sich beherrschte. Pitt nahm an, daß letzteres zutraf.

»Rose Burke?«

»Ja?« Sie hob ihr Kinn.

»Erzählen Sie mir, wie Sie den gestrigen Abend von acht Uhr an verbracht haben«, forderte Pitt sie auf, und als ein verächtliches Lächeln über ihr Gesicht ging, fügte er hinzu: »Mir liegt nicht daran, Sie wegen Prostitution zu belangen. Ich möchte den Mörder von Ada fassen. Einmal war er schon hier. Wenn wir ihn nicht fassen, könnte er wiederkommen. Sie könnten das nächste Opfer sein.«

»Au Mann.« Sie atmete tief ein und war voller Respekt und Abscheu zugleich.

»Oder soll ich sagen, daß das nie passiert?« fragte er in sanfterem Ton. »Das stimmt nicht. Er hat ihr die Finger und Zehen gebrochen und sie dann mit ihrem eigenen Strumpf erdrosselt, wie an einem Galgen.« Das Strumpfband und die Stiefel erwähnte er nicht. Es war besser, nicht alle Einzelheiten zu nennen. »Meinen Sie, daß er das nur einmal macht?«

Lennox zuckte zusammen und machte Anstalten, etwas zu sagen, unterließ es aber, ging hinaus und schloß die Tür leise hinter sich.

Rose murmelte den Namen des Herrn, vielleicht war es gar ein Gebet, das sie sprach, denn ganz unbewußt bekreuzigte sie sich. Das Blut war aus ihrem Gesicht gewichen, so daß das Rouge gespenstisch wirkte, obwohl es gekonnt aufgetragen war.

Pitt wartete.

Sie fing langsam an. »Um zehn hatte ich nen Freier. Muß ich den Namen sagen? Is nich gut fürs Geschäft.«

»Ja.«

Sie zögerte einen Moment. »Chas Newton. Der war bis kurz vor elf da.«

»Das ist aber großzügig, oder?« sagte Pitt skeptisch. »Eine ganze Stunde? Läuft das Geschäft schlecht in letzter Zeit?«

»Er hat den doppelten Preis bezahlt«, fuhr sie ihn an. Ihr Stolz war verletzt.

Das konnte stimmen. Sie war eine attraktive Frau und strahlte eine gewisse Selbstsicherheit aus, als ob ihr kein Geschmack und keine Vorliebe fremd wären.

»Und danach?« fragte Pitt.

»Hab ich mich angezogen und bin rausgegangen, is doch klar«, sagte sie hochmütig. »Was glauben Sie denn? Daß ich mich schlafen lege? Ich bin runtergegangen und wollte zwischen den Häusern zur Whitechapel Road gehen, da hab ich diesen Kerl gesehen, der kam von der anderen Seite –«

»Vom anderen Ende?« unterbrach Pitt sie. »Meinen Sie, von der Old Montague Road?«

»Nein, ich meine, auf der anderen Seite von der Old Montague Road«, sagte sie ungeduldig. »Hätte sonst auch der Weihnachtsmann sein können, von dem, was ich vom Ende der Straße gesehen hätte, wo ich war. Da is nämlich keine Laterne. Sie merken aber auch gar nichts, wie?«

»Sie haben ihn im Licht der gegenüberliegenden Laterne gesehen?« Pitts Stimme klang lebhafter, obwohl er das vermeiden wollte.

»Na ja.« Sie stand immer noch mit verschränkten Armen im Zimmer.

»Beschreiben Sie ihn«, forderte Pitt sie auf.

»Größer als ich, nich so groß wie Sie. Bißchen größer als normal, glaub ich. Gut gebaut. Ziemlich jung.«

»Zwanzig? Dreißig?« fragte Pitt rasch.

»So jung auch nich. Dreißig vielleicht. Kann man schlecht sagen bei so nem feinen Pinkel. Die haben's ja nicht schlecht. Wer's leicht hat, lebt länger.«

»Was hatte er an?« Er durfte ihre Aussage nicht beeinflussen.

Sie dachte einen Moment lang nach.

»Guter Mantel. Hat bestimmt ne Stange Geld gekostet. Kein Hut. Hab nämlich sein Haar gesehen, im Licht. Hell, und ziemlich dicht. Gewellt. Hätte ich auch gern, so gewelltes Haar.« Sie zuckte mit den Achseln. »Aber sein Gesicht nich. Sah n bißchen gemein aus. Um den Mund rum. Die Nase war gut. Gefällt mir, ne schöne Nase bei nem Mann.« Einen Moment lang musterte sie Pitt kritisch, wandte sich dann aber wieder von ihm ab. Körperliche Beziehungen zu Männern waren ihr Beruf, da ging es nicht ums Vergnügen.

»Haben Sie ihn schon mal gesehen?« fragte er und beachtete ihre Blicke nicht.

»Kann ich nich sagen.«

»Wieso nicht?«

»Weil ich es nich weiß, deswegen!« sagte sie grob. Ihr Gesichtsausdruck schwankte zwischen Angst und Traurigkeit.

»Wenn ich wüßte, wer Ada auf dem Gewissen hat, dann würd ich Ihnen das sagen. Dann wär ich auch da, wenn Sie den Mistkerl aufhängen. Würd Ihnen sogar helfen. Die Arme. War n bißchen gierig und hielt sich für was Besseres, aber das hat sie nich verdient.«

»Sie wissen also nicht, ob Sie ihn schon mal gesehen haben«, hakte Pitt nach.

»Nachts sind alle Katzen grau.« Sie machte eine unwirsche Handbewegung. »Ham Sie den Spruch noch nie gehört? Ich guck den Typen nich ins Gesicht, sondern nur aufs Geld. Aber er kommt mir nich bekannt vor. Ich schwör's beim Höllenfeuer, seinen Namen weiß ich nich, sonst würd ich Ihnen den sagen.«

»Beim Höllenfeuer.« Er wiederholte die Worte bedächtig.
»Wie kommen Sie darauf?«

»Weil das das einzige is, was für mich feststeht«, gab sie zurück
und musterte ihn von oben bis unten. »Was soll ich denn sagen,
Ihrer Meinung nach? So sicher, wie das Paradies kommt? Das
kenn ich nich.« Sie sah sich in dem schäbigen, ihr so vertrauten
Zimmer um. »Da kann ich nich dran glauben. Für mich is das
nich, auch nich für Ada, wenn es so was gibt. Da können Sie jeden
Pfaffen fragen. Die sagen Ihnen das: Frauen wie wir müssen im
Höllenfeuer brennen, weil wir diese feinen Pinkel verführt haben!« Sie stieß einen häßlichen Fluch aus, der selbst Pitt zusammenzucken ließ, als er aus ihrem noch schönen Mund kam.

»Haben Sie schon mal von dem Hellfire Club gehört?« fragte er.

Sie schmunzelte belustigt. »Nein. Was soll das denn sein?
Sind das die, die da drin verbrennen, oder die, die das Feuer
schüren? Sie können mir glauben, dieser Dreckskerl kommt ins
Feuer, und wenn ich selbst die Kohlen schleppen muß.«

»War es denn ein Gentleman?« fragte er nach einem Moment
des Zögerns.

Sie sah ihm direkt in die Augen. »Sah ganz so aus. Arm war der
bestimmt nich. Un so sicher, wie das Höllenfeuer is, kam der
genau um die Zeit, als es Ada erwischt hat. Ich war ne gute halbe
Stunde auf der Whitechapel Road, und ich hab keinen vorbeigehen sehen, bis ich nen Freier gefunden hab und wieder rein bin.«

»Das andere Ende haben Sie aber nicht gesehen«, stellte Pitt
klar.

»Das is nich mein Revier«, entgegnete sie sachlich. »Da können Sie Nan fragen.«

»Sie haben gesagt, Ada war gierig«, sagte Pitt. »Hat sie Ihnen
manchmal was weggenommen?«

»Ich hab nich gesagt, daß sie gestohlen hat.« Rose war verärgert. In ihren Augen stand ein hartes Glitzern. »Ich hab gesagt,
sie war gierig. Wollte immer mehr. Hat sich immer was ausge-
dacht, wie sie n größeren Anteil rausschlagen konnte, nich nur
für sich, auch für uns. Sie war fast die ganze Zeit wütend. Das hat
sie ganz kaputtgemacht.«

»Hat sie gesagt, auf wen sie wütend war?«

Rose zuckte mit den Achseln und verzog den Mund.

»Auf den gemeinen Kerl von einem Butler, der sie um ihren
guten Ruf gebracht hat, nehm ich mal an. Und dann hat er auch
noch gelogen. Weiß ja nich, was sie sich versprochen hatte.

Bißchen naiv war sie schon.« Dann besann sie sich, und der Ausdruck von Trauer kehrte in ihr Gesicht zurück.»Die Ärmste.«

Von draußen ertönte ein Scheppern und das Klappern von Hufen. Jemand rief, auf dem Flur erklangen Schritte, und im oberen Stock des Gebäudes wurde eine Tür zugeschlagen, daß die Mauern erzitterten.

»Hat sie den Namen des Butlers je erwähnt?« fragte Pitt.

Ihre Augen wurden größer.»Sie meinen, er hat das gemacht? Warum denn? An den kam sie doch nich ran. Der war doch in ner sicheren Position. Is er immer noch.«

»Nein, das glaube ich auch nicht«, gestand er.»Wann haben Sie diesen Mann gesehen?«

»Weiß nich. Vielleicht so gegen zehn.«

»Und was passierte dann?«

Sie schien gelangweilt.

»Ich hab noch zwei Nummern gehabt, nichts Besonderes. Jeder ne halbe Stunde, so ungefähr. Skeggs war der nächste. n armer Kerl is das. Braucht fast ne Stunde, bis er in Fahrt is. Guckt gern bei anderen Leuten zu.« Ihr Widerwille war nicht zu überhören.»Als er ging, hat er noch bei Ada rumgeschnüffelt und geguckt, ob er da nen Blick auf son armen Wichser mit den Hosen runter kriegen konnte, der sich grade blamierte.« Sie stützte die Hände in die Hüften.»Wer weiß? Na ja, damit hat er wohl nich gerechnet. Da lag sie tot aufm Bett, und er hätt sich beinah naß gemacht.«

»Uhrzeit?«

»Diesmal hab ich auf die Uhr geguckt, deswegen weiß ich's. Ich hatte nämlich Hunger und dachte, daß ich genug angeschafft hatte und mir was zu essen holen könnte. Zu dem Pie-Verkäufer an der Ecke Chicksand Street wollt ich, aber da kam der Polyp, und das ganze Tohuwabohu fing an. Die ham mich nich rausgelassen, und jetzt bin ich fast verhungert.«

Pitt sagte nichts darauf.

Plötzlich starrte sie ihn wütend an.

»Sie denken bestimmt, ich bin kalt und herzlos, was?« fragte sie mit zorniger Stimme.»Am Anfang hat's mich genauso umgehaun wie jeden, aber das is zwei Stunden her oder so, und ich hab seit gestern nichts Richtiges gegessen. Hier wird viel gestorben, hier isses nich wie im West End, wo alles schön is und die Leute einen leichten Tod haben. Und der Doktor, der war echt nett. Zu mir hat er gesagt, daß sie nich viel gemerkt hat. Dann hat er zu Nan gesagt, sie soll Wasser aufsetzen und uns allen Tee machen.

Und dann hat er uns einen Schluck Brandy reingegossen. Hab noch nie n Kerl gesehen, der so …« Ihr fiel kein passendes Wort ein. In ihrem Vokabular gab es keinen Ausdruck für die Dankbarkeit, die sie gespürt hatte, weil er freundlich gewesen war, sich um sie gekümmert und ihre Trauer ernster genommen hatte als seine eigene. Die Bitterkeit wich aus ihrem Gesicht, und Pitt sah für einen Moment die Frau, die sie hätte sein können, wenn ihre Lebensumstände andere gewesen wären.

Nan Sullivan war mindestens zehn Jahre älter als Rose. Von langen Nächten sowie zuviel Gin war ihr Gesicht aufgedunsen, das Haar ohne Glanz und ihre Augen trüb. Doch erahnte man noch eine Weichheit, eine Sanftheit aus vergangenen Zeiten, und wenn sie sprach, konnte man noch einen westirischen Akzent erkennen. Ungepflegt, tränenverschmiert und so müde, daß ihr alles gleichgültig war, saß sie auf ihrem Bett.

»Ja, ich war am anderen Ende der Alley«, sagte sie und sah Pitt teilnahmslos an. »Hat ne Weile gedauert, bis ich nen Freier hatte. Mußte bis zur Brick Lane vorgehen.« Offenbar machte es ihr nichts aus zuzugeben, daß sie nicht mehr so hoch im Kurs stand. »Ich kam wieder zurück, als der Mann gerade auch ins Haus ging.«

»Sie haben also den Mann gesehen, als er das Haus betrat?« fragte Pitt interessiert.

»Sicher, hab ich. Wenigstens seinen Hinterkopf und den Mantel.« Sie seufzte, und ein kleines Lächeln huschte über ihr Gesicht. »So n schöner Mantel, das. Gutes Tuch. Erkenn ich sofort. Hab mal in einer Textilfabrik gearbeitet. Der Meister hatte auch nen Mantel aus Tuch. Seiner war braun, glaub ich, aber der Sitz auf den Schultern war genauso. Ganz glatt, ohne ne Falte, wo keine sein sollen.«

»Welche Farbe hatte dieser Mantel?« Er saß auf dem einzigen Stuhl, ungefähr einen Meter von ihr entfernt. Das Fenster ging zum Hof hinaus, so daß man keinen Lärm von der Straße hören konnte.

»Dieser?« Sie dachte nach und saß einen Moment gedankenverloren da. »Blau. Vielleicht auch schwarz. Braun war er nich.«

»Fiel Ihnen am Kragen etwas auf?«

»Saß gut. So nen Schnitt kriegt man bei nem billigen Mantel nich.«

»Kein Pelz oder Samt?« fragte er. »Oder Lammfell?«

Sie schüttelte den Kopf.

»Nein, nur Wolle. Bei Fell sieht man den Schnitt nicht.«

»Wie war sein Haar?«

»Dicht.« Mit einer spontanen Bewegung strich sie sich durch

ihr eigenes Haar, das vom Alter und ihrem Lebenswandel schon schütter wurde. »Und hell«, fügte sie hinzu. »Hab gesehen, wie das Kerzenlicht aus Adas Zimmer drauffiel. Die Ärmste.« Ihre Stimme wurde leise. »Das hat sie nich verdient.«

»Mochten Sie sie?« fragte er plötzlich.

Sie war überrascht und mußte einen Augenblick nachdenken. »Ich denk schon. Man hatte es nich leicht mit ihr, aber sie war oft lustig. Und ich hab bewundert, wie sie gekämpft hat.«

Pitt spürte eine irrationale Hoffnung in sich aufkeimen.

»Mit wem hat sie sich angelegt?«

»Manchmal is sie ins West End gegangen. Nerven hatte sie, das muß man ihr lassen. Hat sich nich oft unter Preis verkauft.«

»Und mit wem hat sie sich angelegt, Nan?«

Sie lachte kurz auf.

»Ach, mit den Mädels vom fetten George, beim Park. Das is deren Revier. Hätt man sie mit nem Messer im Rücken gefunden, würd ich sagen, der Kleine Georgie hat's getan. Aber erwürgt hätt der sie nich. Und schon gar nich in ihrem eigenen Zimmer. Der hätt es auf der Straße getan und sie dann liegenlassen. Außerdem erkenn ich den dicken George sofort, genau wie den kleinen Georgie.«

Das stimmte zweifelsohne. Auch Pitt kannte sie. Der dicke George war ein Hüne von einem Mann und unverkennbar, auf keinen Fall würde man ihn mit Finlay FitzJames verwechseln. Und der kleine Georgie war ein Winzling. Außerdem würden sie eine Frau, die sich in ihr Revier wagte, verprügeln oder ihr die Knochen brechen und das Gesicht entstellen. Aber sie würden sich nicht die Polizei auf den Hals hetzen, indem sie einen Mord begingen. Das wäre schlecht fürs Geschäft.

»Haben Sie gesehen, wie dieser Mann in Adas Zimmer ging?« nahm Pitt den Faden wieder auf.

»Ja.«

Er zog die Stirn hoch. »Sie meinen, sie hat ihm die Tür geöffnet. Sie hat ihn nicht mit hochgebracht? Sie kam nicht von der Straße mit ihm?«

Ihre Augen wurden rund. »Nein! Nein, glaub ich wenigstens. Er muß allein gekommen sein – so ne Art Stammkunde vielleicht.«

»Haben Sie viele Stammkunden?« Im nächsten Augenblick erkannte er, wie taktlos diese Frage war. Ada hatte vielleicht Stammkunden, aber sie nicht.

Doch Nan verstand ihn, spürte sein spontanes Bedauern.

Sie rang sich ein Lächeln ab, das fast echt wirkte. »Keine Stammkunden, die sich anmelden. Aber Freier, die wiederkommen. Eher zufällig, denk ich. Ada war beliebt.« Ihr Gesicht verdunkelte sich, die Schultern hingen nach vorn, und ihre Augen füllten sich mit Tränen. »Sie hatte eine spitze Zunge, und sie konnte sehr lustig sein.« Sie atmete ein, und es klang wie ein Schluchzer. »Die Leute wollen doch lachen.« Sie sah Pitt an. »Einmal hat sie mir ein Paar Stiefel gegeben. Wir haben dieselbe Schuhgröße. Einen hübschen Absatz hatten die. Sie hatte ganz gut verdient, in der Woche, und ich hatte Geburtstag.« Die Tränen rannen ihr die Wangen hinunter und verschmierten das Rouge, doch ihr Gesicht blieb unbewegt. Sie hatte eine eigene Würde, und ihre Trauer war aufrichtig, so daß man das schäbige Zimmer mit dem ungemachten Bett, die grellbunten Kleider und den Geruch des Abfalls, der aus dem Hof heraufstieg, ja selbst ihren abgenützten und ungeliebten Körper vergaß.

Das einzige, was Pitt tun konnte, war, Ada ebenso viel Würde entgegenzubringen.

»Es tut mir leid«, sagte er leise und legte spontan seine Hand auf ihre. »Ich werde alles, was in meiner Macht steht, tun, um den zu finden, der ihr das angetan hat. Und er wird büßen, egal, wer er ist.«

»Wirklich?« fragte sie und schluckte krampfhaft. »Auch wenn er ein Gentleman ist?«

»Auch dann«, versprach Pitt.

Dieselben Fragen stellte er auch der dritten Frau im Haus, deren Zimmer neben Adas lag. Sie hieß Agnes Salter, war jung und nicht sehr hübsch, hatte eine lange Nase und einen breiten Mund. Aber ihre lebhafte Art würde es ihr leichtmachen, wenigstens die nächsten zehn Jahre gut zu überstehen. Wenn erst die Frische aus ihrem Teint und die Straffheit aus ihrem Körper gewichen waren, würde es viel schwerer werden für sie. Wahrscheinlich erkannte sie das ebenso klar wie Pitt.

»Natürlich kannte ich Ada«, sagte Agnes sachlich. Sie saß aufrecht auf einem Stuhl mit gerader Rückenlehne, den Rock fast bis zu den Knien hochgestreift. Sie hatte wunderbare Beine, sie waren das Beste an ihr. Auch das wußte sie bestimmt. Sie betrachtete Pitt nicht als Mann. In ihrem gleichgültigen Gesichtsausdruck erkannte er, daß sie aus Gewohnheit so saß, und wahrscheinlich war diese Haltung ganz bequem. »n bißchen frech, aber ganz nett«, fuhr sie fort und meinte damit Ada. »Hat auch ma was abgegeben. Hat mir ma n Strumpfband geliehen.« Sie lächelte. »Sie wußte nämlich, daß ich bessere Beine hab als sie. Aber ihre waren auch nich schlecht, überhaupt nich. Aber wo's ums Geld geht... Hatte ganz schön Erfolg damit. Manche Kerle stehen echt auf Strumpfbänder. Wahrscheinlich tragen die feinen Damen keine. Immer nur Korsetts und Liebestöter.« Pitt sagte nichts dazu. Es war jetzt Tag, und der Verkehr donnerte über die Straße am Ende der Alley. In der Textilfabrik gegenüber hatte der Arbeitstag längst begonnen.

»Kann Ihnen nichts sagen«, fuhr Agnes fort. »Weiß auch nichts. Würd den Kerl gern gevierteilt sehn. Es gibt sone Gemeinheiten – und sone.« Sie hatte die Finger so fest ineinander verschränkt, daß die Knöchel weiß hervortraten. Ihre unbeteiligte Miene wurde dadurch Lügen gestraft. »Daß man ma verprügelt wird, damit rechnet man ja. Das gehört dazu. Vielleicht hat auch mal einer n Messer, und das kann böse ausgehen, wenn der Kerl zuviel intus hat. Aber so was, das is nich in Ordnung. Das hat sie nich verdient.« Sie schob die breite Unterlippe vor und sah ihn zornig an. »Aber wahrscheinlich is das euch völlig schnuppe. Eine Nutte weniger. Gibt ja schon genug in London. Vielleicht hat sich ja jemand vorgenommen, ma n bißchen aufzuräumen.« Sie lachte, es war ein schrilles Lachen, und Pitt hörte die Angst darin.

»Das bezweifle ich«, sagte Pitt ehrlich, obwohl er diese Möglichkeit bis jetzt noch nicht in Erwägung gezogen hatte. Man konnte sie nicht einfach von der Hand weisen.

»Ach ja?« Sie war neugierig. »Warum denn nich? Ada war ne Nutte, wie wir andern auch.«

Er wollte sich nicht über Wörter streiten und gab eine ehrliche Antwort.

»Es gibt Indizien, die darauf hinweisen, daß es ein wohlhabender Mann war, möglicherweise einer in einem hohen Amt. Sie hat ihn nicht von der Straße hereingebracht. Nan sagte, daß er ins Haus gekommen ist und Ada ihn eingelassen hat. Das klingt so, als sei er schon einmal hier gewesen.«

»Echt?« Sie war überrascht und in gewisser Weise auch getröstet. »Vielleicht war es jemand, den sie kannte?«

»Wen kannte sie denn?«

Sie dachte einen Moment nach. Pitt hatte aus reiner Gründlichkeit nachgefragt. Er war überzeugt, daß die Ermittlungen Finlay FitzJames als Täter überführen würden. Für die Hellfire-Nadel unter der Leiche gab es keine andere Erklärung.

»Jemand, der sie umbringen würde?« sagte sie nachdenklich.
»Wahrscheinlich irgendeiner, mit dem sie Streit hatte. Ich hätt ja
auf ne andere Nutte getippt, der sie n Freier weggeschnappt hat,
außer, daß die sich gekloppt hätten und das hätt einen höllischen
Lärm gemacht, und ich hab nix gehört. Aber trotzdem ...« Sie
zuckte mit den Achseln. »Man könnte auch jemandem die
Augen auskratzen. Oder, wenn man wirklich gemein is, würd
man sie mit nem Messer im Gesicht verletzen, aber das würd
man doch auf der Straße machen, oder? Man müßte schon ganz
schön verrückt sein, wenn man einer ins Haus folgt und sie kaltblütig abmurkst. Und so schlecht war Ada nich.«
»Nicht so schlecht?« fragte er. »Aber sie hat anderen Frauen
die Kunden weggenommen?«
Agnes lachte grell. »Klar! Das hat sie. Das macht doch jede. Sie
war ganz hübsch und nich doof. Sie hatte nen loses Mundwerk und
war oft ganz lustig. Manche von denen feine Pinkel lachen gern
ma. Dann denken sie nich, daß se in der Gosse gelandet sind. Und
sie denken, sie ham ne richtige Frau. Mit ihre schicken Weiber, da
können se nämlich nich lachen, die bestehen ja nur aus Korsett-
stangen und Stärke.« Sie schürzte verächtlich und ein wenig mit-
leidig die Lippen. »Die Armen, die haben wohl in ihrem Leben nix
zu lachen. Schickt sich ja nich für ne Dame, zu lachen.«
Er sagte nichts darauf. Viele Bilder gingen ihm durch den Kopf,
aber sie würde nur wenige davon verstehen, und es hätte keinen
Sinn, sie ihr zu erklären.
In dem Geschoß über ihnen schlug eine Tür zu, und Schritte
kamen die Treppe hinuntergepoltert. Jemand rief etwas.
»Un klar, manche von denen mögen's in der Gosse«, fuhr
Agnes mit gerunzelter Stirn fort. »Wie Schweine im Dreck.
Das macht se an.« Ihre Verachtung war unüberhörbar. »Mannomann! Es is nur wegen dem Geld, sonst würd ich sie alle zum
Teufel jagen.«
Daran hatte Pitt keinen Zweifel. Doch so kam er der Lösung
der Frage, wer Ada McKinley ohne jeden Kampf umgebracht
hatte, nicht näher. Sie hatten kein Blut gefunden, und die Leiche
wies kaum Verletzungen auf, außer den in roher Gewalt gebrochenen Zehen und Fingern. Es gab keine Kratzer, keine Prellungen, die durch einen längeren Kampf verursacht worden wären.
»Kannte sie jemanden, der sie hier aufgesucht hätte?« fragte er
noch einmal.
»Weiß nich. Vielleicht Tommy Letts. Der würd herkommen.

Hat er früher gemacht. Für den arbeitet sie nich mehr, hat nen besseren, meinte sie. Hat damit angegeben, die blöde Ziege.«
»Könnte der Mann, den Sie gesehen haben, Letts gewesen sein?«
·»Niemals!« Sie stand auf. »Der is n kleines Dreckschwein, mit schwarzen fettigen Haaren, die hängen wie Rattenschwänze runter, ungefähr so groß wie ich. Dieser Kerl war groß und hatte dichtes, welliges Haar und war ganz geschniegelt wie ein Gentleman. Und Tommy würd nie so nen Mantel tragen, auch nich, wenn er einen stehlen würde.«
»Sie haben ihn gesehen?« fragte Pitt erstaunt.
»Nee, ich nich. Aber Rose. Und Nan auch. Nan hat das ganz schön mitgenommen. Die hat n weiches Herz. Der Doktor war gut zu ihr. Fast wie n Mensch, dafür, daß er n Polyp is.« Sie verzog das Gesicht. »Aber der is ja noch jung. Der ändert sich noch.«
Mehr war nicht in Erfahrung zu bringen. Er versuchte noch herauszubekommen, ob sie Geräusche gehört hatte, aber sie war mit ihren eigenen Kunden beschäftigt gewesen. Die Tatsache, daß sie nichts gehört hatte, stützte nur die Vermutung, daß es keine Schreie oder umstürzende Möbel gegeben hatte. Zu diesem Schluß war Pitt schon angesichts der Todesart und dem recht ordentlichen Zustand des Zimmers gekommen. Der Mörder hatte Ada McKinley überrascht und schnell gehandelt. Es mußte jemand sein, dem sie vertraut hatte.
Pitt verließ das Zimmer und ging zu Ewart, der draußen im Flur wartete. Ewart warf einen Blick auf Pitt und wußte, daß der nächste Schritt unumgänglich war und es keine Erkenntnisse gab, die es ihnen erspart hätten, Finlay FitzJames aufzusuchen. Der Hoffnungsfunken in seinen schwarzen Augen erlosch, und er wirkte plötzlich kleiner und schmächtiger, obwohl er kräftig gebaut war.
Pitt schüttelte leicht den Kopf.
Ewart seufzte. Durch die offene Haustür kam Zugluft die Treppe hinauf. Lennox wartete unten an der Treppe.
»FitzJames?« fragte er mit einem erregten Klang in der Stimme.
Ewart zuckte zusammen und knirschte mit den Zähnen. Er wollte schon etwas sagen, ließ es dann aber und seufzte schwer.
»Ich fürchte ja«, sagte Pitt. »Ich werde zur Frühstückszeit zu ihm gehen. Vorher schaffe ich es gerade noch, nach Hause zu gehen, mich zu waschen und zu rasieren und schnell zu frühstücken. Sie sollten das auch tun. In den nächsten Stunden brauche ich Sie nicht.«

»Jawohl, Sir«, sagte Ewart; er klang nicht erleichtert. Der Zeitpunkt war nur verschoben, nicht aufgehoben.

Lennox sah mit großen Augen zu Pitt hinauf. Schatten spielten auf seinem Gesicht, das undurchdringlich war. Doch in seinem dünnen Körper unter der losen Jacke war eine Anspannung, die Pitt einen Moment an das Bild eines Läufers erinnerte, der zum Start bereit war. Er verstand. Auch er war zornig, und seine Wut brannte wie ein glühendheißes Stück Kohle in seinem Inneren.

Er überließ es Ewart, einen Wachtmeister an der Pentecost Alley zu postieren. Die Tür ließ sich nicht verriegeln, außerdem hätte man darauf nicht vertrauen können. In einem Umkreis von wenigen hundert Metern des Hauses gab es jede Menge Einbrecher, so daß Abschließen sinnlos war. Viele Beweismittel gab es ja nicht, die man zerstören konnte, aber die Tote würde von einem Leichenwagen abgeholt werden, und Lennox mußte eine Obduktion durchführen. Es war unwahrscheinlich, daß sie weitere Erkenntnisse bringen würde, aber es mußte sein.

Auf der Fahrt nach Hause im dichten Verkehr von Lastkarren, Marktwagen und sogar einer Herde Schafe überlegte Pitt, ob Ada McKinley Verwandte hatte, denen die Nachricht von ihrem Tode überbracht werden müßte, und ob jemand um sie trauern würde. Mit Sicherheit würde sie in einem Armengrab bestattet. Er hatte schon für sich beschlossen, daß er zu ihrer Beerdigung gehen würde, selbst wenn es nur eine Beisetzung ohne jede Zeremonie war.

Er fuhr in westlicher Richtung durch Spittalfields und St. Luke's, an Holborn vorbei. Es war Viertel nach sieben.

Auch Bloomsbury wachte langsam auf. In den Höfen machten sich die Stiefeljungen und Küchenmädchen zu schaffen. Aus den Kaminen stieg Rauch auf – die Hausmädchen machten Feuer in den Frühstückszimmern.

Als er an seinem Haus in der Keppel Street ankam und den Droschkenfahrer bezahlte, war im Osten ein blauer Streifen am Himmel zu sehen, und ein leichter Wind erhob sich. Vielleicht würde der die Wolken wegblasen.

Die Haustür war schon entriegelt, und als er ins Haus trat und seinen Mantel aufhängte, umfingen ihn die warmen Gerüche aus der Küche. Er hörte eilige Schritte, und Jemima kam zur Tür.

»Papa!« rief sie glücklich und rannte auf ihn zu. Sie war jetzt acht Jahre alt und sich ihrer Würde und Wichtigkeit durchaus bewußt. Aber sie war noch nicht damenhaft genug, um sich nicht in den Arm nehmen zu lassen oder ein bißchen anzugeben.

Sie trug ein blaues Kleid mit einer gestärkten weißen Schürze darüber und neue Stiefel. Ihr Haar, dunkelbraun und gewellt wie Pitts, war sauber im Nacken zusammengebunden. Sie war gewaschen und herausgeputzt und aufbruchsbereit für die Schule.

Er breitete die Arme aus, und sie rannte mit großem Geklapper hinein, obwohl sie so klein und leicht war. Er war immer wieder überrascht, welchen Lärm Kinderfüße machen konnten.

Er drückte sie und hob sie hoch. Sie roch nach Seife und Baumwolle. Er verscheuchte den Gedanken an Ada McKinley.

»Ist die Mama in der Küche?« fragte er und setzte sie wieder ab.

»Natürlich«, erwiderte sie. »Daniel hat eine Socke verloren, deshalb sind wir spät dran, aber Gracie macht schon Frühstück. Hast du Hunger? Ich schon.«

Er wollte ihr sagen, daß sie ihren Bruder nicht verpetzen sollte, aber sie ging schon voran in die Küche, und er hatte den Augenblick verpaßt.

Der Raum war warm, es roch nach Bacon und frischem Brot, nach gescheuertem Holz und dem Dampf vom Teekessel, in dem das Wasser gerade kochte. Gracie, das Mädchen, stand auf Zehenspitzen und versuchte, an die Teedose heranzukommen, die Charlotte aus Versehen ein Brett höher gestellt hatte. Gracie war schon fast zwanzig, aber immer noch klein und zierlich wie damals, als sie mit dreizehn Jahren zu ihnen gekommen war. Alle ihre Kleider mußten gekürzt und an den Schultern und in der Taille enger gemacht werden.

Sie sprang hoch, doch dabei stieß sie die Dose nur weiter nach hinten.

Pitt ging zu ihr und holte die Dose herunter.

»Danke«, sagte sie ein wenig spitz. Sie respektierte Pitt enorm, und ihr Respekt wuchs mit jedem Fall, den er bearbeitete. Auch war sie es gewöhnt, daß man ihr half, aber die Küche war ihr Bereich, nicht seiner. Ordnung mußte sein.

Charlotte kam lächelnd herein. Ihre Augen sahen ihn erfreut, aber auch prüfend an. Sie waren zu lange verheiratet und zu vertraut miteinander, als daß er ihr verheimlichen konnte, weshalb er mitten in der Nacht gerufen worden war und wie er sich jetzt fühlte. Die Einzelheiten würde er ihr jedoch verschweigen.

Sie musterte ihn eindringlich: seine Augen, seine unrasierten Wangen und den traurigen Ausdruck um den Mund.

»Kannst du etwas essen?« fragte sie sanft. »Es wäre gut.«

Das wußte er selbst.

»Ja, ein bißchen.«

»Haferbrei?«

»Ja, bitte.« Er ließ sich auf einem der glatten Stühle mit den harten Lehnen nieder. Mit beiden Händen trug Jemima einen Milchkrug von der Anrichte zum Tisch. Er war blau-weiß gestreift und trug die Aufschrift MILCH in großen Lettern.

Die Tür wurde aufgestoßen, und herein stürzte der sechsjährige Daniel und schwang triumphierend seine Socken über dem Kopf. »Ich hab sie!« Sein Blick fiel erfreut auf Pitt. Der war nämlich häufig schon fort, wenn die Kinder zum Frühstück in die Küche kamen. »Papa! Wieso bist du hier? Gehst du heute nicht zur Arbeit?« Dann sah er seine Mutter vorwurfsvoll an. »Ist heute Feiertag? Du hast gesagt, ich muß zur Schule!«

»Das mußt du auch«, sagte Pitt rasch. »Ich war schon bei der Arbeit. Ich bin nur zum Frühstück nach Hause gekommen, weil die Leute, die ich besuchen muß, noch nicht aufgestanden sind. Jetzt zieh dir die Socken und deine Stiefel an und setz dich, und dann bringt Gracie dir deinen Haferbrei.«

Daniel setzte sich auf den Boden, zog sich die Socken an und betrachtete die Stiefel sorgfältig, bevor er entschied, welcher an welchen Fuß gehörte. Schließlich kletterte er auf seinen Stuhl und betrachtete seinen Vater. »Wen mußt du denn besuchen?«

Auch Charlotte sah ihn an.

»Einen Mann namens FitzJames«, antwortete Pitt beiden. »Er frühstückt später als wir.«

»Warum?« fragte Daniel neugierig.

Pitt lächelte. Daniels Gespräche bestanden zur Hälfte aus Fragen nach dem Warum.

»Das werde ich ihn fragen«, versprach Pitt.

Aus der Vorratskammer kam ein rotgetigertes Kätzchen gesprungen, dann blieb es plötzlich mit gekrümmtem Rücken stehen und bewegte sich rückwärts, den Schwanz aufgestellt. Ein rabenschwarzes Kätzchen folgte ihm, und unter Quietschen und Miauen fielen sie balgend übereinander her, kratzten und kniffen sich im Spiel, was den Kindern großes Vergnügen bereitete. Der Haferbrei blieb stehen, und keiner sagte etwas.

Pitt ließ sich zurücksinken, während Jemima unter den Tisch glitt, um besser sehen zu können. Dann verschwand auch Daniel unter dem Tisch. Es war so wohltuend, so normal und so ganz anders als das Leben und Sterben der Menschen in der Pentecost Alley.

2.
Kapitel

*E*s war fast neun Uhr, als Pitt in der Devonshire Street ankam und zur Nummer achtunddreißig ging. Von der Polizeiwache Bow Street hatte er durch einen Boten FitzJames' Adresse und eine Mitteilung von Ewart erhalten, in der es hieß, daß Ewart Pitt informieren würde, wenn neue Indizien auftauchten. Er würde Ada McKinleys Zuhälter vernehmen und versuchen herauszubekommen, wer ihre anderen Kunden im Laufe des Abends gewesen waren, setze aber keine große Hoffnung darein.

Pitt klopfte an die Tür und trat einen Schritt zurück. Der östliche Wind war stärker geworden und hatte die Bewölkung etwas aufgelockert. Es war jetzt heller und wärmer. Der morgendliche Verkehr bestand hier nur aus vereinzelten Droschken. Es war noch zu früh für die Termine der Damen der Gesellschaft, selbst für den beim Schneider, folglich waren noch keine Privatkutschen auf der Straße. Ein Laufbursche kam vorbei; er pfiff und warf ein Sixpence-Stück in die Luft, die Belohnung für einen gut ausgeführten Dienst.

Die Tür wurde von einem Butler mit einer langen Nase und erstaunlich sympathischem Äußeren geöffnet.

»Guten Morgen, Sir. Was kann ich für Sie tun?«

»Guten Morgen«, sagte Pitt, der über soviel Höflichkeit ganz erstaunt war. Er nahm seine Karte heraus, eine neue, elegantere Version seiner alten, auf der nur sein Name, nicht aber sein Beruf angegeben war. Polizisten waren nirgends gern gesehen, auch wenn es sich um einen ranghohen Beamten handelte. »Ich fürchte, es ist dringend erforderlich, daß ich Mr. Finlay FitzJames in einer wichtigen Angelegenheit spreche«, erklärte er.

»Selbstverständlich, Sir.« Der Butler hielt ihm sein Tablett hin. Es war klein, schlicht und aus feinstem Silber gearbeitet. Pitt legte seine Karte darauf. Der Butler trat zur Seite, so daß Pitt in die prachtvoll holzgetäfelte Halle eintreten konnte. An den Wänden sah man Porträts, die meistenteils grimmig blickende Männer in der Kleidung des vergangenen Jahrhunderts zeigten. Dazwischen hingen einige Landschaftsbilder mit Kühen, die unter einem düsteren Himmel grasten. Pitt dachte, daß sie, wenn es Originale waren, sehr wertvoll sein mußten.

»Ich vermute, Mr. FitzJames sitzt beim Frühstück, Sir«, sagte der Butler. »Wenn Sie bitte im kleinen Salon warten wollen, er ist auf der Gartenseite und durchaus angenehm. Kennen Sie Mr. FitzJames, Sir?«

Auf diese höfliche Art versuchte der Butler herauszufinden, ob FitzJames wissen konnte, wer Pitt war.

»Nein«, gestand Pitt. »Leider ist es eine sehr dringende und unangenehme Angelegenheit, sonst wäre ich nicht ohne Voranmeldung erschienen. Die Sache duldet leider keinen Aufschub.«

»Sehr wohl, Sir. Ich werde Mr. FitzJames unterrichten.« Damit ließ er Pitt in einem kühlen, in Blau und Braun gehaltenen Salon zurück, in den die Morgensonne ihre Strahlen schickte, und verschwand.

Pitt sah sich um. Es war ihm schon vor Betreten des Hauses klargewesen, daß die Familie FitzJames großen Reichtum besaß. Zum größten Teil hatte Augustus FitzJames ihn durch Spekulationen angehäuft, für die er das Geld seiner Frau, eine Erbschaft ihrer Patin, benutzt hatte. Das wußte Pitt von Charlottes jüngerer Schwester Emily, die vor ihrer Ehe mit Jack Radley die Frau von Lord Ashworth gewesen war. Sie hatte sein Geld und seine aristokratischen Verbindungen behalten und besaß eine unstillbare Neugierde auf Menschen und deren Angelegenheiten, je intimer, desto besser.

Der kleine Salon im Hause FitzJames war äußerst bequem, wenn auch ein wenig kühl eingerichtet. Hier gab es nicht die übliche Anhäufung von Trophäen in Glaskästen, Trockenblumen und bestickten Deckchen, die man gerne in Räume verbannte, die die Familie nur selten benutzte. Statt dessen fiel der Blick auf zwei sehr gute Bronzeskulpturen, einen kauernden Löwen und einen Hirschen. In die der Tür gegenüberliegende

Wand waren Bücherregale eingelassen. Im Sonnenlicht, das zwischen schweren Brokatvorhängen hereinfiel, zeigte sich kein einziges Staubkörnchen auf den glänzenden Mahagoniflächen. Pitt trat an die Bücherwand und las einige der Titel. Wahrscheinlich waren die Bücher, die FitzJames las, in seiner Bibliothek, und dies waren die Bücher, von denen seine Gäste glauben sollten, daß er sie las. Pitt sah einige Geschichtswerke, die Europa oder das Empire zum Thema hatten, Biographien von Politikern, religiöse Traktate der orthodoxen Richtung und eine vollständige, in Leder gebundene Shakespeare-Ausgabe. Außerdem gab es Übersetzungen der Werke Ciceros und Cäsars. Gedichtbände oder Romane entdeckte Pitt keine. Pitt lächelte unbewußt. So also wollte Augustus FitzJames gesehen werden... als gebildeter Mann ohne jeden Anflug von Oberflächlichkeit oder Phantasie.

Es waren kaum zehn Minuten vergangen, als der Butler, immer noch lächelnd, wieder in den Raum trat.

»Mr. FitzJames äußert sein Bedauern, daß er heute morgen sehr beschäftigt ist, Sir. Doch da die Sache dringend zu sein scheint, würden Sie vielleicht im Speisezimmer mit ihm sprechen?«

Das war ganz und gar nicht, was Pitt sich vorgestellt hatte, aber er sah keine Alternative. Vielleicht war FitzJames bereit, mit ihm unter vier Augen zu reden, wenn er den Anlaß für Pitts Besuch erfuhr.

»Danke«, sagte Pitt zögernd.

Das Speisezimmer war ein großartiger Raum und offenbar dazu gedacht, mindestens zwanzig Menschen bequem Platz zu bieten. Samtvorhänge rahmten drei hohe Fenster, die alle auf einen kleinen, sehr förmlich angelegten Garten zeigten. Pitt sah eine kunstvoll beschnittene Hecke und Buchsbäume und einen in strengem Muster gepflasterten Weg. Der Tisch war mit einer gestärkten weißen Tischdecke, Silberbesteck und Porzellan gedeckt. Auf der Anrichte standen eine Schüssel mit Kedgeree, einem Reisgericht mit Fisch, eine zweite mit Bacon, Würstchen und Nierchen, eine dritte mit Eiern, die auf unterschiedliche Weise zubereitet waren und von denen allein ein halbes Dutzend Leute hätte satt werden können. Das Aroma der Speisen drang in Pitts Nase, doch seine Gedanken kehrten zur Pentecost Alley zurück, und er fragte sich, ob Ada McKinley jemals in ihrem Leben so viele gute Speisen auf einmal gesehen hatte.

Er durfte nicht vergessen, daß Finlay FitzJames' Schuld noch nicht erwiesen war.

Um den Tisch saßen vier Leute, die seine Aufmerksamkeit forderten. Der Mann an der Stirnseite des Tisches war ungefähr sechzig Jahre alt, hatte einen schmalen Kopf und ausdrucksstarke Züge. Es war das Gesicht eines Mannes, der sich aus eigener Kraft emporgearbeitet hatte und sich der Vergangenheit gar nicht und der Zukunft wahrscheinlich nur wenig verpflichtet fühlte. Sein Gesicht drückte Unerschrockenheit und Intoleranz aus. Herausfordernd betrachtete er Pitt, der es gewagt hatte, den häuslichen Frieden zur Frühstückszeit zu stören.

An seiner Seite saß eine attraktive Frau, die ebenfalls um die sechzig sein mochte. Ihre Züge verrieten Langmut und innere Kontrolle, als hätte sie ein kompliziertes Regelsystem verinnerlicht und wäre es gewohnt, sich danach zu richten. Vielleicht nahm sie an, Pitt sei Bankier oder Kaufmann. Sie neigte höflich den Kopf, doch in ihren weit auseinanderstehenden Augen lag keinerlei Interesse.

Ihr Sohn ähnelte ihr äußerlich. Er hatte dieselbe weite Stirn, den breiten Mund und die kräftigen Backenknochen. Er war um die dreißig, doch es verlor sich bereits die jugendliche Straffheit, und ein kleiner Fettansatz machte sich bemerkbar. Das mußte Finlay sein. Mit seinem dichten, gewellten Haar entsprach er genau der Beschreibung, die sowohl Nan als auch Rose gegeben hatten.

Die vierte in der Runde unterschied sich deutlich von den anderen. Die Tochter mußte ihr gutes Aussehen von Vorfahren vorangegangener Generationen geerbt haben. Ihrer Mutter ähnelte sie gar nicht, und von dem Vater hatte sie nur die ziemlich lange Nase. Doch bei ihr war sie schlank und verlieh ihrem Gesicht einen exzentrischen Zug, so daß es mehr als nur gewöhnlich hübsch wirkte. Sie strahlte Wagemut und Lebhaftigkeit aus und betrachtete Pitt mit wachem Interesse. Das lag aber vielleicht nur daran, daß er die übliche Monotonie des Frühstücks unterbrochen hatte.

»Guten Morgen, Mr. Pitt«, sagte Mr. FitzJames senior kühl, den Blick auf Pitts Karte gerichtet, die der Butler ihm gebracht hatte. »Welche Angelegenheit ist so dringlich, daß Sie mich um diese Zeit behelligen?«

»Ich möchte Mr. Finlay FitzJames sprechen«, erwiderte Pitt im Stehen, da er nicht aufgefordert worden war, Platz zu nehmen.

»Mit ihm können Sie durch mich sprechen«, sagte der Vater ohne einen Blick auf Finlay. Möglicherweise hatte er das mit seinem Sohn schon besprochen, während Pitt wartete.

Pitt unterdrückte seinen aufsteigenden Ärger. Es wäre unklug, den Mann gleich zu Beginn gegen sich aufzubringen. Vielleicht war es nur ein Mißverständnis, obwohl er das bezweifelte. Und wenn sich, wie er befürchtete, der Verdacht bestätigte und Finlay schuldig war, mußte der Fall abgewickelt werden, ohne daß es den geringsten Anlaß zur Klage gab. Er machte sich keine Illusionen darüber, daß FitzJames bis zum Letzten kämpfen würde, um seinen Sohn und seinen Namen zu schützen, und damit auch sich selbst.

Pitt begann sehr vorsichtig. Er verstand nur zu gut, warum Ewart sich an die Hoffnung klammerte, daß andere Indizien auftauchen würden, die die Ermittlungen in eine andere Richtung führen könnten.

»Sind Sie mit einer Gruppe bekannt, die sich Hellfire Club nennt?« fragte er höflich.

»Warum wollen Sie das wissen, Mr. Pitt?« FitzJames zog die Augenbrauen hoch. »Erklären Sie sich bitte. Warum sollten wir Ihnen über unsere Angelegenheiten Aufschluß geben? Diese Karte ... gibt lediglich Ihren Namen an, weiter nichts. Dennoch behaupten Sie, daß Sie in einer dringenden und unangenehmen Angelegenheit kommen. Wer sind Sie?«

»Hat es einen Unfall gegeben?« fragte Mrs. FitzJames besorgt. »Geht es um jemanden, den wir kennen?«

Ein Blick von FitzJames brachte sie zum Schweigen, und sie senkte die Augen, als wolle sie Pitt andeuten, daß sie keine Antwort erwarte.

»Ich bin Oberinspektor bei der Metropolitan Police Force«, erläuterte Pitt. »Und derzeit Leiter der Wache Bow Street.«

»Ach du große Güte!« Mrs. FitzJames war erschrocken und wußte nicht recht, wie sie sich verhalten sollte. Offenbar war sie noch nie in einer solchen Situation gewesen. Sie wollte etwas sagen, traute sich aber nicht. Sie sah Pitt an, ohne ihn recht wahrzunehmen.

Finlay war ebenfalls offen erstaunt.

»Früher war ich mal Mitglied in einem Club, der sich so nannte«, sagte er langsam mit gefurchter Stirn. »Aber das ist Jahre her. Wir waren nur zu viert und haben den Club, hm, vierundachtzig, so ungefähr, aufgegeben.«

»Ich verstehe«, sagte Pitt ruhig. »Können Sie mir die Namen der anderen Mitglieder geben, Sir?«

»Haben sie etwas angestellt?« fragte Miss FitzJames mit neugierig blitzenden Augen. »Warum wollen Sie das wissen, Mr. –

Pitt, richtig? Es muß etwas ganz Schlimmes sein, wenn der Leiter der Wache selbst kommt. Ich glaube, bisher habe ich immer nur Wachtmeister gesehen.«

»Sie still, Tallulah«, sagte FitzJames grimmig. »Oder du verläßt den Raum.«

Sie atmete ein und wollte sich rechtfertigen, doch als sie seinen Gesichtsausdruck bemerkte, ließ sie es, preßte die Lippen zusammen und senkte den Blick.

FitzJames tupfte sich mit der Serviette den Mund ab und legte sie dann neben seinen Teller. »Ich wüßte keinen Grund, warum Sie mich mit einer solchen Frage zu Hause belästigen sollten, Mr. Pitt, und dann zu dieser Tageszeit. Ein Brief hätte genügt.« Er machte Anstalten, sich vom Tisch zu erheben.

Pitt erwiderte mit ähnlicher Schärfe: »Die Angelegenheit ist weit ernster, als Sie denken. Ich hielt es für diskreter, Sie hier damit zu konfrontieren. Aber ich kann Sie auch zur Wache einbestellen, wenn Ihnen das lieber ist. Möglicherweise ist die Sache auch hier zu klären, aber wenn Sie es anders wünschen, kommen ich Ihnen gerne entgegen.«

Das Blut färbte FitzJames' Wangen dunkelrot, und er erhob sich, als könne er es nicht länger ertragen, daß Pitt stand und er zu ihm aufsehen mußte. Er war von großem Wuchs, und ihre Augen begegneten sich auf einer Höhe.

»Wollen Sie mich festnehmen, Sir?« fragte er mit starrem Kiefer.

»Das war nicht meine Absicht, Mr. FitzJames«, erwiderte Pitt. Er würde sich von diesem Mann nicht einschüchtern lassen. Wenn ein solches Muster erst einmal entstanden war, ließ es sich nicht wieder durchbrechen. Als Leiter der Wache in der Bow Street schuldete er diesem Mann nichts außer Höflichkeit und wahrheitsgemäßen Aussagen. »Doch wenn Sie es so sehen wollen, dann ist das Ihnen überlassen.«

FitzJames atmete scharf ein und wollte etwas erwidern. Doch dann wurde ihm bewußt, daß die Angelegenheit viel ernster sein mußte, als er ursprünglich angenommen hatte, sonst hätte Pitt sich nicht zu diesem Ton erdreistet.

»Vielleicht sollten Sie die Sache besser erklären.« Zu seinem Sohn gewandt sagte er: »Finlay! Wir werden uns in mein Arbeitszimmer begeben. Deine Mutter und deine Schwester müssen damit nicht behelligt werden.«

Mrs. FitzJames warf ihm einen bittenden Blick zu, doch er

hatte entschieden, und sie wußte, daß Widerspruch nicht geduldet wurde. Tallulah biß sich frustriert auf die Lippe, doch auch sie sagte nichts.

Finlay erhob sich und folgte seinem Vater und Pitt vom Speisezimmer durch die Halle mit den Gemälden in ein geräumiges Arbeitszimmer mit vielen Bücherschränken. Um den offenen Kamin standen rote Ledersessel, das Kamingitter war aus Messing und hatte eine Umrandung aus Leder. Hier konnten vier oder fünf Personen bequem sitzen, sich unterhalten oder lesen. Auf dem Beistelltischchen stand ein Flaschenhalter, und einige Bücher aus den verglasten Schränken lagen daneben.

»Also?« fragte FitzJames, sobald sie die Tür hinter sich geschlossen hatten. »Warum sind Sie gekommen, Mr. Pitt? Ich nehme an, daß es einen Vorfall oder eine Beschwerde gegeben hat. Mein Sohn hatte damit nichts zu tun, doch wenn er Ihnen in irgendeiner Weise helfen kann, wird er selbstverständlich alle Ihre Fragen beantworten.«

Pitt sah Finlay an, konnte dessen Ausdruck aber nicht entnehmen, ob der die Bevormundung durch seinen Vater ablehnte oder dankbar dafür war. Sein glattes, hübsches Gesicht verriet keinerlei tiefere Gefühle. Auf keinen Fall schien er besorgt.

Es hatte keinen Sinn, länger zu zögern. FitzJames hatte es ihm unmöglich gemacht, sich dem Thema allmählich zu nähern und ihn zu überraschen. Jetzt würde er zum Angriff übergehen.

»Es hat einen Mord gegeben – im East End«, sagte er ruhig und betrachtete Finlay. »Am Tatort wurde eine Anstecknadel vom Hellfire-Club gefunden.«

Er hatte damit gerechnet, Angst bei seinem Gegenüber zu sehen, ein Zucken im Moment der Enthüllung, auch wenn sie erwartet wurde, eine plötzliche Blässe. Er sah nichts dergleichen. Finlay war ungerührt.

»Die kann jederzeit dort verlorengegangen sein«, sagte FitzJames und überging die Nachricht von dem Mord. Er deutete auf einen Sessel für Pitt und setzte sich ihm gegenüber. Finlay ließ sich auf einem dritten Sessel links von Pitt nieder. »Ich vermute, Sie haben vor, mit allen ehemaligen Mitgliedern zu sprechen«, sagte FitzJames kühl. »Ich halte das allerdings nicht für notwendig. Nehmen Sie an, daß einer von ihnen Zeuge des Mordes geworden sein könnte?« Er zog die Augenbrauen etwas in die Höhe. »Wenn das der Fall gewesen wäre, hätten sie die Sache doch längst der Polizei gemeldet.«

»Die Leute erstatten nicht immer Meldung, wenn sie etwas sehen, Mr. FitzJames«, gab Pitt zurück. »Aus verschiedenen Gründen. Manchmal erkennen sie nicht, daß es wichtig ist, in anderen Fällen möchten sie nicht gerne zugeben, daß sie an einem Ort waren, weil ihnen entweder der Ort selbst peinlich ist oder aber die Gesellschaft, in der sie sich befanden – oder weil sie angegeben hatten, woanders zu sein.«

»Verständlich.« FitzJames entspannte sich ein wenig in seinem Sessel, doch er saß immer noch nach vorn gebeugt, die Unterarme auf die Sessellehne gelegt, die Hände um deren Rand. Die Haltung drückte ein Gefühl der Überlegenheit und Stärke aus und erinnerte an die großen Statuen des Pharao Ramses, die auf Photos und Zeichnungen in den Zeitungen abgebildet wurden. »Um welche Uhrzeit handelt es sich?«

»Gestern abend, von neun bis Mitternacht, oder ein wenig später«, sagte Pitt.

Kein Gesichtsmuskel regte sich in FitzJames' Gesicht, es war absichtlich ausdruckslos. Er wandte sich an seinen Sohn. »Wir können die Sache ganz schnell beilegen. Wo warst du gestern abend, Finlay?«

Finlay war verlegen, eher verärgert als besorgt, als hätte man ihn bei einer Indiskretion ertappt, doch weiter nichts. Zum ersten Mal schlich sich ein winziger Zweifel in Pitts Gedanken ein, ob Finlay wirklich an dem Mord beteiligt war.

»Ich bin ausgegangen ... Mit Courtney Spender. Wir waren in ein paar Clubs, haben ein bißchen gespielt, nicht viel. Eigentlich wollten wir ins Varieté gehen, haben es uns aber dann anders überlegt.« Er warf Pitt einen bedauernden Blick zu. »Verbrechen sind mir keine zu Gesicht gekommen, Inspektor. Und um ganz offen zu sein, mit den anderen ehemaligen Clubmitgliedern habe ich schon seit Jahren nichts mehr zu tun. Tut mir leid, daß ich Ihnen nicht helfen kann.«

Pitt unterließ es, Finlay hinsichtlich seines Rangs zu korrigieren. Er war sich fast sicher, daß Finlay log, nicht nur wegen der Anstecknadel, sondern auch, weil er der Beschreibung, die die beiden Mädchen gegeben hatten, so perfekt entsprach. Finlays Wangen hatten sich ein wenig gerötet, und er sah Pitt unverwandt und aus glänzenden Augen an.

FitzJames bewegte sich nervös, unterbrach aber nicht, und Finlay mied seinen Blick.

»Würden Sie mir freundlicherweise Mr. Spenders Adresse

geben, Sir?« fragte Pitt höflich. »Oder noch besser, wenn er ein Telefon besitzt, können wir die Sache gleich klären.«

Finlay ließ die Mundwinkel sinken. »Die ... die Adresse kann ich ihnen geben. Ob er ein ... ein Telefon hat, weiß ich nicht.«

»Ich denke, Ihr Butler wird das wissen«, sagte Pitt rasch, und zu FitzJames gewandt: »Darf ich ihn fragen?«

FitzJames erstarrte.

»Wollen Sie damit sagen, daß mein Sohn nicht die Wahrheit sagt, Mr. Pitt?«

»Nein, überhaupt nicht«, entgegnete Pitt, der mit den Unterarmen auf der Sessellehne wie das Spiegelbild von FitzJames wirkte. Finlay saß aufrecht auf der Sesselkante.

FitzJames atmete scharf ein, sagte aber nichts, sondern streckte die Hand nach der Glocke aus.

»Vielleicht ... vielleicht war das auch der Abend davor. Sprechen Sie von gestern abend?« Finlay sah ihn verwirrt an. Seine Wangen hatten sich gerötet, die Hände waren zu Fäusten geballt, und er rutschte unruhig hin und her.

»Wo waren Sie gestern abend, Sir?« Pitt durfte nicht lockerlassen.

»Äh ... nun ja ... um die Wahrheit zu sagen, Inspektor ...« Er wandte den Blick ab, sah dann wieder Pitt an. »Ich ... ich war betrunken und kann mich nicht mehr genau erinnern. Irgendwo im West End. Das weiß ich noch. Im East End waren wir nicht. Dazu gab es keinen Grund. Das ist nicht meine Welt, wissen Sie?«

»Waren Sie allein?«

»Nein! Natürlich nicht.«

»Und wer war bei Ihnen, Sir?«

Finlay rutschte auf seinem Sitz herum.

»Oh – verschiedene Leute – im Laufe des Abends. Herr im Himmel, ich führe doch keine Liste von allen, die ich so sehe! Die meisten jungen Männer gönnen sich von Zeit zu Zeit einen vergnüglichen Abend. Gehen in einen Club oder eine Varieté-Vorstellung, verstehen Sie? Nein, wahrscheinlich verstehen Sie das nicht.« Er war sich nicht sicher, ob er Pitt beleidigen wollte, das sah man seinem Gesichtsausdruck an.

»Bitte geben Sie mir doch Bescheid, sollten Sie das Glück haben, daß es ihnen wieder einfällt«, sagte Pitt und bemühte sich um einen höflichen Ton.

»Wieso?« fragte Finlay. »Ich habe nichts gesehen.« Er lachte verunsichert. »Würde sowieso keinen ordentlichen Zeugen abgeben, in dem Zustand, in dem ich war!«

Schließlich unterbrach sie FitzJames. »Mr. Pitt, Sie sind ohne Vorankündigung und zu einer höchst ungelegenen Zeit in mein Haus gekommen. Sie haben gesagt, daß es im East End einen Mord gegeben hat ... ein großes, nicht näher gekennzeichnetes Gebiet. Sie haben uns nicht gesagt, wer das Opfer ist und was das mit jemandem aus unserer Familie zu tun haben könnte, abgesehen von einer Anstecknadel von einem Club, die gefunden wurde. Offenbar war mein Sohn vor einigen Jahren Mitglied in diesem Club, ist es aber nicht mehr. Soweit ich weiß, hat der Club aufgehört zu existieren. Sie müssen bessere Gründe nennen, wenn Sie weiterhin unsere Zeit in Anspruch nehmen wollen.«

»Der Mord fand in der Pentecost Alley in Whitechapel statt«, erklärte Pitt und wandte sich wieder an Finlay. »Wann hat sich der Hellfire Club das letzte Mal getroffen, Mr. FitzJames?«

»Himmelherrgott, Mann!« begehrte Finlay auf, auch jetzt lediglich verärgert. »Vor Jahren! Was soll das denn? Eine Anstecknadel kann jedem auf der Straße herunterfallen oder in einem Club.« Er machte eine vage Handbewegung. »Das ist doch ohne Bedeutung. Sie kann schon seit ... was weiß ich ... seit Monaten dort gelegen haben, vielleicht schon seit Jahren!«

»Die Nadel ist ziemlich spitz«, erklärte Pitt. »Ich glaube, eine Prostituierte würde sie in ihrem Bett sehr schnell bemerken, spätestens nach fünf Minuten. In diesem Fall wahrscheinlich noch eher, da sie darauf lag.«

»Ja, und was hat sie gesagt, wo die Nadel her ist?« fragte FitzJames aufgebracht. »Sie schenken doch wohl einer gemeinen Hure nicht mehr Glauben als einem Gentleman, oder? Einem Gentleman, ganz zu schweigen davon, daß er mein Sohn ist.«

»Sie hat gar nichts gesagt.« Pitt ließ den Blick von einem zum anderen wandern. »Sie war tot, ihre Finger und Zehen waren gebrochen. Man hatte sie mit Wasser übergossen und mit ihrem eigenen Strumpf erwürgt.«

Finlay schluckte, er wurde aschfahl und sackte in sich zusammen.

FitzJames atmete tief und langsam ein, hielt den Atem an und stieß ihn dann geräuschvoll aus. Um den Mund herum war die Haut weiß, und auf seinen Wangen zeigten sich zwei rote Flecken. Er erwiderte Pitts Blick kalt und verächtlich.

»Wie bedauerlich.« Es fiel ihm schwer, seine Stimme unter Kontrolle zu halten. »Doch es hat nichts mit uns zu tun.« Er sah Pitt unverwandt an, als wolle er ihn hypnotisieren. »Finlay, du wirst dem Inspektor die Namen und Adressen der übrigen Mitglieder dieses unglückseligen Clubs geben. Darüber hinaus können wir Ihnen nicht behilflich sein.«

Pitt sah Finlay an. »Auf der Anstecknadel, die gefunden wurde, stand Ihr Name.«

»Er hat Ihnen bereits gesagt, daß er seit Jahren nichts mehr mit der Gruppe zu tun hat«, sagte FitzJames mit lauter werdender Stimme. »Zweifelsohne wurde die Nadel an den Präsidenten des ... Clubs ... zurückgegeben, und der hat sie verloren. Sie hat nichts mit dem Menschen zu tun, der die bedauernswerte Frau getötet hat. Ich könnte mir vorstellen, daß man bei einem Beruf wie dem Ihren mit Gefahren rechnen muß.«

Pitt wartete, daß sein aufwallender Zorn sich legte, und wollte eine Bemerkung vorbringen, mit der er die gedankenlose Arroganz dieses Mannes zerschmettern und ihm Ada McKinley und die anderen Frauen vor Augen führen könnte, wie er selbst sie sah: nicht schön, nicht klug oder unschuldig, aber doch ebenso menschlich wie alle anderen. Auch sie hatte Hoffnung und Schmerz empfunden, wie seine Tochter, die in ihrem hübschen Musselinkleid mit der Spitzenbordüre im Speisezimmer saß und in ihrem zukünftigen Leben niemals die Erfahrung von Hunger oder körperlicher Bedrohung machen würde. Ihr gröbstes Vergehen könnte darin bestehen, dasselbe Kleid wie ihre Gastgeberin zu tragen oder über den falschen Witz zu lachen.

Aber er fand nicht die Worte, die das vermitteln würden. In dem Verständnis dieser beiden Männer war Ada McKinley genau das, was Fitzjames in ihr sah.

»Selbstverständlich«, sagte er kalt. »Aber leider kann es sich die Polizei nicht aussuchen, in welchen Mordfällen sie ermittelt und wohin die Ermittlungen sie führen.« Die Doppeldeutigkeit dieser Bemerkung war beabsichtigt, auch wenn keiner der beiden sie verstand.

»Das versteht sich«, konzedierte FitzJames stirnrunzelnd. Das Gespräch war seiner Ansicht nach ins Leere gelaufen, das wurde aus seinem Gesichtsausdruck klar. Zu Finlay gewandt sagte er: »Wann hast du die Anstecknadel zum letzten Mal gesehen?«

Finlay fühlte sich sichtlich unwohl. Dafür konnte es eine Reihe von Gründen geben: Es irritierte ihn, mit dem Mord an einer Straßendirne in Zusammenhang gebracht zu werden; es war ihm peinlich, daß er getrunken hatte und über die Geschehnisse des vorangegangenen Abends keine Auskunft geben konnte; es beunruhigte ihn, daß er die Namen seiner Freunde nennen sollte und so auch sie in die Sache hineinzog. Vielleicht war da auch der Verdacht, daß einer von ihnen tatsächlich etwas mit dem Mord zu tun hatte. Vielleicht auch die Angst vor dem, was sein Vater zu ihm sagen würde, wenn Pitt gegangen war.

»Das ... kann ich wirklich ... nicht sagen.« Er sah Pitt direkt an und hielt die Arme noch immer vor dem Bauch verschränkt. Vielleicht war ihm schlecht nach der durchzechten Nacht. Seine Augen wirkten tatsächlich etwas verquollen, und Pitt konnte sich gut vorstellen, daß sein Kopf brummte. »Es ist Jahre her, da bin ich mir sicher«, sagte er ohne Regung. »Mindestens fünf.« Er mied den kalten Blick seines Vaters. »Damals habe ich sie verloren. Ich glaube nicht, daß einer meiner Freunde sie hatte, es sei denn aus Zufall oder zum Scherz.«

Pitt hatte das sichere Gefühl, daß das nicht die ganze Wahrheit war, doch FitzJames sah ihn mit abweisender Kälte an. Auch nicht das geringste Zeichen von Überraschung war in seinem Blick zu sehen. Er hatte diese Antwort erwartet, als wüßte er die genauen Worte. Hatten sie das geübt?

»Und die Namen der anderen Mitglieder?« fragte Pitt müde. Der Mangel an Schlaf machte sich jetzt bemerkbar sowie seine innere Erschöpfung nach den Stunden der Trostlosigkeit in dunklen Straßen und Gassen, in denen es nach Unrat und Ausweglosigkeit roch. »Ich brauche die Namen, Mr. FitzJames. Jemand hat die Nadel gestern nacht unter der Leiche einer Frau, die er umgebracht hat, liegengelassen.«

FitzJames zuckte angewidert zusammen, blieb aber still sitzen, nur die Finger umfaßten die Lehne mit mehr Druck.

Finlay war immer noch sehr blaß um den Mund, als wäre ihm übel.

In der Ecke stand eine Uhr und tickte laut und kräftig. Vor der Tür hörte man die Schritte eines Zimmermädchens auf dem Parkettfußboden.

»Wir waren nur zu viert«, sagte Finlay schließlich. »Norbert Helliwell, Mortimer Thirlstone, Jago Jones und ich. Ich kann Ihnen die Adressen von Helliwell und Thirlstone geben. Wo Jones ist, weiß ich nicht. Ich habe seit Jahren nichts von ihm gehört. Es hieß, er sei Pfarrer geworden, aber das war wahrscheinlich nur ein

Witz. Jago war ein lustiger Kerl, mit dem hatte man viel Spaß. Ich könnte mir eher denken, daß er nach Amerika gegangen ist. Er gehörte zu denen, die in den Westen gehen würden – Texas oder die Barbary Coast.« Er wollte lachen, aber es mißlang ihm.

»Würden Sie bitte die beiden Adressen für mich aufschreiben?« bat Pitt ihn.

»Ich glaube nicht, daß die Ihnen helfen werden!«

»Vielleicht nicht, aber es ist ein Anfang.« Pitt lächelte. »Der Mann wurde nämlich gesehen. Von mindestens zwei Zeugen.«

Er hatte erwartet, daß Finlay aufschrecken, vielleicht sogar zusammenbrechen würde, aber nichts dergleichen geschah.

Finlays Augen wurden rund. »Wirklich? Dann wissen Sie ja, daß ich es nicht war, zum Glück! Nicht, daß ich solche Frauen kennen würde«, fügte er hastig hinzu. Es war gelogen, und das nicht sehr geschickt. Diesmal errötete er und schien die Aussage zurücknehmen zu wollen.

Statt dessen war es FitzJames, auf dessen Gesicht für einen winzigen Moment, ganz untypisch für ihn, ein Ausdruck von Angst stand und gleich darauf wieder verschwand. Jetzt sah er Pitt verärgert an, vielleicht, weil er glaubte, dieser hätte seine Angst gesehen. Verursacht hatte Pitt sie allemal, und das würde er ihm nicht verzeihen.

»Ich glaube nicht, daß es Helliwell oder Thirlstone waren«, sagte Finlay in das Schweigen hinein. »Aber wenn Sie darauf bestehen, werden Sie das selbst herausfinden. Über Jago Jones kann ich nichts sagen, er wird sicherlich nicht so leicht zu finden sein. Ich weiß noch nicht einmal, ob er Familie hat. Man fragt nicht danach, wenn es nicht sowieso klar ist. Ist auch besser so, wenn einer nichts Besonderes vorzuweisen hat, was bei ihm der Fall zu sein schien.«

Viel mehr gab es für Pitt nicht zu tun. Er überlegte, ob er sich den Mantel zeigen lassen sollte, den Finlay am Vorabend getragen hatte. Aber danach könnte er den Diener noch zu einem späteren Zeitpunkt fragen, es sei denn, Finlay hatte ihn vernichtet.

»Bleibt nur noch der Manschettenknopf«, sagte er schließlich. »Er ist eher ungewöhnlich und wurde in der Ritze eines Sessels im Zimmer der Frau gefunden. Die Buchstaben F. F. J. sind darauf eingraviert, und er hat einen Prägestempel. Die Kunden, die normalerweise zu ihr gehen, würden so etwas nicht besitzen.«

FitzJames wurde kreidebleich, seine Fingerknöchel traten hervor, weil er die Sessellehne umklammert hielt. Er schluckte mühsam. Seine Kehle war wie zugeschnürt, als würde sein Kragen ihn würgen.

Finlay seinerseits war verlegen. Sein hübsches, etwas weichliches Gesicht drückte nichts anderes aus als Verwirrung.

»Ich hatte mal so ein Paar...«, murmelte er. »Meine Schwester hatte sie mir geschenkt. Einen habe ich verloren ... schon vor Jahren. Ich wollte es ihr nie sagen. Schön dumm von mir. Ich kam mir blöd vor, weil ich wußte, daß sie teuer waren. Ich wollte mir immer einen nachmachen lassen, damit sie nichts merkt.«

»Wie ist er in die Sesselritze in Ada McKinleys Zimmer gelangt, Mr. FitzJames?« fragte Pitt mit einem schwachen Lächeln.

»Weiß der Himmel«, erwiderte Finlay. »Ich sagte schon, ich gehe nicht in solche Etablissements! Ich habe nie von ihr gehört! Vermutlich ist das die Frau, die ermordet wurde?«

FitzJames lief vor Wut und Verachtung rot an.

»Gott im Himmel, Junge, sei doch nicht so ein Idiot. Natürlich bist du schon zu Frauen wie ihr gegangen!« Er sah Pitt an. »Aber der Manschettenknopf kann schon seit Jahren dort liegen! Sie können es nicht mit gestern abend und den Geschehnissen der letzten Nacht in Verbindung bringen. Finden Sie die anderen jungen Männer. Versuchen Sie, etwas über diese Frau herauszubekommen. Wahrscheinlich wurde sie in einem Streit über Geld oder von einer Konkurrentin umgebracht. Damit sollten Sie sich befassen.« Er erhob sich und wirkte einen Moment lang steif, als habe die Anspannung seine Gelenke bewegungsunfähig gemacht. »Wir werden Ihnen die Adressen aufschreiben. Jetzt muß ich mich um meine Geschäfte kümmern. Ich bin verspätet für meine Termine in der City. Auf Wiedersehen, Sir.« Dann ging er aus dem Raum, ohne sich umzusehen, und ließ Finlay mit Pitt allein.

Finlay war sehr unbehaglich zumute. Es war ihm peinlich, einer Lüge überführt und zudem vor Pitt getadelt worden zu sein. Er hatte sich dumm verhalten, das war unverzeihlich. Er hatte aus Feigheit gesprochen, aus dem spontanen Bedürfnis, zu leugnen und sich herauszuwinden, und darauf konnte kein Mann stolz sein. Jetzt mußte er Pitt die Adressen seiner Freunde geben, auch das war unumgänglich, aber es paßte ihm nicht. Viel ehrenhafter und einem Gentleman angemessener wäre es doch, dies verweigern zu können.

»Ich habe keine Ahnung, wo Jago Jones ist«, sagte er mit einiger Befriedigung. »Ich habe ihn seit Jahren nicht gesehen. Weiß der Himmel, wo er sich rumtreibt. Er war immer ein wenig der Außenseiter.«

»Ich bin mir sicher, daß ich ihn aufspüren kann«, sagte Pitt mit einem kalten Lächeln. »In den Unterlagen des Militärs oder durch das Außenministerium zum Beispiel.«

Finlay sah ihn aus großen Augen an. »Ja, richtig.«

»Mr. Helliwell?« Pitt ließ nicht locker.

»Ach so… ja. Taviton Street. Nummer siebzehn, glaube ich, oder fünfzehn.«

»Danke.« Pitt nahm sein Notizheft heraus und schrieb die Adresse auf. »Und Mr. Thirlstone?«

»Cromer Street. Die geht von der Gray's Inn Road ab.«

»Die Nummer?«

»Irgendwas mit vierzig. Genau weiß ich es nicht. Tut mir leid.«

Pitt schrieb auch das auf. »Danke.«

Finlay schluckte. »Sie haben aber sicher nichts mit dieser Sache zu tun. Ich habe keine Ahnung, wo diese Anstecknadel herkommt, aber… aber ich schwöre, es hat nichts mit ihnen zu tun. Es war von Anfang an ein ziemlich blöder Club. Die Vorstellung junger Männer, wie man sich prächtig amüsiert, war aber doch ziemlich dumm und ganz harmlos… aber, na ja…« Er zog die Schultern in einer übertriebenen Geste hoch. »Man trinkt, was das Zeug hält, spielt und verliert mehr, als man sich leisten kann… und so. Ziemlich unreif… könnte man sagen. Aber eigentlich keine schlechten Kerle.«

»Bestimmt«, sagte Pitt ohne rechte Überzeugung. Manch einer, den man für anständig hielt, hatte eine dunkle und recht rohe Seite.

»Wie ich schon sagte, die Anstecknadel kann schon vor Jahren verlorengegangen sein«, sprach Finlay weiter und sah Pitt mit gefurchter Stirn eindringlich an. »Ich kann mich nicht erinnern, wann ich meine das letzte Mal gesehen habe. Weiß der Himmel.«

»In Ordnung, Sir«, sagte Pitt unverbindlich. »Danke für die Adressen.« Dann verabschiedete er sich und ging. Der unverändert freundliche Butler führte ihn zur Tür.

Norbert Helliwell war nicht zu Hause. Er war früh im Park ausgeritten, erklärte sein Butler, und hatte nach einem ausgiebigen Frühstück beschlossen, den Morgen in seinem Club zu verbringen. Der Regency Club befand sich in der Albemarle Street. Der

Butler drückte allerdings – nicht in Worten, aber in seiner Miene – Zweifel aus, ob Pitt dort eingelassen werden würde.

Pitt dankte für die Auskunft und nahm eine Droschke, die ihn in südlicher, dann in westlicher Richtung zum Piccadilly brachte. Je länger er darüber nachdachte, desto mehr war er überzeugt, daß er von Norbert Helliwell nichts Nützliches erfahren würde. Bei seinem Besuch im Hause FitzJames hatte manches ihn überrascht. Mit Ausflüchten, Verärgerung und Verlegenheit hatte er gerechnet. Darauf, daß Augustus FitzJames derart dominierend sein würde und bereit war, seinen Sohn zu verteidigen, ob der nun schuldig war oder nicht, war er ebenfalls vorbereitet gewesen.

Pitt sank in die Polster der Droschke, während die sich ihren Weg durch den morgendlichen Verkehr bahnte. Es war angenehm warm, ein leichter Wind wehte. Damen der Gesellschaft fuhren aus, um zu sehen und gesehen zu werden. Ein paar offene Landauer waren unterwegs, ebenso einige Gigs. Ein Brauereifuhrwerk ratterte vorbei. Die kräftigen Pferde mit ihren zotteligen Mähnen leuchteten in der Sonne, das Zaumzeug blinkte, das Fell der Tiere war glatt wie Satin. Geschäftsleute schritten mit entschlossenem Gesichtsausdruck auf dem Gehweg einher und lüfteten den Zylinder, wenn sie einem Bekannten begegneten.

Es war Finlay FitzJames gewesen, der Pitt überrascht hatte. Er log, darüber bestand kein Zweifel, doch log er nicht so, wie Pitt es erwartet hatte. Natürlich war er zu Frauen wie Ada McKinley gegangen. Es zu leugnen war eine spontane Reaktion, der Versuch, sich vor einem Fremden zu verteidigen. In ihm steckte eine tiefe Angst, doch nicht vor den Dingen, die zu vermuten gewesen wären. Auf die Nachricht von Adas Tod hatte er keine Reaktion gezeigt, außer dem schalen Bedauern, wie es bei jedem jungen Mann zu erwarten gewesen wäre. War es wirklich so, daß er sie kaum als Menschen betrachtete und die Mordtat keine Gefühle in ihm auslöste? Noch nicht einmal die Angst, für die Tat büßen zu müssen?

War der Gang zu einer Prostituierten vergleichbar mit einem Jagdabenteuer, dem Sport für Gentlemen – die Verfolgung war der Sport, die Tötung lediglich die natürliche Folge? Und ohnehin – galten Füchse nicht als Schädlinge?

Seine Gedanken wurden unterbrochen, weil sie am Eingang des Regency Clubs angelangt waren. Er stieg aus, bezahlte für die Fahrt und ging die Stufen zum Eingang hinauf.

»Sind Sie Mitglied, Sir?« fragte der Portier. Sein Gesicht war ausdruckslos, doch der Ton seiner Frage machte es offensichtlich, daß er Pitt als Nichtmitglied erkannte.

»Nein«, antwortete Pitt und zwang sich zu einem Lächeln. »Ich muß mit einem der Mitglieder über eine heikle und äußerst unangenehme Angelegenheit sprechen. Vielleicht könnten Sie ihm diese Mitteilung überbringen und mich an einen Ort führen, wo ich ungestört mit ihm reden und ihm eine peinliche Situation in der Öffentlichkeit ersparen kann.«

Der Portier musterte ihn, als sei er ein Erpresser.

Pitt lächelte immer noch. »Ich bin von der Polizei«, fügte er hinzu. »Von der Bow Street.«

»Ich verstehe.« Der Portier verstand überhaupt nichts. Pitt entsprach seinem Bild von solchen Personen nicht im entferntesten.

»Wenn ich Sie dann bitten dürfte?« sagte Pitt eine Spur bestimmter. »Ich möchte Mr. Norbert Helliwell sprechen. Von seinem Butler weiß ich, daß er hier ist.«

»Jawohl, Sir.« Der Portier wußte nicht, wie er mit dieser unglücklichen Situation umgehen sollte, ohne daß sie ihm völlig aus der Hand glitt. Er wies den Steward an, Pitt in einen kleinen Nebenraum zu führen, der möglicherweise für solche Zwecke genutzt wurde. Man konnte Pitt unmöglich in der Eingangshalle stehen lassen, wo er mit anderen Mitgliedern sprechen und das Unheil noch vergrößern konnte. Der Steward tat, wie ihm geheißen, drehte sich dann auf dem Absatz um und benachrichtigte Helliwell, daß ein Besucher ihn zu sprechen wünschte.

Norbert Helliwell war Anfang dreißig und von ganz unauffälligem Äußeren. Man hätte ihn jederzeit für einen beliebigen jungen Mann aus gutem Hause und mit ausreichendem Einkommen halten können.

»Guten Morgen, Sir.« Er kam herein und schloß die Tür. »Von Prebble höre ich, daß es eine Unannehmlichkeit gibt, in der Sie glauben, daß ich Ihnen helfen kann. Nehmen Sie doch Platz.« Er deutete auf einen Sessel und ließ sich entspannt in einem der anderen nieder. »Worum geht es denn?«

Pitt hatte nie einen weniger schuldbewußt wirkenden Menschen gesehen.

»Ich habe ungefähr zehn Minuten«, fuhr Helliwell großmütig fort. »Dann bin ich mit meiner Frau und meiner Schwiegermutter verabredet. Sie machen einen Einkaufsbummel. Die Damen

51

lieben das, müssen Sie wissen.« Er zuckte mit den Achseln. »Vielleicht ist Ihnen das unbekannt. Auf jeden Fall werden sie sehr ungehalten, wenn man sie warten läßt. Das gehört sich nicht. Man schafft sich nur Ärger. Das verstehen Sie doch, oder? Es gibt wohl nur zwei Sorten von Frauen...« Er lächelte. »Zumindest von denen, die auf der Straße stehen. Wissen Sie noch, da gab es doch diesen schrecklichen Fall von einer hochanständigen Frau, die beim Einkaufen verhaftet wurde!« Seine Stimme war voller Hohn, und in der Tat hatte der Fall die Polizei in keinem guten Licht erscheinen lassen.

»Dann werde ich sogleich zum Anlaß meines Besuches kommen«, erwiderte Pitt, der merkte, daß er diesen Mann vorschnell beurteilte. Helliwells Einstellung nahm Pitt nicht für ihn ein. »Waren Sie einmal Mitglied in einer Vereinigung für junge Männer, die sich Hellfire Club nannte?«

Helliwell war verdutzt, doch zeichnete sich keine Beunruhigung in seinem glatten, etwas blasierten Gesicht ab.

»Vor langer Zeit. Warum? Gibt es den Club wieder?« Er zuckte leicht mit den Achseln. »Keine sehr originelle Idee. Ziemlich einfallsloser Name, wenn man es genau nimmt. Die Sprache von Dandys aus dem West End, finden Sie nicht auch?« Er lehnte sich zurück und schlug die Beine übereinander. »Heute ist es Mode, Ästhet zu sein, wenn man die Energie dazu hat. Ich persönlich könnte nicht mit solcher Leidenschaft über Kunst sprechen. Das Leben nimmt mich zu sehr in Anspruch!« Er lachte leise.

Verriet seine Stimme eine innere Anspannung, oder bildete Pitt sich das ein?

»Hatten Sie eine Anstecknadel, ungefähr von der Größe?« Pitt deutete mit Zeigefinger und Daumen eine Größe von ungefähr zweieinhalb Zentimetern an. »Emailliertes Gold, und Ihr Name auf der Rückseite eingraviert?«

»Daran erinnere ich mich nicht«, sagte Helliwell und sah ihn ohne Verlegenheit an. »Vielleicht hatten wir so etwas. Warum? Ist das jetzt wichtig? Das ist Jahre her. Wir sind uns seit Ewigkeiten nicht begegnet, seit...« Er atmete tief ein. Er war eindeutig etwas blasser geworden. »Ich weiß nicht mehr, seit wann... Lange bevor ich geheiratet habe. Seit mindestens sechs Jahren nicht mehr.« Er lächelte wieder und ließ seine blendendweißen Zähne blitzen. »War eine Sache für Junggesellen, wissen Sie.«

»Das habe ich mir gedacht«, sagte Pitt. »Haben Sie die

Ansteclnadel noch?« Helliwells Unsicherheit, wenn es je eine gegeben hatte, überging er einfach.

»Keine Ahnung.« Er war überrascht und ein wenig belustigt.

»Glaube ich nicht. Wieso auch? Vielleicht könnten Sie erklären, worum es eigentlich geht. Bisher haben Sie noch nichts erwähnt, was auch nur im entferntesten dringend oder wichtig wäre. Dem Portier haben Sie gesagt, es handle sich um eine unangenehme Angelegenheit. Jetzt kommen Sie endlich zur Sache, oder ich muß gehen.« Er nahm eine schwere goldene Uhr an einer gleichermaßen schweren goldenen Kette aus der Westentasche und sah betont auffällig darauf. »In drei Minuten muß ich auf jeden Fall gehen.«

»Gestern nacht wurde eine Frau ermordet, und unter ihrer Leiche lag eine Hellfire-Ansteclnadel«, sagte Pitt und betrachtete Helliwells Augen und Miene.

Helliwell schluckte hastig, verlor aber nicht die Fassung. Es vergingen ein paar Sekunden, bevor er antwortete.

»Das tut mir leid. Doch wenn es meine Ansteclnadel war, kann ich Ihnen versichern, daß ich nichts damit zu tun habe. Ich habe mit meinem Schwiegervater diniert und bin danach sofort in der Kutsche nach Hause gefahren. Meine Frau kann das bestätigen, meine Dienstboten ebenso. Wer war die Frau?« Seine Stimme gewann an Festigkeit, während er weitersprach, sein Gesicht nahm wieder Farbe an. »War es meine Ansteclnadel? Vielleicht kann ich feststellen, wo ich sie verloren habe oder ob sie gestohlen wurde. Obwohl ich bezweifle, daß dabei etwas herauskommt. Es kann schon Jahre her sein.«

»Nein, Sir, es war nicht Ihre Ansteclnadel. Aber...«

Helliwell erhob sich, sein Gesicht lief vor Zorn rot an. »Warum belästigen Sie mich dann, Hergott noch mal?« fragte er. »Das ist doch unerhört, Sir. Wessen –« Er unterbrach sich, eine Hand blieb mitten in der Luft stehen.

»Ja?« fragte Pitt und erhob sich ebenfalls. »Ich komme mit Ihnen. Was wollten Sie sagen...?«

»Wessen...« Helliwell schluckte. »Wessen Ansteclnadel war es denn?« Er ging zur Tür.

»Soweit ich weiß, gab es nur vier Mitglieder«, fuhr Pitt fort. »Stimmt das?«

»Ehm...« Ganz offensichtlich erwog Helliwell eine Lüge, ließ es aber bleiben. »Ja... ja, das stimmt. Zumindest zu meiner Zeit. Ich bin dann ausgetreten, Inspektor... ich meine... Oberinspektor. Danach sind vielleicht andere eingetreten.« Er lächelte gezwungen.

Pitt ging zur Tür und öffnete sie für Helliwell. »Ich möchte Sie nicht von der Verabredung mit Ihrer Frau und Ihrer Schwiegermutter fernhalten.«

»Nein. Also ... tut mir leid, daß ich Ihnen nicht behilflich sein konnte.« Helliwell verließ den Raum, durchschritt die Eingangshalle und ging zur Tür, wo er dem Portier zunickte.

Pitt folgte ihm auf dem Fuß. »Was wissen Sie über die anderen, die zu Ihrer Zeit Mitglieder waren?« fragte er.

Helliwell trat durch die Tür und schritt die Stufen hinunter.

»Oh ... nicht viel. Anständige Kerle. Jetzt sind sie natürlich alle ein bißchen älter und weiser.« Er ging leicht darüber hinweg und fragte auch nicht noch einmal nach, wessen Anstecknadel gefunden worden war.

»Mortimer Thirlstone?« Pitt beschleunigte seine Schritte, um mit Helliwell mithalten zu können, der die Albemarle Street entlang auf Piccadilly zustrebte und so schnell ging, daß er fast mit den Passanten zusammenstieß. Ein Landauer, in dem drei Damen spazierenfuhren, war auch nicht schneller als er.

»Habe ihn seit Ewigkeiten nicht gesehen«, sagte Helliwell ganz außer Atem. »Kann Ihnen wirklich nicht sagen, was der jetzt macht.«

»Finlay FitzJames?«

Helliwell blieb so abrupt stehen, daß ein Mann in Nadelstreifenhosen, der zwei Schritte hinter ihm ging, stolperte und mit ihm kollidierte.

»Entschuldigung!« sagte der Mann, obwohl ganz offensichtlich Helliwell schuld an dem Zusammenprall war. »Können Sie sich nicht ein wenig vorsehen?«

»Was?« Helliwell blickte ihn überrascht an. Außer sich selbst und Pitt hatte er niemanden wahrgenommen. »Oh. Ich habe Sie behindert? Dann gehen Sie doch um Himmels willen um mich herum!«

Der Mann rückte seinen Hut zurecht, starrte Helliwell an und setzte dann mit schwingendem Regenschirm seinen Weg fort.

»Finlay FitzJames«, wiederholte Pitt.

»Mit dem müssen Sie schon selbst sprechen«, sagte Helliwell und schluckte wieder. »Ich nehme an, daß er seine Anstecknadel schon vor Jahren verloren hat. Warum sollte er sie aufheben? Jetzt müssen Sie mich aber entschuldigen. Da drüben an der

54

Ecke sind sie schon.« Er zeigte über die Straße, wo tatsächlich eine Kutsche ihr Tempo verlangsamte und eine sehr gut gekleidete Dame in ihre Richtung blickte. Ein älteres, sehr würdevoll wirkendes Ehepaar saß bequem in die Polster gelehnt, die Frau blickte in Fahrtrichtung, der Mann nach hinten.

Pitt verneigte sich, und sie nickten zurück.

Helliwell hatte nun die Wahl, Pitt entweder vorzustellen oder sich abrupt von ihm zu trennen, was als grobe Unhöflichkeit verstanden werden würde und einer Erklärung bedurfte.

Also stieß er einen unterdrückten Fluch aus und traf seine Entscheidung. Er eilte auf die Kutsche zu, zauberte ein Lächeln auf sein Gesicht und sprach mit affektiert herzlicher Stimme.

»Meine liebe Adeline. Schwiegermama. Schwiegerpapa. Was für ein schöner Tag. Darf ich euch Mr. Pitt vorstellen. Wir haben uns zufällig im Club kennengelernt. Wir haben ein paar gemeinsame Bekannte – von früher. Mr. Pitt, das sind meine Frau, meine Schwiegereltern, Mr. und Mrs. Joseph Alcott.«

Nachdem er die Vorstellung bewältigt hatte, machte Helliwell Anstalten, in die Kutsche zu steigen.

»Und Mr. Jago Jones?« fragte Pitt freundlich.»Können Sie mir sagen, wo ich den finden kann?«

»Nicht die geringste Ahnung«, sagte Helliwell sofort.»Tut mir leid, mein Freund. Habe ihn seit Jahren nicht gesehen. War schon immer etwas unberechenbar. Eine zufällige Bekanntschaft, keine verbindenden Gemeinsamkeiten, Sie verstehen doch? Kann Ihnen leider nicht helfen.« Er legte die Hand auf den Türgriff.

»Und Mr. Thirlstone«, blieb Pitt hartnäckig.»War der auch ein zufälliger Bekannter?«

Bevor Helliwell antworten konnte, beugte sich seine Frau vor und sagte mit einem Blick auf ihren Mann und dann auf Pitt:

»Meinen Sie Mr. Mortimer Thirlstone, Sir? Nein, das ist keine zufällige Bekanntschaft. Wir sind recht gut mit ihm bekannt. War er nicht erst letztens auf der Soirée bei Lady Woodville? Er kam doch in Begleitung von Violet Kirk, ich erinnere mich genau. Es gibt Gerüchte, daß es bald zu einer Verlobung kommen wird. Das weiß ich, weil sie es mir selbst gesagt hat.«

»Davon solltest du nicht sprechen, meine Teure«, sagte Helliwell mit heiserer Stimme und wurde rot.»Nicht, solange sie nicht bekanntgegeben ist. Das könnte außerordentlich peinlich werden. Was, wenn es doch nicht stimmt?« Er öffnete die Tür und wollte schon in die Kutsche steigen, als seine Frau wieder an ihm vorbei zu Pitt sprach. Sie hatte ein hübsches Gesicht und wunderbares braunes Haar. »Haben Sie nicht auch nach Mr. Jago Jones gefragt?«

»Ja, Ma'am«, sagte Pitt rasch. »Kennen Sie ihn?«

»Nein, aber ich bin mir sicher, daß Tallulah FitzJames Ihnen Auskunft geben könnte. Er war einmal ein guter Freund ihres Bruders Finlay, den wir auch kennen.« Sie sah Helliwell an, dessen Blick sie zum Verstummen hätte bringen müssen. Doch sie richtete ihr charmantes Lächeln wieder auf Pitt. »Ich bin mir sicher, wenn Sie sie fragen und erklären, daß es wichtig ist, wird sie Ihnen helfen. Sie ist eine sehr nette Frau und überaus freundlich.«

»Sie ist eine flatterhafte junge Frau, und mir wäre es lieber, wenn du nicht mit ihr verkehren würdest«, sagte Mr. Alcott plötzlich. »Deine Einschätzung ist viel zu großzügig, mein Liebes.«

»Du solltest dich ein bißchen mehr nach dem richten, was die Leute sagen«, fügte Mrs. Alcott hinzu. »Dann wüßtest du auch, daß ihr Ruf leidet, je älter sie wird und nicht heiratet. Bestimmt hatte sie Anträge.« Mit ihrer behandschuhten Hand machte sie eine kleine Geste. »Der Vater hat Geld, die Mutter kommt aus gutem Hause, und das Mädchen ist recht hübsch, auf ihre Art. Wenn sie nicht bald heiratet, werden die Leute zu munkeln beginnen.«

»Ich stimme dir zu«, sagte Helliwell hastig. »Am besten, du bist einfach nur höflich zu ihr, wenn ihr euch begegnet, was eher unwahrscheinlich ist. Mit ihrer Clique solltest du nichts zu tun haben. Ich finde, ›flatterhaft‹ ist noch eine sehr milde Beschreibung, Schwiegermama. Ich hätte eine weniger schmeichelhafte gewählt.« Sein Ton beschloß das Thema, und er drehte sich zu Pitt um und sagte: »Schön, Sie kennengelernt zu haben, Sir.« Dann schwang Helliwell sich in die Kutsche und schlug die Tür zu. »Auf Wiedersehen.« Er gab dem Fahrer das Zeichen loszufahren, und Pitt blieb allein im Sonnenschein stehen.

Oberflächlich betrachtet unterschied sich Mortimer Thirlstone erheblich von Helliwell. Er war groß und schlank und gab sich in Gebaren und Kleidung als Künstler. Sein Haar war lang und in der Mitte gescheitelt. Er trug ein Hemd aus edler Seide und ein sorgfältig geschlungenes Halstuch, dazu ein legeres Jackett. Doch er trat mit demselben Selbstbewußtsein wie Helliwell auf, als sei er sich seines guten Aussehens bewußt und könne darauf vertrauen, daß ihm sein Erscheinungsbild auch in Zukunft die Aufmerksamkeit seiner Mitmenschen garantiere, an die er bereits gewöhnt war.

Er stand mitten auf dem Weg, der in sanften Windungen durch den Regents Park zum Botanischen Garten führte. Sein Gesicht hielt er lächelnd dem verschleierten Sonnenschein zugewandt. Pitt hatte den halben Morgen dazu gebraucht, ihn aufzuspüren, was nur durch hartnäckiges Fragen gelungen war.

»Mr. Thirlstone?« fragte Pitt, obwohl er sicher war, daß er den richtigen Mann vor sich hatte.

»So ist es, Sir«, sagte Thirlstone, ohne den Blick zu senken. »Ist es nicht ein hinreißender Nachmittag? Können Sie die vielfältigen Düfte der Blumen, einheimischer wie exotischer, wahrnehmen, die außerhalb unseres Blickfeldes wachsen? Wie wunderbar ist doch die Natur! Wir würdigen sie nicht genug. Sie hat uns mit den Sinnen ausgestattet, und was tun wir? Wir mißachten sie meistenteils, Sir, wir mißachten sie. Aber was kann ich für Sie tun, außer Sie auf Ihren Geruchssinn aufmerksam zu machen?«

»Vor einigen Jahren gehörten Sie einer Organisation an, die sich Hellfire Club nannte …«, begann Pitt.

»Organisation.« Thirlstone senkte den Blick und sah Pitt amüsiert an. »Wohl kaum, Sir. Organisiert war das nie! Mir widerstrebt jegliche Organisation. Sie ist die Antithese zu Vergnügen und Kreativität. Sie ist der armselige Versuch des Menschen, dem Universum, das sich seinem Verständnis ganz und gar entzieht, sein Zeichen aufzudrücken. Erbärmlich.« Eine Hummel trudelte vorbei. Er sah ihr erfreut nach. »Die Natur weiß zu organisieren«, fuhr er fort. »Wir sehen in vollkommener Unwissenheit zu und fürchten uns gewöhnlich. Ehrfurcht, Sir, das ist angemessen. Furcht hingegen macht dumm. In dem Unterschied liegt das ganze Ausmaß der wahren Gefühle. Wie finden Sie das?«

Pitt war ihm nicht gefolgt.

»Der Hellfire Club, Sir!« rief Thirlstone aus. »Was wollen Sie wissen? Eine jugendliche Dummheit. Ich persönlich bin da nicht stehengeblieben, sondern habe mich erhabeneren Beschäftigungen zugewandt. Wollten Sie beitreten?« Er zuckte mit den Achseln und bot das Gesicht wieder der Sonne dar. »Da kann ich Ihnen nicht helfen. Rufen Sie einen eigenen Club ins Leben. Verlassen Sie sich nicht auf andere. Wagen Sie einen frischen Start. Suchen Sie ein paar Spielclubs auf, gehen Sie zu den Pferderennen, den Varietés und fragwürdigen Etablissements. Dort finden Sie Menschen mit ähnlicher Anschauung.«

»Waren das die Orte, die Sie aufgesucht haben?« Pitt versuchte, seiner Stimme einen interessierten, aber keinesfalls naiven Klang zu verleihen. Er wußte, daß ihm das mißlang, es war unmöglich.

Thirlstone senkte den Blick und starrte Pitt an, als handle es sich um eine seltene Pflanze, die er soeben entdeckt hatte. »Was hatten Sie denn gedacht? Gartenbaukunst? Lyrik? Wenn es Ihnen nicht um Saufgelage, Wetten, schnelle Pferde und willige Weiber geht, was wollen Sie dann mit einem Hellfire Club?«

Das Versteckspiel hatte nur kurz gedauert und war vorüber.

»Geben Sie mir bitte die Namen der ursprünglichen Mitglieder und eine Liste ihrer derzeitigen Aufenthaltsorte«, sagte Pitt und hielt sich immer noch bedeckt.

Thirlstone riß erstaunt die Augen auf.

»Wozu um alles in der Welt brauchen Sie das, mein Guter? Der Club hat sich aufgelöst, von ganz allein, schon vor Jahren. Sie können Ihnen jetzt kaum mehr etwas nützen.«

Ein Schmetterling flog im Sonnenschein vorüber. In der Ferne bellte ein Hund.

»Unter der Leiche einer Frau, die Opfer eines Mordes wurde, hat man gestern eine Anstecknadel des Hellfire Clubs gefunden«, erwiderte Pitt.

»Gütiger Himmel! Wie außerordentlich!« Thirlstones schwarze Augenbrauen schossen in die Höhe und schoben seine Stirn zusammen. »Was hat das mit Ihnen zu tun? Sind Sie mit der Frau verwandt? Das tut mir sehr leid.« Er streckte seine Hand in einer Geste des Beileids aus.

»Nein. Ich bin kein Verwandter«, sagte Pitt hölzern.

»Aber ... Sie sind nicht von der Polizei, oder? Sie sehen gar nicht wie ein Polizist aus. Aber Sie sind einer!« Fast schien es ihn zu amüsieren, als sei die Tatsache von besonders delikatem Humor. »Wie unglaublich abscheulich. Was um alles in der Welt wollen Sie denn von mir? Ich weiß nichts darüber. Wer war die Frau?«

»Sie hieß Ada McKinley und war eine Prostituierte.«

Thirlstones Miene zeigte den Anflug von Mitleid, eine Regung, die er an Finlay FitzJames und Helliwell nicht beobachtet hatte. Von einem Moment zum nächsten war Thirlstone ganz sachlich. Sein verspielter Witz war verschwunden. Unter seinem oberflächlichen Gehabe war er ganz konzentriert. Seine Augen wurden zu Schlitzen, und er stand regungslos, so daß Pitt plötzlich den Wind und die sich bewegenden Blumen bemerkte.

»Wir waren nur vier, und auf jeder Anstecknadel war der Name eingraviert.« Thirlstones Stimme war so monoton, daß sie fast unnatürlich klang. »Wollen Sie mir sagen, daß es meine Anstecknadel war, die Sie gefunden haben?«

»Nein, Sir.«

Thirlstone entspannte sich. Die Erleichterung in seinem Gesicht war offensichtlich.

»Da bin ich froh. Ich habe sie seit Jahren nicht mehr gesehen.« Er schluckte. »Aber man weiß ja nie…« Er betrachtete Pitt mit einer Mischung aus Neugier und Beunruhigung. »Wessen Nadel war es denn? Ich… ich kann nicht glauben, daß einer von uns so dumm sein würde und…« Er beendete den Satz nicht, aber was er sagen wollte, stand deutlich im Raum.

In einiger Entfernung ging ein junges Paar vorbei. Unter ihren Füßen knirschte der Kies.

»Mit Mr. FitzJames und Mr. Helliwell habe ich bereits gesprochen«, sagte Pitt beiläufig. »Doch Jago Jones habe ich bisher noch nicht gefunden.«

»Jago war es bestimmt nicht!« Diesmal sprach Thirlstone im Brustton der Überzeugung.

»Warum nicht?«

»Mein Guter, würden Sie Jago kennen, würden Sie nicht fragen.«

»Ich kenne ihn nicht. Warum also nicht?«

»Oh…« Thirlstone zuckte mit den Schultern und spreizte seine Finger in einer Geste der Hilflosigkeit. »Vielleicht weiß ich nicht soviel, wie ich denke. Es ist Ihre Aufgabe, das herauszufinden, zum Glück, nicht meine.«

»Wo kann ich Mr. Jones finden?« Pitt erwartete keine Antwort darauf.

Er erhielt auch keine, nur ein weiteres Achselzucken und einen amüsierten Blick.

»Keine Ahnung, leider. Überhaupt keine. Auf der Straße. In den Slums. Davon sprach er das letzte Mal, als ich ihn sah, aber ich habe keine Ahnung, ob es ihm ernst war.« Thirlstone reckte sein Gesicht wieder der Sonne entgegen, was einer Beendigung des Gesprächs mit Pitt gleichkam.

Auf seinem Weg passierte Pitt einen Offizier, der mit seinem roten Rock, den makellosen Hosen und den blitzenden Knöpfen prächtig gekleidet war und einerseits die Aufmerksamkeit einer Gruppe junger Damen in pastellfarbenen Kleidern aus Musselin und Spitze erregte, andererseits den Neid eines Kindermädchens mit gestärkter weißer Schürze, die einen Kinderwagen vor sich her schob. Aus der Ferne, hinter den Bäumen, drangen die Klänge eines Leierkastens zu ihnen.

Um vier erst hatte Pitt zu Mittag gegessen, und er war so müde, daß seine Augen brannten und sein Kopf ihm schwer wurde. Er war nicht wirklich der Meinung, daß Jago Jones die Anstecknadel von Finlay FitzJames in der Pentecost Alley hinterlassen hatte, aber beweisen mußte er es, und sei es nur, um diese Möglichkeit auszuschließen. Unmöglich war es nicht.

Er ging wieder in die Devonshire Street und bat den freundlichen Butler, mit Tallulah FitzJames sprechen zu dürfen. Er wußte, daß sie um diese Tageszeit wahrscheinlich zu Hause sein würde, bevor sie sich für den Abend umzog und ausging.

Sie betrat den kleinen Salon in einer Wolke aus weichem Stoff, dessen Zartrosa fast ein Weiß war. An der Taille steckte eine Rose, lange Satinbänder hingen am Rock herunter. Wäre ihr Gesicht runder und sein Ausdruck weniger intelligent und willensstark gewesen, hätte sie den Eindruck von süßlicher Unschuld erweckt. So aber bildete das Gewand einen auffallenden Kontrast, und nach der Art, wie sie an der Tür stehenblieb und sich für einen Moment an den Türknauf lehnte, war Pitt überzeugt, daß sie sich der Wirkung bewußt war.

»Oh!« sagte sie überrascht. »Sie sind schon wieder da? Ich habe gehört, daß eine arme Frau umgebracht wurde, aber Sie glauben doch nicht, daß Finlay damit etwas zu tun hat? Das ist doch absurd! Ich meine, warum sollte er? Mama würde liebend gerne glauben, daß er nie in solche Etablissements geht, aber Eltern sind oft wie die besten Kutschpferde, finden Sie nicht? Sie arbeiten ausgezeichnet zusammen, solange sie angeschirrt sind, sehen in der Öffentlichkeit gut aus, werden von Freunden bewundert – und sehen nichts außer dem, was direkt vor ihnen liegt. Wir legen unseren Eltern Scheuklappen an, damit sie nicht vom Weg abkommen und sich nicht vor Dingen auf ihrem Pfad fürchten.«

Pitt lächelte unwillkürlich.

»Um ehrlich zu sein, ich bin wegen der Adresse von Jago Jones gekommen.« Er bemerkte, wie sich unter dem Gewand aus Seide und Musselin ihr Körper anspannte und die schlanken Schultern starr wurden. Er konnte sich vorstellen, daß sie den Türknauf hinter sich mit festem Griff umfaßte. Langsam richtete sie sich auf und kam auf ihn zu.

»Warum? Glauben Sie, daß Jago Jones es getan hat? Sie können nicht ermessen, wie lächerlich das ist. Ich versichere Ihnen, ich würde eher den Prince of Wales verdächtigen. Sehr viel eher, ehrlich gesagt.«

»Sie schätzen Jago Jones sehr?« fragte Pitt einigermaßen überrascht.

»Nicht ... über die Maßen.« Sie wandte sich ab, und die Sonne beschien ihr ungewöhnliches Profil – die etwas zu große Nase, den zu breiten Mund, der zu Fröhlichkeit und Emotionalität fähig schien, die dunklen, glänzenden Augen. »Er ist ... er ist hoch anständig, könnte man sagen. Eher etwas langweilig.« Sie hielt den Blick mit Bedacht auf die Bäume jenseits des Fensters gerichtet, wo das Sonnenlicht auf den Blättern spielte. »Aber zu so etwas wäre er nicht fähig«, fuhr sie fort. »Er ist ungefähr so alt wie Finlay, und als Finlay so Mitte Zwanzig war und ich sechzehn, war Jago sehr unterhaltsam. Er erzählte die besten Witze, weil er in die verschiedenen Rollen schlüpfen und seine Stimme verstellen konnte.« Sie hob die Schultern in einer bewußten Geste, als ob sie all das unmöglich interessieren könnte. »Jetzt ist er religiös geworden. Tut lauter gute Werke und rettet Seelen.« Sie drehte sich um und sah Pitt an. »Warum macht die Kirche die Menschen so langweilig?«

»Die Kirche?« Pitt zeigte sein Erstaunen.

»Wußten Sie das nicht? Nein, wahrscheinlich nicht. Es war dumm von Finlay vorzugeben, daß er sich nicht an den Hellfire Club erinnert. Vielleicht will er so die anderen schützen. Wenn es einer von denen ist, dann Norbert Helliwell oder Mortimer Thirlstone.« Sie schüttelte leicht den Kopf. »Jago kann es nicht sein, und natürlich war es nicht Finlay. Wahrscheinlich hat die Frau sie gestohlen, und jemand anders hat sie umgebracht. Das ist doch einleuchtend, meinen Sie nicht?« Sie forderte ihn mit ihrem Blick heraus. »Warum sollte eines der Mitglieder Finlays Anstecknadel haben? Wenn sie eine brauchten, hatten sie doch ihre eigene.«

»Nicht absichtlich«, erklärte Pitt. »Aber die Gravur auf der Rückseite ist sehr klein und schwer zu lesen. Es wäre ein Leichtes, versehentlich die Nadel eines anderen an sich zu nehmen.«

»Oh.« Sie atmete tief ein, ihr Oberkörper hob sich, und die Sonne glitzerte auf der Seide. »Ja, natürlich, daran hatte ich nicht gedacht.«

»Wo finde ich Mr. Jones?«

»Saint Mary's Church, in Whitechapel.«

Pitt atmete scharf ein. Er kannte St. Mary's. Sie lag nur wenige hundert Meter von der Pentecost Alley entfernt. Die Old Montague Road verlief parallel zur Whitechapel Road, bevor sie in Mile End überging.

»Sehr gut. Danke, Miss FitzJames.«

»Warum gucken Sie so? Saint Mary's hat für Sie eine Bedeutung, das sehe ich Ihnen an. Sie kennen die Kirche!«

Warum sollte er sie belügen.

»Die Frau wurde in einer Nebenstraße der Old Montague Road umgebracht.«

»Ist das in der Nähe?« Sie war beunruhigt und kam gar nicht darauf, sich darüber zu ärgern, daß er glaubte, sie kenne sich in der Gegend aus.

»Ja.«

»Oh.« Sie wandte sich ab und zeigte ihm ihre in Seide gehüllte Schulter. »Trotzdem, Sie werden sehen, daß Jago Jones nichts damit zu tun hat. Er würde niemals zu so einer Frau gehen, außer um ihre Seele zu retten.« Plötzlich trat ein verletzter, ja bitterer Ton in ihre Stimme. »Vermutlich hat sie sich nicht zu Tode gelangweilt, oder?«

»Nein, Miss FitzJames, sie wurde erwürgt.«

Sie zuckte zusammen. »Wenn ich Ihnen helfen könnte, würde ich das tun«, sagte sie leise. »Aber ich weiß wirklich nichts.«

»Sie haben mir Mr. Jones' Adresse genannt, damit haben Sie mir geholfen. Danke, daß ich mit Ihnen zu dieser ungelegenen Zeit sprechen durfte. Auf Wiedersehen.«

Sie erwiderte nichts, sondern blieb mitten im Zimmer stehen und sah ihm nach, als er zur Tür hinausging.

Es war nach sechs, als er wieder in Whitechapel bei der Kirche St. Mary's ankam. Dort sagte ihm der Küster, daß der Pfarrer irgendwo in der Coke Street bei den Armen sei. Wenn Pitt ihn da nicht finden könne, solle er in die andere Richtung zur Chicksand Street gehen.

Die tief stehende Sonne wurde von hohen, schmutzigen Wohnblocks verdeckt, doch auf dem Gehweg standen die beklemmende Hitze und der säuerliche Geruch des Tages. In der Gosse lief schmutziges Abwasser in den Gully. Das war Whitechapel, der Bezirk, in dem vor zwei Jahren um diese Jahreszeit ein Verrückter fünf Frauen ermordet, aufgeschlitzt und ihre verblutenden Körper auf der Straße zurückgelassen hatte. Er wurde nie gefunden. Er war so vollständig verschwunden, als hätte die Hölle ihre Tore geöffnet und ihn wieder verschlungen.

Als Pitt die Coke Street entlangging, sah er Frauen in Hauseingängen und an Straßenecken stehen. Ihre erwartungsvolle Haltung gab sie als Prostituierte zu erkennen. Ihr direkter Blick und der Schwung ihrer Hüften unterschied sich deutlich von der Erschöpfung und der Mutlosigkeit jener Frauen, die einen harten Tag Arbeit in einer Textilfabrik oder einer Manufaktur hinter sich hatten oder die in einer Wäscherei die Waschkübel füllten, die Mangel drehten und die feuchten Laken auswrangen.

Hatten sie Angst, so trieb sie der Hunger dennoch auf die Straße. Oder hatten sie den Ripper und den Schrecken, den er in London verbreitet hatte, schon vergessen?

Eine junge Frau näherte sich ihm. Mit großen, braunen Augen musterte sie ihn von oben bis unten, ihre Haut hatte noch den frischen Teint, der typisch war für eine vom Lande. Plötzlich übermannte ihn die Wut, daß sie so lebte, ob nun die Umstände dafür verantwortlich waren oder ihre lose Moral sie dazu geführt hatte. Nur mit Mühe hielt er an sich.

»Ich suche den Reverend Jones«, sagte er grimmig. »Haben Sie ihn gesehen?«

Enttäuschung stand in ihrem Gesicht. »Ja, der is hier um die Ecke.« Sie deutete eine Richtung an. »Wollen wohl, daß er Ihre Seele rettet, was? Na dann viel Glück – ich kann mir mein Essen selbst verdienen, is sogar leichter so.« Damit war ihr Interesse an ihm erloschen, und sie schlenderte die Whitechapel Road entlang, wo sie einen Kunden zu finden hoffte.

Pitt wußte nicht, wie er sich Jago Jones vorstellen sollte – vielleicht als Möchtegern-Pfarrer, der die dramatische Selbstdarstellung liebte, oder als jüngeren Sohn, der sich nicht zu einer Laufbahn in der Armee eignete und sich statt dessen der Kirche zugewandt hatte. Dies konnte der erste Schritt zu einem höheren Amt in der Zukunft sein.

Wie sein vages vorgefertigtes Bild auch ausgesehen haben mochte, auf den Mann, den er in der Coke Street vorfand, war er nicht vorbereitet. Jones gab heiße, dicke Suppe in Blechnäpfe für eine Horde magerer Kinder, von denen einige in unruhiger Erwartung von einem Fuß auf den anderen hüpften.

Jago Jones trug schwarze, unförmige Kleider. Kein weißer Stehkragen eines Geistlichen war sichtbar, aber dies schien bedeutungslos. Sein Gesicht war so auffallend, daß er keiner Uniform bedurfte. Er war schlank, schon fast hager. Sein dichtes Haar war aus der Stirn gekämmt, und unter den kräftigen Brauen lagen Augen von ungewöhnlich intensivem Ausdruck. Er hatte eine ausgeprägte Nase mit einer hohen Nasenwurzel, und die Backenknochen wurden durch die tiefen Linien um den Mund noch hervorgehoben. Es war das Gesicht eines Mannes, dessen Gefühle in ihm brannten und der sich seines gewählten Weges so sicher war, daß nichts ihn davon abbringen konnte. Er sah Pitt interessiert an.

»Jago Jones?« fragte Pitt, obwohl er keinen Zweifel hatte.

»Ja. Was kann ich für Sie tun?« Er unterbrach seine Tätigkeit nicht und reichte den Kindern die gefüllten Schüsseln. »Haben Sie Hunger?« Es war mehr ein Angebot als eine Frage. Ein Blick auf Pitts Kleidung, ihre Qualität und Sauberkeit, machte deutlich, daß Pitt andere Hilfe suchte als die Menschen in Jones' Gemeinde.

»Danke«, sagte Pitt.

Jago lächelte und fuhr fort. Der Topf war fast leer und die Schlange der Kinder fast zu Ende. »Warum wollen Sie dann zu mir?«

»Mein Name ist Thomas Pitt.« Im nächsten Moment fragte er sich, warum er sich so vorgestellt hatte. Als würde er sich den Beginn einer Freundschaft vorstellen und sich nicht als Polizist verstehen, der einen Zeugen, möglicherweise einen Verdächtigen befragt.

»Angenehm.« Jago Jones machte eine kleine Verbeugung. »Jago Jones. Pfarrer im Geiste, wenn schon nicht dem Auftreten nach. Sie sind nicht aus dieser Gegend. Was bringt Sie hierher?«

»Der Mord an Ada McKinley in der vergangenen Nacht«, sagte Pitt und beobachtete Jones' Gesicht.

Jago seufzte und reichte einem dankbaren Gassenjungen die letzte Portion Suppe. Der Junge sah Pitt aus großen Augen an, doch sein Hunger war größer als die Neugier, auch wenn er einen Polizisten auf Anhieb erkannte.

»Das habe ich befürchtet«, sagte Jago betrübt und schickte den Jungen weg. »Die arme Frau. Der Beruf ist hart, er zerstört Körper und Seele, jedoch gewöhnlich nicht so schnell und gewaltsam wie in diesem Fall. Und hier scheint es ja, als sei die Seele eines anderen Menschen in größerer Gefahr. Sie war kein schlechter

Mensch. Vielleicht gelegentlich ein bißchen gierig, aber sie war mutig, konnte lachen und hielt zu ihresgleichen. Ich werde dafür sorgen, daß sie ein anständiges Begräbnis bekommt.«

»Sie geben ihr ein christliches Begräbnis?« fragte Pitt überrascht.

Jagos Gesichtsausdruck wurde abweisend. »Wenn Sie etwas dagegen einzuwenden haben, sollten Sie das mit Gott abklären. Der entscheidet, welche Fehler und Schwächen vergeben werden können und welche nicht. Das ist nicht Ihr Vorrecht, und ich weiß, daß es nicht meins ist.«

Pitt lächelte aufrichtig. »Dafür bin ich sehr dankbar«, sagte er. »Aber Sie sind ein ungewöhnlicher Mann, Mr. Jones. Ich hoffe, Sie bekommen keine Schwierigkeiten mit Ihrer Gemeinde. Doch vielleicht stehen die Menschen hier zu sehr zwischen Überleben und moralischen Erwägungen, um sich gegenseitig zu verurteilen.«

Jago schnaubte und enthielt sich einer Bemerkung, aber sein Ärger verflog, und die Spannung wich aus seinem Körper. Er verstaute die Suppenkelle und den Topf in dem Handkarren hinter sich. Einige Jungen waren, die Suppenbecher noch in der Hand, zurückgekommen und standen neugierig beobachtend an der Ecke. Die Nachricht, daß ein Polyp aufgetaucht war und Fragen stellte, hatte die Runde gemacht. Solche Neuigkeiten waren sehr gefragt.

»Sind Sie hier, um mehr über Ada zu erfahren?« fragte Jago nach einer Weile. »Ich weiß nicht, was ich Ihnen Nützliches sagen kann. Wahrscheinlich war es ein Kunde, dessen innerer Dämon sich für einen Moment losgerissen hatte. Vielen von uns fällt es schwer, mit unserem Schmerz umzugehen und dem Gefühl, die Welt beherrschen zu wollen, obwohl wir uns selbst nicht unter Kontrolle haben.«

Pitt war verwundert, nicht über die Bemerkung an sich, sondern über die Heftigkeit, mit der Jones gesprochen hatte. Dahinter stand ein tiefes Gefühl, ein Bewußtsein, als gelte sein Zorn nicht dem Mann, der diese sinnlose Gewalttat begangen hatte, sondern als handele es sich um Gedanken, mit denen er sich schon lange beschäftigte. Waren sie das Ergebnis einer Selbstanalyse? Dieser Gedanke, der ihm ganz plötzlich durch den Kopf schoß, war Pitt zuwider, doch er konnte ihn nicht verhindern.

»Das wäre möglich«, sagte Pitt ruhig.

Jago sah ihn immer noch mit stetem Blick an.

65

»Ist das die Richtung Ihrer Ermittlungen?«

»Es scheint die plausibelste.«

»Aber nicht die einzige?« Jago lehnte sich an den Handkarren. »Warum erzählen Sie mir das, Mr. Pitt? Was ich Ihnen über Ada sagen kann, haben Sie sicherlich schon vermutet. Sie war eine ganz gewöhnliche Prostituierte, von denen es hunderttausend andere in London gibt. Wenn junge Mädchen ihre Stelle im Haushalt verlieren oder sich als ungeeignet erweisen, wenn sie die Arbeit in einer Textilfabrik oder Zündholzfabrik nicht aushalten oder so nicht arbeiten wollen, dann verkaufen sie das einzige, was sie haben – ihren Körper.« Sein Blick ließ nicht von Pitt ab. »In meinen Augen ist es eine Sünde, in Ihren ein Verbrechen, aber für sie geht es ums Überleben. Ich weiß nicht, wer dafür verantwortlich ist, und, um ehrlich zu sein, ich bin so nah dran, daß es mir egal ist. Ich sehe nur die Frau, die das Geld für die nächste Mahlzeit oder für das Dach über dem Kopf verdienen muß, die aufpassen muß, daß sie nicht von ihrem Zuhälter oder ihren Kunden verprügelt oder von einer Konkurrentin aus dem angrenzenden Revier übel zugerichtet wird, und die darauf hofft, daß sie sich nicht infiziert. Die Wahrscheinlichkeit ist groß, daß sie früh sterben, und das wissen sie auch. Die Gesellschaft verachtet sie, und die meiste Zeit verachten sie sich selbst. Ada war einfach eine von ihnen.«

Eine Frau mit einem Sack Wäsche auf der Hüfte ging vorbei.

»Kannten Sie sie persönlich?« Pitt trat einen Schritt näher, stützte seinen Ellbogen auf den Karren und verlagerte sein Gewicht. Er war unglaublich müde. Er hätte die Suppe annehmen sollen.

»Ja.« Jago lächelte gequält. »Aber ich kenne ihre Kunden nicht. Die meisten kommen zufällig in die Gegend. Der, den Sie suchen, könnte von überall her sein. Ab und zu war sie im West End. So weit ist es ja nicht. Sie sah gut aus. Vielleicht hat sie in Piccadilly oder dem Haymarket einen Kunden aufgegabelt. Es könnte auch genausogut ein Matrose auf Landurlaub gewesen sein.«

»Danke!« sagte Pitt spitz. Es war an der Zeit, daß er den eigentlichen Grund seines Kommens darlegte. Je länger er damit wartete, desto schwieriger wurde es. »Um ehrlich zu sein, ich bin gekommen, weil Sie früher einmal einer Vereinigung für junge Gentlemen angehörten, die sich Hellfire Club nannte...«

Unter dem locker sitzenden Jackett erstarrte Jago. Im schwächer werdenden Licht wirkte sein Gesicht merkwürdig regungslos.

»Das war vor langer Zeit«, sagte er leise. »Und nichts, worauf ich stolz bin. Was hat das mit Adas Tod zu tun? Der Club hat schon vor sechs oder sieben Jahren aufgehört zu existieren. Damals war Ada noch gar nicht hier.«

»Wann ist sie denn gekommen?«

»Vor ungefähr fünf Jahren. Warum?«

»Ich glaube nicht, daß es wichtig ist«, gab Pitt zu. »Ich glaube, es ist genauso, wie Sie sagen…, ein Mann, dessen Gewalttätigkeit und Not nichts mit der Frau zu tun haben, sie hat sie nur provoziert. Vielleicht war es auch einfach nur Pech, und es wäre jeder Frau so gegangen, auf die er gestoßen wäre. Vielleicht war es ihr Gesicht, ihre Haare, eine Geste, der Klang ihrer Stimme – all dies könnte eine Erinnerung in ihm wachgerufen und den Haß, den er in sich aufgestaut hatte, zum Überfließen gebracht haben, so daß er sie umgebracht hat.«

»Angst«, sagte Jago mit schmalen Lippen. »Die Angst zu versagen, die Angst davor, daß man die eigenen Erwartungen und die der anderen nicht erfüllt.« Er betrachtete Pitts Gesicht, als könne er darin etwas lesen. »Ich meine nicht die schlichte Angst vor Ohnmacht. Ich meine eine spirituelle Angst vor der eigenen Schwachheit, die tief in der Seele sitzt, die Angst, die uns mit Haß erfüllt, weil man zu sehr mit sich selbst befaßt ist und deshalb nicht lieben kann. Und weil der Zorn darüber, daß man von sich selbst enttäuscht ist, daß der Weg steiniger ist oder der geforderte Preis höher, einen auffrißt.«

Pitt schwieg darauf. Er versuchte zu ermessen, inwieweit Jago Jones von sich selbst sprach, von den Anforderungen und Erwartungen an ihn in der Rolle des Geistlichen. Hatte er das Bedürfnis nach einer Frau gespürt und war zu einer Prostituierten gegangen, weil ihm alle anderen Frauen durch sein gewähltes Amt verwehrt waren? Hatte sie, selbst vom Leben ernüchtert, sich über ihn lustig gemacht? Für sie konnte er wohl kaum ein Sendbote Gottes sein, wenn sie seinen Fall von der selbstauferlegten Tugendhaftigkeit erlebte.

War dieses merkwürdige Gespräch ein Schuldbekenntnis?

»Wir haben eine Anstecknadel des Hellfire Clubs unter ihrer Leiche gefunden«, sagte er in das zwischen ihnen stehende Schweigen. Die Geräusche der Karren, Pferde und Rufe aus einer Hofeinfahrt schienen fern und zu einem anderen Leben zu gehören.

»Nicht meine«, sagte Jago bedächtig. »Ich habe meine vor Jahren in den Fluß geworfen. Warum sind Sie zu mir gekommen,

Mr. Pitt? Ich weiß nichts darüber. Wenn ich etwas wüßte, wäre ich zu Ihnen gekommen. Sie hätten mich nicht suchen brauchen.« Pitt war sich da nicht so sicher. Jago Jones sah aus wie einer, der seinem eigenen Gewissen folgte, ungeachtet der Gesetze und des Preises. Pitt glaubte nicht, daß Jago Jones in die Bow Street gekommen wäre, wenn eines seiner Gemeindemitglieder ihm schreckerstarrt und reumütig die Tat gestanden hätte.

»Ich weiß, daß es nicht Ihre war«, sagte Pitt. »Es war die von Finlay FitzJames.«

Es war inzwischen zu dunkel, und er konnte Jagos Gesicht nicht sehen. Aber eine hastige Bewegung, die weit aufgerissenen Augen und die Linien um seinen Mund verrieten die Gefühle, die ihn aufwühlten.

Schweigen stand zwischen ihnen, schwer wie die einfallende Dunkelheit. Welche Schrecken erfüllten seine Gedanken? Der Tod einer Frau, die er kannte, und der plötzlich deutlicher hervortrat? Angst um den einstigen Freund, der in Gefahr schwebte? Oder Schuldbewußtsein, weil er, genau wie Thirlstone vermutet hatte, versehentlich Finlays Anstecknadel an sich genommen und sie am Tatort zurückgelassen hatte?

»Sie beteuern nicht seine Unschuld, Mr. Jones«, sagte Pitt leise. »Heißt das, daß Sie nicht überrascht sind?«

»Nein... nein, das heißt es nicht...« Jago schluckte. »Es bedeutet gar nichts, außer daß ich traurig bin. Ich glaube nicht, daß Finlay der Täter ist, aber ich kann Ihnen keine Erklärung geben, die für Sie plausibel wäre, und keine, an die Sie nicht schon selbst gedacht hätten.« Er verlagerte sein Gewicht von einem Fuß auf den anderen. »Vielleicht war Finlay ein andermal dort und hat die Anstecknadel verloren, obwohl es mich wundert, daß er sie noch getragen haben soll, sehr wundert! Vielleicht hat er sie Ada sogar gegeben, als... als Bezahlung? Die Tatsache, daß die Nadel dort gefunden wurde, heißt ja nicht, daß sie in dieser Nacht dort liegengeblieben ist.«

»Sie bemühen sich, ihrem Freund gegenüber loyal zu sein, Mr. Jones«, sagte Pitt erschöpft. »Das respektiere ich, aber ich teile Ihre Sichtweise nicht. Natürlich werde ich jedes Indiz untersuchen und jede Bedeutung, die es haben könnte, zu ergründen versuchen. Wenn Ihnen noch etwas zu Ada McKinley einfällt oder zu den Ereignissen der letzten Nacht, teilen Sie es mir bitte mit. Hinterlassen Sie einfach eine Nachricht in der Bow Street.«

»Bow Street?« Jago zog die dunklen Augenbrauen hoch. »Nicht Whitechapel?«

»Ich arbeite in der Bow Street. Oberinspektor Pitt.«

»Ein Oberinspektor von der Bow Street. Warum ermitteln Sie im Mordfall einer Prostituierten in Whitechapel?« Seine Stimme war plötzlich ganz leise, und ein Anflug von Angst war darin zu hören. »Vermuten Sie, daß es ein neuer Ripper sein könnte?«

Pitt erschauderte, ein eisiger Schauer lief durch ihn hindurch.

»Nein. Ich wurde hinzugerufen, weil Mr. FitzJames durch die Indizien belastet wird.«

»Das ist so wenig…« Jago schluckte hart, er sah Pitt eindringlich, fast bittend an.

»Ein Mann, auf den seine Beschreibung paßt, wurde von zwei Zeugen gesehen, und zwar zur richtigen Zeit, und bei Ada.«

Jago sah aus, als hätte Pitt ihn geschlagen.

»Lieber Gott!« seufzte er – es war keine Gotteslästerung, sondern ein Gebet.

»Mr. Jones, wissen Sie etwas, das Sie mir sagen sollten?«

»Nein.« Das Wort kam aus trockener Kehle und von kalten Lippen.

Pitt wollte ihm glauben, konnte es aber nicht. Die Aufrichtigkeit zwischen ihnen war verschwunden, wie der gelbe Streifen am Himmel über den Dächern. Der Laternenanzünder war unbemerkt an ihnen vorbeigegangen. Die bauchigen Lampen schienen wie leuchtende Monde entlang der Whitechapel Road und dem Weg nach Hause.

»Kann ich Ihnen mit dem Karren helfen?« fragte Pitt.

»Nein… danke. Ich bin daran gewöhnt, er ist nicht schwer«, lehnte Jago ab. Endlich bückte er sich und hob die Deichsel auf.

Nebeneinander gingen sie die Coke Street entlang, bogen um die Ecke und steuerten auf St. Mary's zu. Sie schwiegen beide, bis sie die Kirche erreichten, dann trennten sie sich mit einem schlichten »Auf Wiedersehen«.

Als Pitt nach Hause kam, war er müde und sehr niedergeschlagen. Er aß die Mahlzeit, die Charlotte ihm warm gehalten hatte, und danach setzte er sich ins Wohnzimmer. Die Terrassentür stand offen, und die kühle Abendluft und der Geruch von geschnittenem Gras drangen herein.

Charlotte saß unter der Lampe und nähte. Auf ihre Frage nach dem Fall, der ihn so früh fortgerufen und so lange festgehalten hatte, gab er nur kurz zur Antwort, daß es um einen Mord in Whitechapel ging, daß der Verdacht auf einen Mann aus gehobener Gesellschaft fiel und die Angelegenheit daher von politischer Brisanz sei.

Er betrachtete sie. Das Licht fiel auf ihr frisch gewaschenes, glänzendes Haar, das auf dem Kopf zu einem Kranz gewunden war und wie Mahagoni leuchtete. Ihre Haut war glatt, ihre Wangen waren leicht gerötet. Sie wirkte entspannt. Das altrosafarbene Kleid stand ihr gut, wie alle Kleider, die sie besaß. Ihre Finger arbeiteten flink, stachen in den Stoff, zogen den Faden durch, stachen wieder ein. Und auf der Nadel blinkte das Licht. Sie waren nur wenige Meilen von Whitechapel entfernt, und dennoch war es eine so völlig andere Welt, daß es fast über das Vorstellungsvermögen hinausging. Charlottes Welt war sicher und sauber, ihre Werte fest. Ehrlich und tugendhaft zu sein war keine Anstrengung. Sie wurde geliebt, und sicherlich hatte sie das nie in Zweifel gezogen. Sie mußte keine Kompromisse schließen, brauchte ihre Werte nicht im Überlebenskampf aufs Spiel zu setzen, sie kannte keine seelische Erschöpfung oder Angst, keine endlosen Zweifel und den Widerwillen vor sich selbst.

Kein Wunder, daß sie lächelte! Was würde Jago Jones von ihr halten? Würde er sie unerträglich selbstzufrieden finden, ihr beschauliches Leben in Unwissenheit unverzeihlich?

Charlotte zog die Nadel immer wieder durch den Stoff und konzentrierte ihren Blick notwendigerweise auf die Arbeit. Sie wollte ihre Hände beschäftigen. Das war leichter nach diesem langen Tag. Nachdem Pitt gerufen wurde, hatte sie nicht mehr einschlafen können.

Ihre Schwester Emily war zu Besuch gekommen. Sie hatte nichts Wichtiges zu erzählen gehabt, strahlte aber eine ganz untypische Rastlosigkeit aus. Es war weniger überschüssige Energie als die unruhige Suche nach etwas, das sie nicht einmal benennen konnte. Sie reagierte hyperkritisch und hatte wiederholt an Bemerkungen Anstoß genommen, die nicht unfreundlich gemeint waren. So kannte Charlotte sie gar nicht.

Charlotte fragte sich, ob es an dem schwierigen Zusammenleben mit der Großmutter lag, die seit der zweiten Heirat ihrer Mutter in Emilys Haushalt lebte. Sie hatte sich geweigert, nach der Hochzeit weiterhin mit ihrer Schwiegertochter und deren neuem Ehemann unter einem Dach zu leben. Der war Schauspieler und wesentlich jünger als Caroline. Die Tatsache, daß das Paar sehr glücklich war, vergrößerte nur noch die Schmach. Doch Emilys Unzufriedenheit hatte keinen speziellen Grund, und sie ging, ohne darüber gesprochen zu haben.

Jetzt saß Pitt grübelnd in seinem Sessel, die Stirn in Falten gelegt, die Mundwinkel heruntergezogen. Sie wußte, daß der neue Fall ihm Sorge bereitete. Sein Schweigen war von einer besonderen Art, an die sie sich im Laufe der Jahre gewöhnt hatte. Er saß zusammengesunken in seinem Sessel, die Beine übereinandergeschlagen. Wenn er entspannt war, stellte er die Füße auf die Kaminumrandung, ob nun ein Feuer brannte oder nicht. An einem Sommerabend wie diesem wäre er, wenn er nicht seinen Gedanken nachhängen würde, durch den Garten gelaufen zum Apfelbaum, um sich an der stillen, würzigen Luft zu erfreuen. Er hätte erwartet, daß sie ihn begleiten würde. Wenn sie miteinander gesprochen hätten, dann über alltägliche Dinge.

Einige Male war sie im Begriff gewesen, ihn zu fragen, aber sein Ausdruck war verschlossen, und er hatte keinen Anfang gemacht. Er wollte nicht darüber sprechen. Vielleicht sollte die Abscheulichkeit oder Bedrohung nicht in ihr Zuhause eindringen. Dies war der Ort, wo er frei davon sein konnte. Oder wenn schon nicht frei, dann wollte er den Zeitpunkt bestimmen, wann darüber gesprochen würde.

Sie wußte, daß er in Whitechapel gewesen war, und sie wußte auch, wie es dort aussah. Er konnte nicht vergessen haben, wie oft sie in den Slums gewesen war, daß sie die Mietshäuser gesehen und den Gestank der Abwässer in den Gossen gerochen hatte, daß sie die dunklen, schmalen Häuser kannte, in denen der Schmutz von Generationen die Wände durchdrang, sowie die Menschen mit den hungrigen, gehetzten Augen.

Doch wenn man helfen wollte, mußte man mit seinen Kräften haushalten. Sich mit Sorgen zu zermürben brachte keinen Nutzen. Um den Menschen zu helfen, waren Gesetze notwendig und ein Sinneswandel bei denen, die die Macht hatten. Um einer einzelnen Person zu helfen, brauchte man Wissen, vielleicht Geld, oder besonderes Geschick. Vor allem aber starke Nerven und ein klares Urteilsvermögen, und man brauchte seine ganze Kraft.

Also saß sie still und nähte und wartete darauf, daß Pitt mit ihr über das, was ihn beschäftigte, sprechen konnte oder daß er es wenigstens vorübergehend vergaß und sich an den guten Dingen des Lebens stärkte.

3.

Kapitel

*E*mily Radley, Charlottes Schwester, um die sie sich Sorgen gemacht hatte, war tatsächlich unzufrieden. Es plagte sie kein benennbares Problem. Sie hatte alles, was man ihrer Meinung nach zum Glücklichsein brauchte, ja sogar mehr als das. Sie hatte einen reizenden, gutaussehenden Mann, der ihr zärtlich zugeneigt war und an dem sie keinen ernsten Fehler entdecken konnte.

Als sie sich kennengelernt hatten, war er ein junger Mann von beträchtlichem Wohlstand gewesen, der als Gast und Begleiter überaus begehrt war und sich vor allem durch seine tadellosen Umgangsformen und seinen beträchtlichen Charme auszeichnete. Emily war sich der Gefahren einer Liebschaft mit ihm durchaus bewußt gewesen, etwa der, daß er sich als oberflächlich und verschwenderisch oder sogar langweilig entpuppte, wenn der Reiz des Neuen verflogen war. Trotz der Bedenken hatte sie sich in ihn verliebt und sich gleichzeitig gesagt, daß sie töricht war und er sie vielleicht nur wegen ihres Vermögens verehrte, das sie von ihrem ersten Mann, dem verstorbenen Lord Ashworth, geerbt hatte.

Sie lächelte bei dem Gedanken an George. Die Erinnerung an ihn war sehr deutlich und bestand aus einer seltsamen Mischung aus Trauer und Verlust, einer süßen Wehmut bei dem Gedanken an die guten Zeiten und einem absichtlichen Verdrängen der schlechten.

Alle ihre Befürchtungen hatten sich als grundlos erwiesen. Jack war keineswegs oberflächlich, sondern entwickelte ein soziales Gewissen und einen beträchtlichen Ehrgeiz, Veränderungen in der Gesellschaft voranzutreiben. Er hatte für das Parlament kandidiert, war nach seiner ersten Niederlage erneut angetreten und hatte beim zweiten Anlauf die Wahl gewonnen. Jetzt widmete er einen Großteil seiner Zeit und Energie der politischen Arbeit.

Statt dessen war es Emily, die den Tag vertändelte und das Geld verschwendete.

Ihr Sohn Edward, der einmal Georges Vermögen erben würde, saß mit seinem Tutor im Schulzimmer. Die kleine Evangeline war im Kinderzimmer, wo ihr Kindermädchen sie betreute, fütterte und wickelte und sich um die Wäsche kümmerte. Emily war im großen und ganzen entbehrlich.

Es war später Vormittag, Jack hatte längst das Haus verlassen und nahm in der City etliche Termine wahr, bevor das Parlament zu seiner Sitzung zusammentrat. Während er sich um eine Kandidatur beworben hatte, in den Wahlkampf gegangen war, den er verloren hatte, und sich erneut aufstellen ließ, war ihr Respekt für ihn gewachsen, was sie sehr glücklich machte. Er baute seine Position mit großem Geschick aus.

Warum stand sie also am Fenster des großen Salons ihres hübschen Stadthauses, in ein Gewand aus Spitze und mokkafarbener Tussahseide gekleidet, und fühlte sich zutiefst frustriert?

Edward war in seinem Schulzimmer, Evie in ihrem Kinderzimmer. Jack war in der City, wo er sicherlich für die Reformierung eines Gesetzes stritt, das in seinen Augen überholt war. Die Köchin und der Butler waren mit den Vorbereitungen für das Mittagessen beschäftigt. Um das Abendessen brauchten sie sich nicht zu kümmern, da Emily und Jack eingeladen waren. Sie hatte ihre Zofe schon gebeten, alles für den Abend zu richten. Sie würde ein neues Kleid aus dunkelgrüner Seide tragen, das an den Rändern mit elfenbeinfarbenen und blaßgoldenen Rosen abgesetzt war. Es würde einen hübschen Kontrast zu ihrer hellen Haut und den blonden Haaren bilden und sie in anmutiger Schönheit erstrahlen lassen.

Mit der Haushälterin hatte sie bereits gesprochen. Die Bücher waren geprüft. Ihre Korrespondenz hatte sie erledigt. Es gab keinen Grund, den Butler zu rufen.

Sie fragte sich, was Charlotte wohl tat. Wahrscheinlich war sie im Haus beschäftigt, kochte oder nähte. Seitdem Pitt befördert worden war, konnte sie sich mehr Hilfe leisten, aber immer noch mußte sie einen großen Teil der Arbeiten selbst erledigen.

Und Pitt? Seine Welt war eine ganz andere. Bestimmt war er mit der Ermittlung eines Verbrechens beschäftigt. Vielleicht ging es nur um Diebstahl oder Betrug, aber möglicherweise war es auch ein ernsteres Vergehen. Seine Aufgaben waren dringlich und hatten mit Leidenschaft, Gewalt und Gier zu tun. Er mußte alle seine Fähigkeiten und seine Kombinationsgabe zum Einsatz bringen und oft bis zur Erschöpfung arbeiten, er mußte den Wirrwarr der Ereignisse erhellen und die Wahrheit aufspüren, er mußte Gut und Böse erkennen und Gerechtigkeit walten lassen oder zumindest eine Lösung finden.

Früher hatten Charlotte und sie ihm manchmal geholfen. Als es um die Festnahme des Schlächters vom Hyde Park ging, hatten sie wichtige Arbeit geleistet.

Sie lächelte unvermittelt. Das Sonnenlicht fiel durch die hohen Fenster und verfing sich in den blauen und violetten Blüten des Rittersporns in der Vase. Jack hatte eine Weile gebraucht, um ihr die Waghalsigkeit in dieser Sache zu verzeihen. Sie konnte es ihm kaum verübeln. Schließlich hätte es böse für sie enden können. Sie wußte, daß Rechtfertigungen fehl am Platze waren, und hatte sich lediglich entschuldigt.

Wenn es doch etwas gäbe, wobei sie und Charlotte wieder behilflich sein könnten! In letzter Zeit hatte sie Pitt kaum gesehen. Seit seiner Beförderung war er wohl eher mit Fällen betraut gewesen, die einen größeren Wirkungskreis hatten und deren Motive außerhalb ihrer Welt lagen, wie der Verrat im Außenministerium vor ein oder zwei Monaten.

»Was gibt es zum Lunch?« fragte hinter ihr eine klagende Stimme. »Du hast es mir nicht gesagt. Du sagst mir überhaupt nichts. Ich könnte genausogut Luft für dich sein.«

Emily drehte sich um und sah die kleine, schwarzgekleidete Gestalt ihrer Großmutter, die in der Tür stand. Nachdem Emilys Mutter wieder geheiratet hatte, war die alte Dame aus dem Haus ausgezogen. Da Charlottes Haus zu klein war und Emily Platz und Geld im Überfluß hatte, schien diese Lösung die einzig vernünftige. Keine von beiden war mit dem Arrangement zufrieden, Emily nicht, weil die Großmutter außerordentlich unleidlich war, und die Großmutter nicht, weil sie es schon aus Prinzip nicht wollte. Schließlich war es nicht ihre Entscheidung gewesen.

»Also?« verlangte sie zu wissen.

»Ich weiß es auch nicht«, sagte Emily. »Ich habe der Köchin gesagt, sie soll entscheiden.«

»Ich habe den Eindruck, du tust gar nichts hier«, sagte die alte Dame bissig und kam ins Zimmer, wobei sie sich schwer auf den Stock stützte und ihn heftig auf den Fußboden knallte. Der Parkettboden hatte eine gemalte Umrandung, und das mißbilligte sie. Viel zu aufwendig, sagte sie. Schlichtes Holz erfüllte denselben Zweck.

Sie trug Schwarz, als dauerhafte Erinnerung für jeden – falls es einem entfallen sollte –, daß sie Witwe war und ihr eine entsprechende Behandlung zustand.

»Die Köchin hat das Sagen in der Küche, die Haushälterin kommandiert die Dienstboten herum«, sagte sie kritisch. »Der Butler hat die Hoheit über die Speisekammer und den Weinkeller. Deine Zofe bestimmt, was du anziehst. Der Lehrer unterrichtet deinen Sohn, das Kindermädchen erzieht deine Tochter. Du brauchst dich um nichts zu kümmern, und trotzdem hast du keine Zeit, dich mit mir zu unterhalten. Du bist durch und durch verwöhnt, Emily. Das kommt davon, wenn man über seinem Stand heiratet, und beim nächsten Mal darunter. Ich weiß auch nicht, was aus der Welt noch werden soll.«

»Das glaube ich dir gerne«, sagte Emily. »Das hast du noch nie gewußt. Die eine Hälfte war immer ganz selbstverständlich vorhanden, die andere Hälfte hat für dich nie existiert.«

Die alte Dame war empört. Sie richtete sich zu ihrer vollen Größe auf, die allerdings nicht sehr beeindruckend war.

»Was hast du da gesagt?« fragte sie, und ihre Stimme war vor Entrüstung schrill.

»Wenn du wissen willst, was es zum Lunch gibt, Großmama, dann läute nach der Köchin und frage sie. Wenn du lieber etwas anderes essen würdest, dann kann das bestimmt gerichtet werden.«

»Diese Verschwendung!« Die alte Dame schnalzte mißbilligend. »In meiner Zeit hat man gegessen, was auf den Tisch kam. Es ist eine Sünde, Essen verderben zu lassen.« Mit dieser Bemerkung drehte sie sich um und stolzierte aus dem Raum. Ihr schwerer Schritt hallte auf dem Parkettboden in der Eingangshalle. Wenigstens hatten sie so ein neuerliches Gespräch über Carolines Treiben und ihren Egoismus vermieden, denn die hatte mit ihrer neuen Ehe das Leben ihrer Mitmenschen durcheinandergewirbelt. Auch waren keine neuen gehässigen Bemerkungen über Schauspieler im allgemeinen und jüdische Schauspieler im besonderen gefallen und nichts über die Tatsache gesagt worden, daß sie in gesellschaftlicher Hinsicht noch unannehmbarer waren als Polizisten, wenn das überhaupt möglich war. Das einzig Gute war, so ließ sich die alte Dame lautstark vernehmen, daß es aufgrund von Carolines Alter wenigstens keine Kinder geben würde.

Zweifelsohne würde mindestens eines dieser Themen am Mittagstisch aufgegriffen.

Emily verbrachte den Nachmittag damit, Briefe zu schreiben, weniger aus Notwendigkeit denn aus dem Wunsch heraus, sich zu beschäftigen. Dann ging sie ins Kinderzimmer hinauf und spielte eine Weile mit Evie, anschließend beschäftigte sie sich mit Edward. Sie ließ sich von seinen letzten Schulstunden berichten und hörte von seinem detaillierten Plan, eine Burg nachzubauen, wie sie die Kreuzritter im Heiligen Land während der Kreuzzüge errichtet hatten.

Kurz nach fünf kam Jack nach Hause. Obwohl er den ganzen Tag in der Stadt gewesen war, trat er mit beschwingtem Schritt in den Salon und ließ die Tür hinter sich offenstehen.

»Ein ausgezeichneter Tag«, sagte er begeistert und beugte sich zu ihr hinunter, küßte sie und berührte leicht ihr Haar. »Ich glaube, es ist mir gelungen, den alten Fothergill auf meine Seite zu bringen. Ich bin mit ihm zum Lunch gegangen, in das neue Restaurant im Strand. Viel zu teuer für das, was es gab, aber die Ausstattung ist prachtvoll, und er war ziemlich beeindruckt.« Jack saß auf der Sessellehne und schwang mit den Beinen hin und her.

»Das Erstaunliche ist«, fuhr er fort, »daß er mir tatsächlich zugehört hat. Ich habe ihm dargelegt, wie wichtig eine gebührenfreie Schulbildung für die ganze Bevölkerung als Investition in die Grundlage der industriellen Entwicklung ist ...«

Seit seiner Wahl zum Parlamentsabgeordneten hatte Jack sich für bessere Schulbildung für die Armen eingesetzt. Emily nahm am Entstehen dieser Pläne lebhaften Anteil.

»Das freut mich.« Sie freute sich tatsächlich, aber es fiel ihr schwer, in ihr Lächeln die angemessene Begeisterung zu legen. »Vielleicht kann er etwas bewirken.«

Mit großer Sorgfalt, schon aus einem Gefühl der Selbstachtung, kleidete sie sich für den Abend und fand sich um halb neun an einer ausladenden Tafel zwischen einem korpulenten Militär, der seine deutlichen Ansichten über Indien kundtat, und einem Handelsbankier wieder, der der festen Überzeugung war, daß Frauen ausschließlich an Mode, Klatsch und Theater interessiert waren, und seine Unterhaltung dementsprechend beschränkte. Ihr gegenüber saß ein noch junger Mann, dessen Interesse allein der Züchtung von Vollblutpferden galt. Doch neben ihm saß eine Frau mit ganz ungewöhnlichen Gesichtszügen: Ihre Nase war ein wenig zu lang, der Mund ein wenig zu breit, und ihr Ausdruck zeugte von Humor und Lebhaftigkeit, was Emily veranlaßte, sie immer wieder anzustarren und schließlich ihren Blick auf sich zu lenken. Sie gaben sich zu verstehen, daß sie beide gleichermaßen gelangweilt und entnervt waren.

Jack saß, aufgrund seiner Pflichten als Politiker, näher am Kopfende des Tisches und umwarb einige einflußreiche Männer, deren Unterstützung ihm bei dem Gesetzesvorschlag zur allgemeinen Schulbildung hilfreich sein konnte. Emily war die Sache auch wichtig, doch konnte ihr Beitrag im Moment nur darin bestehen, hübsch und charmant zu sein, und die Vorstellung, das für den Rest des Abends durchhalten zu müssen, wurde langsam unerträglich.

Der Speisesaal war in prachtvollem Königsblau und Gold gehalten. Die hohen Fenster waren von Samtvorhängen gerahmt, die in üppigen Falten zu Boden fielen und Reichtum und Wohlstand dokumentierten. Auf der Tafel funkelten Silber und Kristall, daß man geblendet wurde und die Gesichter der Gäste am anderen Ende des Tisches in dem Widerschein kaum erkennen konnte. An weißen Hälsen glitzerten Diamanten, und Perlen schimmerten sanft.

Neben den gedämpften Stimmen hörte man das dezente Klirren von Silber auf Porzellan. Diener füllten die Gläser auf. Ein Gang nach dem andern wurde aufgetragen: Entrées, Suppe, Fisch, Zwischengänge, Nachspeise, Käse, Obst. Und schließlich erhob sich die Gastgeberin und forderte die Damen auf, die Herren bei ihrem Portwein und den ernsteren Gesprächen allein zu lassen. Selbstverständlich war das der eigentliche Zweck des Zusammenkommens.

Folgsam stand Emily auf und ging mit den anderen Damen unter Rascheln und Knistern der bunten Seidenstoffe hinaus. Auf dem Weg zum Salon trat sie an die Seite der jungen Frau, die ihr gegenübergesessen hatte.

Ihre Blicke trafen sich, als sie die Eingangshalle durchquerten und den üppig dekorierten Salon betraten. An den Wänden hingen die Porträts der Vorfahren, die vor unwirklich anmutenden ländlichen Szenen posierten.

»Ist es nicht gräßlich?« flüsterte die junge Frau hinter vorgehaltenem Fächer, damit die Damen neben ihr sie nicht hören konnten.

»Grauenhaft!« flüsterte Emily zurück. »Was für ein entsetzlich langweiliger Abend! Ich habe das Gefühl, ich weiß schon, was jeder sagen wird, bevor er den Mund aufmacht.«

»Das liegt daran, daß sie beim letzten Mal genau dasselbe erzählt haben«, entgegnete die junge Frau mit einem Lächeln. »Oscar Wilde hat gesagt, es sei die Pflicht des Künstlers, immer eine Überraschung bieten zu können.«

»Dann muß es die Pflicht des Politikers sein, immer genau das zu sagen, was man von ihm erwartet«, gab Emily zurück. »So fühlt sich keiner überrumpelt.«

»Und nie ist etwas interessant oder lustig! Ich heiße Tallulah FitzJames. Wir sind zwar nicht miteinander bekannt gemacht worden, aber offensichtlich erkennen wir uns als Gleichgesinnte.«

»Emily Radley«, sagte Emily.

»Ach, sind Sie die Frau von Jack Radley?« Ein Funken der Bewunderung stand in ihren Augen.

»Ja«, sagte Emily stolz und fügte ehrlich hinzu: »Sonst wäre ich nicht hier.«

Sie gingen zu einem Sofa, auf dem sie bequem zu zweit sitzen konnten und dennoch nicht unhöflich waren, wenn sie unter sich blieben.

»Ich weiß nicht so recht, warum ich hier bin!« seufzte Tallulah. »Ich bin mit meinem Cousin Gerald Allenby gekommen, weil er mich darum gebeten hatte, damit er Miss... ich habe ihren Namen vergessen... den Hof machen kann. Ihr Vater besitzt ein riesiges Landgut in Yorkshire oder so. Im Sommer wunderschön, aber im Winter wie am Nordpol.«

»Ich bin hier, um hübsch auszusehen und den richtigen Leuten ein Lächeln zu schenken«, sagte Emily betrübt.

Tallulahs Miene hellte sich auf. »Heißt das, daß Sie die anderen Leute anstarren und ihnen Grimassen schneiden dürfen?«

Emily lachte. »Vielleicht schon, wenn ich mir nur sicher sein könnte, welche es sind. Das Schwierige ist nämlich, daß die falschen Leute am nächsten Tag schon die richtigen sein können. Und einen unfreundlichen Blick kann man nicht ungeschehen machen.«

»Nein, das stimmt allerdings.« Tallulah wurde plötzlich ernst. »Eigentlich kann man gar nichts ungeschehen machen. Die Leute merken sich alles, auch wenn man es selbst vergißt.« Emily hörte die Bedrückung aus der leichten Stimme heraus. Ohne Vorwarnung kamen echte Gefühle zum Vorschein. Um sie herum verschwand der Salon mit dem höflichen Stimmengewirr und dem gelegentlichen Lachen. »Manche Leute können vergessen«, sagte sie leise. »Es ist eine Kunst. Wenn man jemanden weiter lieben will, muß man es lernen.«

»Ich will aber nicht mehr«, sagte Tallulah mit einem gequälten Lächeln der Selbstironie. »Ich würde viel darum geben, wenn ich wüßte, wie ich aufhören könnte.«

Emily stellte die nächste Frage, die ganz offensichtlich war. »Ist er verheiratet?«

Das erheiterte Tallulah auf bittere Art.

Emily wollte nicht aufdringlich sein, aber sie hatte das Gefühl, daß die Frau neben ihr etwas erzählen wollte, was ihr weh tat und worüber sie vielleicht nicht in ihrer Familie sprechen konnte. Die wußte möglicherweise nichts davon ... oder sie war nicht einverstanden. Bei einem bereits verheirateten Mann war diese Reaktion nur zu verständlich.

»Nein«, sagte Tallulah schließlich. »Zumindest war er es nicht beim letzten Mal, als ich ihn gesehen habe. Ich kann mir vorstellen, daß er überhaupt nicht heiratet. Und wenn doch, dann sicherlich eine Frau, die ernsthaft und schön ist und unschuldige Augen, naturgewellte Haare und ein gleichbleibend freundliches Wesen hat.«

Emily ließ sich das einen Moment lang durch den Kopf gehen. Sie wollte darauf nicht irgendeine Erwiderung geben, doch war es nicht leicht, hinter den ironischen Worten das wahre Ausmaß von Tallulahs Schmerz zu erkennen. Sie wußte nicht, ob sie etwas Witziges oder lieber etwas Unverfängliches sagen sollte. Oder sollte sie ihr zu verstehen geben, daß sie die Tiefe des Schmerzes begriff, wenn auch nicht das Ausmaß?

Auf der anderen Seite des Raumes warf eine beleibte Dame mit blütenweißer Haut den Kopf zurück und lachte geziert. Die Gaslichter erleuchteten die Farbenpracht der Kleider, Seidengewänder breiteten sich aus wie Mohnblumen, Orangen, Pflaumen und Flieder und boten einen glanzvollen Anblick flimmernder Farben. Vor den Fenstern verblich das letzte Licht dieses Sommertages, ein orangefarbener Streifen funkelte noch in den Ästen der Bäume über der Gartenmauer.

»Ich glaube, ich wäre nicht gerne mit jemandem verheiratet, der ein gleichbleibend freundliches Wesen hätte«, sagte Emily freimütig. »Ich würde mich schrecklich unterlegen fühlen. Außerdem könnte ich mir nie ganz sicher sein, ob der andere wirklich ehrlich ist.«

Tallulah blickte unverwandt auf ihre langen, schlanken Hände in ihrem Schoß.

»Jago würde sich nicht unterlegen fühlen«, erwiderte sie. »Er ist der beste Mensch, den ich kenne.«

Darauf fiel Emily nichts ein. Jago, wer auch immer das war, schien ein echter Langweiler zu sein, und nicht von Fleisch und Blut. Aber vielleicht war das ungerecht? Vielleicht war das nur Tallulahs Bild von ihm? Doch beim Anblick ihres unglücklichen Gesichtes konnte sich Emily kaum vorstellen, daß Tallulah jemanden, der in ihren Augen so perfekt war, interessant finden würde, außer vielleicht als Kuriosum. Selbst in dem Moment, da Tallulah gedankenverloren dasaß, war ihr Gesicht voller Lebhaftigkeit und Wagemut. Ihr Mund war zu breit und wollte lachen, die Nase zu ausgeprägt und dabei ganz und gar weiblich. Sie hatte hübsche Augen, groß und wach. Es war das Gesicht einer Unangepaßten, unvorhersehbar in ihren Taten, nicht immer klug, sicherlich nicht allzu streng gegen sich selbst, aber immer tapfer.

»Der Beste worin?« fragte Emily, bevor sie sich ihre Worte richtig überlegt hatte.

Tallulah mußte unwillkürlich lächeln.

»Der Beste, wenn es um Ehre geht und darum, für andere Menschen dazusein, für echte Menschen«, erwiderte sie. »Und der beste Arbeiter, der unermüdlich tätig ist, der seinen Besitz gibt, um die Armen speisen zu können, und sein ganzes Leben in den Dienst anderer stellt. Wenn das langweilig klingt oder unwahrscheinlich, dann liegt das nur daran, daß Sie ihn nicht kennen.«

»Und Sie, kennen Sie ihn?«

Tallulah sah sie an. »Aber ja. Er ist Pfarrer in Whitechapel. Ich war natürlich noch nie dort. Es muß eine schreckliche Gegend sein. Ich habe gehört, daß schon der Gestank einem den Magen umdreht. Es gibt überall offene Abwässerkanäle. Man schmeckt es sogar in der Luft. Und alle Leute sind schmutzig und mager und schrecklich arm.«

Emily erinnerte sich an ihre Erfahrung mit der Armut, damals, als sie Charlotte und Pitt geholfen und echte Not kennengelernt hatte: Familien, die sich zu zehnt oder zwölft in einem Zimmer drängten und auf dem Boden schliefen, denen immer kalt war und die keinen Platz für sich hatten, auch nicht für die intimsten Verrichtungen. Sie wußte viel besser als Tallulah, wovon sie sprach. Vielleicht war dieser Jago tatsächlich ein guter Mensch. »Woher kennen Sie ihn?« fragte sie laut. »Er gehört doch nicht zu Ihren Kreisen. Ich kann ihn mir nicht bei einem Essen wie diesem vorstellen.« Ihr Blick glitt über die lächelnden Damen mit ihren eingeschnürten Taillen, den fließenden Gewändern, den alabasterweißen Schultern und den Geschmeiden an ihren Hälsen. Wenn von ihnen eine je gehungert hatte, dann nur aus Gründen der Eitelkeit. Aber man durfte nicht ungerecht sein, für die unverheirateten Frauen war Schönheit eine Frage des Überlebens.

»Früher schon«, erwiderte Tallulah. Sie sah Emily offen an. »Sie glauben, ich betrachte ihn durch eine rosarote Brille, habe ich recht? Daß ich den eigentlichen Menschen nicht erkenne … und ihn nur in seiner Arbeit und seinem Beruf sehe.« Sie schüttelte den Kopf. »Das stimmt nicht. Er ist so alt wie mein Bruder Finlay, und früher waren sie befreundet. Finlay ist älter als ich, vier Jahre. Aber ich erinnere mich, daß Jago oft zu uns kam, als ich ungefähr sechzehn war, kurz bevor ich in die Gesellschaft eingeführt wurde. Damals war er immer sehr nett zu mir.«

»Und jetzt nicht mehr?«

Tallulah sah sie verbittert an.

»Natürlich nicht. Er würde höflich mit mir sprechen, wenn wir uns zufällig begegneten. Er ist zu allen höflich. Aber ich kann die Verachtung in seinen Augen sehen. Wenn er mit mir spricht, dann wie durch eine gläserne Wand aus guten Manieren, als wäre ich in seinen Augen kein echter Mensch, und ich merke ganz deutlich, wie sehr er mich verachtet.«

»Warum sollte er Sie verachten? Ist das nicht ziemlich intolerant?«

Tallulahs Gesicht verfinsterte sich wieder und verlor den Ausdruck von Frische und Mut.

»Nicht unbedingt. Vielleicht ist ›verachten‹ zu stark. Er hat einfach keine Zeit für mich. Mein Leben besteht aus Vergnügungen. Ich gehe von Party zu Party. Ich verzehre köstliche Speisen, die ich nicht mit meinem selbst verdienten Geld kaufen muß. Ich koche sie nicht einmal selbst.« Sie zog die schlanken Schultern hoch. »Um ehrlich zu sein, ich weiß nicht einmal, wo sie herkommen. Ich bestelle sie einfach in der Küche, und sie kommen, auf einem Teller fertig angerichtet, und ich kann gleich essen. Und wenn ich fertig bin, kommt jemand und räumt ab und macht das, was nötig ist. Abwaschen, wegräumen, was weiß ich.«

Sie fuhr mit den Fingerspitzen zärtlich über ihr seidenes Kleid und fühlte den glatten, farbenfrohen Stoff.

»Ich habe schöne Kleider, die ich nicht selber nähe. Und ich habe nicht die leiseste Ahnung, wie man sie pflegt«, fuhr sie fort. »Ich habe sogar eine Zofe, die mir beim An- und Auskleiden hilft. Sie schickt die Sachen zur Wäscherin, außer den besten Kleidern, die sie selbst wäscht, wie dieses hier. Ich glaube, manchmal muß man die Kleider auch auftrennen, um sie richtig säubern zu können, aber ich weiß es nicht genau.«

»Das stimmt«, sagte Emily. »Es ist sehr aufwendig.«

»Sehen Sie?«

»Aber viele Menschen leben so. Gefällt es Ihnen nicht?«

Tallulah hob den Kopf, die Lippen bildeten eine schmale Linie, die Augen waren auf Emily gerichtet.

»Doch, doch. Ich liebe es! Sehr sogar! Sie nicht? Möchten Sie nicht auch gut essen und tanzen, schön aussehen, Ihre Zeit dort verbringen, wo es schön ist, ins Theater gehen und mit witzigen Leuten zusammensein? Wollen Sie nicht manchmal etwas überdreht sein, eine neue Mode kreieren, sich schockierend benehmen und wunderbare Leute um sich wissen?«

Emily wußte genau, was sie meinte, aber sie mußte trotzdem lächeln und ließ ihren Blick über die Ansammlung äußerst respektabler Damen gleiten, in deren Gesellschaft sie sich befanden. Sie saßen sehr aufrecht – ihre Korsetts zwangen sie dazu – auf ihren Stühlen und erörterten mit gedämpften Stimmen das unerhörte Betragen einer Bekannten.

»Vielleicht stellt er sich unter wunderbaren Leuten etwas anderes vor als Sie?« sagte sie.

»Natürlich nicht«, sagte Tallulah heftig, doch der Anflug eines Lächelns deutete an, daß sie Emily verstanden hatte. »Ich finde Oscar Wilde wunderbar. Er ist einfach nie langweilig und redet nie herablassend, außer als Künstler natürlich, aber das ist ja etwas anderes. Und er ist ehrlich unehrlich, wenn Sie wissen, was ich damit sagen will.«

»Das weiß ich allerdings nicht«, bekannte Emily und wartete auf eine Erklärung.

»Ich meine ...« Tallulah versuchte die richtigen Worte zu finden. »Ich meine ... er macht sich nichts vor. Er ist kein bißchen pompös. Er ist so grotesk, daß man weiß, er mokiert sich über alles, und trotzdem ist es von Bedeutung. Er ... er ist lustig. Er versucht nicht, die Leute zu besseren Menschen zu machen oder ein moralisches Urteil abzugeben, und seine Klatschgeschichten sind immer komisch, man kann sie gut weitererzählen, und sie richten keinen Schaden an.« Sie sah sich im Raum um. »Das hier ist so ... endlos langweilig. Keiner hier hat auch nur einen Satz gesagt, den man sich merken möchte oder gar wiederholen könnte.«

Emily konnte ihr nur zustimmen.

»Was fesselt Sie denn so an diesem Jago? So wie Sie ihn schildern, ist er doch Mr. Wilde in keiner Weise ähnlich.«

»Ich weiß«, gab Tallulah zu. »Aber ich höre Oscar Wilde einfach gerne zu. Ich würde ihn nicht heiraten wollen – das ist ja was ganz anderes.«

Vielleicht war ihr nicht klar, was sie gesagt hatte. Emily sah sie an und erkannte ihren Ernst, hinter dem eine Portion Selbstironie stand. Sie begriff, daß Tallulah das, was sie gesagt hatte, auch so meinte, selbst wenn sie es nicht hatte aussprechen wollen.

»Warum, weiß ich nicht«, fuhr Tallulah fort. »Ich glaube, ich will es auch nicht wissen.«

Der Eintritt der Herren verhinderte, daß sie das Gespräch fortsetzen konnten. Jack war mit ernster Miene in ein Gespräch mit einem Mann vertieft, der einen buschigen Backenbart und ein rotes Gesicht hatte. Auf seiner Brust prangte das rote Band eines Ordens. Jack sah zu Emily hinüber, erhaschte ihren Blick und fuhr in seinem Gespräch fort. Damit bedeutete er ihr, daß sie ihn nicht unterbrechen sollte, und sie verstand ihn.

Sie hatte auch Verständnis, als er ihr eine Stunde später unter vielen Entschuldigungen mitteilte, daß er mit dem Herrn, dem mit dem Backenbart, frühzeitig gehen und zum Innenministerium fahren müsse. Er wolle ihr die Kutsche dalassen, damit sie jederzeit nach Hause fahren könne. Sie solle aber nicht auf ihn warten, da er möglicherweise die ganze Nacht fortbleiben würde. Sein Bedauern war aufrichtig.

Erst zwanzig Minuten danach, als ihr vor lauter Langeweile keine vernünftigen Antworten mehr auf die trivialen Fragen einfielen, traf sie erfreut wieder mit Tallulah zusammen.

»Ich ertrage das hier nicht länger«, flüsterte Tallulah ihr zu. »Offenbar ist mein Cousin bei diesem Fräulein Soundso glücklich gelandet, ich kann ihn also unbesorgt in seinem Siegestaumel zurücklassen.« Ihr Ton machte deutlich, was sie davon hielt. »Reggie Howard hat gefragt, ob ich zu einer Party in Chelsea mitkommen möchte. Da sind die Leute, von denen wir vorhin gesprochen haben: Künstler und Dichter, Leute, die Ideen haben. Da wird über alles mögliche geredet.« Sie war voller Begeisterung. »Manche von ihnen waren sogar in Paris und haben die Schriftsteller dort kennengelernt. Neulich habe ich gehört, daß Arthur Symons vor einem Monat oder so zurückgekommen ist und von seiner Begegnung mit dem großen Verlaine berichten kann. Das muß doch um vieles interessanter sein als dies hier!«

Das war eindeutig eine Einladung, und Emily zögerte. Eigentlich sollte sie ablehnen und in ihrer Kutsche nach Hause fahren. Sie hatte ihre Pflicht getan, man würde sie nicht aufhalten.

Aber sie war es leid, denen gegenüber ihre Pflicht zu tun, die es erwarteten und sie dabei kaum wahrnahmen. Jack und ihre Kinder brauchten sie nicht, der Haushalt funktionierte auch ohne sie, ihre Entscheidungen waren lediglich Formsache. Man fragte sie aus reiner Höflichkeit. Die Köchin, die Haushälterin und der Butler würden ganz genau das gleiche tun, ob sie nun da war oder nicht. Ihre Mutter hatte wieder geheiratet und war zu sehr mit ihrem neuen Glück beschäftigt, als daß sie die Gesellschaft oder Ratschläge ihrer Tochter suchte.

Selbst Charlotte hatte ihre Hilfe in letzter Zeit nicht in Anspruch genommen. Pitt war in keinen Fall verwickelt, bei dem sie helfen konnten. Sie wußte nicht einmal, woran er zur Zeit arbeitete.

Doch Tallulah FitzJames in ihrem Kummer benötigte vielleicht ihren Rat. Den wollte sie auch geben, sie hatte darüber nachgedacht. Es war eine Frage der Prioritäten und der Ehrlichkeit sich selbst gegenüber. Keiner konnte alles haben, gewisse Entscheidungen waren unumgänglich. Man sollte sie mit Mut und Offenheit treffen, sich dann danach richten und die daraus erwachsenden Konsequenzen erkennen.

Vielleicht wäre es vergnüglich zu hören, was in Paris geschah und welche aufregenden Ideen dort im Umlauf waren.

»Wie spannend«, sagte sie entschlossen. »Ich würde gerne mitkommen.«

»Reggie nimmt uns mit«, sagte Tallulah sofort. »Laß uns gehen, Reggie. Kennst du Mrs. Radley? Das ist Reginald Howard.« Kaum daß sie Zeit hatten, einander zuzunicken, ging Tallulah ihnen voran auf die Gastgeberin zu, von der sie sich verabschiedeten, und Emily schickte ihre Kutsche leer nach Hause.

Die Party in Chelsea unterschied sich von der Abendgesellschaft, die sie soeben verlassen hatten, in jeder nur erdenklichen Weise. Die Gäste verteilten sich auf mehrere weitläufige Räume mit vielen Büchern, bequemen Sesseln und Chaiselongues. Dichter Rauch hing in der Luft und ein süßlicher Duft, ähnlich wie Weihrauch, der Emily fremd war. Überall waren die Gäste, unter denen die Männer weit in der Überzahl waren, in intensive Gespräche vertieft.

Der erste Mann, der Emily besonders auffiel, hatte ein träumerisches Gesicht, eine große Nase, freundliche Augen und einen schmalen, zarten Mund. Das Haar, das im Gaslicht von hellem Ton schien, trug er so lang, daß es auf den weißen Spitzenkragen seiner Samtjacke aufstieß.

»Ich glaube, das ist Richard Le Gallienne«, flüsterte Tallulah. »Der Schriftsteller.« Ihr Blick wanderte zu einem anderen ernst dreinblickenden jungen Mann mit gewelltem, in der Mitte gescheiteltem Haar und einem vollen Schnauzbart, dessen Vortrag einige Zuhörer mit Verzückung lauschten. »Und das ist Arthur Symons«, fuhr sie erregt fort. »Bestimmt erzählt er von Paris. Angeblich hat er dort alle berühmten Leute kennengelernt.«

Eine Frau mittleren Alters begrüßte sie zwanglos. Sie hatte ausdrucksstarke Züge und trug etwas, das an das Gewand eines arabischen Reisenden erinnerte. Es war wirkungsvoll, aber überaus exzentrisch. Zwischen ihren grazilen Fingern hielt sie eine Zigarette. Die Frau schien Tallulah zu kennen und freute sich, deren Begleiter willkommen zu heißen.

Emily bedankte sich und sah sich mit einer Mischung aus Neugier und Beklemmung um. Eine große Topfpalme verstellte die Sicht auf eine Ecke des Raumes, wo zwei junge Männer so nah nebeneinander saßen, daß sie sich fast berührten. Einer von ihnen las wohl aus einem kleinen, ledergebundenen Buch vor. Sie bemerkten ihre Umgebung überhaupt nicht.

Auf einer Chaiselongue am Ende des Raumes lag ein Mann mit rosigem Gesicht und war entweder völlig entschwebt oder er schlief.

Arthur Symons erzählte von seiner letzten Reise nach Paris, wo er tatsächlich mit Paul Verlaine zusammengetroffen war.

»Wir sind zu ihm in seine Wohnung gegangen«, sagte er mit erregtem Blick in die Zuhörermenge, »wo wir sehr herzlich empfangen wurden... Havelock Ellis und ich. Ich wünschte, ich könnte die Atmosphäre beschreiben und all das, was ich gesehen und gehört habe. Er bewirtete uns mit dem letzten Wein aus seinen Vorräten und rauchte unablässig. Ich schwöre, der Geruch von Tabakrauch wird mich mein Lebtag an diesen Abend erinnern. Stellen Sie sich das vor!« Er streckte die Hände aus, als wolle er die ganze Welt in ihrer Kostbarkeit und Vollkommenheit darin festhalten.

Alle, die in Hörweite standen, sahen ihn gebannt an. Keiner rührte sich vom Fleck.

Sein Gesicht glühte in völliger Hingerissenheit. Emily war sich nicht sicher, ob das Feuer der Erinnerung in ihm brannte oder die Freude darüber, daß er im Mittelpunkt des Interesses seiner Freunde stand, die ihn neidvoll betrachteten.

»Havelock und ich in der Wohnung von Verlaine. Und unser Gespräch! Über die verschiedensten Dinge haben wir geredet, über Philosophie und Kunst und Poesie, und Die Bedeutung des Lebens. Es war, als hätten wir uns ein Leben lang gekannt.«

Ein Murmeln ging durch den kleinen Kreis, ein Seufzer der Bewunderung, vielleicht der Sehnsucht. Ein junger Mann schien fast berauscht bei dem bloßen Gedanken an eine solche Erfahrung. Sein Gesicht leuchtete, und er lehnte sich vor, als ob die größere Nähe die Erfahrung für ihn noch lebendiger machen würde.

»Er lud uns für den nächsten Tag ein«, berichtete Symons weiter.

»Und Sie sind zu ihm gegangen!« sagte der junge Mann mit Begeisterung.

»Selbstverständlich«, entgegnete Symons. Dann zog ein merkwürdiger Ausdruck von Unmut, Erheiterung und Trauer über sein Gesicht. »Leider war er nicht zu Hause.«

Jemand neben Emily sog scharf die Luft ein.

»Völlig niedergeschmettert gingen wir wieder«, fuhr Symons mit einem Ausdruck fort, als stünde er noch immer unter dem Einfluß dieses tragischen Ereignisses. »Es war furchtbar! Unsere Träume waren vernichtet, der Becher zerschellte in dem Augenblick, da er unsere Lippen berührte.« Er machte eine dramatische

Pause. »Dann, in dem Moment, da wir uns zum Gehen anschickten ... kehrte er mit einem Freund zurück.«

»Und ...?« fragte jemand zögernd.

Wieder spiegelte sich eine Mischung verschiedener Gefühle auf Symons' Gesicht. »Er hatte nicht die geringste Ahnung, wer wir waren«, gestand er. »Er hatte uns ganz und gar vergessen.«

Die Umstehenden reagierten unterschiedlich auf diese Schilderung, Reggie stieß einen erstaunten Seufzer aus, und Tallulah lachte laut.

Aber Symons war sich ihrer Aufmerksamkeit gewiß, und mehr verlangte er nicht. Auf witzige und überaus anschauliche Weise berichtete er mit großer Detailtreue von Theater- und Konzertbesuchen sowie von Cafés und verschiedenen Salons, in denen sie zu Gast gewesen waren. Sie hatten verschiedene Künstler besucht und den langen Weg in die Vororte gewagt, wo sie das Atelier von Auguste Renoir aufsuchten, der kaum ein Wort an sie – oder die anderen Besucher – richtete.

Von ganz anderer Art und für seine Zuhörer noch fesselnder war seine Schilderung eines Besuches im Café Moulin Rouge, dem bunten, hektischen, mondänen Lokal mit seinen Musikern und Tänzerinnen, in dem sich die hohe Gesellschaft mit dem gemeinen Volk mischte. Er erzählte von seiner Begegnung mit dem brillanten und perversen Henri de Toulouse-Lautrec, der die Cancan-Tänzerinnen und die Prostituierten malte.

Emily war fasziniert. Von dieser Welt hatte sie kaum etwas geahnt. Natürlich kannte sie die Namen – die waren überall bekannt, auch wenn einige von ihnen nur hinter vorgehaltener Hand erwähnt wurden. Dies waren die Dichter und Philosophen, die sich über die Konventionen hinwegsetzten und zu schockieren trachteten, was ihnen auch immer wieder gelang. Dekadenz war für sie ein Idol, und das sagten sie auch.

Nachdem Emily genug von Arthur Symons gehört hatte, schlenderte sie in den nächsten Raum und hörte eine Unterhaltung zwischen zwei jungen Männern mit, die sie kein bißchen beachteten – eine völlig neue Erfahrung für sie. Bei einem festlichen Ereignis in ihren Kreisen trat Höflichkeit oft an die Stelle der offenkundigen Wahrheit, und Komplimente wurden wie bare Münze gehandelt.

Was sie hier sah und hörte lag außerhalb des für sie Gewohnten, deshalb war es so prickelnd. Keiner sprach über das Wetter oder darüber, wer wem den Hof machte. Politik wurde mit keiner Silbe erwähnt, ebensowenig die Wirtschaft und die königliche Familie. Hier galten nur die Kunst, Worte, Empfindungen, Ideen.

»Und er trug Grün!« sagte einer der jungen Männer, das Gesicht vor Entsetzen verzerrt, als empfände er körperlichen Schmerz. »Dabei war die Musik so offensichtlich purpur. Alle Schattierungen von Indigo bis Violett kamen darin vor, bis zum Blauschwarz. Grün war ganz und gar unsensibel! Ohne jedes Einfühlungsvermögen.«

»Haben Sie ihm etwas gesagt?« fragte der andere rasch.

»Ich habe es versucht«, war die Antwort. »Ich habe endlos mit ihm geredet und die Beziehungen zwischen den Sinnesorganen erklärt. Ich habe ihm dargelegt, daß Farbe und Klang zusammengehören, daß Geschmack und Tastsinn eine Einheit bilden, aber ich glaube, er hat kein Wort davon verstanden.« Er gestikulierte erregt, spreizte die Finger und ballte die Hand dann zur Faust. »Ich wollte ihm das Konzept der Kunst als Ganzheit nahebringen! Aber er ist so eindimensional. Was kann man da schon tun?«

»Schockieren!« sagte sein Gesprächspartner prompt. »Mit etwas Unvergleichlichem, so daß er notgedrungenerweise alles, woran er bisher geglaubt hat, in Frage stellen muß.«

Der erste Mann schlug sich mit der flachen Hand an die Stirn. »Aber natürlich! Warum bin ich nicht selbst darauf gekommen? Schließlich sagt das der gute Oscar auch: Die erste Pflicht des Künstlers ist es, ständig zu überraschen.«

Sein Freund beugte sich zu ihm.

»Mein Lieber! Haben Sie letzten Monat *Lippincott's Monthly Magazine* gelesen?«

Keiner von ihnen schenkte Emily, die kaum zwei Meter von ihnen entfernt stand, die geringste Beachtung.

Der junge Mann überlegte.

»Nein, ich glaube nicht. Meinen Sie die Juli-Ausgabe? Warum? Was stand denn drin? Irgendeine wilde Äußerung von Oscar?« Er berührte den anderen flüchtig am Arm. »Ich brenne darauf, es zu erfahren!«

»Unbedingt! Es ist ganz wunderbar.« Er sprach so begeistert, daß seine Worte sich fast überschlugen. »Es ist die Geschichte eines schönen, jungen Mannes – von wem wohl? Na, auf jeden Fall läßt er sich mit einem heruntergekommenen Dandy ein, einem älteren Mann, der unglaublich witzig ist, und zu dem sagt er eines Tages, daß er sich wünscht, nie alt zu werden, sondern für immer sein jugendliches Aussehen zu behalten.« Er zog die Augenbrauen in die Höhe. »Er sieht wunderhübsch aus, muß man wissen.«

»Das sagten Sie bereits. Was weiter?« Der junge Mann lehnte sich zurück und kam der Topfpalme hinter sich gefährlich nahe. »Wir alle wären erfreut, wenn wir unsere jugendliche Schönheit, soweit wir welche besitzen, bewahren könnten. Dieser Gedanke ist für Oscar nicht sehr originell, und kein bißchen schockierend.«

»Oh, aber die Geschichte ist sehr wohl schockierend!« versicherte ihm sein Gegenüber. »Es ist nämlich folgendermaßen: Ein anderer Mann, im großen und ganzen ein ehrenhafter Mensch, porträtiert ihn – und sein Wunsch erfüllt sich! Sein Gesicht ist von großer Schönheit!« Er hob seine grazile, weiße Hand. »Aber seine Seele verdirbt, während er sein Leben der uneingeschränkten Genußsucht widmet, ungeachtet der Folgen für seine Mitmenschen, die beträchtlich sind und in manchen Fällen sogar zum Tode führen.«

»Immer noch nichts Besonderes, mein Guter. Lediglich eine Beobachtung des Gewöhnlichen.« Er gab seinem Überdruß Ausdruck, indem er sich in die chinesischen Kissen hinter sich fallen ließ.

»Glauben Sie wirklich, Oscar wäre einfach gewöhnlich?« Der andere zog seine Augenbrauen noch höher. »Wie phantasielos Sie sind, und was für ein schlechter Menschenkenner.«

»Nun ja, vielleicht erscheint es Ihnen nicht gewöhnlich, mein guter Junge, aber in meinen Augen ist es das«, erwiderte sein Gesprächspartner.

»Dann erzählen Sie mir doch, wie es ausgeht!« forderte der erste ihn heraus.

»Es gibt kein Ende, es ist wie im Leben.«

»Und da irren Sie sich!« Er drohte mit dem Zeigefinger. »Der Mann bleibt jung und bezaubernd schön. Jahre vergehen. In seinem Gesicht sind keine Spuren seiner verderbten Seele und des lasterhaften Lebens zu erkennen –«

»Reines Wunschdenken.«

»Aber auf seinem Porträt sind sie zu sehen! Jede Woche nimmt das Gesicht auf der Leinwand einen schrecklicheren Ausdruck an –«

»Was?« Der junge Mann richtete sich plötzlich auf und stieß dabei eines der prall gefüllten Kissen zu Boden. Emily unterdrückte den instinktiven Wunsch, es aufzuheben und wieder auf das Sofa zu legen.

»Das Gesicht auf der Leinwand wird immer schrecklicher!« erzählte der Mann weiter. »Alle Sünden und Niederträchtigkeiten, die Verderbtheit seiner Seele, sind darauf eingegraben, bis allein der Anblick einem das Blut in den Adern gerinnen läßt und einem den Schlaf raubt, weil man Angst hat, davon zu träumen!«

Sein Gegenüber saß kerzengerade und lauschte gebannt.

»Großer Gott! Und wie weiter? Wie endet es?«

»Er bringt den Maler um, der sein Geheimnis erahnt hat«, fuhr der Mann triumphierend fort. »Und schließlich, weil ihn beim Anblick der Häßlichkeit seiner Seele, die er in seinem gemalten Gesicht erkennt, das blanke Entsetzen packt, sticht er auf das Bild ein.«

Emily seufzte laut, aber die beiden hörten sie nicht.

»Und…?« wollte der andere wissen.

»Dadurch bringt er sich selbst um! Er ist unlösbar mit dem Bild verbunden. Er ist das Bild und das Bild ist er! Er stirbt – und sein Körper nimmt die Monstrosität des Bildes an, während das Bild jetzt wieder so schön und unbefleckt ist wie am Anfang. Aber die Geschichte ist voller Witz und wunderbarer Einfälle, wie immer bei Oscar.« Er zog die Schultern hoch und setzte sich lächelnd zurück. »Natürlich gibt es Stimmen aus der etablierten Gesellschaft, die empört sind und sagen, die Geschichte sei verwerflich und böse und so weiter. Aber was kann man schon erwarten? Ein Kunstwerk, das allseits auf Zustimmung trifft, ist von Anfang an zum Scheitern verurteilt. Schließlich kann man nicht deutlicher zeigen, daß es keine Aussage zu machen hat! Wenn man keinen gegen sich aufbringt, kann man auch gleich den Mund halten, weil man dann offensichtlich nichts zu sagen hat.«

»Ich muß mir *Lippincott's* sofort besorgen!«

»Es heißt, er will es als Buch herausbringen.«

»Wie heißt die Geschichte?«

»›Das Bildnis des Dorian Gray‹.«

»Wunderbar! Ich werde es sofort lesen – wahrscheinlich sogar mehrmals.«

Ich auch, dachte Emily, als sie von den beiden wegging, die nun die tiefere Bedeutung der Erzählung zu erörtern begannen. Aber Jack erzähle ich davon nichts. Der würde das nicht verstehen.

Sie spürte ein leichtes Schwindelgefühl und war plötzlich sehr müde. Verrauchte Räume war sie nicht gewöhnt. In ihren Kreisen zogen sich die Herren aus den allgemeinen Wohnräumen zurück, wenn sie rauchen wollten. Es gab spezielle Raucherzimmer, damit diejenigen, die nicht rauchten, ungestört blieben. Außerdem trug man im Raucherzimmer ein besonderes Jackett. So wurde vermieden, daß der Rauch in den Kleidern in das übrige Haus getragen wurde. Sie sah zu Tallulah hinüber. Die flirtete mit einem lässig wirkenden jungen Mann in grüner Kleidung, aber es war wohl mehr ein Zeitvertreib als eine ernste Absicht dahinter. Emily hatte keine Ahnung, wie spät es war, aber ihr Verstand sagte ihr, daß die Zeit schon weit fortgeschritten sein mußte. Ohne Tallulah würde sie nicht nach Hause kommen. Unmöglich konnte sie um diese Uhrzeit allein auf die Straße gehen und nach einer Droschke Ausschau halten. Jeder Mann oder Polizist würde sie für eine Prostituierte halten. Seit der heißen Diskussion über Prostitution vor vier Jahren und der Säuberungsaktion in Sachen pornographische Werke waren mehrfach gutbürgerliche Frauen verhaftet worden, weil sie mitten am hellichten Tag in den falschen Gegenden auf der Straße waren, ganz zu schweigen von dieser Nachtzeit.

Auf wackligen Beinen ging sie zu dem Sessel, in dem Tallulah saß, und sah zu ihr hinunter,

»Ich denke, wir sollten gehen«, sagte sie deutlich. Zumindest sollte es deutlich klingen. »Es war sehr schön, aber ich möchte zum Frühstück wieder zu Hause sein.«

»Frühstück?« Tallulah blinzelte. »Oh!« Sie richtete sich auf. »Ach ja, in der mondänen Welt gibt es Frühstück. Es sieht ganz so aus, als ob wir gehen müßten.« Sie seufzte. Offenbar hatte sie den jungen Mann bereits vergessen, doch der war nicht betrübt und hatte seine Aufmerksamkeit sogleich einem anderen Gast zugewandt.

Sie fanden Reggie, und der war schnell bereit, die Party mit ihnen zu verlassen, Tallulah und Emily an je einem Arm. Er weckte den Kutscher, und nachdem alle schläfrig eingestiegen waren, schloß Reggie mit Mühe die Tür. Im Osten war schon ein heller Streifen am Horizont sichtbar, und auf den Straßen rollten die ersten Fahrzeuge.

Keiner hatte sich erkundigt, wo Emily wohnte, und so schaukelten sie sachte in ihrer Kutsche an der Themse entlang und bogen dann Richtung Norden ab. Beim Anblick des schlafenden Reggie Howard wagte sie es nicht, ihn zu bitten, sie zuerst nach

Hause zu fahren. Denn sie mußte in die andere Richtung; sie würde warten müssen.

Der Wagen kam in der Devonshire Street abrupt zum Stehen. Reggie schreckte hoch.

»Ah. Angekommen«, sagte er blinzelnd. »Ich helfe Ihnen.« Er versuchte, die Tür zu öffnen, doch der Kutscher war schon zur Stelle und reichte Tallulah und dann Emily die Hand zum Aussteigen.

»Am besten bleiben Sie bei mir«, sagte Tallulah rasch. »Sie können unmöglich um diese Zeit zu Hause ankommen.«

Emily zögerte nur einen winzigen Moment. Vielleicht wollte Tallulah ihr nur höflich mitteilen, daß Reggies Kutsche ihr nicht länger zur Verfügung stand. Und es war auch richtig, sie würde Jack eher erklären können, daß sie die Nacht bei Tallulah verbracht hatte, als daß sie bis vier Uhr morgens auf einer Party mit Künstlern und Schriftstellern in Chelsea gewesen war.

»Danke.« Sie kletterte hastig und wenig anmutig aus der Kutsche. »Das ist sehr freundlich von Ihnen.« Sie bedankte sich bei Reggie und dem Diener, und als die Kutsche davonpolterte, folgte sie Tallulah über den Gehweg in den hinteren Garten, wo offenbar die Tür zur Spülküche nicht verschlossen war.

Tallulah stand in der Küche. Im kalten Morgenlicht, fern von Gasleuchten und Samtvorhängen, wirkte sie erstaunlich zierlich. Hier stand sie, eingerahmt von einem Geschirrschrank mit einem Bord voller Teller, kupfernen Töpfen und Pfannen an der Wand, Mehltrögen und einem schwarzen Herd zur Linken. Auf dem Wäschegestell, das von der Decke hing, trockneten die Geschirrtücher, und in der Luft lag der Geruch von Kräutern und Zwiebelzöpfen.

Bald schon würden die ersten Mädchen aufstehen, um den Herd zu reinigen und zu schwärzen und das Feuer zu machen, bevor die Köchin mit den Vorbereitungen für das Frühstück begann.

In Emilys Haus würde es in Kürze ebenso zugehen.

Tallulah atmete tief ein und aus. Sie ging voran zur Treppe. Emily folgte auf Zehenspitzen, damit das bereits erwachte Personal sie nicht hören würde.

Auf dem Treppenabsatz blieb Tallulah bei einer Zimmertür stehen.

»Ich leihe Ihnen ein Nachthemd«, sagte sie leise. »Und morgen früh schicke ich Ihnen meine Zofe. So gegen acht. Niemand wird besonders früh aufstehen... glaube ich. Übrigens...« Sie wirkte plötzlich unglücklich.»Übrigens ist das kein günstiger Zeitpunkt. Es ist etwas ganz Schlimmes passiert.« Ihre Stimme war nur noch ein Flüstern.»Irgendwo in der Nähe der Whitechapel Road wurde eine Straßendirne umgebracht, und die Polizei hat eine alte Anstecknadel bei der Leiche gefunden, die früher meinem Bruder gehörte. Es ist sogar jemand ins Haus gekommen und hat Fragen gestellt.« Sie erschauderte.»Natürlich hat mein Bruder nichts damit zu tun, aber ich habe riesige Angst, daß sie ihm nicht glauben.« Sie sah Emily erwartungsvoll an.

»Das tut mir leid«, sagte Emily aufrichtig.»Es muß schrecklich für Sie sein. Vielleicht wird der Täter ja ganz schnell entdeckt.« Dann fragte sie neugierig:»Wo hat man denn die Anstecknadel gefunden?«

»In dem Zimmer, in dem sie umgebracht wurde.« Tallulah biß sich auf die Lippen, die Angst stand in ihrem Gesicht, und der Ausdruck wurde durch die starken Schatten, die das dämmerige Gaslicht warf, und den grauen Schimmer des ersten Tageslichts noch betont.

»Oh.« Emily konnte darauf keine tröstende Bemerkung machen. Daß Tallulahs Bruder zu einer Prostituierten gegangen war, schockierte sie nicht. Sie war zu aufgeklärt, um davon nichts zu wissen. Es war auch nicht unmöglich, daß er sie umgebracht hatte. Irgend jemand hatte es getan. Vielleicht nicht mit Absicht. Ein Streit über Geld wäre denkbar. Vielleicht hatte sie versucht, ihn auszurauben. Emily wußte von Pitt, daß solche Dinge vorkamen. Man mußte keine wilde Phantasie haben, um sich vorstellen zu können, wie so etwas passierte: Ein reicher junger Mann in teurer Kleidung, mit goldenen Knöpfen an Manschetten und Kragen, einer goldenen Uhr, vielleicht einem Zigarrenschneider, einem Kartenetui und Geld in den Taschen, mit dem er seine Gelüste befriedigen wollte... und eine verzweifelte Frau, müde und hungrig, die vielleicht nicht wußte, ob sie in der nächsten Woche ein Dach über dem Kopf haben würde. Vielleicht hatte sie sogar ein Kind, das sie ernähren mußte. Eigentlich war es erstaunlich, daß dergleichen nicht öfter geschah.

Doch das konnte sie Tallulah wohl kaum sagen. Aber vielleicht – wenn sie in deren blasses Gesicht sah mit den dunklen Ringen der Müdigkeit unter den Augen und der Angst, die ihre Lebhaftigkeit lähmte – wußte Tallulah dies alles bereits.

Emily rang sich ein leeres, unsicheres Lächeln ab.

»Es müssen noch viele andere bei ihr gewesen sein«, sagte sie aufmunternd. »Wahrscheinlich war es jemand, den sie kannte. Die Frauen haben immer einen Mann, dem sie das Geld geben und der auf sie aufpaßt. Wahrscheinlich war er das. Die Polizei wird es herausfinden. Sicherlich war ihr Besuch hier nur eine Formsache.«

»Meinen Sie?« fragte Tallulah. »Er war sehr höflich. Er hat sich wunderbar ausgedrückt, wie ein Gentleman, dabei sah er eher unordentlich aus. Sein Kragen war zwar sauber, aber er saß schief, und sein Haar war ganz zerzaust. Wenn er nicht gesagt hätte, daß er Polizist ist, hätte ich ihn für einen Künstler oder einen Schriftsteller gehalten. Aber sicherlich ist er kein Dummkopf. Er hatte keine Angst vor Papa, wie die meisten Menschen.«

Emily spürte plötzlich ein Kribbeln, sie hatte das Gefühl des Vertrauten, wie bei einer Szene in einem Traum, wenn man weiß, was passiert, bevor es tatsächlich geschieht.

»Machen Sie sich keine Sorgen«, sagte sie, so frohgemut sie konnte. »Er wird die Wahrheit herausbekommen. Er wird nicht den Falschen vor Gericht bringen. Ihr Bruder hat nichts zu befürchten.«

Tallulah rührte sich nicht vom Fleck.

Draußen auf der Straße ratterte ein Karren vorbei, und auf dem Gehweg ging jemand pfeifend vorbei. Es war schon fast hell. Das Küchenmädchen konnte jeden Moment die hintere Treppe herunterkommen.

»Danke«, sagte Tallulah schließlich. »Wir sehen uns beim Frühstück. Jetzt hole ich das Nachthemd.«

Emily lächelte dankbar und beschloß, sobald sie ein Telefon fand, ihre Zofe anzurufen und ihr zu sagen, daß sie bei einer Freundin sei und es ihr gutgehe. Wenn Jack zu Hause war, würde das vorerst als Erklärung für ihn reichen. Wenn er am Morgen aufstand und sie nicht beim Frühstück vorfand, würde er das verstehen.

Emily schreckte aus dem Schlaf hoch. Die Sonne flutete durch die offenen Vorhänge in ein Zimmer, das sie nicht kannte. Es war ein gelber Blütentraum mit ein paar Tupfern in Grau und Blau dazwischen. Ein Zimmermädchen goß heißes Wasser in eine große Porzellanschüssel, über der Stuhllehne hingen frische Handtücher.

»Morgen, Miss«, sagte das Mädchen freundlich. »Es ist ein schöner Tag. Sieht aus, als würde es wieder warm werden. Miss

Tallulah sagt, wenn Sie eins ihrer Kleider borgen möchten, hätte sie nichts dagegen. Ihr Kleid hier ist ja ein bißchen förmlich fürs Frühstück.« Sie warf keinen Blick auf das grüne Abendkleid mit den elfenbeinfarbenen und goldenen Rosen, dem tief ausgeschnittenen Oberteil und dem weiten Rock, das über die Chaiselongue gebreitet war. Im hellen Morgenlicht wirkten die dünnen Ärmel wie verwelkte Blumen. Ihr Ton war ausschließlich höflich und hilfreich. Sie war ein sehr gutes Zimmermädchen.

»Danke«, nahm Emily das Angebot an. Sehr ungern würde sie an Augustus FitzJames' Frühstückstisch den Eindruck erwecken, sie wäre die ganze Nacht auf gewesen. Und das cremefarbene Musselinkleid, das das Zimmermädchen mitgebracht hatte, war durchaus hübsch. Vielleicht ein wenig zu jugendlich für sie, aber sehr raffiniert mit gerafftem Oberteil und zarter Stickerei.

Sie ging mit Tallulah nach unten, damit sie vorgestellt und ihre Anwesenheit erklärt werden konnte.

Das Speisezimmer war groß, förmlich eingerichtet und sehr schön, aber Emily hatte keine Zeit, sich genauer umzusehen. Ihre ganze Aufmerksamkeit wurde von den Menschen am Tisch in Anspruch genommen. Am Kopfende saß Augustus FitzJames und las mit ernstem Gesichtsausdruck die Morgenzeitung, die er vor sich hielt. Zunächst blickte er beim Eintritt der beiden jungen Frauen nicht auf, erst als er merkte, daß jemand im Raum war, den er nicht erwartet hatte, ließ er die Zeitung sinken.

»Guten Morgen, Papa«, sagte Tallulah fröhlich. »Ich möchte dir Mrs. Radley vorstellen. Ich habe ihr angeboten, bei uns zu übernachten, weil es schon spät war und ihr Mann wegen einer wichtigen Regierungsangelegenheit ihre Kutsche brauchte.« Die Lüge kam ihr so fließend über die Lippen, als hätte sie sie schon vorher erdacht.

Augustus betrachtete Emily mit leicht gerunzelter Stirn, erst als er den Namen mit einem Parlamentsabgeordneten in Verbindung bringen konnte, nickte er zur Begrüßung.

»Guten Morgen, Mrs. Radley. Ich freue mich, daß wir Ihnen unsere Gastfreundschaft erweisen konnten. Bitte bleiben Sie doch zum Frühstück.« Er blickte zu der Frau am anderen Tischende. Ihr Haar war perfekt frisiert, ihr Morgenkleid makellos, doch in ihrem Gesicht standen viele kleine Sorgenfältchen. »Meine Frau«, sagte er kühl.

»Guten Morgen, Mrs. FitzJames«, sagte Emily und lächelte. »Danke, daß Sie mich aufgenommen haben.« Sie sagte das nur, um das steife Schweigen zu unterbrechen; Aloysia hatte von ihrer Anwesenheit nichts gemerkt.

»Seien Sie unser Gast«, sagte Aloysia hastig. »Haben Sie gut geschlafen?«

»Sehr gut, danke.« Emily setzte sich auf den Platz, der ihr zugewiesen wurde, während das Mädchen ein weiteres Gedeck für Tallulah holte.

»Mein Sohn«, fuhr Augustus fort und zeigte mit seiner knochigen Hand auf den jungen Mann, der Emily gegenübersaß.

»Guten Morgen, Mr. FitzJames«, sagte sie und betrachtete ihn mit besonderem Interesse, nachdem Tallulah ihr von der unglücklichen Verbindung mit dem Mord in Whitechapel erzählt hatte. Sie versuchte, freundlich und unverfänglich zu lächeln, als wüßte sie nichts, aber sie konnte nicht umhin, sein Gesicht genau zu studieren. Die gerade Nase, der breite Mund und das ausgeprägte Kinn machten ihn zu einem attraktiven Mann, ebenso das schöne, volle Haar, das aus der Stirn gekämmt war. Es war das Gesicht eines Mannes, der bei Frauen immer Bewunderung finden würde. Welche unkontrollierten Gelüste, welche unsichtbaren Schwächen hatten ihn dazu geführt, sich gerade in Whitechapel eine Prostituierte zu suchen? Während sie ihn so über den Frühstückstisch betrachtete, überlegte sie, wie wenig man doch über einen Menschen aus seinen Manieren, seinen Kleidern oder dem sauber geschnittenen Haar erfuhr.

»Guten Morgen, Mrs. Radley«, erwiderte er gleichgültig. »Morgen, Tallulah. Wie war's gestern abend?«

Tallulah nahm neben Emily Platz und zog die Obstschale zu sich, dann überlegte sie es sich anders und nahm statt dessen Toast und Aprikosenmarmelade.

»Ganz gut, danke«, antwortete sie unverbindlich. Er war nicht wirklich interessiert.

Emily konnte zwischen Schellfisch und Eiern wählen, lehnte beides ab und entschied sich für Toast. Sie mußte so schnell wie möglich nach Hause. Es würde auch so schon schwer genug sein, eine zufriedenstellende Erklärung für die außer Haus verbrachte Nacht zu geben.

»Wo warst du denn?« fragte Augustus Tallulah. Er klang nicht herrisch, aber sein Ton machte deutlich, daß er eine wahrheitsgetreue Antwort erwartete.

Tallulah sah nicht von ihrem Teller auf.

»Bei einer Abendgesellschaft von Lady Swaffham. Hatte ich das nicht gesagt?«

»Doch, schon«, sagte er grimmig. »Aber da bist du nicht bis zwei Uhr morgens oder später geblieben. Soweit kenne ich Lady Swaffham.«

Sie hatten nicht gesagt, wann sie zurückgekommen waren. Wahrscheinlich war er selbst um zwei zu Bett gegangen und hatte gewußt, daß sie noch nicht wieder da war.

»Danach bin ich mit Reggie Howard und Mrs. Radley zu einem literarischen Abend in Chelsea gegangen«, erwiderte Tallulah und sah ihrem Vater in die Augen.

»Um zwei Uhr morgens?« Spöttisch zog er die Augenbrauen hoch. »Vermutlich meinst du eine Party, mein Fräulein, auf der gewisse junge Männer, die sich für Schriftsteller halten, herumsitzen, sich in Szene setzen und Unsinn reden. War Oscar Wilde da?«

»Nein.«

Mit seinen Augen suchte er bei Emily Bestätigung oder Widerspruch für diese Aussage.

»Ich glaube, aus seiner Clique war keiner da«, sagte diese ganz aufrichtig, obwohl sie eigentlich gar nicht wußte, wer zu seiner »Clique« gehörte. Es gefiel ihr nicht, daß sie für Tallulah antworten oder sie zur Lügnerin stempeln sollte.

»Dieser junge Howard gefällt mir nicht besonders«, fuhr Augustus fort, nahm sich eine Scheibe Toast und goß sich Tee nach. Er sah seine Tochter nicht an. »Du gehst nicht mehr mit ihm aus.«

Tallulah atmete tief ein, ihr Gesichtsausdruck versteinerte.

Augustus sah zu seiner Frau hinüber.

»Es ist an der Zeit, daß du sie in angemessenere Gesellschaft bringst, meine Liebe. Es ist deine Aufgabe, einen geeigneten Mann für sie zu finden. In diesem Jahr noch. Das ist schon längst überfällig. Solange sie nicht ihren Ruf verspielt, indem sie ihre Zeit in fragwürdiger Gesellschaft vertändelt, ist sie eine überaus vorteilhafte Partie. Doch auch ungeachtet ihres Benehmens wird das nicht ewig so bleiben.« Immer noch war sein Blick auf Aloysia gerichtet. Emily sah, wie sich Tallulahs Gesicht vor Demütigung verfärbte. »Ich werde eine Liste von Familien erstellen, die in Frage kommen«, schloß er und biß in sein Stück Toast, während die andere Hand nach der Tasse griff.

»In Frage kommen für wen?« fragte Tallulah erregt.

Er sah sie an. In seinem Blick war kein Schimmer von Weichheit.

97

»Für mich selbstverständlich. Es ist meine Verantwortung, dafür zu sorgen, daß du in gute Hände kommst und ein anständiges Leben führst. Du hast alles, was dazu nötig ist, außer Selbstdisziplin. Und die wirst du üben, ab heute.«

Hätte Emily den Eindruck gehabt, daß sie auch nur im geringsten beachtet wurde, wäre ihr die Situation peinlich gewesen, aber selbst Finlay schien seinem Vater sehr aufmerksam zuzuhören. Offenbar war seine Dominanz für keinen von ihnen überraschend. Sie brauchte Tallulah, die den Kopf gesenkt hielt, gar nicht anzusehen, um zu wissen, daß »Jago« nicht auf der Liste der in Frage kommenden Ehepartner stehen würde. Die Tugenden, von denen Tallulah gesprochen hatte, würden ihm sicherlich nicht die Achtung ihres gesellschaftlich ambitionierten Vaters einbringen.

Tallulah würde ihre Wünsche genau überprüfen und den Preis gegen den Gewinn abwägen müssen, wenn sie ihr Lebensglück nicht vertun wollte.

Emily sah zu Finlay hinüber, der seinen Toast aß und die letzte Tasse Tee leerte. Wenn er Mitgefühl für seine Schwester hatte, so sah man ihm das nicht an.

Ohne Vorwarnung stürzte Augustus sich jetzt auf ihn.

»Und für dich ist es auch höchste Zeit, daß du eine passende Frau findest. Du kannst keinen wichtigen Botschafterposten übernehmen, wenn du keine Frau hast, die dich darin unterstützt. Sie muß aus guter Familie stammen, Zurückhaltung üben können und in der Lage sein, eine intelligente Unterhaltung zu führen, ohne ihre Meinung in den Vordergrund zu stellen; außerdem muß sie charmant und anziehend sein, darf aber keinen Anlaß zu Klatsch und Spekulationen geben. Natürlichkeit ist wichtiger als Schönheit. Selbstverständlich muß sie einen makellosen Ruf haben. Das versteht sich von selbst. Mir fallen auf Anhieb mindestens ein Dutzend Frauen ein, die geeignet wären.«

»Im Moment –«, hob Finlay an, brach dann aber ab.

Die Miene seines Vaters erstarrte. »Ich weiß ganz genau, daß es im Moment andere Dinge gibt, die aus der Welt geräumt werden müssen.« Sein Gesicht war angespannt, und als er sprach, vermied er es, seinen Sohn anzusehen. »Ich hoffe doch sehr, daß das in ein paar Tagen bereinigt ist.«

»Das hoffe ich auch«, sagte Finlay unglücklich und starrte seinen Vater an, als wolle er ihn zwingen, ihm in die Augen zu sehen. »Ich hatte nichts damit zu tun! Wenn die nur ein bißchen fähig sind, werden sie das bald herausfinden.« Das war als Herausforderung gemeint, er erwartete nicht, daß man ihm ohne Beweise glauben würde. Emily erkannte Aufrichtigkeit in seiner Stimme.

Tallulah ließ ihren Toast liegen, und der Tee in ihrer Tasse wurde kalt. Sie sah von ihrem Vater zu ihrer Mutter und zurück. »Das werden sie auch«, sagte Aloysia ohne Überzeugung. »Es ist zwar unangenehm, aber es gibt keinen Grund, sich Sorgen zu machen.«

Augustus sah sie mit unglaublicher Verachtung an, und die Linien um seinen Mund wurden tiefer.

»Es macht sich auch keiner Sorgen, Aloysia. Es geht nur darum, die Sache abzuklären, so daß keine unglücklichen Folgen aus... Inkompetenz oder sonstigen mißlichen Umständen entstehen, die wir vermeiden könnten.« Er sah Tallulah an. »Du, mein liebes Fräulein, wirst dich auf eine Weise betragen, die keinerlei Anlaß zu Tadel gibt und den Klatschmäulern keine neue Nahrung liefert. Und du, junger Mann« – er sah Finlay an – »wirst dich wie ein Gentleman aufführen. Du kümmerst dich um deine Pflichten und gehst nur solchen Vergnügungen nach, die auch von jenen jungen Damen bevorzugt werden, die du zu ehelichen wünschst. Du könntest deine Schwester begleiten. Überall in London gibt es Soireen, Ausstellungen und andere geeignete Veranstaltungen.«

Finlay wirkte verzweifelt.

»Ansonsten«, fuhr Augustus fort, »wird sich der Schaden nicht so leicht begrenzen lassen, wie du es wünschst.«

»Ich hatte nichts damit zu tun!« wehrte Finlay sich, und Verzweiflung schwang in seiner Stimme.

»Möglicherweise nicht«, sagte Augustus ungerührt und biß wieder in seinen Toast. Die Diskussion war beendet, das brauchte er nicht ausdrücklich zu sagen, sein Ton machte es deutlich. Etwas dagegen einwenden zu wollen war sinnlos.

Tallulah und Emily beendeten schweigend ihr Frühstück und zogen sich dann zurück. Kaum waren sie in der Eingangshalle außer Hörweite, sah Tallulah Emily an.

»Es tut mir leid«, sagte sie zerknirscht. »Das muß schrecklich für Sie gewesen sein, weil Sie ja wußten, wovon er gesprochen hat. Natürlich wird es aus der Welt geräumt werden, aber es könnte ewig dauern. Und wenn keiner herausfindet, wer es war?« Panik schlich sich in ihre Stimme ein. »Den anderen Mörder von Whitechapel haben sie auch nie geschnappt! Er hat fünf Frauen umgebracht, und das war erst vor zwei Jahren, und keiner hat die blasseste Ahnung, wer der Täter war. Es kann doch jeder sein!«

»Nicht jeder«, sagte Emily mit fester Stimme. Ihre Worte waren hohl, aber sie hoffte, daß Tallulah das nicht bemerken würde. »Die Tatsache, daß der Mörder nicht gefaßt wurde, hat mit diesem Fall nichts zu tun.« Sie war überzeugt, daß Pitt die Wahrheit herausfinden würde. Doch selbst die volle Wahrheit könnte bedeuten, daß über Finlay, auch wenn er so unschuldig war, wie er behauptete, einige Tatsachen ans Tageslicht kommen könnten, die peinlich oder schmerzlich, möglicherweise sogar beides waren. Das Unangenehme an einer Ermittlung war, daß alles mögliche entdeckt wurde, auch Dinge, die vielleicht mit dem Verbrechen nichts zu tun hatten, private Verfehlungen, oder beschämende Entgleisungen, die man anschließend aber nicht mehr wegwischen konnte.

Außerdem verhielten sich Menschen, die Angst hatten, oft ungeschickt, so daß man sie in einem viel deutlicheren Licht sehen konnte, als ihnen lieb war. Man hatte mehr zu befürchten als die Aufdeckung von Schuld.

»Wahrscheinlich war es jemand, den sie kannte«, fuhr Emily so fest wie möglich fort und dachte, daß auch Augustus FitzJames nicht von der Unschuld seines Sohnes überzeugt war. Sie erkannte an der Schärfe seines Tons, an der Art, wie er seiner Frau über den Mund fuhr, daß Zweifel an ihm nagten. Warum? Aus welchem Grund würde ein Mann so wenig Vertrauen in seinen Sohn haben und diese entsetzliche Möglichkeit in Betracht ziehen?

»Das glaube ich auch«, sagte Tallulah. »Ich bin nur so bedrückt, weil Papa mich zwingen will, irgendeinen Langweiler zu heiraten und eine fade, farblose Ehefrau zu werden, die blöde Stickereien anfertigt und Aquarelle malt, die keiner sehen will.«

»Danke.« Emily lächelte.

Tallulah errötete bis an die Haarwurzeln. »Mein Gott! Verzeihen Sie! Das war ja völlig taktlos! So habe ich es nicht gemeint!«

Bei diesen Worten zwinkerte Emily mit den Augen und sagte offen: »Oh doch. Und ich kann es Ihnen nicht verübeln. Viele Frauen verbringen ihr Leben mit Dingen, die ihnen verhaßt sind. Ich langweile mich manchmal zu Tode. Und ich bin mit einem

Politiker verheiratet, der meistens ganz interessant ist. Gestern habe ich mich gelangweilt, weil er in letzter Zeit soviel zu tun hatte und ich ihn kaum sehe, und ich habe meine Tage nicht sinnvoll ausgefüllt. Ich brauche eine Sache, für die ich mich einsetzen kann.«

Die Röte wich aus Tallulahs Gesicht, aber sie sah immer noch geknickt aus.

Emily nahm sie am Arm und führte sie die Treppe hinauf.

»Ich habe eine angeheiratete Großtante«, fuhr sie fort, »die sich nie langweilt, weil sie sich immer für eine Sache engagiert, meistens ist es der Kampf gegen eine Ungerechtigkeit oder gegen Unwissenheit. Sie nimmt sich nie etwas Leichtes vor, deswegen dauert es auch immer eine Zeit.« Sie hätte auch erwähnen können, daß ihre Mutter soeben in zweiter Ehe einen jüdischen Schauspieler geheiratet hatte, der siebzehn Jahre jünger war als sie, und daß sie eine Schwester hatte, die unter ihrem Stand verheiratet war, und zwar mit einem Polizisten, und die ihrer aller Leben mit Spannung füllte, weil sie an den haarsträubendsten Fällen mitarbeitete. Doch im Moment wäre das unpassend, ganz abgesehen davon, daß es Tallulah überwältigt hätte.

»Ist das wahr?« fragte Tallulah mit erwachendem Interesse. »Und ihr Mann hat nichts dagegen?«

»Der ist tot, er zählt also nicht mehr«, mußte Emily zugeben.

»Wenn er noch lebte, wäre es schwieriger. Wie ist es denn mit diesem Jago, den Sie erwähnt haben?«

»Jago!« Tallulah lachte gekünstelt. »Können Sie sich vorstellen, daß Papa mir erlaubt, einen Gemeindepfarrer aus Whitechapel zu heiraten? Ich hätte dann zwei Kleider, die ich mein eigen nennen könnte, eins zum Tragen, eins in der Wäsche. Ich würde in einem zugigen Zimmer leben, in dem es nur kaltes Wasser gibt und wo das Dach undicht ist. Gesellschaftlich gesehen wäre ich so gut wie tot.«

»Ich dachte, ein Pfarrer hätte immer ein Pfarrhaus«, sagte Emily, während sie im sonnigen Flur mit dem gelben Teppich und den Topfpflanzen standen. Im Erdgeschoß ging eine Hausangestellte durch die Eingangshalle, und ihre Sohlen hallten auf dem Parkettboden. Sie hatte eine blitzweiße Haube mit Spitzenrand auf dem Kopf und eine gestärkte Schürze vorgebunden. Vielleicht gab es in Whitechapel tatsächlich Pfarrhäuser, aber trotzdem wären sie Welten von diesem Haus entfernt.

Tallulah biß sich auf die Lippen. »Das weiß ich. Aber ich würde soviel aufgeben müssen. Keine Parties mehr. Keine schönen Kleider und keine geistreichen Gespräche, die die ganze Nacht andauern. Keine Abendgesellschaften und keine Bälle mehr, von denen man im Morgengrauen heimkehrt. Die meiste Zeit müßte ich frieren, und genug zu essen hätte ich auch nicht. Vielleicht müßte ich die Wäsche selbst waschen!«

Das war alles ganz richtig.

»Möchten Sie aus Jago einen anderen machen?« fragte Emily.

»Nein!« Tallulah atmete heftig ein. »Nein, natürlich nicht ... ich ...« Sie brach ab. Sie wußte nicht, was sie sagen sollte. Es war eine Entscheidung von enormer Tragweite.

»Keiner kann alles haben«, sagte Emily sanft. »Wenn es das Festhalten an seinen Werten ist, das Sie zu ihm hinzieht, dann müssen Sie auch alles, was dazugehört, annehmen. Vielleicht sollten Sie abwägen, was Ihnen ein Leben mit ihm bedeuten würde, und wie das Leben ohne ihn für Sie wäre, und dann zu einer Entscheidung kommen. Versäumen Sie es nicht. Es könnte um Ihr ganzes Leben gehen.«

Tallulahs Gesicht nahm einen spöttischen Ausdruck an, aber in ihren Augen standen Tränen.

»Ich brauche überhaupt keine Entscheidung zu treffen. Für Jago komme ich gar nicht in Betracht. Er verachtet alles an mir. Es geht jetzt nur darum, Finlay in dieser Sache beizustehen, und ich weiß nicht einmal, wie ich das anstellen soll. Und ich muß verhindern, daß Papa mir einen Mann aussucht, der über alle Maßen langweilig ist.« Sie zog die Nase hoch. »Vielleicht fällt seine Wahl auf einen alten Mann, der dann stirbt. Dann wäre ich Witwe und könnte das tun, was mir gefällt, wie Ihre Großtante.«

Im Erdgeschoß wurde die Tür zum Speisezimmer geöffnet, und Finlay trat heraus. Mit schnellen Schritten und verärgertem Gesichtsausdruck ging er zur Haustür.

»Jarvis!« rief er. »Wo ist mein Hut, und mein Stock? Ich habe sie gestern hier an der Garderobe abgelegt. Wer hat sie weggenommen?«

Ein Diener näherte sich ihm unterwürfig.

»Ihr Stock ist da, Sir, und Ihren Hut habe ich ausgebürstet.«

»Aha. Danke.« Finlay nahm den Stock. »Holen Sie bitte den Hut, Jarvis. Warum haben Sie ihn ausgebürstet? Das ist nicht jedesmal nötig, wenn ich ihn getragen habe.«

»Ein Vogel ... leider ...«, sagte Jarvis.

Tallulah mußte unwillkürlich lächeln. Sie nahm Emily beim Arm und führte sie ins Gästezimmer. Dort packten sie das Abendkleid zusammen, damit Emily es mit nach Hause nehmen konnte.

Emily verabschiedete sich und wurde in einer zweiten Kutsche der FitzJames nach Hause gefahren, nachdem Augustus die erste genommen hatte. Ihre Gedanken kreisten um Tallulahs Probleme. War es möglich, daß Finlay schuldig war?

Warum würde er so etwas tun? Was wußte sein Vater über ihn, oder was vermutete er, daß er so kalt und verunsichert war und dennoch nicht zögerte, ihn zu verteidigen?

Oder hatte sie seinen Gesichtsausdruck falsch gedeutet? Sie hatte die Familie nur bei einer Mahlzeit beobachten können. Vielleicht war sie voreilig und überschätzte ihr eigenes Urteilsvermögen.

Dann überlegte sie sich, was für ein Mensch Jago wohl sein mußte, daß Tallulahs Gedanken so vollständig von ihm gefangengenommen waren. Anscheinend stellte er das genaue Gegenteil von allem dar, was ihr an ihrem gegenwärtigen Leben so teuer war. Vielleicht war das der Grund? Sie sah nicht die Wirklichkeit, sondern war von der Vorstellung eines anderen Lebens verzaubert. Wie auch immer, Tallulah gefiel ihr, sie mochte ihre Lebendigkeit, ihre Fürsorglichkeit und die Tatsache, daß sie sich Träumen hingab, deren Verwirklichung ihr Leben für immer verändern würde. Es war nur recht und billig, daß Emily sie nach Kräften unterstützte. Das stand fest.

Als sie zu Hause ankam, dankte sie dem Kutscher und ging die Stufen zur Haustür hinauf. Der Butler öffnete ihr die Tür, ohne die leiseste Regung in seinem Gesicht.

»Guten Morgen, Jenkins«, sagte sie seelenruhig und trat ein.

»Guten Morgen, Ma'am«, gab er zurück und schloß die Tür. »Mr. Radley ist in seinem Arbeitszimmer, Ma'am.«

»Danke.« Sie reichte ihm das Paket mit dem Abendkleid und wies ihn an, es ihrer Zofe auszuhändigen. Und obwohl sie sich plötzlich ein wenig befremdlich in Tallulahs Tageskleid fühlte, marschierte sie mit erhobenem Kopf in das Arbeitszimmer, um Jack eine Erklärung abzugeben.

»Guten Morgen«, sagte er kühl, als sie eintrat. Er saß am Schreibtisch, vor sich einen Stapel Papiere, den Federhalter in der Hand, und lächelte nicht. »Ich habe deine Mitteilung erhalten. Nicht sehr aufschlußreich. Wo warst du?«

Sie atmete tief durch. Es behagte ihr gar nicht, daß sie sich erklären mußte, aber sie sah ein, daß es unumgänglich war.

»Ich habe mich zu einer anderen Party mitnehmen lassen und nicht gemerkt, wie spät es wurde. Die Leute waren interessant, und ich habe jemanden kennengelernt, der...« Sie war sich unschlüssig, ob sie es so darstellen sollte, daß sie einer Freundin in Not geholfen hatte oder daß es um Nachforschungen in Pitts neuestem Fall ging. Der Anblick von Jacks mißbilligender Miene machte es ihr nicht leichter. Was sie auch sagte, es mußte Hand und Fuß haben.

»Ja?« sagte er mit frostigem Blick.

Sie mußte sich entscheiden, wenn sie nicht wie eine Lügnerin dastehen wollte. Er ließ sich nicht so leicht um den Finger wickeln, wie sie sich manchmal wünschte. Einst hatte sie angenommen, daß sie seine Aufmerksamkeit mit einem Lächeln ablenken könne, aber sie hatte sich geirrt.

»Ich warte, Emily...«

»Ich habe eine junge Frau kennengelernt, die ich sehr mag. Sie macht sich große Sorgen, weil ihr Bruder unter Mordverdacht steht... Thomas ermittelt in dem Fall. Ich konnte nicht einfach weggehen, Jack! Ich mußte soviel wie möglich herausbekommen... ihretwegen, und wegen Thomas... und wegen der Wahrheit!«

»Soso...« Er lehnte sich in seinem Stuhl zurück und betrachtete sie skeptisch. »Du hast die Nacht also bei ihr zu Hause verbracht. Was hast du denn dabei in Erfahrung bringen können? Ist er der Täter?«

»Sei nicht so sarkastisch«, erwiderte sie spitz. »Ich kann doch einen Mordfall nicht beim Frühstück aufklären.« Sie sah ihn mit einem zögernden Lächeln an. »Ich brauche dazu mindestens bis zum Abendessen... vielleicht sogar länger.« Dann sah sie den Ansatz eines freundlichen Lächelns in seinen Augen, worauf sie das Zimmer verließ und die Tür hinter sich ins Schloß zog.

In der Eingangshalle atmete sie erleichtert auf und lief rasch nach oben, um sich umzuziehen.

4.

Kapitel

Während Emily oben an der Treppe mit Tallulah sprach und Finlay von dem Diener Hut und Stock entgegennahm und zur Tür hinaustrat, saß Pitt auf der anderen Seite der Devonshire Street in einer Droschke neben Rose Burke. Als sich die Tür des Hauses Nummer achtunddreißig öffnete und Finlay heraustrat, beugte sie sich mit steifem Oberkörper vor und sah hinaus. Ganz langsam bewegte sie den Kopf, während sie Finlay mit den Augen folgte, bis er in die Upper Wimpole Street verschwand.

»Nun?« fragte Pitt. Er wußte nicht, was er von ihr hören wollte. Wenn sie Finlay identifizierte, müßte er mit der unangenehmen Aufgabe beginnen, die Fakten zusammenzutragen, mit der die Festnahme und der Prozeß vorbereitet wurden. Die Familie FitzJames würde alle Mittel aufbieten und zurückschlagen. Mit Sicherheit würde die Polizei der Inkompetenz bezichtigt werden. Man würde Rose angreifen und keinen Versuch scheuen, ihre Aussage zu schwächen, ihren Leumund durch den Schmutz zu ziehen – was nicht schwierig sein würde – und ihre Glaubwürdigkeit im allgemeinen in Frage zu stellen.

Andererseits, wenn sie ihn nicht identifizieren konnte (oder ihn sogar entlastete), dann wären sie wieder auf die Anstecknadel und den Manschettenknopf angewiesen und müßten eine Erklärung dafür finden, warum sie zwar am Tatort aufgetaucht waren, aber Finlay trotzdem nicht als Mörder in Frage kam.

Rose drehte sich um und sah ihn an. Der Augenblick ihrer Macht hätte ihr Genugtuung verschaffen können. Doch in ihren Augen standen unerwartet nur Zorn und der blanke Haß.

»Ja, der war's«, sagte sie mit schroffer, harter Stimme. »Der war's, den hab ich bei Ada reingehen sehen, bevor sie umgebracht wurde. Den müssen Sie festnehmen. Der muß vor Gericht, der soll hängen.«

Pitt spürte, wie sich seine Brust verengte und sein Herz stärker klopfte.

»Sie haben keinen Zweifel?«

Mit großen Augen blitzte sie ihn an. »Na, keinen einzigen. Jetzt is es Ihnen nich recht, weil der in einem schicken Haus in einer vornehmen Gegend wohnt und genug Geld zum Rausschmeißen hat, was?« Angewidert, haßerfüllt sogar, zog sie die Lippen über die Zähne zurück.

»Nein, Rose, das stimmt nicht«, sagte er leise. »Aber wenn ich ihn festnehme, will ich nicht, daß ein schlauer Anwalt irgendwo Fehler findet und deswegen einen Freispruch erwirkt.«

»Na ja ...« Sie ließ sich gekränkt in den Sitz fallen. »Na ja ... also ... da is was dran. Aber diesmal haben Sie ihn.«

»Diesmal?« fragte er, wußte aber sogleich, was sie meinte.

»Na ja, den Ripper haben Sie ja nie geschnappt, wie?« Sie saß steif da, die Schultern waren kantig unter ihrem Schal. »Der is doch immer noch da, soweit man weiß, und wartet in einer dunklen Ecke drauf, wieder eine aufzuschlitzen. Also sollten Sie diesen gemeinen Kerl hier schnappen und aufhängen, bevor noch so n armes Luder dran glauben muß.«

Wie gerne hätte er ihr erklärt, daß dies kein neuer Serienmörder war, daß etwas Ähnliches nicht ein zweites Mal passieren würde, daß es sich um eine einzelne schreckliche Tat handelte. Aber er war davon nicht überzeugt. Dieser Mord zeugte von einer Zwanghaftigkeit, einem inneren Zorn, der momentan außer Kontrolle geraten war. Wenn es einmal passierte, konnte und würde es vielleicht auch ein zweites Mal passieren.

»Ihnen hilft es doch auch nicht, Rose, wenn wir den Falschen erwischen«, sagte er und betrachtete ihr Gesicht. Die strenge und gleichzeitig hübsche Zeichnung ihrer Züge drückte Haß und Wut aus, die Haut über den Backenknochen war noch straff. Wäre da nicht eine gewisse Keckheit in ihrem Ausdruck und die

Qualität ihrer Kleider gewesen, könnte sie auch eine der Damen aus der Devonshire Street oder aus Mayfair sein.

»Das is nich der Falsche«, erwiderte sie. »Ich kann nich den ganzen Tag mit Ihnen reden. Meine Zeit kostet Geld.«

»Ihre Dienste kosten Geld, Rose«, verbesserte er sie. »Und die will ich nicht. Sie werden mir soviel Zeit geben, wie ich brauche. Ich fahre jetzt mit der Droschke zurück in die Bow Street. Sie können sie dann für den Rest des Weges haben, wenn Sie möchten.«

»Und wer bezahlt das?« fragte sie sofort.

»Ich«, bot er lächelnd an. »Dieses eine Mal. Dann habe ich bei Ihnen Kredit, für das nächste Mal, wenn ich mit Ihnen sprechen möchte.«

Sie schwieg darauf. Mit Worten wollte sie sich nicht festlegen, aber ein winziger Anflug von einem Lächeln ging über ihr Gesicht.

Er beugte sich nach vorn und gab dem Fahrer die Anweisungen. Als sie in der Bow Street ankamen, stieg er aus und bezahlte den Fahrpreis für den Rest des Weges nach Whitechapel.

Auf der Fahrt hatte er nichts Neues von Rose erfahren. Sie hatte Angst. Nur zu gut erinnerte sie sich an den Aufschrei von 1888, an die Angst, die London so fest im Griff hatte, daß selbst in den Music Halls, die über alles und jeden spotteten, keine Witze über den Mörder von Whitechapel laut wurden. Rose war auf die Polizei angewiesen, und das behagte ihr nicht. Die Polizei gehörte zu dem Teil der Gesellschaft, die einerseits ihre Dienste benutzte und sie andererseits verabscheute.

Vier Jahre zuvor waren neue Gesetze erlassen worden, die ursprünglich das Ziel hatten, Frauen zu beschützen und Pornographie und Prostitution einzudämmen. Tatsächlich hatten sie aber nur bewirkt, daß mehr Frauen von der Polizei belästigt und verhaftet wurden. Und als einige Bordelle schließen mußten, wurden andernorts neue eröffnet. Viele Männer waren immer noch der Auffassung, daß jede Frau, die sich in gewissen Gegenden, einschließlich einiger Straßen im West End, zeigte, eindeutig auf Kundensuche war. Nach wie vor gab es pornographische Veröffentlichungen in Hülle und Fülle. Es war eine riesige Heuchelei, und Rose erkannte das und haßte all diejenigen, die sie unterstützten oder davon profitierten.

Pitt betrat die Wache in der Bow Street, nickte dem Schalterbeamten zu und ging nach oben in sein Büro. Dort wartete Tellman auf ihn. Ein bitterer Ausdruck lag auf diesem Gesicht mit den starken Backenknochen und Härte in seinem Blick.

»Morgen, Sir. Der Bericht von Dr. Lennox liegt auf Ihrem Schreibtisch. Kam vor gut einer Viertelstunde. Konnte ihm ja nicht sagen, wann Sie kommen würden, also ist er wieder gegangen. Unglücklich sah er aus, als hätte er eine Einladung zu seiner eigenen Beerdigung bekommen. Das ist dieser Mord in Whitechapel. Nehme an, Ihr feiner Pinkel ist der Täter?«

»Sieht so aus«, sagte Pitt, lehnte sich über den Tisch mit der wunderschönen grünen Ledereinlage und griff nach dem Bericht, der in ausholender, schräger Handschrift geschrieben war.

Tellman zuckte mit den Schultern. »Das wird scheußlich.« In seiner Stimme schwang Befriedigung, die nicht erkennen ließ, ob sie bei dem Gedanken an Pitts Schwierigkeiten aufkam oder bei der Vorstellung, daß eine Familie wie die FitzJames' öffentlich vorgeführt werden würde. Tellman war von unten aufgestiegen und kannte die bittere Wirklichkeit von Hunger und Demütigung und wußte ganz genau, daß das Leben niemals seine großen Belohnungen für ihn bereithalten würde.

Pitt setzte sich und las den Bericht, den Lennox ihm dagelassen hatte. Ada McKinley war erdrosselt worden und zwischen zehn Uhr und Mitternacht gestorben. An ihrem Körper gab es keine Prellungen oder Kratzwunden, die darauf hindeuteten, daß sie sich gegen ihren Angreifer gewehrt hatte. Ihre Finger waren gebrochen worden, drei an der linken Hand, zwei an der rechten. An ihrem linken Fuß waren drei Zehen ausgerenkt worden. An der rechten Hand war ein Fingernagel abgebrochen, doch das passierte wahrscheinlich bei dem Versuch, sich den Strumpf vom Hals zu ziehen. Das Blut unter den Fingernägeln stammte höchstwahrscheinlich von den Kratzern an ihrem Hals.

An ihrem Bauch waren Schwangerschaftsstreifen zu sehen von dem Kind, das sie zur Welt gebracht hatte, außerdem ein oder zwei blaue Flecken auf ihrem Oberschenkel und einer auf ihrer Schulter, die jedoch von einem früheren Zeitpunkt herrührten. Davon abgesehen war sie bei guter Gesundheit. Lennox schätzte ihr Alter auf Mitte Zwanzig. Viel mehr gab es nicht zu sagen.

Pitt sah auf.

Tellman wartete, sein langes, strenges Gesicht war grimmig.

»Sie bleiben hier auf dem Posten«, sagte Pitt knapp. »Ich muß den stellvertretenden Polizeipräsidenten aufsuchen.«

»Reicht es für eine Verhaftung?« fragte Tellman und sah Pitt in die Augen. In seiner Stimme schwangen Überraschung und Herausforderung.

»Fast«, gab Pitt zurück.

»Sehr schwierig für Sie«, bemerkte Tellman mitleidslos. Als er zur Tür ging, lächelte er. »Sie sollten sich ganz sicher sein, wie ich das sehe. Es wäre schlimm, wenn der Prozeß scheitern würde, weil Sie einen Fehler gemacht haben.« Mit erhobenem Kopf und geraden Schultern verließ er das Büro.

John Cornwallis war erst seit kurzem – seit knapp einem Monat, um genau zu sein – stellvertretender Polizeipräsident. Nach dem dramatischen Abgang seines Vorgängers, Giles Farnsworth, kurz vor Abschluß des Falles Arthur Desmond, war er für den frei gewordenen Posten ernannt worden. Er war durchschnittlich groß, schlank, hatte breite Schultern und elegante Bewegungen, war aber nicht gutaussehend. Seine Nase schien zu stark, sein Mund zu breit und dünn, seine Augenbrauen waren kräftig, aber er hatte eine imponierende Präsenz und eine Gelassenheit, die von einem inneren Selbstvertrauen herrührte. Es fiel kaum auf, daß er keine Haare auf dem Kopf hatte.

»Guten Morgen, Sir«, sagte Pitt, schloß die Tür hinter sich und trat in den Raum. Dies war erst das zweite Mal, daß er seit seiner Auseinandersetzung mit Farnsworth an dieser Stelle stand. In dem Raum hatte sich nichts Wesentliches verändert: die hohen Fenster, durch die die Sonne strömte, der große, polierte Eichentisch, die Sessel. Doch trug alles den Stempel einer neuen Persönlichkeit. Der schwache Geruch von Farnsworths Zigarren war verflogen, statt dessen roch es nach Leder und Bienenwachs, dazu kam ein aromatischer Duft. Vielleicht stammte er von der geschnitzten Kiste aus Zedernholz auf dem niedrigen Tisch. Die war neu. Auch das bronzene Teleskop an der Wand war neu sowie der Sextant daneben.

Cornwallis stand, als hätte er aus dem Fenster gesehen. Er hatte Pitt erwartet. Das Treffen war vereinbart worden.

»Guten Morgen. Setzen Sie sich.« Cornwallis deutete auf die Sessel, die in einigem Abstand einander gegenüberstanden. Auf dem rotgemusterten Teppich machte die Sonne einen hellen Fleck. »Ich fürchte, die Angelegenheit in der Pentecost Alley wird immer unangenehmer. War er der Täter? Ihrer Meinung nach ...«

»Rose Burke hat ihn identifiziert«, erwiderte Pitt. »Die Beweislage ist erdrückend.«

Cornwallis stöhnte unterdrückt und setzte sich.

Auch Pitt nahm Platz.

»Aber nicht völlig überzeugend?« fragte Cornwallis und musterte Pitts Gesicht. Er sein Pitts Zögern herausgehört und ging dem nach.

Pitt war sich im unklaren über seine Einschätzung. Seit Rose zurückgefahren war, hatte er darüber nachgedacht. Sie schien sich ganz und gar sicher. Sie hatte ihn beschrieben, bevor sie ihn in der Devonshire Street sah; desgleichen Nan Sullivan. Dann war da der Manschettenknopf und die Anstecknadel vom Hellfire Club.

»Es ist ziemlich wasserdicht«, sagte er. »Und bisher kommt kein anderer als Verdächtiger in Frage.«

»Warum zögern wir also?« Cornwallis runzelte die Stirn. Er kannte Pitt nicht persönlich, nur dessen Ruf. Er wollte Pitts Urteil verstehen, wollte begreifen, warum Pitt die Entscheidung hinauszögerte. »Daß es häßlich ist, sollte Sie nicht kümmern. Wenn er schuldig ist, stehe ich hinter Ihnen. Es ist mir egal, wessen Sohn er ist.«

Pitt betrachtete sein aufmerksames, offenes Gesicht und wußte, daß er die Wahrheit sagte. Er hatte nichts von Farnsworths Gerissenheit, von dessen ausweichendem Eigeninteresse. Doch möglicherweise hatte er auch nicht dessen diplomatisches Geschick, oder die Fähigkeit, sich mit den Machthabenden gutzustellen und sie auf seine Seite zu ziehen. Weil Farnsworth ehrgeizig und zu Unaufrichtigkeit fähig war, verstand er andere, die ebenso funktionierten. Cornwallis ließ sich vielleicht eher an den Rand drängen oder in die Irre führen.

»Danke«, sagte Pitt aufrichtig. »Vielleicht müssen wir es tun, aber ich bin noch nicht sicher.«

»Sie hat ihn identifiziert«, sagte Cornwallis und lehnte sich auf dem Sessel nach vorn. »Wovor haben Sie Angst? Meinen Sie, die Geschworenen könnten ihr nicht glauben, weil sie eine Prostituierte ist?«

»Die Möglichkeit besteht«, sagte Pitt nachdenklich. »Was mir aber eher Sorgen macht, ist ihr unbedingter Wille, einen Mann hinter Gitter zu bringen, weil sie wütend und verängstigt ist. Aus diesem Wunsch heraus würde sie jeden identifizieren. Whitechapel hat den Ripper noch nicht vergessen. Zwei Jahre ist keine lange Zeit. Erinnerungen werden leicht wieder wach, besonders bei Frauen in ihrem Gewerbe. Vielleicht kannte sie Long Liz oder Mary Kelly oder eines seiner anderen Opfer.«

»Und was ist mit der Anstecknadel, die Sie gefunden haben?«
fragte Cornwallis. »Die hat sie sich nicht eingebildet.«
»Nein.« Pitt stimmte ihm vorsichtig zu. »Aber es ist möglich,
daß sie von jemand anders dort liegengelassen wurde oder daß er
sie bei einem früheren Besuch vergessen hat. Ich gebe zu, daß das
nicht sehr wahrscheinlich ist, doch das behauptet er ..., daß er sie
seit Jahren nicht gesehen hat, und den Manschettenknopf auch
nicht.«

»Glauben Sie ihm?« fragte Cornwallis mit hochgezogenen
Augenbrauen und großen Augen.

»Nein. Er lügt. Aber seine Angst ist nicht so groß, wie ich
erwartet hätte.« Pitt versuchte, seine Eindrücke beim Sprechen
zu analysieren. »Etwas liegt noch im verborgenen, etwas Wichtiges. Ich möchte noch weiter ermitteln, bevor ich ihn festnehme.«

Cornwallis lehnte sich wieder zurück. »Natürlich werden wir
unter ziemlich großen Druck geraten«, sagte er warnend. »Der
Anfang ist gemacht. Vor einer halben Stunde war jemand vom
Innenministerium bei mir und hat mir dringend geraten, keine
Fehler zu machen, schließlich sei ich neu im Amt, und es fehle
mir noch der rechte Durchblick.« Seine Lippen wurden schmal,
seine Augen drückten Verärgerung aus. »Ich verstehe eine Drohung, wenn sie ausgesprochen wird, und ich erkenne, wenn sich
die Gesellschaft zusammenschließt, um einen der Ihrigen zu
schützen.« Wieder preßte er die Lippen zusammen. »Was wissen
Sie über Finlay FitzJames, Pitt? Was ist er für ein Mann? Ich will
keine Vorwürfe erheben und dann feststellen, daß er ein Aus-
bund von Tugend ist. Vielleicht brauchen wir mehr als Indizien
für seine Anwesenheit am Tatort. Gibt es einen Anhaltspunkt,
was sein Motiv sein könnte, abgesehen von den privaten Lastern
eines zügellosen und gewalttätigen Mannes?«

»Nein«, sagte Pitt ruhig. »Und wenn es FitzJames ist, bezweifle ich, daß wir einen Anhaltspunkt finden werden. Wenn er
je zuvor Frauen mißbraucht oder sadistische Regungen gezeigt
hat, dann wird die Familie dafür sorgen, daß nichts davon nach
außen dringt. Jeder, der davon wußte, wird zum Schweigen
gebracht worden sein, entweder mit Geld oder auf andere Weise.«

Cornwallis starrte auf den Kamin auf der anderen Seite des
Raumes und runzelte gedankenvoll die Stirn. Die Sommersonne
schien heiß und hell auf den Fleck zwischen ihnen, und eine
Wespe flog immer wieder gegen die Fensterscheibe.

»Sie haben recht«, stimmte Cornwallis ihm zu. »Wer von so etwas wußte, gehört demselben Kreis an und würde ihn uns niemals ausliefern.« Plötzlich sah er Pitt an. »Welchen Eindruck machte der Vater? Hält der ihn für unschuldig?«

Pitt überlegte einen Moment und dachte an das Gesicht von Augustus FitzJames, seine Stimme und die Zielstrebigkeit, mit der er das Gespräch an sich gerissen hatte.

»Ich weiß nicht recht. Ich glaube nicht, daß er von der Unschuld seines Sohnes überzeugt ist. Entweder das, oder er hat keinerlei Vertrauen zu uns und glaubt, wir könnten die Sachlage verfälschen oder die Indizien falsch deuten.«

»Das überrascht mich«, bekannte Cornwallis. »Er ist ein Emporkömmling, aber er hat großen Respekt vor der Gesellschaft. Das sollte er wenigstens. Er hat eine Reihe von hochrangigen Freunden. Soweit ich gehört habe, erwartet er, daß Finlay eines Tages eine hohe Position bekleidet, möglicherweise sogar Premierminister wird. Da möchte er natürlich nicht, daß auch nur der Hauch eines Skandals auf seinen Namen fällt. Seine Träume wären zerstört, wenn er in diese Sache hineingezogen würde. Vielleicht haben Sie diese Angst in ihm gespürt.«

»Oder den Willen, seinen Sohn uneingeschränkt zu schützen«, sagte Pitt. »Vielleicht ist für ihn der Tod einer Londoner Prostituierten nichts weiter als ein bedauerlicher Zwischenfall in einem ansonsten glatt verlaufenden Leben. Ich weiß es nicht. Sie sagten, er habe einflußreiche Freunde?«

Cornwallis sah ihn aufmerksam an. »Sie meinen, er könnte auch einflußreiche Feinde haben?«

Pitt seufzte. »Finlay? Nein. Ich glaube, er ist ein arroganter junger Mann, der rücksichtslos seinem Vergnügen nachgeht«, antwortete er. »Eines Abends ist er in seiner Gier nach Macht über andere einen Schritt zu weit gegangen und hat eine Prostituierte umgebracht. Als er sah, was er getan hatte, geriet er in Panik und rannte weg. Ich glaube, er hat nicht soviel Angst, wie er eigentlich haben sollte, weil er denkt, sein Vater wird ihn irgendwie da rausholen, damit seine Träume nicht zerstört werden.« Pitts Stimme wurde härter. »Er hat keine Schuldgefühle im eigentlichen Sinne, weil für ihn Ada McKinley kaum derselben Spezies angehört wie er selbst. Es ist ein bißchen so, als hätte er einen Hund überfahren. Es ist bedauerlich. Man tut es nicht absichtlich. Doch andererseits würde man sich dadurch nicht das Leben zerstören lassen.«

112

Einige Augenblicke saß Cornwallis still da, sein Gesicht war nachdenklich und ein wenig traurig.

»Wahrscheinlich haben Sie recht«, sagte er schließlich. »Doch wenn wir ihn unter Anklage stellen, müssen wir um Himmels willen genügend Beweise an der Hand haben. Muß ich sonst noch etwas wissen?«

»Nein, Sir, bisher nicht«, sagte Pitt und schüttelte den Kopf.

»Was ist der nächste Schritt?«

»Zurück zur Pentecost Alley. Wenn die Beweislage unverändert ist – und es besteht nur eine geringfügige Aussicht auf eine neue Wendung –, dann werde ich mir Finlay FitzJames' Leumund und Vergangenheit vornehmen. Ich möchte erst damit anfangen, wenn es sich nicht mehr umgehen läßt. Er wird zwangsläufig davon erfahren.«

Cornwallis lächelte düster. »Er rechnet bereits damit und hat entsprechende Schritte eingeleitet.«

Das überraschte Pitt nicht, obwohl es schneller geschah, als er vermutet hatte. Vielleicht hätte er darauf vorbereitet sein sollen. Er stand auf.

»Danke für die Warnung, Sir. Ich werde mich in acht nehmen.«

Auch Cornwallis stand auf und streckte ihm die Hand entgegen. Es war eine spontane Geste, die Pitt als besonders freundlich empfand. Er drückte die Hand fest, drehte sich um und verließ mit einem neuen Gefühl der Wärme den Raum.

Ewart war schon bei dem Haus in der Pentecost Alley. Bei Tageslicht sah er müde und abgespannt aus. Sein schütteres Haar hatte graue Strähnen, und seine Kleider waren zerknittert, als hätte er weder Zeit noch Interesse, sich um sein Äußeres zu kümmern.

»Gibt es etwas Neues?« fragte Pitt, als er mit dem Inspektor die Stufen zur Haustür hinaufstieg.

»Nein. Hatten Sie das erwartet?« Ewart trat zur Seite und ließ Pitt vorgehen.

»Rose Burke hat FitzJames identifiziert«, sagte Pitt, als sie oben ankamen. Es war heiß, die Luft stand still, und es roch nach kaltem Essen und gebrauchten Bettüchern.

»Reicht das für eine Verhaftung?« fragte er, als sie im Haus waren. Seine Stimme klang heiser und rauh, als wäre er außer Atem. »Sie sollten es lieber nicht tun. Die Geschworenen werden eher einem Mann wie FitzJames glauben als ihr. Wir würden den Fall verlieren.«

Pitt sah ihn an. In dem trüb beleuchteten Hausflur konnte er ihn kaum sehen, doch die fast panikartige Dringlichkeit, mit der er sprach, war unmißverständlich.

»Glauben Sie, daß er der Täter ist?« fragte Pitt ganz nebensächlich.

Ewart starrte ihn an. »Darum geht es doch nicht. Was ich glaube, ist doch unerheblich...«

Am Ende des Flurs wurde eine Tür zugeschlagen, und hinter ihnen auf der Straße schimpfte ein Mann, der eine Karre schob, weil ihm ein anderer den Weg abschnitt.

»Für mich nicht...«, sagte Pitt ruhig.

»Wie?« Ewart sah ihn überrascht an.

»Für mich ist es nicht unerheblich«, wiederholte Pitt.

»Oh...« Ewart stieß hastig den Atem aus. »Also, ich weiß ja nicht. Ich halte mich an die Fakten. Bisher sieht es so aus, als hätte er es getan, aber wir haben noch nicht genug beisammen. Ich meine... warum sollte er es tun? Viel wahrscheinlicher ist es, daß es jemand war, den die Frau persönlich kannte.« Er klang zunehmend überzeugter. »Sie müssen doch bedenken, was für ein Leben so eine Frau führt. Sie kann sich alle möglichen Feinde gemacht haben. Die anderen haben ja erzählt, daß sie gierig war. Sie hat den Zuhälter gewechselt, wußten Sie das? Und wir sollten uns mehr um die Geldangelegenheiten und Besitzverhältnisse kümmern. Wem zum Beispiel dieses Haus gehört.«

Was Ewart sagte, stimmte zwar, aber Pitt hatte das Gefühl, daß es für diesen Fall unwichtig war. Natürlich Prostituierte wurden aus den unterschiedlichsten Gründen umgebracht, von denen die meisten auf irgendeine Weise mit Geld zu tun hatten. Aber die gebrochenen Finger und Zehen, das Wasser und die zusammengeknöpften Stiefel hatten in einem Verbrechen aus Geldgier keinen Platz. Das mußte Ewart doch auch wissen.

»Wem gehört es denn?« fragte er laut.

»Einer Frau namens Sarah Barrows«, gab Ewart befriedigt Auskunft. »Sowie drei weitere Häuser, weiter im Westen. In diesem vermietet sie einfach die Zimmer, aber mindestens zwei der anderen werden als normale Bordelle geführt. Da mieten die Mädchen auch die Bekleidung. Hier ist das nicht so, sagen die Frauen, aber das tut nichts zur Sache. Es muß ja nicht so sein, daß Ada nur von hier aus gearbeitet hat. Einige von ihnen tun das, müssen Sie wissen. Sie wohnen in einem Haus und mieten Zimmer stundenweise in der Gegend um Haymarket und Leicester

Square. Sie könnte dort mit Kleidern, Geld und allem abgehauen sein.«

»Und ein Mann ist ihr gefolgt und hat sie hier erwürgt?« fragte Pitt zweifelnd.

»Warum nicht?« gab Ewart zurück. »Ein Mann ist ihr gefolgt und hat sie erwürgt. Was leuchtet denn mehr ein: ein Zuhälter, den sie geprellt hat, oder ein vornehmer Kunde wie FitzJames, ich bitte Sie!«

»Ich will es einmal anders sagen.« Pitt sprach immer noch ganz ruhig. »Was ist wahrscheinlicher: daß sie andere Räume benutzt und den Besitzer betrogen hat, der ihr dann hierher gefolgt ist – wobei ich zugeben muß, daß Bordellbesitzer tatsächlich Leute einstellen, die den Mädchen folgen ... obwohl das häufiger ausgemusterte Prostituierte sind als junge, kräftige Männer.«

Eine Frau trat aus der Tür zu ihrer Linken und betrachtete sie neugierig, dann ging sie an ihnen vorbei und verschwand am Ende des Flurs.

»Oder nehmen wir einmal an, sie hat ein Kleid gestohlen«, fuhr er fort, »und ihre Einkünfte mitgenommen, und jemand ist ihr gefolgt. Der Mann nimmt nicht etwa das Geld und das Kleid und verprügelt sie ein wenig, um sie zu warnen, sondern er bricht ihr die Finger und Zehen ...« Er sah, wie Ewart zusammenzuckte und ein Ausdruck des Widerwillens in sein Gesicht trat, beachtete das aber nicht weiter. »Er zieht ihr die Strümpfe aus und erwürgt sie damit«, fuhr er fort, »dann bindet er ihr ein Strumpfband um den Arm, und als sie schon tot ist, knöpft er ihre Stiefel zusammen, schüttet einen Eimer kaltes Wasser über sie und geht?«

Ewart wollte schon protestieren, war aber so voller Abscheu und Verwirrung, daß er keine Worte fand.

»Oder noch anders«, sagte Pitt, »ein Kunde tut all dies, weil er Fetischist ist. Es verschafft ihm Vergnügen, einer Frau zu drohen, ihr Schmerzen zuzufügen oder Angst einzujagen. Das erregt ihn. Aber in dem Fall geht er zu weit, und das Mädchen ist wirklich tot. Er gerät in Panik und rennt weg. Was meinen Sie?«

Ewarts Gesicht war verschlossen, und in seinen Augen stand deutliche Angst. In dem Durchgang war es heiß und stickig. Auf Ewarts Gesicht stand der Schweiß, ebenso auf Pitts.

»Ich finde, wir müssen verdammt vorsichtig sein, daß wir keine Fehler machen«, sagte er mit rauher Stimme. »FitzJames wird nicht leugnen, daß er mal hier gewesen ist, wenn wir ihm die Beweise vorlegen. Sein Anwalt wird ihm dazu raten. Viele achtbare Männer gehen zu Prostituierten. Das ist bekannt. Man kann von einem jungen Mann nicht erwarten, daß er in seiner Jugend all seine natürlichen Bedürfnisse unter Kontrolle hält, und vielleicht ist er erst mit Ende Dreißig in der Lage, sich gut zu verheiraten. Es wird allgemein nicht darüber gesprochen, aber wenn wir das öffentlich zum Thema machen, wird keiner überrascht sein, höchstens verärgert, weil es sich nicht schickt, darüber zu sprechen.« Er atmete tief durch und rieb sich mit dem Handrücken über die Stirn. Auf der Straße brüllte noch immer der Mann mit dem Karren.

»Er wird sagen, daß er hier war, aber nicht an dem fraglichen Abend. Sie muß die Anstecknadel gestohlen haben. Er wäre nicht der erste Mann, der in einem Bordell bestohlen wird. Großer Gott, früher gab es Häuser in Bluegate Fields und Saint Giles, wo man froh sein konnte, wenn man heil wieder rauskam!« Er machte eine Bewegung mit dem Arm. »Ich habe selbst gesehen, wie sie ohne Hemd und Hosen, splitternackt und in panischer Angst geflohen sind. Bedeckt mit blauen Flecken und Narben.«

»Er wäre auch nicht der erste, der voller Wut umkehrt und die Diebin verprügelt«, stellte Pitt fest. »Ich glaube nicht, daß es eine gute Idee wäre, in diese Richtung zu argumentieren.«

»Aber es gab keinen Kampf«, sagte Ewart mit einem plötzlichen Lächeln. »Lennox hat das festgestellt und wir haben es selbst gesehen.«

»Und was beweist das?«

Ewart machte große Augen.

»Daß ... daß er sie überrascht hat, natürlich. Daß es jemand war, den sie kannte und vor dem sie keine Angst hatte.«

»Und kein Kunde, den sie gerade bestohlen hatte.«

Ewart verlor langsam die Geduld. »Ich weiß nicht, was es beweist, außer daß wir noch einen langen Weg vor uns haben.« Er drehte sich um und drückte die Tür zu Adas Zimmer auf. Sie öffnete sich, und Pitt folgte ihm hinein. Alles sah so aus wie beim ersten Mal, nur daß Adas Leiche nicht mehr dalag. Das Fenster war geschlossen, und es stand eine drückende Hitze in dem Zimmer.

»Ich habe alles durchsucht«, sagte Ewart matt. »Hier ist nichts, außer genau den Dingen, die man erwarten würde. Wir erfahren nichts über sie. Keine Briefe. Wenn sie Verwandte oder Freunde hatte, schrieben die entweder nicht oder sie hat die Briefe nicht aufgehoben.«

Pitt blieb mitten im Raum stehen.

»Wahrscheinlich konnte sie nicht schreiben«, sagte er betrübt. »Es gibt viele Leute, die nicht schreiben können. Dann ist es fast unmöglich, in Verbindung zu bleiben. Irgendwelche Bilder?« Das war aussichtslos. Leute wie Ada hatten kein Geld für Photographien oder Porträts.

»Nein.« Ewart schüttelte den Kopf. »Doch, da ist eine Bleistiftzeichnung von einer Frau, aber nicht sehr deutlich. Man kann sie nicht zuordnen. Es steht auch nichts drauf.« Er ging zur Truhe und nahm die Zeichnung aus einem kleinen Kästchen, in dem auch Taschentücher, Haarnadeln und ein Kamm aufbewahrt waren. Er reichte sie Pitt.

Pitt betrachtete das Blatt. Am Rand war es etwas geknickt, an einer Ecke eingerissen. Die Zeichnung war schlicht und stellte eine Frau um die dreißig dar mit einem sanften Gesicht, auf dem ein kleines Lächeln lag. Das Haar war auf dem Kopf zusammengenommen. In den Zügen lag Anmut. Aber es war eine grobe Zeichnung, das Werk weniger Minuten, ausgeführt von einer ungeübten Hand. Vielleicht stellte sie Adas Mutter dar... und war alles, was ihr von der Vergangenheit, von dem Ort, an den sie gehörte, geblieben war.

Plötzlich übermannte ihn die Wut derart, daß er Finlay FitzJames eigenhändig grün und blau hätte prügeln mögen, nicht weil der möglicherweise der Mörder war, sondern einfach, weil all dies ihn kalt ließ.

»Sir?« Ewarts Stimme schreckte ihn aus seinen Gedanken.

»Was?« Er sah abrupt auf.

»Ich habe schon Erkundigungen eingezogen und eine Menge über ihr Leben erfahren, was für Kunden sie hatte, wo sie regelmäßig arbeitete, ob sie sich mit jemandem überworfen haben könnte. Es ist ja schließlich möglich, daß das mit den Stiefeln und dem Strumpfband von ihrem letzten Kunden stammte und nicht unbedingt mit demjenigen etwas zu tun hatte, der sie umgebracht hat.«

»Aha?« sagte Pitt. »Und was haben Sie in Erfahrung gebracht?«

Ewart sah ihn zutiefst unglücklich an. Sein Gesicht lag in Falten, auf seiner Haut glänzte der Schweiß.

»Sie war frech, ein wenig zu frech für ihr eigenes Wohl«, sagte er langsam. »Vor kurzem hat sie den Zuhälter gewechselt. Dem alten hat sie den Laufpaß gegeben und sich einen neuen gesucht. Der könnte einen Groll gegen sie haben. Er hat ja ganz gut an ihr verdient. Und er hätte ein persönliches Interesse an ihr haben können. Das wäre möglich. Sie war eine attraktive Frau.«

»Wie sah er aus?« fragte Pitt und bemühte sich, die aufkeimende Hoffnung zu unterdrücken.

Ewart vermied es, ihn anzusehen. »Dünn«, sagte er. »Dunkel...« Er brach ab. Der Zuhälter ähnelte dem Menschen, den Rose Burke und Nan Sullivan beschrieben hatten, in keinster Weise. Es hatte keinen Sinn, weiter darüber zu sprechen. Natürlich mußten sie alles, was es über Adas Leben zu wissen gab, in Erfahrung bringen. Und auch über das von Finlay FitzJames.

»Nun, Sie sollten sich besser um diesen neuen Zuhälter kümmern«, sagte Pitt matt. »Ich nehme mir noch einmal die Frauen hier vor.«

Es war nicht leicht für Pitt, überhaupt jemanden zu finden, doch eine Viertelstunde später saß er mit Nan Sullivan auf einem harten Stuhl in der Küche. Müde, mit gerötetem Gesicht und trübem Blick saß sie neben ihm. Jedesmal, wenn Pitt das Gewicht verlagerte, drohte der Stuhl umzukippen. Er fragte sie erneut, woran sie sich in der Nacht, in der Ada umgebracht worden war, erinnern konnte. Er rechnete nicht mit neuen Erkenntnissen, sondern wollte sich einen Eindruck verschaffen, wie sie auf ein Geschworenengericht wirken würde. Er versuchte abzuwägen, ob sie glaubwürdiger als Finlay FitzJames erscheinen könnte.

Sie starrte Pitt mit blinzelnden Augen unkonzentriert an.

»Beschreiben Sie den Mann, den Sie in Adas Zimmer gehen sahen«, forderte Pitt sie auf und bemühte sich, auf dem Stuhl das Gleichgewicht zu halten. Ein paar Fliegen summten träge am Fenster. Auf dem Boden standen zwei Eimer, die mit Tüchern abgedeckt waren. Wahrscheinlich war Wasser darin.

»Helle Haare hatte er«, sagte Nan. »Dicht. Und einen guten Mantel. Das weiß ich ganz sicher.« Sie wandte den Blick ab und vermied es, Pitt in die Augen zu sehen. »Würde ihn nie wiedererkennen. Hab ihn nur von hinten gesehen. Teurer Mantel. Einen teuren Mantel erkenn ich.« Sie biß sich auf die Lippen, und ihre Augen füllten sich mit Tränen. »Als mein Alter starb, hab ich in einer Textilfabrik gearbeitet, in der Mäntel gemacht wurden. Aber man kann nich zwei Würmchen am Leben halten, mit dem Geld, was man da verdient. Den ganzen Tag hab ich gearbeitet, und die halbe Nacht, wirklich, aber das waren trotzdem nur sechs Schillinge die Woche, und was kann man davon schon kaufen? Hätte auf dem rechten Weg bleiben können und die Kinder ins Heim tun, aber man weiß ja, was da passiert. Sie werden da verkauft, weiß der liebe Gott, an wen! Und wenn sie krank werden, lassen sie die armen Würmchen sterben. Lassen sie einfach verhungern.«

Pitt sagte nichts. Er kannte die Wahrheit, er kannte die Löhne ihn den Textilfabriken, und er hatte Kinderheime gesehen.

Im ganzen Haus war es still. Die anderen Frauen schliefen oder waren ausgegangen. Von der Straße her hörte man das entfernte Geräusch von Rädern und Hufen, die über das Pflaster klapperten, und einen Mann, der etwas rief. In der Textilfabrik gegenüber wurde gearbeitet, alle Köpfe waren über die Arbeit gebeugt. Sie hatten bereits fünf Stunden hinter sich.

»Oder ich hätte ins Armenhaus gehen können«, fuhr Nan langsam fort. »Aber da hätten sie mir die Kleinen weggenommen. Das hätte ich nicht ertragen. Als Dirne konnte ich uns alle ernähren.«

»Was ist mit Ihren Kindern geschehen?« fragt er sanft und wünschte sich im selben Moment, daß er es nicht getan hätte. Er wollte ihre unglückliche Geschichte nicht hören.

Sie lächelte und sah zu ihm auf. »Die sind jetzt groß«, sagte sie. »Mary ist in einen Haushalt gegangen und hat eine gute Stellung. Bridget hat einen Metzger draußen in Camden geheiratet.«

Mehr fragte Pitt nicht. Er konnte sich gut vorstellen, wie zwei junge Frauen mit dem Geschenk, das ihnen ihre Mutter gemacht hatte, umgehen würden. Vielleicht dachten sie ab und zu an sie, vielleicht war ihnen sogar klar, welchen Preis ihre Mutter für ihr Wohlergehen gezahlt hatte. Aber nichts würde sie wieder in die Pentecost Alley zurückbringen. Und vielleicht war das auch besser so. Nan konnte sich ihr Glück vorstellen, und die Kinder hatten nur Erinnerungen aus einer früheren Zeit, bevor ihre Mutter ausgebrannt, verbraucht und vom Leben gezeichnet war.

»Das freut mich«, sagte er und meinte das ganz aufrichtig, während er gleichzeitig versuchte, mit dem Stuhl nicht umzukippen.

»Adas Kind ist gestorben, die Ärmste.« Es wurde nicht klar, ob sie Mitleid mit dem Kind hatte oder mit Ada. »Wenn ich wüßte, wer's getan hat, würd ich's Ihnen sagen. Aber ich weiß es nich. Auch egal« – sie hob die breiten Schultern –, »Mr. Ewart hat ja schon gesagt, wer würde mir schon glauben?«

Wieder spürte Pitt Ärger in sich aufkeimen.

»Hat Mr. Ewart das gesagt?«

»Nich so genau, aber das hat er gemeint. Und da hat er ja recht, oder?«

»Das hängt von verschiedenen Dingen ab«, sagte Pitt und umschiffte die Frage. Er hätte offen darüber sprechen können, doch sie hätte es ihm nicht gedankt. »Aber wenn Sie sich nicht sicher sind, dann ist es sowieso egal. Erzählen Sie mir mehr von Ada. Wenn es nicht FitzJames war, wer kann es Ihrer Meinung nach dann gewesen sein?«

Sie schwieg so lange, daß er schon dachte, sie würde nicht antworten. Die Fliegen summten am Fensterglas. Über sich konnten sie Türenschlagen hören, und im Flur fluchte jemand.

Schließlich sagte sie: »Na ja, wenn da nicht die Stiefel gewesen wärn, so komisch zusammengeknöpft, dann hätt ich gesagt, es war Costigan, ihr neuer Zuhälter. Ein ganz widerlicher Kerl, das können Sie mir glauben. Sieht gut aus.« Das sagte sie mit Verachtung. »Denkt, jede Frau sollte hinter ihm her sein. Launisch is der wie sonst was. In einem Moment ganz freundlich, im nächsten knallt's! Säbelt einem die Beine weg.« Sie zuckte mit den Schultern. »Aber ein Feigling is er. Ich kenne solche Typen. Wenn der gesehen hätte, daß sie tot war, hätt er sich in Todesangst aus dem Staub gemacht. Er hätte sich nie die Zeit genommen, die Stiefel zusammenzuknöpfen und das Strumpfband um ihren Arm zu binden.« Sie sah Pitt mit leerem Blick an. »Also war es wahrscheinlich ein Kunde. FitzJames oder jemand anders.«

Von den gebrochenen Fingern und Zehen hatte sie nichts gesagt, aber davon wußte sie auch nichts.

»Vielleicht hat der Kunde das mit den Stiefeln und dem Strumpfband gemacht?« gab er zu bedenken. »Und dann kam Costigan herein, bevor sie Zeit hatte, sie wieder aufzuknöpfen.« Der Gedanke war vernünftig.

Nan schüttelte den Kopf. »Rosie oder ich hätten ihn gesehen, wenn da zwei gewesen wärn. Oder Agnes. Es sieht vielleicht so aus, daß keiner mitkriegt, wer in die Zimmer geht, aber so is das nich. Wir passen aufeinander auf. Müssen wir auch. Meistens is die alte Madge da, die aufpaßt. Man weiß nie, was ein Kunde vorhat. Manche haben zuviel intus und werden gemein. Manche wollen auch, daß man Sachen macht, die sich ein normaler Mensch gar nich vorstellen kann.« Sie blinzelte und schniefte, dann wischte sie sich die Nase an einem Tuch ab. »Das is ja das Komische. Man würd doch denken, daß sie geschrien hätte, oder? Sie kann nichts gemerkt haben, erst als er ihr den Strumpf um den Hals gelegt hat, die Arme.«

»Das klingt nicht nach einem neuen Kunden«, argumentierte Pitt. »Sondern eher nach einem, den sie schon kannte und von dem sie erwartete, daß er so etwas tun würde. War Costigan ihr Liebhaber und gleichzeitig ihr Zuhälter?« Er beugte sich vor, vergaß den wackeligen Stuhl und kam ins Schwanken.

»Wär er gern gewesen«, sagte sie und verzog den Mund. Sie schenkte dem Stuhl keine Beachtung. Das kannte sie schon. »Glaub ich zwar nich, aber ich weiß auch nich alles. Vielleicht. Aber wenn sie ihn rangelassen hat, warum hat er sie dann umgebracht?«

»Ich weiß nicht. Danke, Nan. Wenn Ihnen noch etwas einfällt, dann sagen Sie es mir – oder Mr. Ewart.«

»Ja, na klar, mach ich.« Sie sah zu, wie er sich erhob und der Stuhl geräuschvoll nach vorne kippte.

Pitt verbrachte einige Stunden damit, soviel wie möglich über Adas Leben in Erfahrung zu bringen, und fand nichts, was ihres von dem der meisten Frauen unterschied, die ihren Lebensunterhalt auf der Straße verdienten. Sie stand am Nachmittag auf, machte sich zurecht, aß ihre Hauptmahlzeit und ging dann auf die Straße. Häufig blieb sie in der Gegend um Whitechapel. Es gab reichlich Kundschaft. Doch an schönen Abenden, besonders im Sommer, ging sie in die Gebiete, wo man schon immer reichere Kunden finden konnte: Windmill Street, Haymarket, Leicester Square. Dort flanierten Theaterbesucher und elegante Damen und Herren Seite an Seite mit Prostituierten aller Preisklassen und Altersstufen, angefangen mit den teuer gekleideten Kurtisanen bis hin zu den zehn- und zwölfjährigen Kindern, die neben den Männern herliefen, ihnen obszöne Angebote zuflüsterten und unbedingt ein paar Pence verdienen wollten.

Ada war hin und wieder geschlagen worden, normalerweise von ihrem früheren Zuhälter, einem Mann namens Wayland, der einen hinterhältigen Eindruck machte. Er arbeitete als Kutscher und besserte sein Einkommen auf, indem er einige der Mädchen aus der Gegend um die Pentecost Alley entweder einschüchterte oder beschützte. Er wohnte gegenüber und verbrachte seine Zeit damit, herumzulungern und darauf zu achten, daß die Mädchen in der Öffentlichkeit nicht belästigt wurden. Waren sie erst im Haus, dann lag es an ihnen, mit einem gewalttätigen oder unehrlichen Kunden fertig zu werden. Eine alte Frau, die alte Madge, von der Nan gesprochen hatte, war früher selbst Prostituierte gewesen und hatte ein Zimmer hinten im Haus. Wenn jemand schrie, kam sie herbei. Ihre Augen waren nicht besonders gut, dafür ihr Gehör um so besser, und mit dem Nudelholz, in das sie das volle Gewicht ihrer hundertzwanzig Kilo legte, konnte sie sehr präzise umgehen. Sie hatte mehr als einen Kunden, dessen Forderungen ihr überzogen schienen, übel zugerichtet.

Doch wie alle anderen auch, selbst Agnes nebenan, hatte sie von Ada am Abend ihres Todes keinen Laut gehört.

Wayland hatte durch eine seiner Neuerwerbungen ein Alibi für die ganze Nacht, einem nicht sehr hübschen jungen Mädchen, dessen äußerst gute Figur beiden einen guten Verdienst bescherte. Und wie Ewart schon zugegeben hatte, sah er nicht im mindesten so aus wie der Mann, den Rose und Nan beschrieben hatten. Er war klein und dünn und hatte dunkle Haare, die ihm wie schwarze Farbstriche an der Kopfhaut klebten.

In Adas Leben hatte es heftige Auseinandersetzungen gegeben, Zornesausbrüche und rasche Vergebung. Sie trug keinem etwas nach. Sie zeigte spontane Großzügigkeit: Sie lieh ihre Kleider aus, verschenkte manchmal Geld, wenn die Zeiten hart waren, und geizte nicht mit Lob, auch wenn es nicht verdient war.

Sie war die ganze Nacht aufgeblieben, als die alte Madge krank war, hatte sie versorgt, sie gewaschen und die Toilettenkübel geleert, obwohl sie auf der Straße hätte Geld verdienen können. Und als Pitt wieder in der Küche, auf demselben wackligen Stuhl saß und Madges abgearbeitetes, gerötetes Gesicht sah, dachte er, daß es für denjenigen, der Ada auf dem Gewissen hatte, besser wäre, er fiele der Polizei in die Hände als der alten Madge.

»Richtig gut hat sie mich versorgt, das muß ich sagen«, erzählte sie und sah Pitt unverwandt an. »Ich hätt sie doch hören müssen. Warum hab ich denn nichts gehört? Den Dreckskerl hätt ich umgebracht, bevor er ihr ein Haar gekrümmt hätte. Ich taug zu nichts mehr.« Das Gesicht mit den hängenden Wangen war voller Kummer, und Schuldgefühle schwangen in ihrer Stimme, die für eine so beleibte Frau sehr hoch war. »Was hab ich denn für sie getan? Nichts! Wo war ich, als sie mich brauchte? Hier, wahrscheinlich halb eingedämmert. So nutzlos, ich bin so nutzlos!«

»Sie hat nicht geschrien«, sagte Pitt ruhig. »Und möglicherweise war es sehr schnell vorbei.«

»Sie lügen doch«, sagte sie und rang sich ein Lächeln ab. »Sie wollen freundlich sein, was ja recht is, aber ich hab schon gesehen, wenn Leute ersticken. Das geht nich so schnell. Und wenigstens hätt ich den Mistkerl schnappen können. Den hätt ich mit nem Nudelholz erledigt.« Sie deutete auf das Nudelholz, das auf dem Tisch in greifbarer Nähe lag. »Dann hätten Sie mich festnehmen können, das wäre mir lieber.«

»Ich hätte nichts gegen Sie unternommen, Madge«, sagte er aufrichtig. »Ich hätte es Selbstverteidigung genannt und die Sache auf sich beruhen lassen.«

»Ja, vielleicht wär's so gekommen.«

Auch nachdem er Albert Costigan – einem vorlauten Typen um die dreißig, fesch gekleidet und mit dichtem braunen Haar – einen Besuch abgestattet hatte, wurde Pitts Vermutung, daß Finlay FitzJames der Täter war, weder bestätigt noch entkräftet.

Pitt beschloß, die Informationen über Finlay selbst zusammenzutragen. Es würde schwierig werden, und er befürchtete, daß jede einzelne Information schon dadurch beeinflußt wurde, daß er danach fragte. Wäre mehr Zeit gewesen, hätte Charlotte ihm bei dieser Art von Ermittlung helfen können, wie sie es in der Vergangenheit schon sehr erfolgreich getan hatte. Man brauchte dazu Feingefühl und eine scharfe Beobachtungsgabe. Mit einfachen Fragen würde er nicht das erfahren, was er wissen wollte.

Unter den Kollegen hatte er sich schon diskret umgehört – und nichts erfahren. Andere Oberinspektoren kannten nur Finlays Namen, und dann auch nur in Verbindung mit seinem Vater. Pitt hatte ein Treffen mit Micah Drummond verabredet, der sein Vorgesetzter gewesen war, bevor Pitt den Posten von ihm übernommen hatte. Drummond war mit seiner neuen Frau ins Ausland gegangen, weil das Paar das Leben in der Londoner Gesellschaft nach dem Skandal um den Tod ihres ersten Mannes unerträglich fand. In unregelmäßigen Abständen kam Micah nach England zurück, und zum Glück traf eine dieser Gelegenheiten zeitlich mit diesen Ermittlungen zusammen. Er würde auf jeden Fall ehrlich mit Pitt sprechen und sich nicht von den politischen Implikationen einschüchtern lassen.

Vielleicht sollte er Emily bitten. Sie bewegte sich in diesen Kreisen und könnte Gerüchte aufschnappen, die ihm wenigstens einen Hinweis geben konnten, in welcher Richtung er sich umsehen sollte. Jack würde es nicht gefallen, wenn sie in irgendeiner Weise aufgefordert würde, sich einzumischen. Aber Pitt wollte nur Informationen.

Er dachte an Helliwell und Thirlstone. Das waren diejenigen, die Finlay am besten kannten, aber sie würden nichts preisgeben, wie bisher. Es gehörte zu dem Ehrenkodex eines Gentleman, daß er seine Freunde nicht verriet. Loyalität bildete die Grundvoraussetzung. Pitt war ein Außenseiter. Ihm gegenüber würden sie nie etwas Schlechtes über Finlay sagen, was auch immer sie privat über ihn dachten oder gar wußten.

Er betrat das Außenministerium und gab den Namen des Mannes an, mit dem er seinen ersten Termin hatte. Man führte ihn eine Treppe hinauf und einen breiten, geschwungenen Flur entlang zu einem zur Straße gelegenen Büro, wo er fast eine Viertelstunde warten mußte.

Schließlich betrat ein attraktiver, grauhaariger Mann den Raum, seine Miene war gelassen, die Kleidung makellos. Er schloß die Tür hinter sich.

Es war ein hübscher Raum. An der holzgetäfelten Wand hing das Bild eines französischen Impressionisten, eine Komposition aus Sonne und Schatten. Vor dem Fenster stand ein Baum.

»Nehmen Sie doch Platz, Oberinspektor. Es tut mir leid, daß Sie warten mußten, aber Sie hatten den Grund Ihres Kommens in Ihrem Brief erklärt, und ich wollte die Informationen, die Ihnen nützlich sein könnten, bereitlegen.« Er warf Pitt einen offenen Blick zu. »Ich hoffe, Sie werden diese Sache schnell klären. Ein unangenehmer Fall.«

Pitt setzte sich, so als wolle er geraume Zeit bleiben.

»Danke, Mr. Grainger, das hoffe ich auch.« Er schlug die Beine übereinander und wartete, daß Grainger ebenfalls Platz nahm.

Der setzte sich zögernd auf die Kante seines Stuhles.

»Ich weiß nicht, was ich Ihnen Wichtiges mitteilen kann«, sagte er mit einem Stirnrunzeln. »Mr. FitzJames hat uns hinsichtlich seines Privatlebens nie Anlaß zu Sorge gegeben. Natürlich wäre es besonders wünschenswert, daß er eine angemessene Ehe eingeht, bevor man ihn für einen Botschafterposten in Erwägung zieht.« Er zuckte leicht mit den Schultern. »Zweifellos wird er das auch tun. Er ist jung...«

»Dreiunddreißig«, erklärte Pitt.

»Richtig. Ein gutes Alter, um einen solchen Schritt zu erwägen. Und er ist eine überaus gute Partie. Was hat das alles mit Ihren Ermittlungen zu tun?«

»Ziehen Sie ihn für einen Botschafterposten in Betracht?«
Grainger zögerte. Er wollte sich nicht festlegen. Er spürte, daß
es sich um eine unangenehme Sache handelte.
»Eher nicht?« folgerte Pitt. »Halten Sie ihn für insgesamt
nicht geeignet?«
»Das habe ich nicht gesagt«, erwiderte Grainger spitz. Es irritierte ihn, daß er so unverblümt gedeutet worden war. »Ich habe
wirklich nicht den Wunsch, das so frei mit Ihnen zu erörtern. Es
handelt sich um eine höchst vertrauliche Angelegenheit.«
Pitt blieb ruhig. »Wenn Sie ihn in Betracht gezogen haben, Mr.
Grainger«, fuhr er fort, »dann haben Sie auch Nachforschungen
über sein Privatleben angestellt.« Das war eine Feststellung,
keine Frage. »Ich verstehe, daß Ihre Erkenntnisse vertraulich
sind. Für Mr. FitzJames wäre es jedoch wesentlich angenehmer,
wenn ich von Ihnen, die Sie aus ehrenhaften Gründen nachge-
forscht haben, das erfahren könnte, was ich wissen muß, statt im
Laufe meiner Ermittlungen in einem besonders scheußlichen
Mord in Whitechapel darauf zu stoßen.«
»Sie drücken sich klar aus, Mr. Pitt«, sagte Grainger, und seine
Gesichtsmuskeln spannten sich plötzlich an. »Es wäre mir
unangenehm, wenn Sie das täten, weil es seine Familie in Verlegenheit bringen und einen Schatten auf seine Karriere werfen
würde ... Ich bin überzeugt, Sie verstehen mich?«
»Selbstverständlich. Deswegen bin ich zu Ihnen gekommen.«
»Also schön.« Grainger gab sich geschlagen. »Vor sechs oder
sieben Jahren war er ein unkultivierter und arroganter junger
Mann, der ungehemmt seinem Vergnügen nachging. Er war ein
rücksichtsloser Reiter. Sein Vater hatte ihm ein paar gute Pferde
geschenkt, mit denen er gegen andere junge Männer Rennen ritt,
häufig auf öffentlichen Straßen.« Er sah Pitt eindringlich aus kalten blauen Augen an. »Aber es wurde nie jemand ernstlich verletzt, und reiche, junge Männer tun so etwas. Es lohnt sich
kaum, ein Wort darüber zu verlieren.« Er stellte die Finger steil
zusammen. »Er spielte, hat seine Spielschulden aber immer be-
glichen – oder sein Vater hat es getan. Auf jeden Fall hat er nie
unehrenhaft gehandelt und selbstverständlich niemals jemanden betrogen. Das wäre unverzeihlich.«
»Das nahm ich an«, sagte Pitt mit einem Lächeln. »Wie steht
es mit Frauen?«
»Es gab natürlich Flirts, aber ich habe nie gehört, daß es Anlaß
zu Ärger gegeben hätte. Er hat ein paar gebrochene Herzen hinter

sich gelassen und wurde gelegentlich selbst enttäuscht. Es gab eine Zeit, da wurde sein Name, soweit ich weiß, in Verbindung mit einer der Rutland-Töchter genannt, aber das hat sich zerschlagen. Es gab über keinen der beiden übles Gerede. Vermutlich hat sie einfach ein besseres Angebot bekommen.«

»Insgesamt ein untadeliger junger Mann«, sagte Pitt mit einer Spur Sarkasmus.

Grainger atmete tief durch und mußte sich sichtlich bemühen, seiner Verärgerung keinen Ausdruck zu verleihen. »Nein, natürlich nicht. Sie wissen sehr wohl, Mr. Pitt, daß dies nicht der Fall ist, sonst hätte ich das gesagt und Sie Ihren Ermittlungen überlassen. Er hat wiederholt einschlägige Etablissements aufgesucht, er hat sich häufig genug in der Gegend um Haymarket herumgetrieben und sich so manche Nacht betrunken. Seine Vorlieben waren von eher zweifelhafter Natur, und über seine Ausschweifungen sollte man besser hinwegsehen.« Er sah Pitt unverwandt an. »Und wir haben darüber hinweggesehen, Oberinspektor. Auch Sie haben sicherlich als junger Mann das eine oder andere Erlebnis gehabt, an das sie nicht gerne erinnert werden und von dem Ihre Frau möglicherweise nichts weiß? Natürlich ist es so. Auch ich bin da keine Ausnahme.« Er sagte es wie eine einstudierte Rede, ohne jede Spur von Temperament.

Pitt fühlte, wie er errötete und war überrascht. In seiner Vergangenheit gab es nichts, was schockieren würde – nur Unbeholfenheit und Egoismus, Dinge, von denen er Charlotte nicht so gern erzählt hätte. Sie würde ein anderes Bild von ihm bekommen.

War das auch wirklich alles, was es über Finlay FitzJames zu sagen gab?

Als könne Grainger seine Gedanken lesen, fuhr er fort: »Verstehen Sie, Oberinspektor? In jedem Leben gibt es Dinge, die wir glücklicherweise verbergen können. Nur dann, wenn andere Umstände uns – diejenigen, die das Pech haben, zur falschen Zeit am falschen Ort zu sein – dazu zwingen, die Vergangenheit noch einmal zu überprüfen, treten sie wieder an die Oberfläche. Oder bei denjenigen, die Feinde haben...?« Er ließ den Satz in der Schwebe; es war mehr eine Andeutung als eine Feststellung, und Pitt konnte ihn für sich selbst ganz gut vervollständigen.

Er dachte einen Augenblick nach. War es möglich, daß Finlay oder sein Vater Feinde hatten, die so schlau und skrupellos waren, daß sie Finlays Anstecknadel am Tatort hinterlegten? Das wäre ein außergewöhnliches Zusammentreffen.

Er musterte Graingers glattes Gesicht. Er war Diplomat und daran gewöhnt, von Sterbefällen nur aus der Ferne zu hören, aus anderen Ländern, von Menschen, die er nie sah. Vielleicht war es für einen Mann wie ihn, für den Menschen meistens nur Namen und Akten waren, möglich, sich einen solchen Feind vorzustellen.

Er sah in dem Baum vor dem Fenster einen Vogel sitzen.

»Feinde, die eine Frau umbringen würden, um FitzJames zu schaden?« fragte er mit zweifelnder Stimme.

»Vielleicht nicht Finlay«, räumte Grainger ein, »aber seinem Vater. Augustus FitzJames ist ein überaus reicher Mann, der zu Beginn seines Aufstiegs keine Skrupel hatte. Ich gebe zu, daß es ziemlich extrem ist, jemanden zu ermorden, nur um einen anderen zu belasten. Aber es ist nicht unmöglich, Mr. Pitt, wenn sowohl Haß als auch Ehrgeiz tief genug sitzen.« Er nahm die Hände auseinander und legte sie wieder zusammen. »Zumindest erscheint mir das ebenso plausibel wie die Möglichkeit, daß ein Mann wie Finlay FitzJames, der alles verlieren, aber nichts gewinnen kann, zu einer Prostituierten in Whitechapel geht und sie ermordet, Oberinspektor. Ich bin überzeugt, daß Ihnen ebenso sehr daran liegt wie mir, daß die Gerechtigkeit siegt, nicht nur in der Rechtsprechung, sondern in einem weiteren Sinne. Wenn der Ruf erst zerstört oder die Beförderung vertan ist, hilft eine Entschuldigung oder ein Rückzieher nichts mehr. Ich nehme an, das wissen Sie so gut wie ich.« Er sah Pitt aus großen Augen an und lächelte schwach.

Als Pitt das Außenministerium verließ, hatte er neuen Grund zum Grübeln. Er traf sich mit Micah Drummond zum Mittagessen. Dann schlenderten die beiden die Mall entlang, wo Damen in schönen Kleidern mit kleinen, unauffälligen Tournüren, die nur noch eine leichte Raffung des Stoffes darstellten, spazierengingen. Das war die aktuelle Mode. Sonnenschirme waren zusammengerollt und wurden fast wie Spazierstöcke benutzt. Eigentlich war er hier, um über Finlay FitzJames zu sprechen, aber er ließ es sich nicht nehmen, bewundernd und mit deutlichem Vergnügen den Blick schweifen zu lassen.

Andere Männer taten das gleiche, Herren in perfekt geschneiderten Anzügen und mit glänzenden Zylindern, Soldaten in Uniform mit Bändern und Medaillen. Lachen schwirrte in der warmen Luft, und in der Ferne waren Klangfetzen von einer

Drehorgel und Kinderstimmen aus dem Park zu hören. Unter ihren Füßen knirschte der Kies.

»Ein skrupelloser Mann«, sagte Micah Drummond und verwendete dasselbe Wort wie Grainger. Er sprach von Augustus FitzJames. »Natürlich hat er Feinde, Pitt, aber kaum solche, die sich in Whitechapel zeigen oder ein Etablissement in der Pentecost Alley aufsuchen würden. Außerdem sind die meisten von ihnen in seinem Alter.«

»Ältere Männer gehen genauso häufig zu Prostituierten wie alle anderen«, sagte Pitt ungeduldig. »Das wissen Sie doch auch!«

»Natürlich weiß ich das«, gab Drummond zu und rümpfte die Nase. Er sah sehr gut aus, nicht ganz so schlank wie früher, und seine Haut strahlte die Wärme der Sonne aus. »Aber nicht in Whitechapel. Überlegen Sie doch mal, Pitt!« Er lüftete den Hut zu einer Dame, offenbar eine Bekannte von ihm, und wandte sich dann wieder Pitt zu. »Wenn der Typ Mann, den Sie beschreiben, eine Prostituierte umbringen wollte, um FitzJames zu belasten, würde er sich eine Frau der besseren Klasse aussuchen, die auch für ihn in Frage käme, also aus der Gegend um Windmill Street oder Haymarket. Er würde nicht in eine Gegend gehen, die er nicht kennt und wo man sich an ihn als ungewöhnlichen Gast sofort erinnert.«

»Aber man erinnert sich ja an ihn.« Pitt drehte sich zu ihm um. »Das ist es ja gerade! Vielleicht hatte er Angst, in seinem eigenen Revier erkannt zu werden?«

»Und wie kam er zu der Anstecknadel vom Hellfire Cub?« fragte Drummond.

»Das weiß ich nicht. Vielleicht durch Zufall, und dann ist er auf die Idee gekommen?«

»Opportunismus?« Drummond war skeptisch.

»Vielleicht«, sagte Pitt. »Und vielleicht war die Chance, den Mord zu benutzen, auch Opportunismus?«

Drummond sah ihn von der Seite her an, sein langes Gesicht drückte stummen Zweifel aus.

»Wenn schon«, sagte Pitt, »ich richte mich nur nach den Beweisen. Wahrscheinlich war es Finlay. Ich bin mir sicher, daß er gewalttätige Neigungen hat, die er bisher nur gut unter Kontrolle hielt. Diesmal ist er zu weit gegangen. Er wäre nicht der erste Mann aus gutem Hause, dem es gefällt, Menschen weh zu tun, und der bereit ist, für diese Unterhaltung einen Preis zu bezahlen.« Er atmete tief ein. »Und auch nicht der erste, der die Kontrolle verliert und schließlich jemanden umbringt.«

Ein kleiner schwarzer Hund scharwenzelte an ihnen vorbei, die Nase am Boden, den Schwanz in die Höhe gereckt.

»Nein«, sagte Drummond betrübt. »Und ich fürchte, es paßt zu den wenigen Einzelheiten, die ich in meiner Zeit an der Bow Street über ihn wußte.«

Pitt blieb abrupt stehen.

Drummond versenkte die Hände in den Taschen und ging etwas langsamer weiter.

Pitt beschleunigte seine Schritte, um wieder auf gleiche Höhe mit ihm zu gelangen.

»Vor ein paar Jahren mußten wir die eine oder andere Dummheit vertuschen«, fuhr Drummond fort. »Sieben oder acht Jahre ist das her. In einem Fall handelte es sich um eine Schlägerei in einer Nebenstraße am Haymarket. Ein paar junge Männer hatten sich betrunken und zettelten eine heftige Prügelei an. Dabei wurde eine Frau arg zugerichtet.«

»Sie sagten, die eine oder andere«, drängte Pitt.

»Das andere war eine Prügelei mit einem Zuhälter. Der sagte, FitzJames hätte ungewöhnliche Wünsche geäußert, und als sie nicht erfüllt wurden, hat er sich geweigert zu bezahlen. Anscheinend hatte er die regulären Dienste bereits in Anspruch genommen, und als die Frau zu dem Gewünschten nicht bereit war, wurde er sehr ausfallend. Das Ungewöhnliche war, daß der Zuhälter schlecht dabei wegkam. Es war ein Messer im Spiel, doch offenbar wurden beide damit verletzt. Nicht ernsthaft.«

»Auch das wurde vertuscht?« Pitt wußte nicht genau, ob er überrascht war oder nicht. Das Bild wurde immer häßlicher und entsprach immer mehr dem Muster, das sowohl er als auch Ewart befürchteten.

»Nun, es war ja kein Verbrechen«, sagte Drummond und legte zerstreut die Hand zum Gruß an den Hut, als er einen Bekannten sah. »Es sei denn, Sie nennen öffentliche Ruhestörung ein Verbrechen. Ein Verfahren schien nicht angemessen. Er hätte Einspruch dagegen eingelegt, und der Zuhälter war kaum ein guter Zeuge.«

»Was wollte FitzJames von dem Mädchen?« Pitt dachte an die zusammengeknöpften Stiefel in der Pentecost Alley, das kalte Wasser und das Strumpfband um Ada McKinleys Arm. Er nahm an, daß die gebrochenen Finger eine Grausamkeit waren, die speziell diesem Fall galt.

»Ich weiß es nicht«, gab Drummond zu.

»Wie hieß der Zuhälter?« fuhr Pitt fort. »Wann fand der Vorfall statt? Dann kann ich in den Akten nachsehen. Sie haben doch eine Akte angelegt, oder?«

»Nein.« Drummond sah unbehaglich drein. »Es tut mir leid, Pitt. Ich glaube, damals war ich um einiges naiver.« Er sagte nicht mehr dazu, aber sie beide wußten, welche weitreichenden Erfahrungen sie seither gemacht hatten und wieviel Korruption, häßlichen Mißbrauch von Macht und persönliche Unredlichkeit sie erlebt hatten.

Eine Weile gingen sie schweigend nebeneinander, nur das Geräusch ihrer Schuhe auf dem Kies war zu hören.

»Erinnern Sie sich an seinen Namen?« fragte Pitt schließlich.

Drummond seufzte. »Ja. Percy Manker. Aber es nützt Ihnen nichts. Er starb an einer Überdosis Opium. Die Flußpolizei hat ihn bei Limehouse Reach aus dem Wasser geholt. Tut mir leid.«

Pitt sagte nichts. Sie gingen noch ein Weilchen im Sonnenschein, dann drehten sie um und nahmen denselben Weg zurück. Sie sprachen nicht mehr über FitzJames, sondern wandten sich angenehmeren Dingen zu, häuslichen und familiären Themen. Drummond erkundigte sich nach Charlotte und erzählte Pitt wie glücklich seine Frau in dem neuen Haus war und welche Dinge ihren Tagesablauf bestimmten.

Pitt hatte keine Hoffnung, daß er von Helliwell oder Thirlstone neue Erkenntnisse über FitzJames gewinnen würde. Er hatte überlegt, daß er vielleicht Jago Jones davon überzeugen könne, daß die Wahrheit in so einem Fall ein höheres Gut sei als persönliche Loyalität. Auch die Mitglieder in Jones' Gemeinde hatten ein Recht auf seine Loyalität, und Ada war ein Gemeindemitglied gewesen, wenn auch in einem nicht sehr engen Sinn.

Er traf Jago allein in der Kirche, wo das Sonnenlicht durch die Fenster strömte und helle Muster auf den Boden und die abgenutzten Bänke warf. Jago war überrascht, als er Pitt den Gang entlangkommen hörte.

»Danke, daß Sie gekommen sind«, sagte er. Pitt wußte, daß Jones damit nicht diesen Besuch meinte, sondern die kurze halbe Stunde, die er zwei Tage zuvor bei Adas Beerdigung verbracht hatte.

Er lächelte. Es war nichts weiter zu sagen.

»Was führt Sie diesmal hierher?« fragte Jago und ging bis zu einer Bank, an die ein langstieliger Besen gelehnt war. »Wissen Sie, wer Ada umgebracht hat?«

»Ich glaube, ja ...«

Jago zog die Augenbrauen in die Höhe. »Aber Sie sind sich nicht sicher? Das heißt, Sie haben keine Beweise.«

»Ich habe sehr deutliche Hinweise, aber es scheint mir nicht plausibel. Ich brauche ein klareres Bild von dem Mann, um überzeugt zu sein. Von Ada habe ich bereits ein Bild.«

Jago schüttelte den Kopf. »Nun, bei Ada hätte ich Ihnen helfen können, aber ich bezweifle, daß ich den Mann kenne.« Er nahm den Besen und begann das letzte Stück des Bodens zu fegen, das noch schmutzig war. »Sie haben nichts dagegen, oder?«

»Keineswegs«, sagte Pitt, setzte sich auf die Bank und schlug die Beine übereinander. »Sie irren sich. Sie kennen den Mann sehr wohl, oder zumindest kannten Sie ihn.«

Jago hörte auf zu kehren, behielt aber den Besen in der Hand und richtete sich auf. Er drehte sich nicht zu Pitt um.

»Sie meinen Finlay?«

»Ja.«

»Wegen der Anstecknadel. Ich habe Ihnen doch gesagt, die kann er vor Jahren verloren haben.«

»Möglicherweise im Bett. Aber er hat sie nicht vor Jahren bei Ada McKinley verloren, Herr Pfarrer.«

Jago schwieg. Sie beide wußten, wie unwahrscheinlich es war, daß jemand die Anstecknadel gestohlen oder zufällig gefunden und sie dann im Bett der toten Frau liegengelassen hatte. Und dazu noch den Manschettenknopf. Jago fuhr fort, den Boden zu kehren, und fegte Schmutz und Staub sorgfältig zu einem kleinen Haufen zusammen. Pitt sah ihm zu. Das Sonnenlicht fiel in breiten, staubigen Strahlen durch die Fenster.

»Vor einigen Jahren kannten Sie ihn gut«, sagte Pitt schließlich. »Haben Sie ihn seither überhaupt gesehen?«

»Ganz selten.« Jago hielt den Blick gesenkt. »Ich komme nicht in die Gegenden, in denen er sich aufhält. Ich bin nie in Mayfair oder Whitehall, und er kommt nicht hier in die Kirche.«

»Sie sagen nicht, daß er nie in Whitechapel ist«, bemerkte Pitt.

Jago lächelte. »Das ist der entscheidende Punkt, nicht wahr?«

»Haben Sie ihn jemals hier gesehen?«

»Nein.«

»Oder haben Sie gehört, daß er hier war?«

Jago richtete sich auf. »Nein, Oberinspektor. Ich habe noch nie gehört, daß Finlay hier war, und ich habe auch keinen Grund anzunehmen, daß er es gewesen ist.«

Pitt glaubte ihm, doch etwas in Jagos Haltung machte ihn unsicher. Jago trug einen Schmerz in sich, einen Kummer, der mehr war als die Trauer angesichts des gewaltsamen Todes eines Menschen, den er, wenn auch nur flüchtig, gekannt hatte. Als er erfuhr, daß Finlays Anstecknadel gefunden worden war, hatte er ausgesehen, als bewege er sich in einem Alptraum.

Pitt versuchte eine andere Taktik. »Wie war Finlay, als Sie ihn kannten?«

Jago kehrte den Schmutz auf eine Kehrichtschaufel, bevor er antwortete, und stellte den Besen an die Wand.

»Jünger, und sehr viel unreifer, Oberinspektor. Das waren wir alle. Auf mein Verhalten damals bin ich nicht stolz. Ich war sehr egoistisch, ging meinem Vergnügen nach, wenn sich die Gelegenheit ergab, ohne die Folgen für andere zu bedenken. Ich blicke nicht gern auf diese Zeit zurück. Ich könnte mir vorstellen, daß es Finlay nicht anders geht. Man wird erwachsen. Man kann den Egoismus der Jugend nicht rückgängig machen, aber man kann ihn hinter sich lassen, aus seinen Fehlern lernen und ein zu hartes oder unnachgiebiges Urteil denen gegenüber vermeiden, die ihrerseits Ähnliches tun.«

Pitt bezweifelte nicht seine Ehrlichkeit, aber er hatte trotzdem das Gefühl, daß dies eine Rede war, die Jago für den Moment vorbereitet hatte, da er gefragt werden würde.

»Sie haben mir viel über sich erzählt, Herr Pfarrer, aber nichts über Finlay FitzJames.«

Jago schüttelte leicht den Kopf.

»Da gibt es nichts zu erzählen. Wir waren alle vergnügungssüchtig. Ich weiß nicht, ob Finlay sich auch verändert hat und erwachsen geworden ist, da ich ihn in den letzten drei Jahren höchstens zweimal gesehen habe. Aber ich vermute es.«

»Ich habe von seiner Schwester erfahren, wo ich Sie finden kann. Vermutlich haben Sie mit ihr noch Kontakt?« Pitt war hartnäckig.

Jago lachte leise. »Tallulah? Ja, gewissermaßen. Sie ist immer noch in dieser Phase der Selbstsucht und stellt die Suche nach dem eigenen Vergnügen an die oberste Stelle, wie es die Mitglieder des Hellfire Clubs vor sechs oder sieben Jahren getan haben. Sie muß noch den Sinn einer anderen Daseinsart erkennen.« Er sagte weiter nichts, aber sein abweisender Gesichtsausdruck und die schmal zusammengepreßten Lippen zeigten deutlich, wie wenig Achtung er vor ihr hatte. Fast sah es so aus, als wolle er sie nicht verachten, könne aber nicht umhin. Gleichzeitig verachtete er seine eigene Vergangenheit, während er um Nachsicht mit Finlay bat.

Warum? War es die Angst, daß Finlay dem doch nicht entwachsen war, sondern immer noch, genauso wie Tallulah, das Vergnügen über Ehre und Verantwortung stellte?

»Warum ist Ihre Freundschaft so völlig zerbrochen?« fragte Pitt, als sei er neugierig.

Jago regte sich nicht. Er starrte Pitt schweigend an, atmete ein, als wolle er etwas sagen, stieß den Atem dann aber wieder aus.

Irgendwo draußen rief eine Frau hinter einem Kind her, und ein Hund streunte an der offenen Tür vorbei.

Pitt wartete.

»Wahrscheinlich... wahrscheinlich haben sich unsere Wege einfach getrennt«, sagte Jago schließlich, die Augen groß und dunkel. Was er sagte, war nur ein Bruchteil der Wahrheit, und noch während er sprach, wußte er, daß Pitt das erkannte.

Pitt fragte aber nicht nach.

»Ich bewundere Ihre Loyalität, Herr Pfarrer«, sagte er leise. »Sind Sie sich jedoch sicher, daß das wirklich so lobenswert ist? Wie steht es denn mit Ihrer Loyalität gegenüber Ada McKinley, die ja ein Mitglied Ihrer Gemeinde war, ungeachtet ihres Berufes? Und mit den anderen Frauen? Zugegeben, es sind Huren, aber wenn Sie ihr Hirte sein wollen, gilt Ihre Loyalität dann nicht auch der Wahrheit und dem Weg, den Sie gewählt haben?«

Jago war kalkweiß im Gesicht, und ein enormer innerer Druck versetzte seinen Körper in Anspannung.

»Ich weiß nicht, wer Ada umgebracht hat, Oberinspektor. Ich sage es vor Gott, ich weiß es nicht. Noch habe ich Gründe für die Annahme, daß Finlay an jenem Abend in Whitechapel war oder sonst irgendwann. Wenn es anders wäre, würde ich es Ihnen sagen.« Er atmete tief durch. »Was meine Freundschaft mit den FitzJames' angeht, so ist sie in die Brüche gegangen, weil wir unterschiedlicher Ansichten sind – unterschiedliche Zielsetzungen haben, wenn Sie so wollen. Finlay konnte nicht verstehen, warum ich diese Berufung gespürt, noch, warum ich mein Leben danach ausgerichtet habe. Ich konnte es nicht erklären und nur auf eine Weise darüber reden, die er weder verstehen noch respektieren konnte. Er hält mich für exzentrisch, seine Schwester übrigens auch.«

»Exzentrisch?«

Jago lachte; diesmal klang er richtig amüsiert. »Ach, das ist nicht bewundernd gemeint! Sie bewundert die Ästheten, Männer wie Oscar Wilde und Arthur Symons oder Havelock Ellis, die unablässig vor Ideen sprühen und immer Neues sagen oder tun ... oder glauben. Ihr Ziel ist es, zu schockieren und Aufmerksamkeit zu erlangen. In mir sehen sie eine ganz andere Art von Exzentriker. Ich bin ein Langweiler ... das einzige, was sie bei all ihrer moralischen Toleranz nicht verzeihen können. Es ist die einzige Sünde, über die man nicht hinwegsehen kann.«

Pitt betrachtete Jago genau, konnte aber keine Spur von Selbstmitleid, keine Bitterkeit in seiner Miene erkennen. Aus Jagos Sicht waren sie am wahren Glück vorbeigegangen, nicht er.

Und dennoch lag hinter seinem Lächeln ein Schatten und das Bewußtsein, daß es etwas gab, was er Pitt nicht erzählen wollte und was voller Dunkelheit und Schmerz war. Betraf es Finlay FitzJames, oder ihn selber? Oder vielleicht eines der anderen Mitglieder des Hellfire Clubs, den sinnlichen Thirlstone oder den selbstzufriedenen Helliwell?

»Sind Sie mit einem der anderen Mitglieder des Hellfire Clubs noch befreundet?« fragte er plötzlich.

»Wie bitte?« Jago war überrascht. »Oh! Nein, nein, überhaupt nicht. Thirlstone sehe ich von Zeit zu Zeit, zufällig, nicht absichtlich. Helliwell habe ich in den letzten zwei Jahren nicht gesehen. Er ist recht erfolgreich, höre ich. Hat geheiratet und führt ein anständiges Leben – und ist sehr wohlhabend. So hatte er es sich immer vorgestellt, nachdem er seine wilde Zeit gehabt hatte.«

»Was wünscht sich Finlay?«

Wieder lächelte Jago, diesmal ein geduldiges Lächeln. »Ich weiß nicht, ob er es schon weiß. Wahrscheinlich möchte er die Pläne, die sein Vater für ihn hat, ausführen, ohne die harte Arbeit und den Druck auf sich nehmen zu müssen, die unweigerlich dazugehören. Ich glaube nicht, daß er wirklich Außenminister sein möchte und schon gar nicht Premierminister. Aber wahrscheinlich wird Augustus sterben, bevor es soweit ist, und dann kann er sich entspannen und das tun, was er wirklich möchte ... wenn er dann noch weiß, was das ist.« Er machte eine Pause. »Vielleicht macht Tallulah eine gute Partie und wird Herzogin oder gar Gräfin. Ich glaube nicht, daß sie die Intelligenz besitzt, eine gute Politikerehefrau zu sein. Dazu gehört großes Geschick, viel Taktgefühl und ein tiefgehendes Verständnis für Fragen der menschlichen Natur, ganz abgesehen von Kenntnissen über Mode, Etikette und die Kunst, unterhaltsam zu sein. Sie ist nicht diskret genug, um nur einen Punkt zu nennen.«

»Kann sie sich das nicht noch aneignen?« fragte Pitt »Sie ist noch sehr jung.«

»Es nützt nichts, Diskretion zu erlernen, wenn der gute Ruf gelitten hat, Oberinspektor. Die Gesellschaft vergißt nicht. Nein, das stimmt nicht ganz. Sie ist bereit, in gewissem Rahmen zu vergessen, wenn es sich um einen Mann handelt, aber nicht bei einer Frau. Es kommt drauf an, was sie vorhat.« Er lehnte sich gegen die Kirchenbank, endlich ein wenig entspannt.

»Ich habe junge Männer gekannt, die über die Stränge geschlagen haben mit Saufgelagen und unsittlichem Verhalten. Ihre Kameraden sitzen anschließend über denjenigen zu Gericht und beschließen, daß er auf eine nicht hinnehmbare Weise gegen den Verhaltenskodex verstoßen hat. Dann geben sie ihm Anweisungen, daß er sich für die Fremdenlegion, sagen wir in Afrika oder Indien, melden und nicht wieder zurückkehren soll.«

Pitt starrte ihn sprachlos an.

»Und das tut er dann«, sagte Jago. »Die Gesellschaft diszipliniert ihre Mitglieder. Manche Dinge sind nicht tolerierbar.« Er richtete sich auf. »Andere natürlich doch, und das sind manchmal Dinge, die Sie oder ich abschreckend finden. Es kommt immer darauf an, wieviel von der Empörung an die Öffentlichkeit dringt und gegen wen sie sich richtet. Sie werden von mir nicht hören, daß Finlay nie eine Prostituierte aufgesucht hat. Aber das wissen Sie ja schon. Wenn das ein Verbrechen wäre, könnten Sie die Hälfte aller Gentlemen in London damit belangen. Wohin sollen die sonst mit ihren Gelüsten gehen? Eine anständige Frau wäre ruiniert und würde von denselben Männern nicht mehr akzeptiert.«

»Das sehe ich auch so«, stimmte Pitt zu. »Ist es das, worum es geht?«

»Nein«, gab Jago zu und sah Pitt nachdenklich an. »Aber der alte Augustus hat sich eine Menge Feinde gemacht, wissen Sie, Leute, die er zu seinem Aufstieg benutzt und dann fallengelassen hat, Leute, die durch seinen Aufstieg viel verloren haben. Es gibt mehrere Familien, die ihr Unglück ihm verdanken, und ein namhaftes Haus verzeiht seinen Niedergang nicht. Sicherlich bekämen einige politische Ambitionen Aufwind, wenn bekannt würde, daß FitzJames durch sie zerstört worden ist. Die Macht ist grausam, Oberinspektor, und Neid ist noch grausamer. Bevor Sie etwas gegen Finlay unternehmen, sollten Sie sich sicher sein, daß es wirklich er war, der die Anstecknadel in der Pentecost Alley liegengelassen hat, und nicht einer der Feinde seines Vaters. Ich... ich kann es nicht glauben, daß es Finlay war, den ich ja kannte... und zwar gut.«

Pitt betrachtete Jagos Gesicht und versuchte, die Gefühle hinter den Worten zu ergründen; er sah viele widersprüchliche Strömungen. Doch hinter all dem erkannte er eine gewisse Milde, eine Zurückhaltung im Urteil, die sich selbst in seinen Augen widerspigelte.

Pitt erhob sich.

»Danke, Herr Pfarrer. Ich kann nicht sagen, daß Sie mir sehr geholfen haben, aber das hätte ich nicht erwarten dürfen.« Er verabschiedete sich und trat auf die heiße Straße hinaus mit ihrem Krach und dem Verkehr, den Pferden und dahinhastenden Menschen, dem Lärmen von Hufen und Stimmen und der Schmutzschicht über allem. Er empfand eine tiefere Zuneigung für Jago Jones als zuvor und war doch der Überzeugung, daß er in einem grundlegenden Punkt unaufrichtig war.

»Nun, haben Sie etwas Neues über FitzJames erfahren?« fragte Cornwallis verdrossen. Der Tag war zu Ende, und die Sonne war als orangefarbener Ball hinter einem Schleier von Schornsteinrauch, der über den Hausdächern lag, untergegangen. Die Hitze stand noch auf den Gehwegen, und ein durchdringender Geruch von Pferdeäpfeln stieg dort auf, wo die Straßenfeger sie zu einem Haufen zusammengekehrt hatten, aber der Wagen noch nicht gekommen war, um sie aufzuladen.

Immer noch ratterten Kutschen auf den Straßen entlang, während die Lichter angezündet wurden, die am Embankment schon elektrisch waren. Die Menschen bereiteten sich auf einen Abend im Theater oder in der Oper vor, planten ein Essen im Restaurant oder eine Abendgesellschaft. Auf dem Fluß waren die Lichter der Ausflugsboote zu sehen, und Musikfetzen drangen herauf.

»Nein«, sagte Pitt erschöpft. Er stand neben Cornwallis am Fenster. »Von Jago Jones ist nicht mehr zu erfahren, als daß sie vor sechs Jahren ein wildes Leben geführt haben und seine Kontakte seither nur flüchtig seien. Das leuchtet ja ein, da er jetzt Pfarrer in Whitechapel ist...« Er lächelte einen Moment lang. »Nicht unbedingt das Terrain, auf dem sich FitzJames wohl fühlen würde. Im Außenministerium heißt es, daß er ein fähiger, fleißiger junger Mann sei. Sein Verhalten sei so gut wie das junger Männer eben sei, sogar besser als das von manchen. Es wird ihm ein guter Botschafterposten angeboten werden, sobald er eine geeignete Ehe eingeht. Mit Sicherheit hat er Talent in dieser Richtung und jede Menge Charme.«

»Aber Rose Burke hat ihn identifiziert!« beharrte Cornwallis; er drehte sich vom Fenster weg und sah Pitt an. »Und die Anstecknadel und der Manschettenknopf – sind die nicht als seine identifiziert?«

»Doch.«

Cornwallis machte ein ernstes Gesicht.

»Was beschäftigt Sie dann so, Pitt? Gibt es weitere Beweismittel, die Sie mir vorenthalten haben? Oder befürchten Sie politischen Druck?« Er schüttelte leicht den Kopf. »FitzJames' Freunde machen zunehmend Druck, aber das wird mich nicht daran hindern, mich uneingeschränkt hinter Sie zu stellen – vorausgesetzt, Sie sind sich sicher, daß er schuldig ist, und können es beweisen.«

»Ich danke Ihnen, Sir.« Pitt sagte das aus vollem Herzen. Es war ein Geschenk von unschätzbarem Wert, daß er einen Vorgesetzten hatte, der auch dann die Nerven behielt, wenn er unter Beschuß geriet. Von seiner Urteilsfähigkeit war Pitt weniger überzeugt. Wußte er wirklich, wie mächtig FitzJames' Freunde waren und wie wenig die Schuldfrage ihnen bedeutete, wenn es die Möglichkeit gab, eine Sache zu vertuschen? Und hatte er in Betracht gezogen, daß FitzJames möglicherweise Feinde hatte, die ebenso einflußreich waren? Die Worte von Jago Jones gingen ihm durch den Kopf, er konnte sie nicht ignorieren.

»Sie haben mir nicht geantwortet.« Cornwallis unterbrach seinen Gedankenfluß.

»Ich wünschte, es gäbe noch jemanden, der Finlay in Whitechapel gesehen hat... irgend jemanden«, antwortete Pitt. »Ich kann keine Beweise dafür finden, daß er tatsächlich dort war, an dem fraglichen Abend oder zu einer anderen Zeit. Tellman soll sich morgen noch einmal damit befassen, möglichst diskret.«

»Das beweist nichts«, sagte Cornwallis. »Vielleicht sucht er sich gewöhnlich seine Mädchen am Haymarket, das heißt aber nicht, daß er an dem Abend nicht doch in Whitechapel war. Haben Sie die Droschkenfahrer befragt? Andere Frauen von der Straße? Streifenpolizisten vor Ort?«

»Ewart hat das gemacht. Keiner hat ihn gesehen. Aber weiter westlich ist er bekannt.«

»Verdammt«, stieß Cornwallis unterdrückt hervor. »Wann hat sein Kammerdiener oder ein anderer, dessen Aussage man trauen kann, zuletzt den Manschettenknopf und die Anstecknadel gesehen?«

»Der Kammerdiener ist seit Jahren in seinem Dienst und hat die beiden Dinge nie gesehen«, gab Pitt zurück.

Cornwallis dachte schweigend darüber nach.

Die Lampen der Kutschen auf der Straße bewegten sich langsam auf sie zu, und das Geräusch von Hufen und Rädern drang durch die Abendstille zu ihnen.

»Was denken Sie, Pitt?« fragte er schließlich.

»Ich glaube, er ist schuldig, aber ich glaube nicht, daß wir die Beweise schon haben«, sagte Pitt und überraschte sich selbst, während er sprach. »Sicher bin ich mir allerdings nicht.«

»Dann verschaffen Sie sich Sicherheit«, sagte Cornwallis finster. »Innerhalb der nächsten Woche.«

»Jawohl, Sir«, sagte Pitt. »Ich werde mir Mühe geben.«

5.

Kapitel

*E*mily verbrachte den Tag so wie jeden anderen in der Londoner Saison auch. Um acht Uhr stand sie auf und ritt um neun in den Park, wo sie einem guten Dutzend Bekannten zum Gruß zunickte. Es waren alles nette Leute, aber keine besonderen Freunde. Doch es war ein schöner Tag, in der frischen Luft hing ein süßlicher Duft, und sie ritt auf einem ausgezeichneten Pferd. Um kurz nach zehn war Emily wieder zu Hause und fühlte sich erfrischt.

Jack war schon in Whitehall, dem Regierungsviertel, und Edward saß im Schulzimmer, also frühstückte sie allein. Das Kindermädchen kümmerte sich im Kinderzimmer um Evie.

Die nächsten zwei Stunden verbrachte sie damit, die Post zu lesen und zu beantworten; es war nicht sehr viel. Eigentlich vertrödelte sie die Zeit. Sie plante das Abendessen, konnte aber Jacks Vorschläge nicht einholen, weil er nicht da war. Anschließend rief sie die Haushälterin und besprach mit ihr eine Reihe von häuslichen Fragen, die Wäsche betreffend, die Pflichten der Zimmermädchen, die neue Küchenhilfe, den Fleck auf dem Teppich in der Bibliothek und verschiedene andere Dinge. Dabei mußte sie feststellen, daß alles bereits ohne ihre Ratschläge erledigt worden war.

Sie sprach mit ihrer Zofe, und auch hier erfuhr sie, daß all die kleinen Probleme schon aus der Welt geschafft worden waren.

»Die rote Tinte am Ärmel meines Morgenkleides«, fing sie an. Sie hatte sich bewundernd über Edwards Landkarte von Indien gebeugt.

»Schon erledigt, M'Lady«, sagte Gwen zufrieden.

»Ist er rausgegangen?« Emily war erstaunt. »Rote Tinte?«

»Ja, M'Lady. Senf. Vorm Waschen hab ich ein bißchen Senf drübergeschmiert. Das klappt prima.«

»Danke.«

»Aber wenn ich ein paar Tropfen Gin haben könnte, M'Lady, dann reinige ich die Diamanten an Ihrem Armband. Die sind ein bißchen staubig geworden mit der Zeit. Ich hab die Köchin gefragt, aber die wollte mir keinen geben, nicht ohne Ihre Erlaubnis. Wahrscheinlich denkt sie, ich will ihn trinken!«

»Selbstverständlich«, stimmte Emily ihr zu und fühlte sich ganz und gar überflüssig.

In ihren Gesprächen mit dem Kindermädchen und der Köchin ging es ihr nicht anders.

Am Mittag fuhr sie in der eigenen Kutsche aus, um ihre Mutter zu besuchen, und stellte fest, daß diese nicht zu Hause war. Sie überlegte, ob sie einkaufen oder in eine Kunstgalerie gehen sollte, und entschied sich für letzteres. Das war äußerst langweilig. Die Bilder waren alle sehr elegant und schienen sich von denen, die sie ein Jahr zuvor gesehen hatte, in keinster Weise zu unterscheiden.

Sie fuhr wieder nach Hause, wo ihre Großmutter ihr beim Lunch Gesellschaft leistete und einen Bericht über ihre morgendlichen Aktivitäten und die Pläne für die restliche Woche forderte. Nachdem sie sich alles angehört hatte, verwarf sie es als trivial, oberflächlich und insgesamt flatterhaft. Daraus sprach der blanke Neid, weil sie selbst am liebsten dasselbe getan hätte, aber insgeheim stimmte Emily ihr zu.

»Du solltest deinen Mann unterstützen!« sagte die alte Dame bissig. »Du solltest dich für einen guten Zweck einsetzen. Das habe ich getan, als ich so alt war wie du! Ich habe mich in unserer Gemeinde der ledigen Mütter angenommen. Ich kann dir gar nicht sagen, wie viele dieser schlechten Mädchen ihre Zukunft mir verdanken.«

»Möge Gott ihnen helfen«, murmelte Emily.

»Was hast du gesagt?« wollte die alte Dame wissen.

»Du hast sicher viel geholfen«, flunkerte Emily. Sie wollte sich nicht streiten.

Nachmittags um halb vier besuchte sie mit der Frau eines Freundes von Jack, einer ehrenwerten Dame mit nur geringer Konversationsfähigkeit, eine Musikveranstaltung. Die Dame fand alles »erhebend«. Um halb fünf gingen sie gemeinsam zu einer Gartenparty, wo sie eine halbe Stunde verweilten. Emily war inzwischen so gereizt, daß sie hätte schreien mögen. Sie wünschte, sie hätte statt dessen ein paar Nachmittagsbesuche gemacht oder wäre zu einem Wohltätigkeitsbasar gegangen, aber dazu war es zu spät.

Um halb sieben kam Jack nach Hause und hatte es ziemlich eilig. Sie aßen in aller Hast zu Abend und zogen sich dann für das Theater um, für das sie mit flüchtigen Bekannten verabredet waren. Bei einem kleinen Imbiß um halb zwölf versuchten sie mühsam die Konversation in Gang zu halten. Um Viertel vor eins sank Emily so müde ins Bett, daß sie keinen klaren Gedanken mehr fassen konnte, aber sie war sich ziemlich sicher, daß es ein vergeudeter Tag war.

Am nächsten Tag würde sie sich sinnvoll betätigen. Sie würde telefonisch versuchen zu erfahren, bei welcher gesellschaftlichen Veranstaltung sie Tallulah FitzJames antreffen konnte. Sie würde Tallulah ihre Hilfe anbieten, sei es in den Liebesdingen mit Jago, die sie einer glücklichen Lösung zuführen wollte, sei es in der Frage des Mordverdachts, der auf ihrem Bruder lastete, den sie widerlegen würde. Vielleicht gelänge es ihr, beide Probleme zu regeln.

Kurz nach zwei, nach einem frühen Lunch, zog Emily ein besonders hübsches und modisches Ausgehkleid an: ein wunderbar geschnittenes Gewand aus rosafarbenem Brokat, das am Mieder, am Hals und an den Ärmeln mit Seide eingefaßt war, und dessen Rock bei jedem Schritt anmutig schwang. Sie wählte einen aufsehenerregenden Hut, von dem auch ihre Großtante Vespasia beeindruckt gewesen wäre, und einen dazu passenden Sonnenschirm. Dann begab sie sich zu einer Blumenschau in Kensington, wo wahrscheinlich – das hatten ihre Erkundigungen ergeben – Tallulah zugegen sein würde.

Sie traf um drei Uhr ein, stieg aus der Kutsche und sah sofort drei Damen ihrer Bekanntschaft. Sie mußte sie begrüßen und ihnen auf dem Weg durch eine Reihe von Zelten, vorbei an Beeten mit Blumenarrangements, blühenden Sträuchern und Bäumen Gesellschaft leisten. Dazwischen standen kleine weißlakkierte Tischchen aus Gußeisen, mit zwei oder drei zierlichen Stühlen darum. Damen in wunderschönen Kleidern, häufig in Begleitung eines Herrn in Gehrock, gestreiften Beinkleidern und glänzendem Zylinder, wanderten von einem Arrangement zum nächsten. Dazwischen sah man Mädchen von zwölf oder vierzehn Jahren in gerüschten Kleidern, das lange Haar mit einem Band von der Stirn zurückgehalten, die sich, wenn sie sich unbeobachtet glaubten, gegenseitig Gesichter schnitten.

Emily verließ der Mut. Sie hatte vergessen, wie viele Besucher zu so einer Blumenschau gingen, wie viele verschlungene Pfade es zwischen den ausgestellten Kübeln und Topfpflanzen und den Lauben gab, an wie vielen verschwiegenen Stellen man unter Blütenkaskaden und herabhängenden Zweigen diskret miteinander reden oder flirten konnte. So hatte man die Möglichkeit zu einem Stelldichein und konnte denjenigen aus dem Weg gehen, von denen man nicht gern gesehen werden wollte. Zweifellos hatte Tallulah deswegen diesen Ort ausgewählt. Es klang so respektabel. Was schien angemessener für eine junge Frau als der Besuch einer Blumenschau? Wie feminin! Wie wunderbar unschuldig. Bestimmt konnte sie hier allerhand über Gartengestaltung, Gewächshäuser und die geschmackvollsten Blumendekorationen für die eigenen Abendgesellschaften, Soireen und Empfänge jeglicher Art lernen. All das interessierte Tallulah natürlich nicht im geringsten.

Emily fragte ganz beiläufig, ob jemand Miss FitzJames gesehen habe, und erfand einen Grund, warum sie sie treffen wollte – eine gemeinsame Bekannte, der Name einer Hutmacherin.

Es dauerte fast eine Stunde, bis sie sie gefunden hatte, und dann war es eher eine zufällige Begegnung. Sie trat gerade hinter einem großen Ausstellungsstück aus spätblühenden Rosen und sehr hochwüchsigen Lilien von einem kräftigen Gelb hervor, als sie Tallulah in einer Laube aus Weinranken sitzen sah. Sie hatte sich zurückgelehnt und die Füße auf einen Stuhl vor sich gelegt, als wäre es eine Chaiselongue, den Rock achtlos hochgerafft, den schlanken Hals nach hinten gebogen. Ihr dunkles Haar löste sich aus der Frisur. Es war eine entspannte, verführerische Pose, anmutig und verlockend.

Der junge Mann an ihrer Seite stand offensichtlich ganz in ihrem Bann. Er beugte sich immer weiter vor, während sie ihn träge durch halbgeschlossene Augen betrachtete. Emily verstand den Wunsch, sich schockierend zu verhalten. Sie selbst hatte so etwas noch nie getan, aber bisher war die Versuchung auch nicht so groß gewesen... noch nicht.

»Ach, Tallulah! Wie schön, Sie hier zu sehen!« sagte Emily ganz unbefangen, als wären sie sich bei einem Spaziergang im Park unerwartet begegnet. »Sind die Blumen nicht wundervoll? Ich hätte nie gedacht, daß man so spät im Jahr noch so viel Blühendes finden kann.«

Tallulah sah sie an, ihre Überraschung verwandelte sich in Verärgerung. Diese Taktlosigkeit war unverzeihlich. Emily hätte sich, zart errötend und einigermaßen verlegen, zurückziehen müssen.

Emily blieb stehen, wo sie war, und lächelte freundlich.

»Ich finde immer, der August ist ein schwieriger Monat. Für manche Dinge zu spät, für manche zu früh.«

»Mir scheint, es gibt ausreichend Blumen«, sagte der junge Mann mit rotem Gesicht. Er versuchte, möglichst unauffällig Kragen und Krawatte zurechtzurücken.

»Ich bin mir sicher, daß das so ist, Sir«, sagte Emily und richtete den Blick auf seine Hände. »In den Augen der Männer gibt es wohl immer genügend Blumen.« Sie ließ die Bemerkung in ihrer Doppeldeutigkeit in der Luft hängen und sagte mit einem strahlenden Lächeln zu Tallulah: »Ich habe mir die Dinge, über die wir das letzte Mal sprachen, durch den Kopf gehen lassen. Ich würde Ihnen gerne helfen. Ich bin überzeugt, man kann etwas tun.«

Tallulah starrte sie immer noch an, ihre Miene verdüsterte sich zunehmend. Sie richtete sich auf, schenkte aber ihrem Kleid, das arg verknautscht war, keine Beachtung. »Wirklich? Es ist noch viel schlimmer, wissen Sie. Es ist alles viel schlimmer.«

Der junge Mann merkte, daß die Unterhaltung eine Wendung genommen hatte und er überflüssig geworden war. Er stand auf und verabschiedete sich, in Anbetracht der Umstände mit einiger Eleganz und einem Diener, dann ging er.

Tallulah zupfte sich das Kleid zurecht, ihr Gesicht war jetzt sehr ernst.

»Ich habe Jago wiedergesehen«, sagte sie leise. »Nicht für lange. Es war bei einer Wohltätigkeitsveranstaltung. Ich wußte, daß er da sein würde, wegen seiner dummen Kirche, deshalb bin ich hingegangen. Er hat durch mich hindurch gesehen, als sei ich ein ungezogenes Kind, zu dem er höflich sein mußte, weil die

Eltern dabei sind.« Sie verzog das Gesicht. »Er hat es ertragen mit einem müden, duldsamen Blick. Ich war so erbost, ich hätte ihn schlagen können!«

Emily sah den Schmerz in Tallulahs Augen und die Unsicherheit, ob sie ihn verleugnen oder sich ihm stellen und ihn überwinden sollte. Es war viel leichter, so zu tun, als sei nur Zorn in ihr und kein Schmerz.

Emily setzte sich auf den Platz, auf dem der junge Mann gesessen hatte. Der Duft der Blumen lag schwer in der Luft. Sie war froh, daß ein kleines Lüftchen ging.

»Meinen Sie nicht, daß Sie ihn nur deshalb wollen, weil er außerhalb Ihrer Reichweite ist?« fragte sie unverblümt.

Tallulah dachte darüber nach. Sie setzte sich wieder auf ihren Platz, diesmal etwas sittsamer, die Füße stellte sie auf den Boden.

»Fühlen Sie sich zu einem Mann hingezogen, der Sie bewundert?« Emily ließ sich nicht beirren.

»Nein«, gab Tallulah spontan zurück. Dann lächelte sie. »Sie etwa?«

»Nicht im mindesten«, gestand Emily. »Er muß wenigstens ungeeignet sein, aber es ist noch besser, wenn er gewonnen werden muß. Je mehr man kämpfen muß, desto wertvoller der Preis. Die Männer sind da natürlich genauso. Nur können wir es im großen und ganzen leichter verbergen und so tun, als seien wir nicht interessiert, obwohl wir völlig gefesselt sind.«

»Jago ist nicht gefesselt«, sagte Tallulah niedergeschlagen. »Wenigstens nicht von mir. Ich hätte es leichter, in ihm Gefühle für mich zu wecken, wenn ich eine Gestrauchelte wäre und er glaubte, er könne meine Seele retten!«

»Waren Sie vorhin im Begriff, das zu tun?« fragte Emily mit einem Lächeln. »Zu straucheln?«

Aber Tallulah war zu verletzt, als daß sie darüber lachen konnte.

»Selbstverständlich nicht«, sagte sie spitz. »Ich war lediglich etwas gelangweilt. Es ging nur um Worte und Ideen. Wenn Sie Sawyer kennen würden, wüßten Sie das. Bei ihm ist alles eine Pose.«

Emily lehnte sich ein wenig zurück und machte es sich bequem. In der Laube war es sehr warm, und der Duft so vieler Blüten wirkte fast betäubend.

»Wieso lassen Sie die Sache mit Jago nicht einfach auf sich beruhen?« fragte sie und versuchte gar nicht, subtil zu sein. »Der Gedanke an ihn bekümmert Sie doch nur. Eine Herausforderung ist eine gute Sache, aber nicht, wenn sie keinen Erfolg verspricht. Dann ist es nur deprimierend. Und überhaupt, was würden Sie tun, wenn Sie Erfolg hätten? Sie können ihn unmöglich heiraten. Er hat gar kein Geld! Oder möchten Sie sich einfach an ihm rächen, weil er Sie verachtet oder weil Sie glauben, er verachtet Sie?«

»Er verachtet mich.«

»Also wollen Sie Rache?«

Tallulah starrte sie an. In dem Sonnenlicht, das durch die Blätter auf ihr Gesicht fiel, war sie von einer Schönheit, die ihrem Mut und einer intensiven Lebendigkeit entsprang.

»Nein, das wäre schrecklich.« Ihre Stimme verriet Enttäuschung. »Sie verstehen das überhaupt nicht, oder? Jago ist der beste Mensch, den ich je kennengelernt habe! In ihm ist eine Ehrenhaftigkeit und eine Güte, wie ich sie noch nie bei einem anderen Menschen gesehen habe. Er ist ehrlich.« Sie beugte sich vor. »Ich meine damit nicht, daß er nichts nimmt, was ihm nicht gehört, ich meine, daß er das auch nicht haben will. Er belügt die Menschen nicht, aber auch nicht sich selbst. Das gibt es nicht oft, wissen Sie. Ich belüge mich ständig. Meine ganze Familie tut das, meistens wenn es um das geht, was sie tun. Sie sagen, sie mußten etwas tun, während sie eigentlich meinen, sie wollten es tun, also suchen sie nach einer Entschuldigung. Das passiert die ganze Zeit.«

»Das stimmt«, gab Emily zu. »Ich bin mir allerdings nicht sicher, daß ich mit jemandem leben könnte, der immer die ungeschminkte Wahrheit sagt. Ich glaube, ich will sie gar nicht immer wissen, und ich bin mir sicher, ich will sie nicht hören. Es ist vielleicht sehr bewundernswert, aber ich würde es lieber aus der Ferne bewundern ... aus einer ziemlich großen Entfernung.«

Tallulah lachte, jedoch klang sie nicht fröhlich. »Sie verstehen mich mit Absicht falsch. Ich meine nicht, daß er taktlos oder grausam ist. Ich meine nur, er hat eine Helligkeit in sich. Er ist ... ein Ganzes. Er besteht nicht aus vielen verschiedenen Teilen, wie die meisten Menschen, und jedes Teil will etwas anderes und belügt das andere, damit man alles für sich haben kann und sich einredet, daß man das darf.«

»Woher wissen Sie das?«

»Was?«

»Woher wissen Sie das?« wiederholte Emily. »Woher wissen Sie, was in seinem Inneren ist?«

Tallulah schwieg. Zwei Mädchen in rosa- und pfirsichfarbenen Kleidern gingen, in ein Gespräch vertieft, vorbei, das gescheckte Sonnenlicht auf ihrem Haar. »Ich weiß nicht, warum ich Ihnen das alles erkläre!« sagte Tallulah schließlich. »Es gibt dafür eigentlich keine Worte. Ich weiß, was ich meine. Ich weiß, daß er einen Mut hat, den die meisten anderen Menschen nicht haben. Er nimmt sich der Dinge an, die wirklich wichtig sind, ohne Ausflüchte oder Entschuldigungen. Seine Überzeugungen sind ein Ganzes.« Sie sah Emily unverwandt an. »Verstehen Sie mich überhaupt?«

»Ja«, sagte Emily leise und klang nicht mehr kämpferisch. »Ich wollte nur sehen, ob er Ihnen wirklich so wichtig ist, wie Sie glauben. Wäre er Ihnen nicht zu ernst? Würde soviel Güte nach einer Weile nicht etwas vorhersehbar und schließlich gar langweilig?«

Tallulah drehte ihr Gesicht zur Seite, und ihr Profil hob sich von der Blütenpracht ab. »Das ist absolut unwichtig. Er wird in mir nie eine andere sehen als Finlay FitzJames' etwas oberflächliche Schwester, die ihr Leben damit verschwendet, Kleider zu kaufen, die so teuer sind, daß eine Familie in Whitechapel jahrelang von dem Geld essen und sich kleiden könnte.« Sie sah auf ihr wunderhübsches Kleid hinab und strich es sich über dem flachen Bauch glatt. »Dieses hier hat einundfünfzig Pfund, siebzehn Schilling und einen Sixpence gekostet. Unseren besten Zimmermädchen zahlen wir zwanzig Pfund im Jahr. Die Küchenhilfen und Mägde bekommen weniger als die Hälfte. Ich habe das im Haushaltsbuch gelesen. Und ich habe ein Dutzend oder mehr Kleider von derselben Qualität.«

Sie zuckte mit den Schultern und lächelte. »Und sonntags gehe ich in die Kirche und bete, genau wie alle anderen auch, alle in Kleidern wie diesem hier. Jago würde mir nicht sagen, daß ich unrecht habe. Wenn keiner diese Kleider kauft, dann haben die Menschen, die sie herstellen, keine Arbeit. Er möchte einfach nichts mit mir zu tun haben, weil es mir so wichtig ist, wie ich aussehe. Aber für eine unverheiratete Frau ist das ja auch wichtig, oder?« Es war keine Frage, sondern eine Feststellung.

Emily widersprach nicht und sah auch davon ab, Geld oder Familieneinflüsse zu erwähnen. Tallulah kannte die Regeln so gut wie sie selbst.

»Würden Sie ihn heiraten?« fragte sie leise und dachte dabei an Charlotte und Pitt. Aber es gab Unterschiede. Im Gegensatz zu Tallulah war es Charlotte nie wichtig gewesen, zur Gesellschaft zu gehören. Ihr Humor war viel zu herb, ihre Direktheit selten wirklich lustig. Sie war nicht absichtlich unverschämt, sondern einfach unangepaßt. Man mußte auch ehrlich zugeben, daß sie nicht allzu viele gute Anträge erhalten hatte. Sie vergraulte die Bewerber eher.

Allerdings könnte es auch Tallulah trotz des Reichtums ihres Vaters passieren, daß sie in Zukunft, wenn sie sich weiterhin so benahm wie an diesem Nachmittag oder an dem Abend in Chelsea, keine weiteren Anträge bekam. Es gab viele Frauen, die den Männern sehr gefielen, die sie aber nicht ehelichen wollten.

Tallulah seufzte und blickte nach oben in die Blumen. Ihre Miene spiegelte Nachdenklichkeit und Schrecken, es war, als lache sie aus Verzweiflung über sich selbst.

»Wenn ich ihn heiraten würde, müßte ich in Whitechapel leben, graue Tuchkleider tragen und mein Glück darin finden, daß ich den Armen Suppe austeile. Ich müßte höflich zu den tugendhaften Frauen sein, die glauben, daß Lachen eine Sünde ist und Liebe darin besteht, daß man den Menschen sagt, was sie tun sollen. Ich würde jeden Tag dasselbe essen, selbst die Tür öffnen und immer darauf achten, was ich sage, damit ich niemanden beleidige. Ich würde nie wieder ins Theater gehen oder in die Oper, oder in einem Restaurant essen oder im Park ausreiten.«

»Schlimmer noch«, griff Emily den Faden auf, »Sie müßten in überfüllten Omnibussen fahren und neben fetten, kurzatmigen Menschen sitzen, die nach Zwiebeln stinken. Sie müßten meistens selber kochen, das Geld zusammenhalten und darauf achten, daß genug für Einkäufe da ist, und meistens würde es nicht reichen.« Sie dachte an Charlotte vor Pitts letzter Beförderung. Es waren ein paar harte Jahre gewesen. Doch sie hatten soviel miteinander geteilt, daß Emily manchmal neidvoll auf diese Zeit zurückblickte. Auch mit Jack hatte sie mehr geteilt, bevor er ins Parlament gewählt wurde, als es noch soviel zu tun gab und der Sieg ungewiß war und in weiter Ferne lag. Damals hatte er sie viel mehr gebraucht.

»So schlimm wäre es wohl nicht«, sagte Tallulah. »Von Papa bekäme ich eine Zuwendung.«

»Auch wenn Sie einen Gemeindepfarrer heiraten würden statt den Mann, den er ausgesucht hat?« fragte Emily skeptisch. »Glauben Sie das wirklich?«

Tallulah sah sie aus großen, dunkelbraunen, fast schwarzen Augen an.

»Nein«, sagte sie leise. »Nein, er wäre völlig außer sich. Er würde mir nie verzeihen. Er möchte gerne, daß ich einen Herzog

147

heirate, obwohl auch ein Earl oder Marquis reichen würde. Ich glaube, sein Ehrgeiz kennt keine Grenzen, wenn ich ehrlich sein soll. Dächte ich mehr darüber nach, würde es mir angst machen. Nichts kann ihn je aufhalten, er findet einfach einen Weg drum herum. Manch einer hat versucht, sich ihm in den Weg zu stellen, aber es hat nie geklappt.«

Von fern hörten sie Lachen, hinter ihnen kicherte ein Mädchen. Es wurde immer heißer.

»Haben Sie sich je gegen ihn aufgelehnt?« fragte Emily.

Tallulah schüttelte den Kopf. »Das brauchte ich nie.«

»Würden Sie es tun, um Jago zu heiraten?«

Tallulah wandte sich ab. »Ich weiß nicht. Vielleicht nicht. Aber wie gesagt, es ist egal. Jago würde mich nicht nehmen.«

»Vielleicht ist das auch gut so«, sagte Emily ganz bewußt. »So brauchen Sie sich nicht zu entscheiden, was Sie wirklich wollen: ob Sie reich sein wollen und schöne Kleider, Partys und Theaterbesuche wichtig für Sie sind und Sie den Mann heiraten, den Ihr Vater für Sie aussucht... oder ob Sie einen Mann heiraten wollen, den Sie wirklich lieben und bewundern. Dem Sie vertrauen und dem Sie bei seiner Lebensarbeit helfen würden – in vergleichsweise ärmlichen Verhältnissen. Ich vermute, daß Sie nie wirklich Hunger leiden würden, und Sie hätten immer ein Dach über dem Kopf – es könnte natürlich durchregnen.«

Tallulah sah sie aufgebracht an.

»Ich vermute, durch Ihr Dach regnet es nicht, Mrs. Radley!« brauste sie auf. »Und wenn es durch das von Jack Radley regnete, würde ich jede Wette eingehen, daß das des verstorbenen Lord Ashworth dicht ist!«

Damit bezog sie sich auf Emilys ersten Mann und dessen beträchtlichen Reichtum. Emily ärgerte sich vielleicht über den Spott, wußte aber, daß sie den Gegenangriff herausgefordert hatte, und akzeptierte ihn als fair.

»Das ist es in der Tat«, sagte sie. »Aber ob ich je eine Entscheidung getroffen habe, gehört hier nicht zur Sache. Wichtig ist, daß Sie erkennen, welche Möglichkeiten Sie haben. Sehen Sie sich Jago gut an. Sehen Sie sich auch jeden anderen gut an, und entscheiden Sie dann, was Sie wollen... und dann müssen Sie dafür kämpfen.«

»Wie Sie das sagen, klingt es so einfach.«

»Dieser Teil ist auch einfach.«

»Das ist er nicht.« Tallulah beugte sich vor und legte die Hände an die Wangen, eine Geste ihrer tiefen Verwirrung.

Ein älteres Paar ging langsam, in eine angeregte Unterhaltung vertieft, vorbei. Die Frau trug den Sonnenschirm lässig über der Schulter, der Mann hatte seinen Hut keck zur Seite geschoben. Die Frau sagte etwas, und beide lachten.

»Wenn diese schreckliche Angelegenheit mit Finlay nicht bald geklärt ist«, sagte Tallulah plötzlich, »und die Polizei nicht aufhört, alle über uns auszufragen, dann ist es sowieso egal. Dann sind wir ohnehin ruiniert, und keiner wird mehr mit uns reden, wenn es nicht unbedingt sein muß. Ich habe so etwas schon erlebt. Eine Geschichte wird erzählt, und die Leute geben sie im Flüsterton weiter, und plötzlich sieht einen keiner mehr. Man ist unsichtbar. Man kann auf der Straße gehen, und alle wenden sich ab. Man kann mit Leuten reden, und keiner hört zu.« Die Angst in ihr ließ ihre Stimme lauter klingen. »Restaurants, in denen man häufig gespeist hat, sind plötzlich ausgebucht, wenn man einen Tisch bestellen möchte. Schneiderinnen haben ein volles Auftragsbuch. Hutmacherinnen können einem keinen Termin geben. Der Herrenschneider hat keine Zeit. Wenn man jemanden besucht, ist er nicht zu Hause, selbst wenn die Lichter an sind und die Kutsche draußen vor der Tür steht. Es ist, als wäre man tot und hätte es selbst nicht gemerkt. So kann es einem gehen, wenn man beim Kartenspiel betrügt oder eine Ehrenschuld nicht einlöst. Stellen Sie sich doch vor, wie es erst wäre, wenn jemand wegen Mordes gehängt würde!«

Diesmal hatte Emily keine schnelle Antwort parat. Es war ein überaus schmerzlicher Punkt, bei dem es nicht darum ging, die Überzeugung zu hinterfragen oder zu überprüfen. Natürlich hätte sie gerne die über jeden Zweifel erhabene Gewißheit gehabt, daß Finlay unschuldig war; man brauchte nur abzuwarten, bis Pitt den Beweis dafür fand. Andererseits kannte sie Pitt schon lange und wußte von genügend Fällen, die einen tragischen Ausgang hatten, so daß sie sich keinen bequemen Illusionen hingab. Auch Menschen, die man liebt und die man zu kennen glaubt, können in sich Schmerzen und Zorn tragen und voller dunkler, unkontrollierbarer Begierden sein, die sie selbst kaum verstehen.

»Wenn die Polizei immer noch mit den Nachforschungen beschäftigt ist, hat sie noch keine Beweise«, sagte sie laut und wägte ihre Worte sorgfältig ab.

»Es bedeutet aber, daß man ihn immer noch für den Täter hält«, erwiderte Tallulah rasch mit glänzenden Augen. »Sonst würde man ihn in Ruhe lassen.«

In der Laube stand die Hitze. In ihrer Nähe ertönte Lachen, das gleichzeitig sehr fern klang. Das Klirren von Gläsern und Porzellan war deutlich über dem Stimmengewirr zu hören, doch sie waren beide zu sehr in ihr Gespräch vertieft, als daß sie an eine Erfrischung dachten.

»Wissen Sie, warum?« fragte Emily sanft.

Tallulah preßte die Lippen zusammen. Offenbar hatte sie darüber nachgedacht, und die Antwort beunruhigte sie.

»Ja. Man hat Dinge, die ihm gehören, an der Stelle gefunden, wo die Frau ermordet wurde. Eine Anstecknadel von diesem albernen Club, in dem er mal Mitglied war, und einen Manschettenknopf. Er hat der Polizei gesagt, er hätte beides schon vor Jahren verloren. Keiner hat sie seither gesehen, weder er noch sonst jemand.« Ihr Gesicht war angespannt. »So ein schmuddeliger Polizist war bei uns und hat mit Finlays Kammerdiener gesprochen, aber der ist erst seit wenigen Jahren bei uns und hat beides nie gesehen. Auf keinen Fall trug Finlay sie an jenem Abend.« Sie sah Emily unverwandt an, als wolle sie deren Zweifel begegnen.

»Weiter nichts?« fragte Emily, ohne daß ihr Gesicht etwas anderes als Interesse an den Fakten ausdrückte.

»Doch... eine Prostituierte hat ausgesagt, sie habe einen Mann in das Zimmer der Frau gehen sehen, und schwört, er habe wie Finlay ausgesehen. Aber wie können die ihr Wort gegen seins stellen? Ein Geschworenengericht würde das niemals tun!« Sie suchte in Emily Augen nach Bestätigung. »Oder?«

Emily fühlte Tallulahs Angst so deutlich wie die Wärme der Sonne und den süßlichen Duft der Blumen. Sie war wirklicher als die fernen Stimmen oder die farbenfrohe Bewegung eines wunderhübschen Gewandes, als eine Frau an ihnen vorüberschwebte. Es war die Angst vor gesellschaftlichem Ruin, davor, unschuldig verurteilt zu werden, oder vielleicht die Angst, daß er gar nicht unschuldig war?

»Das kann ich mir nicht vorstellen«, sagte Emily vorsichtig. »Wo war er denn an dem Abend?«

»Auf einer Party in der Beaufort Street. Ich kann mich nicht mehr an die Nummer erinnern, aber es war in dem Teil am Fluß.«

»Na, kann er das denn nicht beweisen?« fragte Emily mit einem Anflug von Hoffnung. »Jemand muß doch noch wissen, daß er dort war. Wahrscheinlich sogar Dutzende von Leuten. Das hat er doch hoffentlich ausgesagt, oder?«

Tallulah sah zutiefst geknickt aus.

»Oder war er nicht da?« fragte Emily.

»Doch … doch, er war da.« Tallulahs Gesicht drückte Niedergeschlagenheit und Verwirrung aus. »Ich habe ihn selbst dort gesehen…«

Ein Kellner kam mit einem Tablett voller eisgekühlter Getränke vorbei. Bei jedem Schritt klirrten die Gläser leise. In der Ferne lachte jemand.

Emily erkannte, daß an dieser Geschichte mehr dran sein mußte, etwas Unerquickliches und sehr Privates. Sie fragte nicht.

»Aber das können Sie nicht sagen«, stellte sie fest, obwohl es ohnehin klar war.

Tallulah sah sie schnell an. »Ich würde es tun, wenn ich annehmen könnte, jemand würde mir glauben. Ich will mich nicht selbst schützen. Ich würde Fin sofort entlasten, wenn ich das könnte! Aber es war keine normale Party. Die Gäste haben alle Opium geraucht und so. Ich war nur eine halbe Stunde da, dann bin ich wieder gegangen. Ich habe Fin gesehen, aber ich glaube, er war schon zu benebelt, um mich wahrzunehmen. Das Haus war voller Leute, die alle lachten und entweder betrunken waren oder unter Drogen standen.«

»Aber Sie haben Finlay gesehen… da gibt es keinen Zweifel!« sagte Emily mit Überzeugung. »Sie waren nicht betrunken oder… oder hatten irgend etwas genommen?«

»Nein.« Tallulah atmete stockend. »Aber wissen Sie, als Papa mich fragte, wo ich gewesen sei, und zwar vor Mama, den Angestellten und Mamas Arzt … habe ich gesagt, ich sei woanders gewesen. Jetzt würde mir keiner mehr glauben. Sie würden denken, daß ich lüge, um Fin zu schützen! Wem könnte man das verübeln? Wenn ich die wäre, würde ich das auch denken.«

Emily hätte dem gerne widersprochen oder etwas Tröstendes gesagt, aber sie wußte, daß Tallulah recht hatte. Keiner würde ihr Zeugnis ernst nehmen.

Tallulah sah auf ihre Hände in ihrem Schoß. »Verdammt noch mal!« entfuhr es ihr heftig. »Was für ein Chaos!« Sie ballte die Hände zu Fäusten. »Manchmal ist er so dumm, daß ich ihn hassen könnte.«

Emily sagte nichts. Sie überlegte, suchte nach einem Anhaltspunkt, der sie weiterbringen könnte. Dies war ein praktisches

Problem. Es würde sich nicht lösen lassen, wenn man seinen Gefühlen nachgab, auch wenn sie verständlich waren.

»Ich weiß noch, früher fand ich ihn wunderbar«, fuhr Tallulah fort und sprach mehr zu sich als zu Emily. »Als wir Kinder waren, hatte er immer so aufregende Ideen. Er hat Spiele für uns erfunden und das Kinderzimmer in eine andere Welt verwandelt, eine Insel, ein Piratenschiff, die Siegessäule am Trafalgar Square.« Sie lächelte bei der Erinnerung daran, ihre Augen hatten einen weichen Ausdruck. »Oder in einen Wald mit Drachen. Ich war dann das Edelfräulein, das er aus der Not retten mußte. Gleichzeitig war er der Drache. Er brachte mich immer zum Lachen.«

Emily blieb still.

»Dann mußte er natürlich aufs Internat«, fuhr Tallulah fort. »Ich habe ihn schrecklich vermißt. Ich glaube, ich war nie wieder so einsam wie damals. Während der ganzen Schulzeit habe ich darauf gewartet, daß er zurückkam. Am Anfang war er so wie immer, aber allmählich veränderte er sich. Das war ja normal. Er wurde älter. Er wollte nur noch mit Jungen spielen. Er war immer noch nett zu mir, aber er hatte keine Geduld mehr. All seine Träume waren nach vorn gerichtet und nicht in die Vergangenheit, in der ich lebte. Damals habe ich angefangen zu verstehen, was Männer alles tun können und Frauen nicht.« Sie sah zu einer vorüberschlendernden Gruppe auf: Ein Mann mit einem Zylinder ging in der Mitte, am rechten Arm eine junge Frau, am anderen eine ältere mit einem großartigen, federnbesetzten Hut.

»Männer können sich ins Parlament wählen lassen oder Botschafter werden«, sagte sie. »Sie können in die Armee oder zur Marine gehen, oder sie werden Forscher oder Bankier, oder sie handeln mit Aktien und gehen ins Import-Export-Geschäft.« Sie machte eine dramatische Geste. »Sie können Theaterstücke schreiben oder Musik komponieren, Philosophen oder Dichter werden. Frauen heiraten. Männer heiraten auch, aber nur nebenbei. Das wurde mir klar, als ich verstand, was Papa von mir erwartete und was er sich für Fin erhoffte. Er hätte gerne mehr Söhne gehabt. Mama hat das immer leid getan. Wahrscheinlich war es ihre Schuld.«

Emily stellte sich ein trauriges Bild von dem Familienleben der FitzJames' vor und ein kleines Mädchen, das mit einem plötzlichen inneren Schaudern begriff, wie klein der Teil ihres Lebens war, über den sie selbst bestimmen konnte, wie eingeschränkt ihre Möglichkeiten im Vergleich zu denen ihres Bruders waren. Der Erfolg oder das Scheitern ihrer Mutter hing davon ab, wie viele Söhne sie gebar, etwas, das sie nicht beeinflussen konnte. Vielleicht würde Tallulah nach ihrer Mutter kommen... und versagen. Nur eine wichtige Sache würde man von ihr verlangen, und möglicherweise konnte sie die nicht erfüllen.

Auch Emilys Leben verlief so. Sie hatte einen Mann geheiratet, der Söhne haben wollte, die seinen Titel erben würden, aber sie fühlte sich nicht auf derselben Weise unter Druck. Sie konnte sich nicht erinnern, je solche Zweifel gehabt zu haben, aber sie hatte auch keine Brüder.

»Manchmal, wenn Fin von der Schule nach Hause kam, gab es entsetzliche Auseinandersetzungen.« Tallulah starrte weiter in die Ferne und ließ die Vergangenheit vorbeirollen. »Papa rief ihn immer in sein Arbeitszimmer, und Fin kam mit weißem Gesicht wieder heraus. Aber am Ende hat sich immer alles geklärt. Es ist nie etwas Schlimmes passiert. Am Anfang hatte ich Angst. Ich weiß noch, wie ich auf dem Treppenabsatz am Geländer saß und in die Halle hinuntergeguckt und gewartet habe, daß er herauskam, weil ich Angst hatte, er sei geschlagen worden oder so. Ich weiß gar nicht, was ich wirklich erwartet habe, aber es ist nie passiert. Es hat sich immer geklärt.«

In der Ferne ertönte ein Lachen, aber Tallulah schien es kaum wahrzunehmen.

»Fin und Papa machten ihre Pläne. Fin ging wieder ins Internat, dann zur Universität, dann ins Außenministerium. Wenn dies hier ohne Skandal beseitigt werden kann, wird er einen richtig guten Botschafterposten bekommen, wahrscheinlich in Paris. Er muß natürlich erst heiraten, aber das wird nicht weiter schwierig sein. Es gibt dutzendweise nette Mädchen, die glücklich wären, ihn zu nehmen.«

Sie atmete tief ein und wandte sich mit tränengefüllten Augen zu Emily.

»Ich wünschte, ich könnte helfen, aber ich weiß nicht, wie! Er spricht mit mir nicht darüber, aber ich weiß, daß er Angst hat. Mama spricht auch nicht darüber, außer daß sie sagt, daß alles gut ausgehen wird, weil er nicht schuld sein kann und Papa dafür sorgen wird, daß man ihm nicht die Schuld für etwas gibt, das er gar nicht getan haben kann.«

Emily stellte sich eine verängstigte Frau vor, die ihren Sohn liebte, aber erstaunlich wenig über ihn wußte, weil sie in ihrem

Herzen nur den kleinen Jungen sah, den sie vor vielen Jahren gekannt hatte. Sie sah nicht den Mann im Hier und Jetzt, der sich in einer Welt bewegte, die außerhalb ihrer Erfahrungen lag, und der Begierden hatte, die sich jenseits ihrer emotionalen oder physischen Vorstellung befanden; eine Frau, die sich an Sitte und Anstand klammerte, weil sie danach, vielleicht sogar dafür, lebte. Was wußte Aloysia FitzJames hinter ihrer hübschen, sicheren Haustür schon von der Wirklichkeit?

Es war nicht verwunderlich, daß Tallulah nicht mit ihrer Mutter über ihre Ängste sprechen konnte. Es wäre grausam und gänzlich sinnlos, es auch nur zu versuchen. Mit wem also sprach Tallulah? Mit ihren Bekannten in der Gesellschaft, die alle damit beschäftigt waren, angemessene Ehepartner zu finden? Wandte sie sich an die Ästheten-Clique, die alle Konventionen über Bord warf und nächtelang über Kunst und Sinn, die Vergötterung der Sinne und die Verehrung von Schönheit und Witz diskutierte? Mit Jago? Der hatte nur Zeit für die Armen. Er erkannte die Einsamkeit und Panik hinter Tallulahs teuren Kleidern und dem trotzigen Gesicht nicht.

»Wir werden etwas unternehmen«, sagte Emily mit absoluter Entschlossenheit. »Zunächst einmal kümmern wir uns um diese Anstecknadel, von der es heißt, daß es seine ist. Wenn er sie da nicht liegengelassen hat, dann muß es jemand anders gewesen sein, entweder aus Versehen oder absichtlich.«

»Absichtlich?« Tallulah sah sie an. »Meinen Sie, jemand hat sie gestohlen und dort hingelegt, damit Finlay an den Galgen kommt?« Sie zitterte trotz der Hitze, die inzwischen so drückend war, daß auf Tallulahs Stirn feine Schweißtropfen standen, und Emily das Musselinkleid unangenehm auf der Haut klebte.

»Ist das unmöglich?« fragte sie.

Tallulah zögerte nur einen kleinen Moment. »Nein, es ist nicht unmöglich«, sagte sie mit stockender Stimme. »Papa hat eine ganze Menge Feinde. Das ist mir in letzter Zeit klargeworden. Vielleicht würden die ihm gern eins auswischen, da wo es ihn am meisten treffen würde und wo er am verletzlichsten ist. Finlay benimmt sich manchmal wirklich wie ein Idiot. Das weiß ich.« Sie schüttelte leicht den Kopf. »Ich glaube, er hat ein bißchen Angst davor, einen Botschafterposten anzunehmen und dann ins Parlament zu gehen und Papas Erwartungen nicht zu erfüllen. Man könnte fast meinen, er wolle es verhindern, bevor er es versucht hat. Das stimmt nicht wirklich«, fügte sie mit einem flüchtigen Lächeln schnell hinzu. »Aber es gibt Momente, wo er kein Selbstvertrauen hat. Das kennen wir ja alle.«

»Wer könnte das sein?« hakte Emily nach und verscheuchte mit einer abrupten Handbewegung eine Fliege.

Tallulah dachte einen Moment nach. »Roger Balfour, zum Beispiel. Papa hat ihn bei einem Geschäftsabschluß mit der Armee – ich glaube, es ging um Waffen – so gut wie ruiniert. Dann Peter Zoffany. Den mochte ich. Er hat wunderbare Geschichten über das Leben in Indien erzählt. Ich glaube, er mochte mich auch. Ich dachte, Papa würde mich ihm zur Frau geben, aber dann hat er ihn benutzt, um an einen anderen heranzukommen. Es gab einen schrecklichen Krach, und ich habe ihn nie wiedergesehen. Aber Fin würde so etwas nie tun.« Sie bekräftigte die Aussage nicht, was ihr mehr Gewicht verlieh.

Sie sah Emily mit gerunzelter Stirn an.

»Ist es denn wichtig, wer in Frage kommt? Wir könnten die Informationen sowieso nur der Polizei weitergeben. Mir würde es nichts ausmachen, Mr. Pitt davon zu berichten, wenn er noch mal kommt, aber diesem anderen sauertöpfischen Mann würde ich nichts erzählen. Ich glaube, er hieß Tellman oder Bellman oder so ähnlich. Er hat mich angesehen, als wäre ich eine Aussätzige. Außerdem würde er nur denken, daß ich Finlay schützen wollte.«

»Nein, wahrscheinlich ist es nicht wichtig«, überlegte Emily. »Diese Anstecknadel, die ist wichtig. Wenn wir da Zweifel säen könnten, würde es den Verdacht gegen Finlay erheblich schwächen.«

»Aber die haben sie doch!« wandte Tallulah ein. »Welchen Zweifel könnten wir da säen? Auf der Rückseite ist Fins Name eingraviert. Das hat er mir gesagt. Außerdem habe ich sie gesehen.«

»Wie sah sie aus?« fragte Emily rasch. »Wie sah sie genau aus? Wissen Sie das noch?«

»Sicher. Ungefähr so groß.« Sie deutete mit Daumen und Zeigefinger einen Abstand von ungefähr zwei Zentimetern an. »Rund. Graues Emaille, und auf der Vorderseite steht in goldenen Buchstaben ›Hellfire Club 1881‹, auf der Rückseite ist eine Nadel. Wieso?«

»Und wo stand sein Name?«

»Auf der Rückseite, unter der Nadel. Wieso?«

»In welcher Schrift?«

»Wie meinen Sie das?«

»Schreibschrift, Druckschrift, gotische Schrift?«

»In ... Schreibschrift, wie eine Unterschrift, nur sauberer.« Ein lebhafter Ausdruck trat in ihr Gesicht. »Wieso?« Sie atmete ein. »Glauben Sie, wir könnten ein Duplikat herstellen lassen? Aber was würden wir damit machen?«

»Nun ja, wenn es zwei davon gäbe«, Emily spielte mit den Ideen in ihrem Kopf, »wird es auf jeden Fall Zweifel darüber geben, welche die richtige ist. Eine muß ja falsch sein! Warum nicht die, die bei der Prostituierten gefunden wurde? Zumindest könnte man damit beweisen, daß jemand sich eine falsche machen lassen und sie hinlegen könnte, wo er wollte.«

»Das stimmt«, sagte Tallulah plötzlich ganz munter und beugte sich vor. »Wo sollten wir sie hinlegen?«

»Ich weiß nicht.« Emily überlegte weiter. »Vielleicht da, wo jemand sie versehentlich hätte fallen lassen können, so daß Finlay sie nicht finden konnte. Ganz hinten in eine Schublade oder in die Tasche eines Kleidungsstücks, das er nie anzieht.«

»Aber wenn wir sie finden«, wandte Tallulah ein, »weiß die Polizei, daß wir sie dort hingelegt haben oder daß das zumindest möglich ist.«

»Wir dürfen sie natürlich nicht finden«, stimmte Emily ihr zu. »Wir könnten aber dafür sorgen, daß die Polizei noch einmal danach sucht, dann kann sie sie selbst finden.«

»Wie sollen wir das machen?«

»Ich kann das einfädeln. Machen Sie sich keine Gedanken.« Emily hatte nicht vor zu erklären, daß Oberinspektor Pitt, der den Fall leitete, ihr Schwager war. »Da fällt mir schon was ein.«

»Werden sie uns nicht alle überprüfen, um zu sehen, ob wir das Duplikat haben machen lassen?« fragte Tallulah weiter. »Das würde ich tun! Und dieser Tellman ist vielleicht ein widerlicher kleiner Mann, aber ich habe das Gefühl, daß er auf seine Art ziemlich schlau ist. Und vielleicht kommt Mr. Pitt noch einmal her. Er drückt sich sehr gewählt aus, obwohl er nur Polizist ist. Aber bei allen guten Manieren glaube ich nicht, daß er sich hinters Licht führen läßt.«

»Dann müssen wir dafür sorgen, daß Sie und Ihre Mutter ein Alibi für die fragliche Zeit haben, und wenn möglich, Finlay auch«, sagte Emily mit Entschiedenheit. »Was Ihren Vater angeht, können wir nichts machen. Ich sorge dafür, daß wir die Anstecknadel bekommen. Sie müssen mir eine Zeichnung machen, so genau Sie können, genau die richtige Größe mit der Schrift so wie auf der anderen.«

Tallulah war beunruhigt. »Ich weiß nicht, ob ich mich so genau erinnern kann.«

»Dann müssen Sie es herausfinden, von Finlay am besten, ohne daß er merkt, warum Sie das wissen wollen. Aber fragen Sie nicht die anderen Club-Mitglieder. Die durchschauen vielleicht Ihre Pläne, und selbst wenn die Finlay nicht absichtlich verraten würden, könnten sie es unabsichtlich tun, um sich selbst zu retten.«

»Ja ...«, sagte Tallulah und klang zunehmend überzeugter. Sie erhob sich und hielt einen Moment inne, weil die Wärme und der betäubende Duft sie überwältigten.

Auch Emily stand auf.

»Ja. Ich fange sofort an.« Tallulah reckte die Schultern. »Ich mache eine Zeichnung von der Anstecknadel und schicke sie Ihnen mit der Post zu. Morgen haben Sie sie. Emily ... danke! Ich weiß nicht, warum Sie mir Ihre Freundschaft anbieten, aber ich kann Ihnen gar nicht sagen, wie dankbar ich bin.«

So anmutig wie möglich wies Emily den Dank zurück. Es machte sie verlegen, weil ihre Langeweile den Anstoß gegeben hatte und das Gefühl, seit Monaten nichts Sinnvolles getan zu haben und von niemandem gebraucht zu werden.

Am Eingang, wo sie überrascht feststellten, daß alle anderen bereits gegangen waren, trennten sie sich. Die Stunde für letzte Besuche war bereits angebrochen, oder man ging nach Hause zurück, aß früh zu Abend und bereitete sich dann auf einen Opern- oder Theaterbesuch vor.

Tallulah hielt ihr Wort, und am nächsten Tag erreichte Emily mit der zweiten Post ein eilig und unordentlich geschriebener Brief, dem zwei recht gute Skizzen der Anstecknadel, Vorder- und Rückseite, beigelegt waren. Eine war sehr detailliert und größer als das Original, damit alles genau zu erkennen sei, die andere war weniger genau, dafür aber maßstabgetreu. Das Material war auch beschrieben. Eine sorgfältig gefaltete Fünf-Pfund-Note lag in dem Umschlag, und Tallulah bedankte sich erneut.

Emily hatte schon entschieden, wo sie die Anstecknadel anfertigen lassen würde. Ab und zu mußten Freundinnen von ihr die Dienste eines diskreten und geschickten Juweliers in Anspruch nehmen, der ein Schmuckstück mit Hilfe einer Zeichnung oder eines Photos nacharbeiten konnte. Es passierten eben gelegentlich Mißgeschicke. Vielleicht mußte man ein Original versetzen oder verkaufen, um Schulden zu begleichen, was man dem Gatten gegenüber nicht erwähnen wollte und was sich nicht über das Kleiderbudget erledigen ließ. Oder man verlegte ein Stück. Es gab sogar Gelegenheiten, bei denen es nicht angeraten war, das Original zu tragen. Ein Juwelier, den die übrige Familie nicht kannte und der Stillschweigen bewahrte, war ein Freund in der Not.

Selbstverständlich sagte Emily nicht, wer sie war. Aber er hatte Erfahrung mit Frauen, die verschleiert den Laden betraten und deren Namen nirgendwo auftauchten. Er nahm den Auftrag ohne Zögern an und versprach die Fertigstellung innerhalb von zwei Tagen. Emily dankte ihm, zahlte die Hälfte des Preises und versprach den Rest bei Abholung.

Sie kehrte nach Hause zurück. Kurz darauf kam Jack und betrat gehetzt und zerknirscht ihr Boudoir. »Entschuldige bitte«, sagte er, und war tatsächlich verstört. Sein Jackett, normalerweise von tadellosem Sitz, war etwas zerknittert, und seine Augen wirkten müde.

»Was ist?« fragte sie, momentan besorgt. »Ist etwas passiert?« Sie stand auf und trat zu ihm, ihre Augen forschten in seinem Gesicht.

»Der Innenminister hat für heute abend ein Treffen anberaumt«, sagte er voller Bedauern. »Ich muß dabeisein, sonst wird keiner meine Sichtweise vertreten. Es tut mir leid, aber es ist wirklich wichtig.«

»Selbstverständlich mußt du hin«, sagte sie, spürbar erleichtert.

»Aber ich hatte dir versprochen, daß wir zusammen in die Oper gehen. Wir haben die Karten, und ich weiß, wie gerne du gehen möchtest.«

Das hatte sie völlig vergessen. Neben Tallulahs Sorgen war es ganz unwichtig. Was zählte schon eine abendliche Unterhaltung verglichen mit den Ängsten und der Einsamkeit, die sie erst vor ein paar Stunden gesehen hatte?

»Das macht doch nichts«, sagte sie mit einem Lächeln. »Dein Treffen hat in jedem Fall Vorrang! Vielleicht besuche ich Charlotte. In die Aufführung können wir immer noch gehen.« Sie sah, wie die Anspannung aus seinem Gesicht wich, und verspürte ein scharfes Schuldgefühl. Sie wußte schon jetzt, wie sie den späten Nachmittag und Abend verbringen würde.

»Danke, meine Liebe«, sagte Jack und strich ihr sanft über die Wange. So nah bei ihm konnte sie die feinen Linien der Erschöpfung um die Augen und den Mund sehen. Sie erkannte plötzlich, daß er, zum ersten Mal in seinem Leben, viel arbeitete, um ein Anliegen, das er als Herausforderung betrachtete, zum Erfolg zu bringen. Es lag ihm am Herzen, auch ihretwegen, und dennoch befürchtete er, daß es seine Möglichkeiten übersteigen könnte. Er war der jüngere Sohn gewesen, ein gutaussehender Müßiggänger, der aufgrund seines Charmes leicht von denen leben konnte, die sich an seiner Gegenwart erfreuten, so daß er von einem zum nächsten gehen konnte und niemals weiter als ein paar Wochen vorausdenken mußte.

Weil er Emily liebte und in ihr Leben und ihren Kreis passen wollte, hatte er tieferes Engagement in sich gesucht und es auch gefunden. Er hatte sich einer schwierigen Aufgabe gestellt, in der ein Scheitern nicht undenkbar war und wo er gegen viele tradierte Interessen kämpfte. Die Zeiten, in denen er sich mit einem Lächeln und ohne Kampf aus einer Auseinandersetzung stehlen konnte, waren vorbei.

Sie wollte sich auf die Zehenspitzen stellen und ihn küssen, wußte aber, daß das nicht der Zeitpunkt dafür war. Er war erschöpft. Vor ihm lag ein anstrengender, schwieriger und keineswegs nur vergnüglicher Abend, und in seinen Gedanken befaßte er sich schon mit den Problemen, die aufkommen würden, und legte sich seine Reaktionen zurecht.

Sie ergriff seine Hand, drückte sie und spürte, wie sich seine Finger voller Wärme und Erstaunen um ihre schlossen.

»Sei nicht dumm«, sagte sie rasch. »Ich werde nicht über einen verpatzten Abend in der Oper schmollen, wenn du etwas wirklich Wichtiges zu erledigen hast. Ich hoffe, so oberflächlich werde ich nie sein. Ich verstehe schon, was wichtig ist, weißt du.«

Er lächelte, in seinen Augen stand Heiterkeit, und einen Moment lang wich seine Müdigkeit.

»Wirklich!« sagte sie. »Mehr, als du glaubst!«

Sobald Jack zu seiner Versammlung gegangen war, zog Emily sich für den Abend eins ihrer älteren Kleider an, das ganz hinten im Schrank hing. Sie nahm die zweite Kutsche und gab dem Kutscher Anweisung, sie in die Keppel Street in Bloomsbury zu bringen.

Als die Kutsche vor dem Haus hielt, gab Emily Anweisung zu warten und klopfte an Charlottes Haustür. Gracie öffnete, und schon rauschte Emily herein und begab sich unverzüglich ins Wohnzimmer, wo Charlotte ein Schürzenkleidchen von Jemima flickte.

»Hör mir bitte zu«, sagte Emily. Sie setzte sich in Pitts Lehnstuhl und hielt sich nicht damit auf, ihre Röcke zu ordnen. »Ich weiß, an welchem Fall Thomas zur Zeit arbeitet. Ich bin mit der Schwester seines Hauptverdächtigen ziemlich gut bekannt und weiß, wie wir möglicherweise seine Unschuld beweisen können.«

Sie beachtete Charlottes überraschten Gesichtsausdruck nicht. »Glaub mir, er wäre sehr dankbar. Es handelt sich um einen Mann, den er lieber nicht vor Gericht bringen möchte, aber wenn ihm keiner ein Alibi für die Tatzeit geben kann, ist er vielleicht dazu gezwungen.«

Charlotte legte ihre Näharbeit in den Schoß und sah Emily ernst und mit wachsendem Argwohn an.

»So wie du darüber sprichst, hast du bereits einen Plan, wie wir das bewerkstelligen sollen, wozu die Polizei nicht in der Lage war«, sagte sie mit Bedacht.

Emily schluckte, dann atmete sie tief ein und kam zur Sache.

»Das stimmt. Er erinnert sich nicht mehr daran, wo er gewesen ist, aber seine Schwester Tallulah war auf einer Party und hat ihn dort gesehen.«

»Ach ja?« sagte Charlotte skeptisch. »Warum hat sie das der Polizei nicht gesagt?«

»Weil ihr keiner glauben würde.«

»Außer dir, natürlich.« Charlotte nahm das Kleidchen wieder auf. Die Sache war nicht sehr einleuchtend und sollte sie nicht von ihrer Arbeit abhalten.

Emily entriß ihr das Kleid.

»Hör mir zu! Es ist wirklich wichtig!« sagte sie eindringlich. »Wenn Finlay auf dieser Party in Chelsea gesehen wurde, dann kann er nicht in Whitechapel gewesen sein und eine Prostituierte ermordet haben. Und wenn wir das beweisen können, bewahren wir nicht nur Finlay vor einer Katastrophe, sondern verhindern auch, daß Thomas den Sohn eines der reichsten Männer Londons verhaftet!«

Charlotte nahm die Näharbeit wieder an sich und legte sie sorgfältig beiseite.

»Was schlägst du also vor? Warum kann … Tallulah? … Tallulah … nicht einige von den Leuten, die auf der Party waren, auftreiben und sie dazu bringen, auszusagen, daß Finlay da war? Warum braucht sie dich? Oder mich?«

»Weil sie bereits geleugnet hat, dagewesen zu sein«, sagte Emily gereizt. »Hör doch mal zu! Sie war nur ein paar Minuten dort, vielleicht eine halbe Stunde, höchstens, und sie erinnert sich nicht mehr daran, wer sonst noch da war.«

»Insgesamt scheint es ein Party gewesen zu sein, die man am besten vergißt«, sagte Charlotte trocken und mußte fast lachen, was Emily irritierte. »Glaubst du das alles wirklich, Emily? Das ist doch lächerlich. Sie erinnert sich an keinen außer an ihn, und er kann sich nicht nur an niemanden erinnern, auch nicht an seine Schwester, sondern weiß nicht einmal mehr, ob er selbst da war!«

»Sie haben Opium geraucht«, sagte Emily wütend. »In dem Haus ging es … hoch her. Als Tallulah sah, was da los war, ist sie wieder gegangen. Sie erinnert sich nicht an die anderen Leute, weil sie sie nicht kannte. Und Finlay erinnert sich an nichts, weil er im Rausch war.«

»Letzteres kann ich mir vorstellen«, gab Charlotte ungerührt zu. »Doch selbst wenn alles andere auch stimmt, was könnten wir tun?«

»Wir könnten zu dem Haus gehen, wo die Party stattgefunden hat, und uns überzeugen, daß es wirklich so geschehen ist, wie sie es darstellt«, erwiderte Emily, obwohl sie im gleichen Moment dachte, daß sich das zunehmend töricht anhörte. »Na ja … wenigstens könnten wir nachfragen, ob an dem Abend tatsächlich eine Party stattgefunden hat und ob sich jemand daran erinnert, entweder Tallulah oder Finlay gesehen zu haben. Es wäre eine Art Beweis.«

»Vielleicht ließe sich das machen …«, sagte Charlotte zweifelnd. »Aber warum geht Tallulah nicht selbst? Vermutlich kennt sie diese Leute doch. Und wir nicht.« Ihre Augen wurden zu Schlitzen. »Oder doch?«

»Nein! Nein, natürlich nicht!« wiegelte Emily hastig ab. »Aber genau deswegen wären wir besser. Wir sind wichtige Zeugen.«

»Wo ist es denn?«

»In der Beaufort Street, in Chelsea. Du solltest dir besser etwas Elegantes anziehen, als würdest du zu einer Party gehen.«

»Wenn von denen keiner seine Umgebung wahrnimmt, scheint sich das kaum zu lohnen«, sagte Charlotte. Aber sie stand auf und ging zur Tür. »Ich bin in ein paar Minuten wieder unten. Ich hoffe nur, du weißt, was du tust.«

Emily antwortete ihr nicht.

Eine halbe Stunde später saßen sie in der Kutsche und bogen von der Themse in die Beaufort Street ein.

»Welche Nummer?« fragte Charlotte.

»Ungefähr hier«, sagte Emily.

»Was meinst du mit ›ungefähr‹?« fragte Charlotte. »Welche Hausnummer ist es?«

»Ich bin mir nicht sicher. Tallulah wußte es nicht.«

»Du meinst wahrscheinlich, daß sie sich nicht erinnern konnte«, sagte Charlotte sarkastisch. »Wenn Thomas einen aus der Familie verhaftet, können sie auf geistige Umnachtung plädieren und würden damit durchkommen. Wir übrigens auch.«

»Wir tun nichts, wofür wir verhaftet werden könnten«, gab Emily scharf zurück.

Charlotte sagte darauf nichts.

Emily rief dem Kutscher zu, er solle anhalten, und nickte Charlotte herausfordernd zu. Dann stieg sie aus, ordnete ihre Röcke und ging auf ein Haus zu, vor dem zwei oder drei Kutschen zu warten schienen. Als sie an der Tür war, hatte Charlotte sie eingeholt.

»Was willst du denn sagen?« fragte Charlotte. »Du kannst doch nicht einfach fragen, ob hier letzten Freitag eine Orgie stattgefunden hat und ob man dir sagen kann, wer dagewesen ist!«

»Natürlich nicht!« flüsterte Emily. »Ich sage, ich hätte was liegengelassen... einen Handschuh.«

»Hört sich für mich nicht nach der Art Einladung an, wo man Handschuhe trägt.«

»Also, ohne Schuhe würde ich ja wohl kaum nach Hause gehen!«

»Wenn man ohne Erinnerung und ohne Verstand weggehen kann, warum nicht auch ohne Schuhe?« gab Charlotte spöttisch zurück.

Emily konnte nichts mehr erwidern, weil sich die Tür öffnete und ein Diener auf sie heruntersah. Er war in Livree und überragte sie um Haupteslänge.

»Guten Tag.« Emily schenkte ihm ein bezauberndes Lächeln, schluckte heftig und begann: »Ich war letzten Freitag auf einer Party, und ich glaube, ich habe ... meinen ...«

Der Blick des Dieners hätte Milch zum Gefrieren bringen können.

»Das wird die Nummer sechzehn gewesen sein, Madam. Dies hier ist Nummer sechs.« Und ohne eine weitere Bemerkung abzuwarten, trat er ins Haus und schloß die Tür vor Emilys Nase.

»Sieht so aus, als hätte die Nummer sechzehn einen gewissen Ruf«, sagte Charlotte mit einem zögernden Lächeln.

Emily entgegnete nichts. Verlegenheit und Zorn hatten ihr das Blut ins Gesicht getrieben.

»Na, komm schon.« Charlotte berührte sie am Arm. »Wo wir schon soweit sind, können wir es auch zu Ende bringen.«

Emily wäre sehr gerne wieder in ihre Kutsche gestiegen und hätte der Beaufort Street für immer den Rücken gekehrt. Der Blick des Dieners würde sie noch in ihren Träumen verfolgen.

»Komm schon«, drängte Charlotte sie. Vielleicht schwang sogar ein Lachen in ihrer Stimme.

Zögernd gehorchte Emily, und sie gingen zur Nummer sechzehn. Diesmal zog Charlotte an der Klingel.

Die Tür wurde von einem jungen Mann geöffnet, dessen Hemd, wahrscheinlich aus Seide, am Hals offenstand, und dessen dunkles Haar ihm in die Stirn fiel.

»Hallo?« sagte er mit einem charmanten Lächeln. »Müßte ich Sie kennen? Verzeihen Sie mir meine Geistesabwesenheit, aber zuweilen ist mein Geist absolut abwesend. Auf Reisen in eine andere Welt, wo die phantastischsten Dinge passieren.« Er betrachtete sie mit freundlichem Interesse und wartete auf ihre Antwort, als wäre seine Erklärung vollkommen vernünftig gewesen.

»Nicht unbedingt«, sagte Charlotte und wand sich um die Wahrheit. »Aber ich glaube, ich habe möglicherweise letzten Freitag meinen Handschuh hier liegengelassen. Dumm, hier Handschuhe zu tragen, ich weiß, aber ich hatte meinem Vater gesagt, ich würde in die Oper gehen, deswegen mußte ich mich entsprechend anziehen. Ich war mit Tallulah FitzJames hier«, fügte sie, gewissermaßen nachträglich, hinzu.

Er sah sie mit leerem Gesichtsausdruck an. »Kenne ich die auch?«

»Schlank, dunkle Haare«, schaltete Emily sich ein. »Sehr elegant, eine Schönheit. Sie hat ... nun ja, eine lange Nase und sehr schöne Augen.«

»Klingt interessant«, sagte er wohlgefällig.

»Sicher kennen Sie ihren Bruder Finlay«, startete Charlotte einen letzten Versuch.

»Oh! Fin ... ja, den kenne ich«, stimmte er ihr zu. »Möchten Sie hereinkommen und nach Ihrem Handschuh suchen?«

Sie nahmen das Angebot an und folgten ihm in eine geräumige Eingangshalle und durch eine Reihe von Räumen, die alle in unterschiedlichen exotischen Stilen eingerichtet waren, manche chinesisch, manche türkisch oder pseudoägyptisch. Sie taten so, als suchten sie nach dem Handschuh, und fragten den jungen Mann nach Finlay FitzJames. Doch sie fanden nur heraus, daß Finlay mehrere Male in dem Haus gewesen war, weiter nichts. Er hatte keine Ahnung, ob das für den Freitag, an dem der Mord in Whitechapel geschehen war, auch zutraf.

Sie bedankten sich bei ihm und gingen, ohne den Handschuh.

»Na, es könnte so gewesen sein«, sagte Emily, sobald sie auf dem Gehweg waren. »Auf jeden Fall war es die Art von Party, die sie beschrieben hat, das stimmt wenigstens.«

»Anscheinend glaubst du ihr, oder?« fragte Charlotte ernst.

»Ja. Ich möchte ihr wirklich helfen. Ich weiß, wie es ist, wenn man einer Tat verdächtigt wird, die man nicht begangen hat ... und für die man gehängt werden könnte.«

»Ich weiß«, sagte Charlotte rasch und nahm ihren Arm. »Aber du hattest es wirklich nicht getan.«

»Ich glaube auch nicht, daß er es getan hat«, erwiderte Emily. »Ich werde alles tun, um zu helfen.«

Am nächsten Morgen schrieb Emily einen kurzen Brief an Tallulah, in dem sie ihr mitteilte, was sie weiter zu tun gedachte, und fragte, ob Tallulah mit ihr kommen würde. Wenn ja, möge sie bitte dem Boten, der den Brief brachte, eine Antwort mitgeben.

Eine Stunde später wurde ein Brief in Tallulahs krakeliger Handschrift gebracht mit der Botschaft, daß sie auf jeden Fall mitkommen könne. Sie würde Emily um sieben Uhr bei der St. Mary's Church in Whitechapel treffen, und von dort könnten sie ihr Vorhaben durchführen. Sie würde sich auch, wie gewünscht, sehr unauffällig kleiden, damit sie ein unbeteiligter Beobachter für ein Dienstmädchen an seinem freien Tag halten würde.

Emily war etwas nervös, als die Droschke sie in forschem Trab in östlicher Richtung von ihrem Stadtteil fortbrachte und sie die höchst geschmackvollen Wohnstraßen hinter sich ließen, in denen man aus eleganten Fenstern auf breite, saubere Gehwege, private Kutschen mit livrierten Kutschern und Dienern blickte und wo es Seiteneingänge für Dienstboten und Personal gab. Die Umgebung veränderte sich deutlich, als sie ins Finanzviertel kamen. Hier fanden sich vorwiegend Geschäftshäuser und Läden. Der Verkehr wurde dichter. Es war auch lauter. Die Droschke mußte häufig stehenbleiben, weil die Straßen verstopft waren.

Allmählich ließen sie die Banken und Handelshäuser hinter sich und näherten sich, unter dem mächtigen Schatten von St. Paul's, der Themse. Es war ein milder Sommerabend. Auf dem Wasser waren sicherlich Ausflugsboote unterwegs, vielleicht wurde Musik gespielt, doch bei dem Hufgeklapper und dem Rattern der Wagenräder konnten sie nichts hören.

Schon bald erreichten sie die Whitechapel Road. Sie war enger und grauer, die Gebäude hoch mit schmalen Fenstern, die Gehwege häufig nicht mehr als ein schmaler Streifen, auf dem die Menschen mit gesenkten Köpfen entlanghasteten und keine Zeit zum Bummeln oder Plaudern hatten. Auch der Verkehr war anders. Es waren jetzt Hand- oder Lastkarren und Lieferwagen zu sehen, sogar eine Herde Schweine blockierte die Straße, so daß der Verkehr mehrere Minuten stockte. In der Luft lag der scharfe Geruch von Dung.

Bei der St. Mary's Church stieg sie aus und bezahlte schnell, bevor der Mut sie wieder verließ, den Droschkenfahrer. Was, wenn sie für den Rückweg keine Droschke fand? Wenn sie laufen müßte? Wie weit wäre es? Würde man sie für eine Prostituierte halten? Sie hatte gehört, daß Frauen mit unbescholtenem Ruf von der Polizei verhaftet worden waren, weil sie sich allein am falschen Ort befanden ... sogar im West End kam das vor, ganz zu schweigen von dieser Gegend. Was würde Jack denken? Er würde ihr nie verzeihen. Und wer könnte ihm Vorwürfe machen? Würde er verstehen, daß sie vorhatte, einen Mann zu entlasten, der wegen eines Verbrechens, das er nicht begangen hatte, vor dem Ruin stand? Charlotte würde dasselbe tun. Auch wenn das nicht als Entschuldigung zählte.

Wo zum Teufel war Tallulah? Was, wenn sie nicht käme?

Dann würde Emily nach Hause gehen müssen. Es war noch hell, die Sonne schien und es war ziemlich warm. Sie brauchte

165

ihren Schal gar nicht so fest um sich zu ziehen, als sei es mitten im Winter.

»Na, haben Se sich verirrt?«

Sie drehte sich um. Ein kleiner Mann mit einem häßlichen, aber freundlichen Gesicht sah sie an. Seine Mütze saß schief auf dem Kopf, und es fehlten ihm einige Zähne. Auf seiner breiten Nase war ein Schmutzfleck.

»Nein... danke.« Emily schluckte, dann zwang sie sich zu einem Lächeln. »Ich warte auf jemanden, aber sie ist wohl noch nicht hier. Das ist doch die St. Mary's Church, oder?«

»Ja, das is richtig. Sie wolln nich etwa zu dem Mr. Jones, oder? Dem Pfarrer hier? Der is nämlich in der Coke Street bei Maisie Wallace. Der ihr kleines Mädel is nämlich gestern gestorben. Am Scharlach. Sie is ganz gebrochen, und er is zu ihr gegangen, kümmert sich um sie.«

»Das ist aber traurig«, sagte Emily, deren eigene Angst schwand. Sie dachte an Evie, die zu Hause in ihrem sauberen, ruhigen Kinderzimmer in der Nachmittagssonne schlief und für die immer jemand da war; und an Edward, der seinen blonden Kopf über die Bücher beugte, als sie ihn beim Weggehen gesehen hatte. »Sehr traurig.«

»Schon wahr, aber so was kommt vor. Irgendeinem passiert so was jeden Tag.«

»Das schon, aber trotzdem ist es das Schlimmste von der Welt, wenn es einem selbst passiert.«

»türlich. Is wirklich alles in Ordnung? Sie sind nich von hier aus der Gegend, was?« Beunruhigt verengte er seine Augen zu Schlitzen. Plötzlich ging ihr auf, was er vielleicht dachte – daß sie mit einem Mann durchgebrannt oder, schlimmer noch, daß sie, eine achtbare Frau, in eine Krise geraten sei und jetzt auf die Straße gehen mußte, um sich auftürmende Schuldenberge zu tilgen ... oder daß sie, am allerschlimmsten, eine illegale Abtreibung vornehmen lassen wollte. Sie zwang sich zu einem unbekümmerten und offenen Lächeln und begegnete seinem besorgten Blick.

»Ja, alles in Ordnung«, sagte sie fest. »Aber wenn sie nicht kommt, vielleicht können Sie mir sagen, wo ich dann eine Droschke finde, die mich nach Hause bringt. Das Fahrgeld habe ich«, fügte sie hastig hinzu.

»Genau hier is genauso gut wie jede andere Stelle auch«, antwortete er. »Oder Sie können zur Commercial Road gehen. Das is da runter.« Er deutete mit ausgestrecktem Arm. »Na gut, wenn alles in Ordnung is, dann geh ich jetzt nach Hause, zum Abendessen. Gott behüte Sie.«

»Und Sie auch«, sagte Emily aufrichtig. Sie sah ihm nach, als er in eine schmale Gasse nach links einbog, und fragte sich, womit er seinen Lebensunterhalt verdiente und was für eine Familie es war, zu der er ging.

Sie sah immer noch in die Richtung, in die er verschwunden war, als eine Droschke gute zehn Meter vor ihr hielt und Tallulah herauskletterte, bezahlte, und eilig auf sie zukam. Sie sah unordentlich aus und ganz anders als sonst, in einem marineblauen Tuchkleid ohne Verzierungen und einem grauen Schultertuch.

»Es tut mir leid, daß ich zu spät komme!« sagte sie ganz außer Atem. »Ich mußte so viele Lügen erzählen, damit Papa nicht denkt, daß ich etwas im Schilde führe. Manchmal bin ich es so leid, immer gesagt zu bekommen, was ich tun soll. Und jetzt ist auch Mama der Meinung, ich müsse den nächsten einigermaßen angemessenen Heiratsantrag annehmen, wenn ein Titel dabei ist, mit oder ohne Geld. Papa würde darauf bestehen.« Sie warf einen raschen Blick auf die Kirche, sah dann wieder Emily an, und ihr Blick sprach von einer bösen Vorahnung. »Natürlich werde ich gar keinen bekommen, wenn Finlay angeklagt wird. Glauben Sie wirklich, daß wir etwas ausrichten können?«

»Natürlich«, sagte Emily kühn. »Und ich bin überzeugt, daß Sie ihn auf der Party gesehen haben.«

Tallulah sah sie neugierig an.

»Ich meine damit«, fuhr Emily hastig fort, »daß ich nicht nur glaube, was Sie sagen, denn das ist zwar nett, nützt aber nichts. Gestern war ich bei dem Haus und traf einen jungen Mann. Er hat keine Ahnung, wer an dem Abend da war, aber er kennt Finlay.«

»Wieso bringt uns das weiter?« fragte Tallulah und blieb mitten auf dem Gehweg stehen, das Gesicht in Sorgenfalten gelegt.

»Nun ja, es beweist nicht, daß er da war, aber es zeigt, daß er dagewesen sein könnte und daß Sie das Haus zumindest kennen. Und wahrscheinlich könnten Sie beweisen, daß Sie nicht da waren, wo Sie Ihrem Vater gegenüber vorgaben zu sein... wenn es nötig wäre?«

»Also... ja...«

»Gut. Und was Jago angeht«, ging Emily zum nächsten Thema über, »das könnte schwierig werden, aber wir werden es versuchen. Zunächst suchen wir diese Frauen, die sagen, sie hätten Finlay an dem Abend gesehen. Sie müssen sich irren. Sie haben jemanden gesehen, der ihm ähnlich war – mehr nicht. Vielleicht war es ein Gentleman mit hellen Haaren. Hier in dieser Gegend gibt es vielleicht nicht so viele davon, aber in London muß es Tausende geben.«

»Ja, natürlich«, pflichtete Tallulah ihr bei. Sie sah sich die Straße vor ihnen an. »Es ist so finster hier, finden Sie nicht? Ich glaube, die Old Montague Street ist in die Richtung.« Sie lächelte. »Ich habe den Droschkenfahrer gefragt.«

»Gut.« Emily setzte sich mit forschem Schritt in Bewegung, Tallulah ging an ihrer Seite. »Daran hatte ich nicht gedacht.«

Sie überquerten die Straße, gingen bis zur Osborn Street und bogen dann scharf nach rechts in die Old Montague Street. Die aufgestaute Hitze des Tages schlug ihnen von dem grauen Kopfsteinpflaster entgegen, und der Geruch von Müll und Abwässern lag schwer in der Luft. Emily hätte am liebsten die Luft angehalten, aber das ging natürlich nicht. Plötzlich hatte sie die Erinnerung an den Tag vor Augen – es schien Jahre her zu sein –, an dem sie mit Charlotte in ein schmutzstarrendes Haus gegangen war, wo sie eine kranke Frau unter alten Wolldecken kauernd vorgefunden hatten. Das Mitgefühl, das sie empfand, war jetzt fast ebenso intensiv wie damals, aber auch der Wunsch, es nicht gesehen zu haben, damit sie den Schmerz nicht spüren müßte.

Ein Lastkarren fuhr vorbei, die Flanken des Pferdes waren schweißnaß. Zwei Frauen zankten miteinander. Anscheinend ging es um einen Eimer mit Austern. Ein alter Mann schlief in einem Türeingang, vielleicht war er auch betrunken. Ein halbes Dutzend Kinder spielte mit ein paar Kieselsteinen, die sie auf dem Handrücken balancierten und dann in die Luft warfen, und alle lachten und freuten sich, wenn jemandem das Kunststück besonders geschickt gelang.

In der Textilfabrik gegenüber der Pentecost Alley wurde noch gearbeitet. Die Fenster standen offen, und sie sahen die über die Arbeit gebeugten Köpfe der Mädchen. So würden sie noch viele Stunden sitzen, bevor sie zu ihrer kurzen Nachtruhe nach Hause gehen konnten, denn morgens um halb fünf mußten sie schon wieder an ihrem Platz sein. Manche von ihnen lebten in der Fabrik.

Tallulah blieb stehen und sah Emily an. Jetzt, da sich der Augenblick näherte, merkten sie beide, wie der Mut sie verließ.

Konnten sie wirklich in das Bordell gehen und darum bitten, mit einer der Frauen zu sprechen? Wie würden sie wissen, mit welcher? Vielleicht war der Einfall lächerlich.

Emily atmete tief ein. »Kommen Sie! Wenn wir es jetzt nicht tun, tun wir es nie.«

Tallulah blieb wie angewurzelt stehen.

»Ist Finlay der Täter oder nicht?« flüsterte Emily provozierend. »Hat er die arme Frau erdrosselt und tot liegengelassen?«

»Nein! Nein, natürlich nicht!« Tallulah ballte die Hände zu Fäusten und marschierte vor Emily die Stufen hinauf. Oben standen sie vor einer Tür, an der das Kondenswasser herunterströmte. Sie war geschlossen, aber daneben hing eine fleckige bronzene Klingel. Tallulah zog heftig an dem Seil.

Nichts geschah. Sie stand mit dem Gesicht zur Tür und dem Rücken zu Emily und zog erneut. Sie zitterte trotz der drückenden Schwüle.

Ein paar Augenblicke später öffnete sich knarrend die Tür, und eine Frau von riesigem Umfang und mit verquollenem Gesicht warf einen Blick nach draußen.

»Ein Zimmer ham wir, Täubchen. Beide kann ich nich nchmen. Das is ein Bordell hier.«

»Wir brauchen kein Zimmer, danke«, sagte Tallulah höflich. Emily, die hinter ihr stand, sah, wie sich Tallulahs Nägel hinter ihrem Rücken in die Handflächen bohrten. »Wir sind gekommen, weil wir mit einer Ihrer... Mieterinnen sprechen wollen. Wir wissen nicht genau, mit wem, aber an dem Abend, als Ada McKinley ermordet wurde, hat sie einen jungen Mann gesehen, und wir müssen mit ihr sprechen.«

Die dünnen Augenbrauen der stämmigen Frau gingen in die Höhe. »Wozu denn? Von der Polizei seid ihr nich, wer seid ihr also?«

»Wir haben früher mit Ada gearbeitet«, mischte sich Emily ein, bevor Tallulah antworten konnte. »Ich war im selben Haus wie sie Zofe. Lula hier war in der Wäscherei. Ich heiße Millie.«

Tallulah schluckte schwer. »Genau. Dürfen wir bitte mit ihr sprechen?«

»Also, das muß Rose selber sagen. Ich frag sie mal.« Und damit schloß sie die Tür und ließ die beiden auf der Treppe stehen.

»Das war phantastisch«, sagte Tallulah bewundernd. »Jetzt können wir nur hoffen, daß Ada früher wirklich als Hausmädchen gearbeitet hat.«

»Die Wahrscheinlichkeit ist groß«, sagte Emily. »Wenn nicht, tun wir einfach so, als hätten wir uns in der Person geirrt.«

»Wenn sie überhaupt mit uns spricht«, fügte Tallulah hinzu.

Sie warteten schweigend ein paar Minuten, bis die dicke Frau, diesmal mit einem Lächeln, wieder auftauchte. Sie ließ sie ins Haus.

»Das da is Rosies Zimmer«, sagte sie und zeigte auf eine Tür im Flur.

»Danke.« Tallulah straffte die Schultern und klopfte laut an die ihnen bedeutete Tür. Sobald sie eine Antwort hörte, öffnete sie die Tür und ging hinein, und Emily schob sich gleich hinterher, bevor sie es sich anders überlegen konnte.

Das Zimmer war üppig ausgestattet mit vielen Rottönen und Volants und einem riesigen Bett, dessen zerschlissene rot-rosa gemusterten Vorhänge mit Kordeln zurückgebunden waren. Damit könnte man gut jemanden erdrosseln, dachte Emily grimmig. Sie fragte sich, ob Ada damit getötet worden war, ob sie das gleiche Bett hatte.

Rose war eine attraktive Frau, wahrscheinlich Mitte dreißig. Sie hatte den Tag über gut geschlafen und Emily erkannte, daß sie unter anderen Umständen, reinlicher und richtig angezogen, schön genannt werden würde. Rose musterte sie neugierig und lehnte sich auf dem einzigen Stuhl im Zimmer zurück.

»Ihr habt also die arme Ada gekannt?« sagte sie kühl. »Was wollt ihr von mir? Ich kann euch nich helfen. Wenn ihr sie so sehr mögt, wo wart ihr dann, als der verdammte Butler sie verführt hat, he?«

Tallulah sah sie verständnislos an, ihr Gesicht weiß und die Augen in dunklen Höhlen.

Emily erriet auf Anhieb, was gemeint sein könnte.

»Uns hat sie nichts davon erzählt«, sagte sie. »Es ist alles passiert, ohne daß wir davon wußten, bis es zu spät war. Haben Sie den Mann, der sie umgebracht hat, wirklich gesehen?«

»Ja.« Rose veränderte ihre Haltung ein wenig und entspannte sich. »Warum? Was geht euch das an? Es war ein feiner Pinkel aus dem West End.«

»Wir arbeiten im West End«, erklärte Emily. »Haben Sie ihn deutlich gesehen?«

»Na ja, mehr oder weniger.« Rose Augen wurden schmal. »Was geht das euch an?«

170

Emily wagte einen weiteren Vorstoß. Sie hatten nicht viel zu verlieren.

»Wir hatten gehofft, daß Sie ihn nicht genau erkannt hätten, weil wir dachten, es war vielleicht unser Butler. Wissen Sie, er hat es nämlich wieder gemacht, und diesmal wäre er vielleicht nicht davongekommen, wenn damals jemand Ada geglaubt hätte.«

Plötzlich hatten sie Roses ungeteilte Aufmerksamkeit.

»Meint ihr wirklich? Es wär mir recht, wenn sie das Schwein schnappen würden, wegen Ada. Verdammter Bastard.«

»Aber sind Sie sich sicher, daß es dieser andere Mann war?« fragte Emily zweifelnd. »Haben Sie gehört, wie er gesprochen hat?«

»Nee! Nur wie er vorbeigegangen is, hab ich gesehen.«

»Könnte es denn unser Butler gewesen sein?«

»Ja, natürlich. Hatte der denn Ausgang an dem Abend?«

»Ja«, sagte Tallulah hastig. Sie stand stocksteif in der Mitte des Zimmers, als hätte sie Angst, daß mit der kleinsten Bewegung eine Katastrophe über sie hereinbrechen würde.

Rose stieß einen langen Seufzer aus, ihre Augen glänzten.

»Mensch, wie gern ich diesem Scheißkerl eins auswischen würde. Vielleicht war er es? Dann könnten wir ihn hinter Schloß und Riegel bringen.«

»Aber was haben Sie der Polizei erzählt?« fragte Emily.

Rose zuckte die Achseln. »Is doch egal. Vor Gericht hab ich ja noch keine Aussage gemacht. Die können mir nichts anhaben. Ich hab nich geschworen. War ja nur ein Polyp mit mir in der Droschke. Ich dachte, er war's, aber jetzt bin ich mir nich mehr so sicher. Nan is sich auch nich sicher, also sage ich nur dasselbe wie sie.«

Tallulah stieß einen langen, leisen Seufzer aus. Endlich entspannten sich ihre Schultern ein wenig, obwohl ihr Rücken immer noch starr war und ihre Füße wie angeklebt schienen.

»Danke«, sagte sie überschwenglich. »Ganz herzlichen Dank.«

Als sie wieder draußen waren, gingen sie rasch und ohne zu sprechen oder sich anzusehen die Old Montague Street entlang, bis sie die Ecke Osborn Street erreicht hatten und in Richtung Whitechapel Road einbogen. Plötzlich blieb Tallulah stehen.

»Wir haben es geschafft«, sagte sie mit sich fast überschlagender Stimme. »Wir haben es geschafft!« Spontan schlang sie die Arme um Emily und drückte sie so heftig, daß Emily der Atem wegblieb. »Danke! Ich kann gar nicht sagen, wie dankbar ich bin!

Nicht nur, weil Sie mir helfen, Finlay zu verteidigen, sondern weil Sie mir gezeigt haben, daß es gar keine richtigen Beweise gegen ihn gibt.« Sie ließ Emily los und trat einen Schritt zurück. In ihren Augen glänzten Tränen. Sie zog die Nase hoch. »Wenn Sie nicht soviel Mut gehabt hätten, würde ich mir immer noch zu Hause den Kopf zerbrechen, oder ich wäre auf einer dieser schrecklichen Partys und würde so tun, als ob ich mich amüsiere, während ich die ganze Zeit krank vor Sorge wäre, ob er seine Unschuld beweisen kann oder nicht.«

»Dann wollen wir uns jetzt dem nächsten Problem zuwenden«, sagte Emily mit Entschlossenheit. »Wenn Finlay nichts damit zu tun hat und er nicht unter Anklage gestellt wird, dann wird Ihr Vater Sie dem nächsten Mann, der ihm genehm ist und dessen Bewunderung Sie erregen, zur Frau geben. Sind Sie darauf vorbereitet?«

»Ich werde mich wohl darauf vorbereiten müssen«, erwiderte Tallulah, und alles Glück wich von ihr. »Jago verachtet mich wirklich. Das ist keine falsche Bescheidenheit, wirklich nicht.«

»Dann müssen wir das ändern«, erklärte Emily, die sich nach ihrem Durchbruch so beflügelt fühlte, daß sie sich in keiner Hinsicht eine Niederlage vorstellen konnte. »Zumindest müssen wir es versuchen.« Sie machte sich auf den Weg zur St. Mary's Church, und Tallulah folgte ihr zögernd.

Sie erreichten die Kirche in dem Moment, als Pfarrer Jago Jones herauskam und fast an ihnen vorbeigelaufen wäre, so sehr war er in Gedanken bei seiner nächsten Aufgabe. Nur weil Emily stehenblieb und einen kleinen Schrei ausstieß, um seine Aufmerksamkeit zu erregen, drehte er sich auf dem Absatz um und sah sie an.

»Kann ich Ihnen helfen, Ma'am?« fragte er besorgt.

Sein Gesicht überraschte sie, doch im selben Moment wurde ihr klar, daß es sie nicht hätte erstaunen dürfen. Sie hatte einen Mann erwartet, der glatter war, besser aussah und weniger intensiv lebendig wirkte als dieser hier. Sie hatte jemanden erwartet, den man manipulieren und überlisten konnte. Statt dessen stand sie vor einem Mann, dessen Intelligenz sie instinktiv erkannte und dessen Wille sich nicht leicht durch Schmeicheleien verdrehen lassen würde. Sie hatte seine Aufmerksamkeit auf sich gezogen, was sollte sie jetzt sagen?

»Nein... danke.« Fast entschuldigte sie sich. »Wir waren in der Gegend... weil...«

Er warf einen Blick auf Tallulah, ohne sie zu erkennen. Dann sah er wieder Emily an und wartete, daß sie fortfuhr.

»Wegen der armen Ada McKinley...«, fuhr Emily verzweifelt fort. »Es geht uns so nahe... weil...«

»Weil mein Bruder in dem Verdacht steht, das Verbrechen begangen zu haben«, beendete Tallulah den Satz.

»Ich glaube nicht...«, hob er an, dann runzelte er die Stirn und musterte ihr Gesicht genauer. »Tallulah?« Seine Stimme überschlug sich fast, weil er es nicht glauben konnte. Noch beim Sprechen vermochte er es nicht zu fassen. Es war eine Frage, keine Feststellung.

»Hallo, Jago.« Ihre Stimme klang befangen. »Wußtest du nicht, daß sie Finlay verdächtigen?«

»Doch, ja, das wußte ich schon, aber ich glaube nicht, daß er es getan hat. Es ist zu...« Er beendete den Satz nicht. Was er auch sagen wollte, er hatte es sich anders überlegt. Sein Gesicht nahm einen härteren Ausdruck an, Mitleid und Sanftheit wichen daraus. »Hier kannst du nichts ausrichten. Am besten fährst du nach Hause, bevor es dunkel wird. Ich muß in die Coke Street, um Suppe auszuteilen, aber ich bringe dich erst zu einer Stelle, wo du eine Droschke findest. Gehen wir.«

»Wir helfen dir mit der Suppe«, erbot Tallulah sich.

Er lehnte verächtlich ab. »Mach dich nicht lächerlich. Du gehörst hier nicht hin. Du machst dich schmutzig, die Füße werden dir vom Stehen weh tun, und der Geruch der Leute wird dich anwidern. Am Schluß bist du nur müde und voller Ekel.« Seine Erbitterung verlieh ihm einen harten Ausdruck um Augen und Mund. »Der Hunger hier ist nicht zur Unterhaltung da. Es sind auch Menschen, mit Gefühlen und Würde. Sie sind nicht dazu da, daß du sie dir ansiehst und deinen Freunden davon erzählen kannst.«

Für Emily war es, als hätte sie eine Ohrfeige bekommen. Tallulah hatte seine Verachtung für sie nicht übertrieben.

»Warum nehmen Sie an, daß Sie der einzige Mensch sind, der den ehrlichen Wunsch zu helfen verspürt, Mr. Jones?« sagte Emily spitz. »Ist Mitgefühl allein Ihr Vorrecht?«

Tallulah stand mit offenem Mund da.

Jago atmete scharf ein, über den Backenknochen straffte sich die Haut. Man konnte nicht sehen, ob er rot wurde, dazu war es zu dunkel.

»Nein, Miss...«

»Radley«, ergänzte Emily. »Mrs. Radley.«

»Nein, Mrs. Radley, natürlich nicht. Ich kenne Miss FitzJames seit mehreren Jahren, aber ich hatte kein Recht, Sie nach ihrem früheren Wesen zu beurteilen. Ich entschuldige mich.«

»Ich nehme Ihre Entschuldigung an«, sagte Emily mit beträchtlicher Herablassung. »Doch Sie sollten sie auch auf Tallulah ausdehnen. Schließlich war sie es, die ihre Hilfe anbot. Wenn Sie bitte vorangehen würden, dann kommen wir mit Ihnen. Ich bin überzeugt, daß tüchtige Helfer die Arbeit erleichtern.«

Jago mußte gegen seinen Willen lächeln. Gefügig ging er auf die Außenseite des schmalen Gehwegs und machte sich mit ihnen auf den Weg in die Coke Street.

Er hatte recht gehabt. Die Arbeit war schwer. Emily taten die Füße weh, ihre Arme wurden lahm, und Schultern und Rücken fühlten sich an, als würden sie sich nie wieder entspannen. Die Leute waren laut, und der Geruch von ungewaschenen Körpern und alten Kleidern wurde manchmal fast unerträglich. Doch es war der Hunger, der sie bedrückte, die Augen in tiefen Höhlen im Licht der Laternen, die abgemagerten Arme und Beine und die porentief verschmutzte Haut. Sie sah erschöpfte, hoffnungslose Frauen mit kranken Kindern. Emily warf einen Blick zu Tallulah hinüber und sah die Bestürzung in deren Augen. Innerhalb weniger Stunden hatte sich das Wort Armut mit einer Vielzahl von Bedeutungen gefüllt. Es war Wirklichkeit geworden und bedeutete Schmerz, Menschen von Fleisch und Blut, die liebten und Träume hatten, die Angst spürten und müde wurden, so wie sie, nur daß es fast die ganze Zeit so war und nicht nur ein- oder zweimal im Jahr.

Auch Jago Jones hatte sich von einer Idealfigur in einen Menschen mit Körper und Geist verwandelt, der Gefühle hatte, manchmal ungeschickt war und Dinge fallenließ; der sich die Fingerknöchel blutig schürfte, als er mit dem Karren, auf dem die Suppe stand, an der Wand entlangschrammte; der über den kleinen Witz eines Kindes lachte und sich abwand, um seine Trauer zu verbergen, als er von der Fehlgeburt einer Frau hörte.

Emily beobachtete ihn und sah, wie seine Verachtung für Tallulah allmählich milder wurde, während sie tatkräftig half. Sie unterdrückte ihr Ekelgefühl angesichts des Geruchs von Schmutz und kaltem Schweiß und erwiderte das Lächeln der Menschen, das faulige oder fehlende Zähne bloß legte, zunächst mit Mühe und schließlich fast natürlich, als hätte sie die Kluft dazwischen vergessen.

Als auch der letzte gegessen hatte, luden sie die leeren Töpfe wieder auf und schoben den Wagen langsam zu dem Haus, wo er untergestellt und die Suppe gekocht wurde. Die Suppenküche wurde nur mit Spendengeldern betrieben, die teilweise von reichen Leuten kamen, teilweise von Menschen, die selbst kaum etwas hatten.

Um Viertel nach neun – es war schon dunkel – gingen sie Seite an Seite zurück zur Kirche. Dann bestand Jago darauf, sie zu begleiten, bis sie eine Droschke finden würden.

»Was war dein eigentlicher Grund, nach Whitechapel zu kommen?« fragte er Tallulah. Sie gingen im Schein einer Gaslaterne, und man sah den unbefangenen Ausdruck auf seinem Gesicht. In ihm war kein Argwohn, keine Erwartung einer bestimmten Antwort. Emily bemerkte, daß ihm nicht in den Sinn kam, Tallulah sei gekommen, um ihn zu sehen. Seine Bescheidenheit gefiel ihr.

»Ich möchte Finlay helfen«, antwortete Tallulah nach einem Moment.

Emily hätte ihr zu gerne gesagt, sie solle schweigen. Jago Jones würde es nicht gutheißen, daß sie mit Rose Burke über ihre Zeugenaussage gesprochen hatten. Sie tat so, als sei sie gestolpert, griff nach Tallulahs Arm und zerrte heftig daran.

»Haben Sie sich weh getan?« fragte Jago schnell und streckte seine Hand aus, um sie aufzufangen.

»Nein, danke.« Sie richtete sich auf und lächelte ihn an, obwohl sie an der Laterne vorbei waren. »Es war keine sehr gute Idee. Wir können gar nichts machen. Aber wir haben gedacht, wenn wir uns das Haus mal ansehen, fällt uns vielleicht etwas ein.«

Jago schüttelte den Kopf, enthielt sich aber einer Bemerkung. Wenn er wollte, konnte er taktvoll sein.

Tallulah warf Emily einen Blick zu, als sie unter der nächsten Laterne gingen. Anscheinend hatte sie den Wink verstanden.

Auf der Commercial Road beschaffte Jago eine Droschke, und nachdem er ihnen hineingeholfen hatte, verabschiedete er sich mit einem trockenen Lächeln, wandte sich ab und ging davon, ohne sich umzusehen.

Tallulah drehte sich zu Emily um, obwohl sie sich im Dunkel des Innenraums kaum erkennen konnten.

»Jetzt weiß ich noch weniger als am Anfang«, sagte sie, und ihre Stimme klang verwirrt und erschöpft. »Ich weiß, daß ich

Jago liebe, aber ich glaube nicht, daß ich hier leben könnte. Es stinkt so entsetzlich! Alles ist so ... schmutzig! Mit wem würde ich denn sprechen? Wie erträgt er das nur?«

Emily sagte nichts darauf, weil es wirklich nichts zu sagen gab, man konnte nichts begründen oder wegargumentieren. Es kam einfach darauf an, eine Entscheidung zu treffen, und dabei konnte keiner helfen.

Emily holte die neue Anstecknadel vom Hellfire Club ab und traf sich nach vorheriger Verabredung mit Tallulah bei einer Hundeschau, die vom Hundezüchterverein der Damen abgehalten wurde. Es war ein Ereignis, zu dem sie beide problemlos gehen und wo sie unbehelligt miteinander reden konnten, als würden sie die Punktwertungen der Hunde unterschiedlichster Rasse, Farbe und Größe vergleichen. Tallulah trug ein wunderhübsches Kleid aus Musselin mit einem Gänseblümchenmuster, das mit weißen Satinbändern abgesetzt war. Keiner hätte sie als die Frau erkennen können, die am Abend zuvor in der Coke Street Suppe ausgeteilt hatte. Sie wirkte unbekümmert, voller Fröhlichkeit und Charme, bis sie Emily erblickte. Dann entschuldigte sie sich bei ihren Freundinnen und kam mit ausgestreckten Händen auf sie zu. Ihr Gesicht war angespannt, und in den Augen stand deutlich ihre Traurigkeit.

Ohne etwas zu sagen, legte Emily ihre Hand auf Tallulahs, gab ihr die Anstecknadel und zog die Hand schnell wieder zurück. »Was ist los?« fragte sie. »Gibt es Neuigkeiten?«

»Nein. Ich ...« Tallulah schüttelte den Kopf. »Ich liebe diese Hundeschau. Sehen Sie doch nur! Sind sie nicht wunderschön und intelligent?«

»Die Menschen oder die Hunde?«

»Die Hunde natürlich!« Sie strich sanft über den Stoff ihres Kleides. »Und ich liebe dieses Kleid.«

»Sie sehen sehr hübsch darin aus«, sagte Emily ehrlich.

»Können Sie sich vorstellen, daß ich es in Whitechapel trage? Es hat mehr gekostet, als Jago in einem Jahr verdient. Vielleicht sogar in zweien.«

»Keiner kann für Sie entscheiden«, sagte Emily im Flüsterton, und zugleich nickte sie lächelnd der Frau eines Parlamentsabgeordneten zu. Diese führte eine dänische Dogge vorbei und gab sich alle Mühe, nicht den Eindruck zu erwecken, als führe das Tier sie. »Eins dürfen Sie niemals tun: Sie dürfen nie einem anderen die Schuld dafür geben, daß Sie die falsche Entscheidung getroffen haben. Seien Sie sich selbst gegenüber ehrlich. Wenn Sie ein Leben wie dieses wollen, mit Geld, Kleidern und einem Mann, den Sie vielleicht nicht lieben, dann nehmen Sie es.« Emily lächelte und hob die Hand zum Gruß, als sie die Frau eines Kabinettsmitglieds sah, die ihr herzlich unsympathisch war. »Wenn Sie aber Jago wollen mit allem, was das bedeutet, dann versuchen Sie nicht, ihn zu verändern oder ihm vorzuwerfen, daß er das ist, was er ist.«

»Meinen Sie nicht, man darf seinen Mann ein wenig verändern wollen?« fragte Tallulah, was völlig vernünftig war. »Warum sollte ich diejenige sein, die sich auf der ganzen Linie anpaßt?«

»Weil es andersherum nicht funktioniert«, sagte Emily mit ihrem ausgeprägten Sinn für das Praktische. »Es hat keinen Zweck, sich an dem zu orientieren, was gerecht wäre, man muß gucken, was möglich ist. Wollen Sie denn, daß Jago sich Ihnen anpaßt und seine Überzeugungen aufgibt? Was würde dann aus ihm?«

»Ich dachte, die Ehe sollte Männer zu besseren Menschen machen, wenigstens ein bißchen«, wandte Tallulah ein. »Üben wir nicht angeblich einen sanften und mäßigenden Einfluß aus? Ist das nicht unsere Aufgabe? Kinder zu bekommen und eine Insel des Friedens, der Reinheit und der hohen Ideale zu schaffen, fern von dem Lärm und den Konflikten der Welt?«

Emily biß sich auf die Zunge, damit ihre Antwort nicht zu heftig ausfiel.

»Haben Sie je einen Mann gekannt, der sich einen sanften und mäßigenden Einfluß gewünscht hat?«

»Nein«, sagte Tallulah überrascht. »Alle Männer, die ich kenne, wollen Unterstützung und Bewunderung und Gehorsam. Auf jeden Fall will Papa das, darauf besteht er. Als Gegenleistung versorgt er uns, gibt uns Ratschläge und gelegentlich seinen Schutz.«

»Natürlich«, sagte Emily mit einem Lächeln. »Manchmal mag ein Mann durch unser Verhalten den Wunsch verspüren, kultivierter und sanfter zu werden. Aber es ist ein großer Unterschied, ob man um etwas bittet oder ob man etwas annimmt, das man angeboten bekommt.«

Tallulah konnte nichts erwidern, weil eine Gruppe von Damen mit zwei Spaniels und einem Setter auf sie zukam. Die Unterhaltung befaßte sich jetzt mit den Hunden.

Emily blieb nur noch zehn Minuten, dann verabschiedete sie sich und ging zu ihrer Kutsche. Sie hatten vereinbart, daß Tallulah die Anstecknadel unmittelbar nach ihrer Ankunft zu Hause an einen geeigneten Platz legen würde. Jetzt ging es darum, Pitt von der Notwendigkeit einer neuerlichen Durchsuchung zu überzeugen, damit die Nadel gefunden werden konnte. Emily gab ihrem Kutscher Charlottes Adresse in Bloomsbury und lehnte sich zurück. Sie mußte einen geeigneten Weg finden, um einen solchen Vorschlag in die Unterhaltung einbringen zu können. Natürlich konnte sie Charlotte nicht den wirklichen Grund nennen, weil das deren Loyalitätsgefühle zu sehr in Bedrängnis bringen würde, und Emily wollte nicht, daß Pitt die Wahrheit erfuhr. Zu diesem Zeitpunkt konnte das alles zunichte machen.

Es war ein wunderschöner Nachmittag, warm und ruhig, mit dem für den Spätsommer typischen sanften Sonnenlicht, das wie Gold in der Luft lag, in der schwer der Duft der Blumen hing. Man ahnte bereits, daß sich innerhalb eines Monats die ersten Blätter verfärben, die Früchte reifen und die Abende kühler und früher dunkel werden würden.

Charlotte war im Garten, wo sie eine neue Chrysanthemenstaude betrachtete und die blühenden Astern mit ihren struppigen Köpfen in Purpur und Magenta bewunderte. »Einfach wunderchön«, sagte Emily aufrichtig.

Charlotte sah sie skeptisch an. »Bist du gekommen, um das zu sagen?«

»Nein, natürlich nicht.« Einen Moment lang überlegte sie, ob sie einen Streit mit Charlotte beginnen sollte, um ihre Aufmerksamkeit von dem abzulenken, was der Grund ihres Besuches war, unterließ es dann aber. Sie wußte nicht recht, wie sie Charlotte dazu bringen sollte, Pitt zu einer zweiten Durchsuchung zu überreden, ohne daß Charlotte genau merkte, was Emily im Schilde führte.

»Ich war gerade auf einer Hundeschau«, sagte sie vorsichtig. »Da habe ich Tallulah FitzJames getroffen. Sie wirkt schrecklich besorgt. Ich weiß gar nicht, was ich zu ihr sagen soll. Glaubt Thomas wirklich, ihr Bruder hat den Mord begangen? Hast du gesagt ...« Sie brach ab.

»Daß wir in der Beaufort Street waren?« fragte Charlotte mit großen Augen. »Nein, natürlich nicht! Was hätte ich sagen sollen? Daß Finlays Schwester sagt, sie habe ihn auf einer Party gesehen, könne sich aber nicht erinnern, wer sonst noch da war, weil keiner die geringste Erinnerung an das ganze Ereignis hat, außer wo es stattfand und wann?«

»Das würde wahrscheinlich wirklich nicht weiterhelfen«, stimmte Emily ihr unglücklich zu.

Langsam schlenderten sie über den Rasen zu dem Apfelbaum und dem Geißblattbusch, der immer noch blühte. In der späten Nachmittagssonne stieg ein süßlicher Duft auf.

»Es würde lediglich zeigen«, sagte Charlotte sanft, »daß Tallulah eine treue Schwester ist.«

»Es liegt an der Anstecknadel, nicht wahr?« Emily ergriff die Gelegenheit. »Deswegen sieht es so schlecht für ihn aus. Wie konnte sie dahingelangen, wenn er nicht dagewesen ist?«

Sie waren am Ende des Rasens angekommen und standen in der milden Sonne.

»Wenn er nicht der Täter ist«, fuhr Emily fort, als würde sie laut denken, »dann ist dies ein scheußlicher Zufall – oder er hat einen schrecklichen Feind. Und nach dem, was Tallulah sagt, ist das nicht unmöglich. Oder besser gesagt«, fuhr sie hastig fort, damit Charlotte sie nicht unterbrechen konnte, »sind es die Feinde von Augustus FitzJames.«

»Du glaubst, sie haben die Anstecknadel gestohlen und sie nach dem Mord am Tatort gelassen?« fragte Charlotte ungläubig. »Geht man da nicht ein viel zu großes Risiko ein, nur um einem anderen Schaden zuzufügen? Wenn sie nun geschnappt und dafür gehängt werden?«

Emily atmete ein und langsam wieder aus.

»Wenn jemand so dreist ist, wird er sich ziemlich sicher sein, daß man ihn nicht schnappt. Und ich denke auch nicht, daß sie Finlays Anstecknadel stehlen würden. Sie könnten doch einfach eine neue machen lassen. Das wäre nicht sehr schwierig. Die hätten sie dann am Tatort zurücklassen können.«

»Was wäre aber, wenn die Polizei das Original fände? Oder Finlay selbst?« schlußfolgerte Charlotte.

»Der Club hat sich vor Jahren aufgelöst. Wahrscheinlich weiß er gar nicht mehr, wann er sie das letzte Mal in der Hand hatte, und schon gar nicht, wo das war.«

»Aber sie haben danach gesucht ... Thomas war dabei.«

»Hat er selbst danach gesucht?« hakte Emily nach. »Oder hat er einen Wachtmeister damit beauftragt, weil er dachte, wenn Finlay wüßte, wo sie ist, würde er sie schnellstens hervorholen?«

»Vielleicht war es ein Wachtmeister, ich weiß es nicht.«

Schwalben stießen herab und schossen hinter Fliegen her. Die Sonnenstrahlen fielen schräger ein und wurden golden, und der Apfelbaum warf einen langen Schatten.

»Frag ihn doch«, sagte Emily und versuchte, nicht zu eindringlich zu klingen. »Wenn er eine zweite Anstecknadel fände, würde das die Sache sehr erleichtern, oder? Ich meine, für Thomas. Dann hätte er keine richtigen Beweise gegen Finlay in der Hand, und er wäre nicht in der schrecklichen Lage, ihn unter Anklage stellen zu müssen. Dann würde auch die Öffentlichkeit und das Innenministerium aufhören, Druck auf ihn auszuüben, und die Presse würde die Vermutung fallenlassen, daß er Finlay aufgrund seiner gesellschaftlichen Stellung laufen läßt. Ich weiß ja, was sie so schreiben.«

»Wahrscheinlich hast du recht«, sagte Charlotte nachdenklich. »Ich werde ihn mal fragen.«

Emily schob ihren Arm durch Charlottes, und gemeinsam gingen sie wieder über den Rasen zum Haus. Emily sagte nichts weiter.

6.
Kapitel

Während Emily damit beschäftigt war, Tallulah zu helfen, hatte Pitt den Leumund und die Verbindungen der Familie FitzJames weiter erforscht. Tellman sollte soviel wie möglich über die Vorgeschichte der anderen Mitglieder des Hellfire Clubs in Erfahrung bringen, da sie am ehesten an die Anstecknadel hätten gelangen können, sei es absichtlich oder zufällig. Auch wenn es den Anschein hatte, als seien in ihrem jetzigen Leben Bordellbesuche in Whitechapel völlig ausgeschlossen, war es dennoch möglich, daß dergleichen vorkam. Man wußte, daß verheiratete Männer, deren Status dem Helliwells ähnelte, so etwas taten, und Thirlstone war sicherlich nicht über jeden Verdacht erhaben.

Sosehr Pitt auch glauben wollte, daß Jago Jones genau der Mensch war, der zu sein er vorgab, war es trotzdem sehr gut möglich, daß auch er allzu menschliche Schwächen hatte. Was lag näher, als diesen bei einer Prostituierten nachzugehen, die in seiner Gemeinde lebte – keiner würde Fragen stellen. Er könnte es sogar vor sich selbst erklären. Jago Jones wäre bei weitem nicht der erste Geistliche, der mit der Beziehung zu einem schönen und intelligenten Gemeindemitglied die Grenzen der Angemessenheit deutlich überschreiten und einem körperlichen Verlangen stattgeben würde, das sich nicht leugnen ließ. Er mußte ein enthaltsames Leben führen, einsam, voller Entbehrungen und Selbstdisziplin. Es war nicht schwer zu verstehen. Zu Zeiten des Hellfire Clubs hatte er seinen Gelüsten bedenkenlos nachgegeben. Was hatte die – so grundlegende – Veränderung bewirkt?

Und was war dann so entsetzlich entgleist, daß er Ada umgebracht hatte? War sie der Grund, warum er sein Enthaltsamkeitsgelübde gebrochen hatte? Die Schlange und Eva in einer Person? Hatte sie etwas Unverzeihliches gesagt oder getan? Hatte sie ihn ausgelacht... sich über seine Schwäche lustig gemacht? Oder hatte sie einfach gedroht, ihn bloßzustellen? Hatte sie Geld verlangt, ihn über längere Zeit erpreßt? Sowohl Rose Burke als auch Nan Sullivan hatten bestätigt, daß sie gierig war und immer auf eine günstige Gelegenheit lauerte.

Es war möglich, und je mehr Pitt darüber nachdachte, desto schmerzlicher war es für ihn. Er mochte Jago Jones, bewunderte ihn, aber er mußte die Möglichkeit in Betracht ziehen. In der Vergangenheit hatte es immer wieder Männer gegeben, die ihm sympathisch waren, die sich aber dennoch als Täter herausstellten.

Augustus FitzJames war ihm nicht sympathisch, und die Erkenntnis, daß manche von FitzJames' Feinden ihn so gründlich haßten, daß sie ziemlich weit gehen würden, um ihn in den Ruin zu stürzen, bestätigte nur diese Empfindung.

Je weiter Pitt in die Vergangenheit von Augustus vordrang, desto schwieriger wurde es, seine Spur eindeutig zu verfolgen. Von seinem Vater, einem recht unzuverlässigen Landbesitzer in Lincolnshire, dessen Besitz bis ans Äußerste mit Hypotheken belastet war, hatte er offenbar kein Geld geerbt. Augustus war dann für kurze Zeit bei der Handelsmarine gewesen, hauptsächlich auf den fernöstlichen Routen. Kurz nach dem zweiten Opiumkrieg im Jahr 1860 war er mit genügend Geld zurückgekehrt und begann es durch Spekulationen zu vermehren. Ein Geschäft, das er mit großem, fast genialischem Geschick ausübte.

Jetzt besaß er ein finanzielles Imperium von beträchtlicher Größe und Vielfalt, das im ganzen Empire verzweigt war. Er hatte in Indien und Ägypten investiert und Geld in die Afrika-Expeditionen Cecil Rhodes' und die neuen Landerwerbungen in Australien gesteckt. Häufig kreuzten sich seine Interessen mit denen anderer – zu deren Nachteil.

Pitt hatte verschiedene Geschichten sowohl über Augustus' Großzügigkeit als auch über seine Rücksichtslosigkeit gehört. Anscheinend vergaß er niemals weder Feind noch Freund, und es gingen Anekdoten um von einem jahrzehntelang gehegten Groll, den er in dem Moment vergalt, da sich die perfekte Gelegenheit ergab.

Es mangelte ihm an Eleganz und gesellschaftlicher Finesse, dennoch besaß er eine Anziehungkraft auf Frauen. Aloysia hatte ihn aus Liebe geheiratet, und er war keineswegs ihr einziger Verehrer gewesen. Andere Männer, humorvollere und charmantere, hatten um ihre Hand angehalten. Mit Sicherheit brauchte sie nicht das Geld, da sie damals ein größeres Vermögen besaß als er. Vielleicht war es seine Energie, die sie angezogen hatte, sein unermüdlicher Ehrgeiz und seine innere Antriebskraft.

Finlay hatte nicht nur das breitere Gesicht seiner Mutter und ihre gefälligere und anmutigere Art geerbt, sondern anscheinend auch ihr formbareres Wesen und ihre trägere Intelligenz. Er schien insgesamt ein recht umgänglicher Mann, ein wenig zu nachsichtig mit sich selbst, doch das war angesichts seines Alters und der an ihn gerichteten hohen Erwartungen nicht ungewöhnlich.

Ewart behauptete mit immer größerer Überzeugung, daß Finlay unschuldig war und es ein Feind von Augustus gewesen sein mußte, der ihn absichtlich belasten wollte. Und Pitt, der diese Idee zunächst weit von sich gewiesen hatte, begann sie ernsthaft in Erwägung zu ziehen.

»Der Kammerdiener sagt, er hat die Manschettenknöpfe noch nie gesehen«, argumentierte Ewart. Sie saßen in Pitts Büro in der Bow Street. »Sie sind vielleicht schon vor Jahren verschwunden, wie Finlay behauptet hat.«

»Wie ist dann einer zwischen die Polster von Adas Sessel gelangt?« fragte Pitt, obwohl er die Antwort kannte.

Ewart verzog das Gesicht. Er wirkte immer noch müde und gehetzt. Sein Anzug war zerknittert, die Krawatte saß ein wenig schief. Unter seinen Augen lagen dunkle Schatten, als würde er immer schlecht schlafen.

»Ich weiß, er hat gesagt, er sei noch nie in Whitechapel gewesen«, erwiderte er mit einem Kopfschütteln. »Aber das war eine verständliche Lüge, unter den Umständen. Es kann ja Jahre her sein. Vielleicht war er damals betrunken und hat alles vergessen.«

Das stimmte – Pitt widersprach dem nicht. Auch konnte er verstehen, warum Ewart zögerte, in Finlay den Täter zu sehen. Die Beweislage war nicht schlüssig, und wenn sie ihn unter Anklage stellten, hätten sie einen harten Kampf und einen sehr unangenehmen Fall zu bestehen. Wenn sie ihn verlören, wäre das eine Niederlage, von der sie sich beide nur schwer erholen würden.

»Und die Anstecknadel?« Fast war es, als dächte Pitt laut, wobei ihm das, was Charlotte am Vorabend gesagt hatte, durch den Kopf ging.

»Er sagt, er habe sie vor Jahren verloren«, erinnerte Ewart ihn. »Wahrscheinlich stimmt das auch. Jedenfalls können wir nicht beweisen, daß sich die Clubmitglieder in den letzten, sagen wir, fünf ... sechs Jahren getroffen haben. Sie scheinen in keinerlei Verbindung mehr zu stehen. Helliwell ist verheiratet und erfolgreich im Bankgewerbe. Thirlstone hat sich den Ästheten angeschlossen. Und Jones ist als Gemeindepfarrer ins East End gegangen. Um ehrlich zu sein, wenn es keiner von Augustus FitzJames' Feinden ist, neige ich dazu, Jones für den Schuldigen zu halten. Vielleicht gibt es einen nicht beigelegten Streit zwischen ihm und Finlay.«

Pitt lehnte sich in seinem großen Lehnstuhl weiter zurück. Zwischen ihnen stand der auf Hochglanz polierte Tisch mit der grünen Ledereinlage.

»Und dafür hat er sechs Jahre gewartet und ermordet dann eine Prostituierte, um Finlay damit zu belasten?« Er zog die Augenbrauen in die Höhe.

»Na gut, wenn Sie es so sagen, ist es absurd. Der Manschettenknopf ist ein Zufall. Finlay war einmal da. Die Anstecknadel wurde von jemandem absichtlich dort hingelegt, den Grund dafür werden wir im Laufe der Zeit herausbekommen.«

Pitt brachte Charlottes Idee in die Diskussion ein. »Wenn jemand Augustus FitzJames wirklich haßt, vielleicht war die Anstecknadel, die wir gefunden haben, nicht die ursprüngliche, sondern ein Duplikat, das jemand hat machen lassen, um ihm zu schaden?«

Ewarts Gesicht hellte sich auf. Er schlug leicht mit der Faust auf den Tisch. »Ja! Ja, das ist die plausibelste Lösung bisher! So könnte es tatsächlich gewesen sein.« Dann fiel ein Schatten über sein Gesicht. »Aber wie können wir das beweisen? Ich beauftrage meine Männer sofort damit, den Juwelier zu finden, aber wahrscheinlich ist er für sein Schweigen gut bezahlt worden.«

»Wir fangen damit an, daß wir Finlays Zimmer noch einmal nach dem Original durchsuchen«, sagte Pitt, obwohl er kaum eine Hoffnung auf Erfolg sah. »Ich habe keine Ahnung, ob wir damit der Wahrheit näherkommen, aber eine gute Verteidigung würde die Möglichkeit ins Spiel bringen, um berechtigte Zweifel zu säen. Vor allem in dieser Hinsicht könnte es auch für uns relevant ein.«

Ewart war keineswegs entmutigt, sondern geradezu begeistert.

»Aber es ist ein berechtigter Zweifel!« ereiferte er sich. »Wenn wir nicht mehr gegen ihn in der Hand haben, hat es keinen Sinn, ihn zu verhaften, ganz gleich, was wir denken.«

»Richtig«, gestand Pitt ein. Er konnte nicht umhin zu überlegen, worin der Grund für Ewarts Zögern in erster Linie lag: War er von Finlays Unschuld überzeugt, oder nur feige, weil er den vor ihnen liegenden Kampf scheute und seine eigene Laufbahn bedroht sah, wenn sie Finlay FitzJames wegen Mordes anklagten? Augustus würde für seine gesellschaftliche und politische Stellung kämpfen. Er würde keine Barmherzigkeit walten lassen und keine Regeln kennen, außer denen, die ihm aufgrund der Umstände aufgezwungen waren.

Pitt leitete die zweite Suche nach der originalen Anstecknadel im Haus der FitzJames' selbst. Er nahm zwei Wachtmeister mit und wurde zunächst zögernd und dann, als er seine Absicht erklärte, mit beträchtlichem Erstaunen eingelassen.

Sie brauchten eine knappe Dreiviertelstunde, bis sie die Anstecknadel in der Tasche einer Jacke fanden, von der der Kammerdiener sagte, er könne sich nicht daran erinnern, daß Mr. Finlay sie jemals getragen habe. An den Ellbogen und am Kragen war sie recht fadenscheinig. Wahrscheinlich wurde sie nur aus sentimentalen Gründen aufgehoben, und zwar ganz hinten im Schrank. Es war eine bequeme Jacke, die er gut auf sommerlichen Spaziergängen tragen konnte, wenn es nicht darauf ankam, ob sie beschmutzt oder zerrissen wurde. Die letzte Gelegenheit zu einem solchen Gang war lange her. Die Jacke hatte möglicherweise die ganze Zeit dort gehangen. An der Nadel hing eine Fluse, und die Emaille war ein wenig zerkratzt.

Pitt stand im kleinen Salon und drehte die Nadel in seiner Hand hin und her. Sie war genau wie die, die bei den Beweismitteln lag. Er zumindest konnte keinen Unterschied entdecken, außer vielleicht einer winzigen Abweichung in der Schreibschrift, mit der der Namenszug Finlay FitzJames unter der Nadel auf der Rückseite eingraviert war. Es war eine andere Schrift. Aber das verstand sich von selbst. Er brauchte jetzt eine der anderen Anstecknadeln zum Vergleich, damit er feststellen konnte, welche das Original war und welche das Duplikat. Anders würde er es nicht herausbekommen. Doch die übrigen Mitglieder sagten, sie hätten ihre Anstecknadeln nicht mehr.

»Kann ich Ihnen behilflich sein, Oberinspektor?« fragte Tallulah, die an diesem Morgen zugegen war, da sie Briefe zu schreiben und Einladungen zu beantworten hatte. Sie sah ihn mit einem andeutungsweise sorgenvollen Gesicht an.

»Ich habe jetzt zwei Anstecknadeln für Ihren Bruder, Miss FitzJames. Eine ist ein Duplikat. Ich muß herausfinden, welche es ist, warum es gemacht wurde und von wem.«

Sie sah ihn unverwandt an. »Dies ist das Original. Die Sie in der Pentecost Alley gefunden haben, ist das Duplikat, das einer der Feinde meines Vaters hat machen lassen, um uns ins Verderben zu stürzen.«

Er sah sie an. Sie trug Weiß mit flatternden Bändern und einem hellblauen Unterkleid. Sie war sehr schlank, was sehr zerbrechlich und weiblich wirkte, bis man die Festigkeit ihrer Gesichtszüge sah und den starken Willen in ihren Augen.

»Glauben Sie wirklich, daß Ihr Vater Feinde hat, die eine Frau ermorden würden, um sich an ihm zu rächen?« fragte er.

Offensichtlich hatte sie diese Frage schon erwogen. Sie gab ihre Antwort gefaßt, die aufgestauten Gefühle klangen in ihrer Stimme durch, doch sie sprach, ohne zu zögern.

»Ja, Oberinspektor, das tue ich. Sie machen sich vielleicht keinen Begriff davon, wie einflußreich mein Vater tatsächlich ist und wieviel Reichtum er in den letzten dreißig Jahren angehäuft hat. Neid kann sehr grausam sein, so stark, daß man jedes vernünftige Urteil oder Anstandsgefühl vergißt. Und... und für manche Leute ist der...« – sie biß sich auf die Lippen – »ist der Tod einer Prostituierten keine große Sünde. Entschuldigung, es ist furchtbar, so etwas zu sagen.« Sie zuckte zusammen, und er war plötzlich von ihrer Aufrichtigkeit überzeugt. »Aber es ist wahr«, fügte sie noch hinzu.

Das wußte er auch. Hätte die Tat in Whitechapel nicht so kurz nach den anderen, besonders schrecklichen Morden stattgefunden, hätten die Zeitungen kaum Notiz davon genommen.

»Vielleicht sollten Sie eine Liste von diesen Leuten machen, Miss FitzJames, und von den Gründen, die sie Ihrer Meinung nach haben. Ich werde Ihren Vater um eine ähnliche Liste bitten.«

»Selbstverständlich.«

Pitt dankte den beiden Wachtmeistern für ihre Hilfe bei der Durchsuchung, dann verließ er das Haus der FitzJames' und ging die Devonshire Street entlang zum Park. An einem Imbißstand an der Ecke kaufte er zwei Sandwiches mit Schinken und aß sie, während er die Marylebone Road überquerte und über den Outer Circle unter den Bäumen hindurch auf das York Gate zusteuerte. An diesem milden Tag war der Park voll von flanierenden Leuten, modisch gekleideten Damen und Liebespaaren. Kinder spielten mit Reifen und Steckenpferden, und einige versuchten, Drachen steigen zu lassen, aber der Wind wehte nicht stark genug.

Kindermädchen in gestärkten Uniformen schoben Kinderwagen vor sich her oder führten ihre Schützlinge an der Hand. Manche saßen auf Bänken zusammen und plauderten miteinander, während die Kinder spielten. Alte Herren hatten in der Sonne Platz genommen und ließen glorreiche Zeiten in ihrer Erinnerung vorbeiziehen. Junge Mädchen kicherten und schwatzten. In der Ferne spielte eine Kapelle Melodien aus den Varieté-Theatern.

Pitt konnte Ewart nicht erklären, warum er nicht glauben mochte, daß ein Feind von Augustus FitzJames eine Prostituierte ermorden und den Verdacht auf Finlay lenken würde, nur um Rache an dessen Vater zu nehmen. Es gab nichts, was dagegen sprach. Aber er glaubte einfach nicht an eine vorsätzliche Planung dieser Art. Seine Erfahrung hatte ihm gezeigt, daß Raubüberfälle manchmal nach diesem Muster durchgeführt wurden, aber keine Morde. Bei Gewaltverbrechen entstanden die Verwicklungen und die Versuche, einem anderen die Schuld anzulasten, im nachhinein. Und war dieser angebliche Feind noch so kaltblütig, Pitt konnte sich nicht vorstellen, daß er absichtlich ein Verbrechen begehen würde, für das ihm der Strang drohte, wenn man es ihm nachweisen konnte.

Trotzdem mußte er zugeben, daß das Verbrechen etwas Vorsätzliches hatte. Anstecknadel und Manschettenknopf waren außergewöhnlich. Wie konnte ein Mann so achtlos sein und zwei so auffällige Beweisstücke hinterlassen?

Er mußte sich mehr um Helliwell und Thirlstone kümmern, und auch, allerdings gegen seinen Willen, um Jago Jones. Wenn er eine weitere Anstecknadel finden würde, um sie mit den zweien, die er bereits hatte, zu vergleichen, konnte das in der Frage von Finlays Schuld oder Unschuld ein wesentlicher Faktor sein.

»Gütiger Himmel, Oberinspektor!« sagte Helliwell gereizt, der soeben von einem ausgiebigen und ausgezeichneten Lunch in der Great George Street kam, als Pitt ihn auf dem Birdcage Walk ansprach. »Ich kann Ihnen wirklich nicht helfen. Ich weiß gar nichts über Finlay FitzJames und sein gegenwärtiges Auftreten.« Seine Miene verdunkelte sich. »Ich dachte, ich hätte Ihnen bereits erklärt, daß wir früher befreundet waren, aber das gilt nicht für die Gegenwart. Ich wünschte, ich könnte Ihnen einen schlagenden Beweis liefern, der ihn entlasten würde, aber dazu bin ich nicht in der Lage. Jetzt habe ich Geschäftliches zu tun und bin schon spät dran.« Er beschleunigte seine Schritte.

Pitt hielt mit ihm mit.

»Ich habe eine zweite Anstecknadel vom Hellfire Club gefunden«, sagte er an Helliwells Ellbogen.

»Ist das wahr?« Helliwell ging weiter und wandte sich auch nicht zur Seite. Er fragte nicht, wo sie gefunden worden war. »Ich weiß nicht, was das mit mir zu tun hat. Wenn es meine ist, die habe ich vor Jahren verloren. Sie könnte überall gewesen sein.«

Pitt musterte sein Gesicht. Zwar wirkte es in der Nachmittagssonne etwas gerötet, vielleicht war auch übermäßiger Portweingenuß schuld, aber es hatte nicht den Anschein, als sei ihm nach einer Lüge unbehaglich. Er war verärgert, doch wenn er Angst hatte, so verbarg er die mit meisterhaftem Geschick, eine Fähigkeit, die nicht zu seinem übrigen Wesen paßte.

»Nein«, erwiderte Pitt. »Es war nicht Ihre. Offenbar gehörte auch die Mr. FitzJames.«

Diesmal blieb Helliwell stehen und drehte sich um. »Was? Das ist doch Unsinn! Wir hatten jeder nur eine. Was... was wollen Sie damit sagen?«

»Jemand hat eine zweite Anstecknadel machen lassen, Mr. Helliwell. Ich würde gerne Ihre sehen, damit ich beurteilen kann, welche das Original ist.«

»Oh!« Helliwell stieß einen gereizten Seufzer aus. »Aha. Ich verstehe. Allerdings kann ich Ihnen trotzdem nicht helfen, und um ehrlich zu sein, ich finde diese ständige Fragerei allmählich etwas irritierend.« Er sah Pitt an, damit der verstand, daß er nicht aus Angst so sprach, sondern aus ehrlicher, zunehmender Verärgerung. »Mit FitzJames war ich in meiner Jugendzeit befreundet. Das ist aber vorbei, und was er jetzt treibt, geht mich nichts an. Obwohl ich nicht glauben kann, daß er mit dem Tod einer Prostituierten im East End etwas zu tun haben soll. Es kann nur

188

eine Reihe von unglücklichen Zufällen sein, die Sie zu dieser Annahme geführt haben. Ihre Suche wäre sicher erfolgreicher, wenn Sie sich die Bekannten der armen Frau, ihre Feinde und Schuldner vornehmen würden. Jetzt habe ich, wie gesagt, einen Termin und muß mich beeilen, ich kann Sir Philip nicht warten lassen. Auf Wiedersehen, Oberinspektor.« Damit drehte er sich auf dem Absatz um und eilte, ohne sich umzusehen oder zur Seite zu blicken, davon.

Mortimer Thirlstone zu finden gestaltete sich schwieriger. Er nahm nicht am politischen oder öffentlichen Leben teil, und sein Kommen und Gehen hing allein von seinen Launen ab. Pitt spürte ihn in einem Atelier in Camberwell auf, und als er Gelegenheit hatte, mit ihm zu sprechen, war der halbe Nachmittag bereits verstrichen. Es war ein heller, luftiger Raum, und mehrere junge Männer und Frauen saßen, in eine ernste Diskussion vertieft, beisammen. Die Wand war über und über mit Bildern behängt, und an den ungewöhnlichsten Stellen, entgegen den ursprünglichen Absichten des Architekten, gab es Fenster. Dennoch machte der Raum einen sehr angenehmen Eindruck. Er war weitläufig, und die auffallenden Farben, viel Gelb und Blau, ließen einen schimmernden Eindruck entstehen, als würde man durch halbgeschlossene Augen sehen.

»Oje«, sagte Thirlstone, der sich an eine Fensterbank anlehnte, angeödet, als er Pitt sah. Er trug ein weißes Hemd mit weiten Ärmeln und einem großen, weichen Kragen, dazu eine enorme Fliege am Hals. Es wirkte sehr affektiert, aber das schien ihn nicht zu kümmern.

»Guten Tag, Mr. Thirlstone.« Pitt wollte gerade fortfahren, als Thirlstone sich aufrichtete.

»Sie schon wieder«, sagte er, und sein Blick glitt durch den Raum, als suche er einen Fluchtweg. »Das ist wirklich ziemlich öde, mein Lieber.« Plötzlich sah er Pitt an. »Was kann ich Ihnen schon erzählen? Ich kannte Finlay vor vielen Jahren. Er war ein anständiger junger Mann, aber ein bißchen wild. Wahrscheinlich waren wir das alle ... damals. Aber ich sehe ihn jetzt nie, wirklich nie. Ein angenehmer Kerl, müssen Sie wissen, aber ein kompletter Banause. Kann Altgold nicht von Blattgold unterscheiden. Manchmal denke ich, er ist farbenblind!«

»Ich wollte fragen, ob Sie Ihre alte Ansteckadel vom Hellfire Club noch haben, Sir«, sagte Pitt, und während er die erregte Miene seines Gegenübers musterte, fragte er sich, warum Thirlstone so unbehaglich zumute war. Die Begegnung dürfte ihm eigentlich nicht peinlich sein, Pitt war nicht als Polizist erkennbar.

»Ich habe Ihnen schon gesagt, daß ich sie nicht mehr habe!« erwiderte Thirlstone mit einem Stirnrunzeln, und in seiner Stimme schwang heftige Verärgerung. »Was kann sie Ihnen jetzt nützen?«

Pitt erzählte ihm von den zwei Anstecknadeln mit Finlays Namen darauf.

»Oh.« Thirlstone sah ihn verstört an. Er schluckte, wollte etwas sagen, ließ es dann aber. Er bewegte sich steif, als würde ihn in seinem lose fallenden Hemd etwas kratzen. »Nun ... wenn ich ... wenn ich sie habe, bringe ich sie Ihnen. Es ist aber nicht sehr wahrscheinlich.« Abrupt schüttelte er den Kopf. »Ich kann mir wirklich nicht vorstellen, daß Finlay so etwas tun würde, aber die Leute verändern sich ...«

Eine stattliche junge Frau schritt vorbei und fuhr sich mit den Fingern durch ihr üppiges Haar. Ihr war bewußt, daß ein Mann am Fenster eine Skizze von ihr machte. »Ich denke, sie würden uns ... oh ...« Thirlstone zuckte mit den Achseln. »Ich weiß es auch nicht. Wirklich, ich habe keine Ahnung.« Er warf einen Blick auf die Frau und sah wieder Pitt an. »Ich bin nicht gerne unloyal, ich kann Ihnen nichts sagen.«

Pitt wünschte, ihm fiele eine Frage ein, mit der er die Fassade durchbrechen und erkennen könnte, was diese Männer tatsächlich voneinander wußten, in welchen Beziehungen sie einst zueinander standen, welche Rivalitäten und Bindungen sie zusammengehalten hatten, welche Eifersuchtsgefühle sie trennten, welche geheimen Gefühle unter dem äußeren Verhalten verborgen lagen.

»War Finlay mit einem von Ihnen besonders befreundet?« fragte er ganz nebensächlich, als sei es ihm in dem Moment in den Sinn gekommen, da er im Gehen begriffen war.

»Nein«, sagte Thirlstone sofort. »Wir waren alle zusammen ... Na ja ... ehm, möglicherweise stand er Helliwell ein bißchen näher. Mehr Gemeinsamkeiten, vielleicht.« Dann errötete er, als hätte er die Hand zum Verrat ausgestreckt, aber es war zu spät, sie zurückzuziehen.

»Hatte er mehr Geld als die übrigen?« fragte Pitt weiter. »Sein Vater ist sehr reich.«

Thirlstone wirkte erleichtert.

190

»Ah ... ja. Ja, das stimmt. Jedenfalls mehr als Jago und ich. Und wahrscheinlich mehr als Helliwell.«

»War er großzügig?«

Ein merkwürdiger Ausdruck glitt über Thirlstones Gesicht, eine Mischung aus Bitterkeit und kühlem, fast verhaltenem Bedauern. Offenbar sprach er nicht gerne davon, was möglicherweise mit Schuldgefühlen zu tun hatte. Vielleicht aber betrachtete Thirlstone es vom ästhetischen Gesichtspunkt aus als Zeitverschwendung und zog es vor, in der Gegenwart zu leben.

»War er großzügig?« wiederholte Pitt.

Thirlstone zuckte mit den Achseln. »Ja ... häufig schon.«

»Spielte er?« Das war nicht wichtig, bedeutete nur, daß ein schlechtes Licht auf seinen Charakter fiel. Aber Pitt wollte das Gespräch in Gang halten.

Gelächter brach aus, und alle drehten sich nach der Gruppe um, von der es kam.

»Ja. Wir haben alle gespielt«, sagte Thirlstone. »Er wahrscheinlich häufiger als wir anderen. Es entsprach seinem Naturell, und er konnte es sich leisten. Hören Sie, Oberinspektor, das ist jetzt alles nicht mehr wichtig. Ich weiß wirklich nicht, wer diese Frau in Whitechapel umgebracht hat. Und ich kann mir nicht vorstellen, daß es Finlay gewesen ist. Doch wenn Sie Beweise gegen ihn haben, dann werde ich das akzeptieren müssen. Ansonsten glaube ich, daß Sie Ihre Zeit verschwenden – das ist Ihre Sache –, aber Sie verschwenden auch meine, und die ist kostbar. Ich habe meine Anstecknadel seit Jahren nicht gesehen, aber sollte sie sich finden, bringe ich sie in die Bow Street zu Ihnen.«

»Ich wäre Ihnen dankbar, wenn Sie danach suchen würden, Mr. Thirlstone. Es könnte Mr. FitzJames' Unschuld beweisen.«

»Oder seine Schuld?« sagte Thirlstone und sah Pitt durchdringend an.

Charlotte hatte am Nachmittag ihre Mutter besucht und viele Neuigkeiten erfahren, die sie Pitt bei seiner Rückkehr erzählen wollte. Das meiste davon war fröhlich und interessant, Neues aus der farbenfrohen Welt des Theaters, das Caroline ihr berichtet hatte.

Doch als Charlotte Pitts Gesicht sah, als er um Viertel nach sieben müde, verschwitzt und gefangen in einem Durcheinander von Gedanken nach Hause kam, merkte sie, daß dies nicht der geeignete Zeitpunkt war.

»Hast du noch einmal nach der Anstecknadel gesucht?« fragte sie, als sie sich zum Essen hinsetzten. Die Kinder hatten bereits gegessen und waren oben, wo sie sich bettfertig machten. Gracie, die gerade das Lesen gelernt hatte, freute sich darauf, ihnen aus »Alice hinter den Spiegeln« vorzulesen. Das Vorlesen war das Beste am ganzen Tag.

Die beiden Katzen schliefen im Wäschekorb in der Ecke neben dem Herd, alles war sauber und aufgeräumt, außer den Tellern, von denen sie gerade aßen, und die konnten warten, bis Gracie wieder herunterkam.

»Ja«, sagte Pitt und sah sie an. Die Sonne stand tief und fiel durch die großen Fenster auf den Tisch und den geschrubbten Boden. Auf der gegenüberliegenden Wand zauberte sie ein Muster an die Wand und brachte das Porzellan auf dem Tellerbord zum Glitzern. An einem Haken hing eine Kasserolle aus Kupfer und leuchtete rot. »Und wir haben sie gefunden.«

Charlotte schluckte. »Heißt das, er ist unschuldig?«

Er lächelte. »Nein, es heißt, daß es zwei Anstecknadeln gibt, von denen eine wahrscheinlich eine Fälschung ist.«

»Na, muß das nicht die sein, die in der Pentecost Alley gefunden wurde? Die andere war ja wahrschcinlich die ganze Zeit da, wo ihr sie gefunden habt, oder? Wo war sie denn?«

»In der Tasche einer alten Jacke, die er anscheinend seit Jahren nicht getragen hat.«

»Was heißt das?«

Er steckte sich einen Bissen von der kalten Hühnerpastete in den Mund. Sie schmeckte sehr lecker, so wie die Tomaten und die Gurke auch.

»Thomas?« drängte sie mit sorgenvollem Gesicht.

»Jemand hat ein Duplikat machen lassen und es entweder in Ada McKinleys Bett in der Pentecost Alley gelegt oder in Finlay FitzJames' Jackentasche in der Devonshire Street gesteckt«, sagte er mit halbvollem Mund.

»Und du weißt nicht, welche das Duplikat ist?« Sie erinnerte sich an Emilys Worte vom Vortag und ihren Eifer, mit dem sie vorschlug, daß Pitt noch einmal nachsuchen sollte. Äußerst unangenehme Gedanken kamen ihr in den Kopf. Sie drängte sie zurück. »Du weißt es doch bestimmt, oder?« fragte sie eindringlich und vergaß ihr Essen.

»Nein.« Er sah sie mit kraus gezogener Stirn an. »Ich muß sie mit einem der Originale der änderen Mitglieder vergleichen. Der

Schriftzug ist ein bißchen anders. Wahrscheinlich wurden die ersten alle bei demselben Juwelier gemacht. Die Nadel mit der abweichenden Schrift ist das Duplikat.«

»Hat sie kein …«, fing Charlotte an, doch sie wußte die Antwort auf die Frage und brach ab.

»Was?« fragte er.

»Ist schon egal. Ich verstehe das nicht«, winkte sie ab.

»Entweder hat jemand ein Duplikat machen lassen, um den Verdacht auf Finlay zu lenken, obwohl er unschuldig ist«, erklärte Pitt, »oder um den Verdacht zu zerstreuen, obwohl er der Täter ist oder weil jemand befürchtet, daß er es ist. Das könnte ein Mitglied seiner Familie sein oder Finlay selbst.«

»Ja«, sagte sie zaghaft und sah auf ihren Teller. »Ja, so könnte es sein.« Sie äußerte den Gedanken, der ihr im Kopf herumging, nicht, sie dachte ihn nicht einmal zu Ende, obwohl er laut danach schrie. »Möchtest du noch eine Tomate?« fragte sie und erhob sich halb vom Tisch. »Ich habe noch welche. Sie sind wirklich lecker.«

Sobald Pitt am nächsten Morgen gegangen war und Charlotte Gracie ihre Anweisungen gegeben hatte, nahm sie sich eine Droschke und fuhr zu Emily. Bereits um Viertel nach neun wurde sie von einem verblüfften Zimmermädchen in den kleinen Salon geführt. Das Mädchen sagte, sie wolle nachsehen, ob Mrs. Radley zu Hause sei. Das bedeutete, sie war zu Hause. Wäre Emily zu ihrem morgendlichen Ausritt unterwegs, hätte das Mädchen das sofort gesagt. Charlotte war allerdings bereit, auch den ganzen Tag zu warten, falls Emily länger ausgegangen wäre.

Nach zehn Minuten erschien Emily. Sie trug ein weites Negligé, und die hellen Locken, um die Charlotte sie ihr ganzes Leben beneidet hatte, fielen ihr lose auf die Schultern. Sie trat lächelnd auf Charlotte zu, als wolle sie sie auf die Wange küssen.

»Emily!« sagte Charlotte rasch.

Emily schrak zurück. »Ja? Du siehst so aufgebracht aus. Was ist passiert? Ist etwas mit Mama?«

»Nein. Warum hast du mich dazu gebracht, Thomas zu drängen, daß er im Haus der FitzJames' noch einmal nach der Anstecknadel sucht?« Sie sah Emily mit einem so durchdringenden Blick an, daß die auf der Stelle zu Stein hätte erstarren müssen.

Emily zögerte nur einen Augenblick, dann ließ sie sich lässig in einem der grünen Sessel nieder.

»Weil das, wenn eine auftauchen würde, der Beweis wäre, daß Finlay FitzJames unschuldig ist, was für Thomas viel besser wäre«, erwiderte sie kühl und sah zu Charlotte hinauf. »Das stimmt doch, oder? Augustus FitzJames ist ein sehr einflußreicher Mann und nicht unbedingt sehr nett. Natürlich sollte Finlay, wenn er der Täter ist, verhaftet und vor Gericht gestellt werden und so weiter. Aber wenn er nicht der Täter ist, dann wäre es für alle, besonders für Thomas, viel besser, wenn das bewiesen werden könnte, bevor Anklage erhoben wird. Das liegt doch auf der Hand, oder?«

»In der Tat.« Charlotte wich nicht einen Zoll zurück. »Kennst du ihn?«

Emily machte große Augen; in der durch die hohen Fenster einströmenden Morgensonne waren sie besonders blau und klar.

»Wen? Augustus FitzJames? Nur vom Hörensagen. Aber ich bin mir sicher, ich liege richtig. Jack hat ihn einige Male erwähnt. Er ist sehr einflußreich, weil er soviel Geld hat.«

»Ich meine Finlay FitzJames.« Charlotte beherrschte ihre Stimme mit Mühe.

»Nein«, antwortete Emily, immer noch mit naivem Gesichtsausdruck. »Ich bin ihm einmal flüchtig begegnet. Wir haben uns nur begrüßt, mehr nicht. Ich bezweifle, daß er mich wiedererkennen würde.«

Charlotte suchte nach dem Verbindungsglied. Es mußte eins geben. Sie kannte Emily gut genug, um zu merken, wenn die ihr auswich. Jede Krümmung ihres Körpers, der Blick aus den großen Augen, drückte Schuldbewußtsein aus. Charlotte setzte sich auf den Sessel ihr gegenüber.

»Ist er verlobt?«

»Ich glaube nicht, ich habe nichts davon gehört.« Emily fragte nicht, warum sie das wissen wollte. Für Charlotte war das der endgültige Beweis, daß Emily log. Ihre Befürchtungen hatten sich bestätigt.

»Tallulah?« stieß sie zwischen den Zähnen hervor. »Machst du dir wirklich soviel aus ihr, daß du mich ihretwegen dazu bringen würdest, Thomas zu einer weiteren Hausdurchsuchung zu überreden?«

Emily errötete. »Ich habe dir doch gesagt, Charlotte ... wenn Finlay nicht der Täter ist, dann ist es –«

»Unsinn! Du wußtest, daß die Anstecknadel da war, weil du oder Tallulah sie dahingelegt hatten! Weißt du eigentlich, was du da gemacht hast?«

Emily zögerte, unsicher ob sie alles leugnen oder zugeben sollte. Sie hatte sich noch nicht ganz verraten.

»Augustus FitzJames hat wirklich einige skrupellose Feinde.«

»Und ein paar skrupellose Freunde, wie es scheint!« sagte Charlotte wütend. »Hast du die Anstecknadel machen lassen, oder hast du das ... Tallulah überlassen?«

Emily straffte die Schultern. »Ich glaube wirklich, daß ich das mit dir als Frau eines Polizisten nicht besprechen sollte, Charlotte. Du würdest dich verpflichtet fühlen, Thomas alles zu erzählen, was ich dir erzähle, und dadurch könnte ich mich oder meine Freunde in eine peinliche Situation bringen. Ich bin überzeugt, daß Finlay nicht der Täter ist, und ich habe das getan, was ich für richtig halte – für ihn und für Thomas. Du weißt, daß die Identifizierung nicht taugt.«

»Was für eine Identifizierung?« Plötzlich fühlte Charlotte sich weniger sicher. Emily hatte eindeutig unverantwortlich, vielleicht sogar kriminell und sehr dumm gehandelt, aber anscheinend wußte sie etwas, das Charlotte nicht wußte, und vielleicht Pitt auch nicht. »Was für eine Identifizierung?« wiederholte sie.

Emily entspannte sich. Das durch die Fenster des kleinen Salons einfallende Sonnenlicht zauberte Gold auf ihr Haar. Die angenehmen Geräusche häuslicher Arbeit drangen von draußen zu ihnen herein. Man hörte ein Mädchen kichern ... sicherlich ein neues Hausmädchen.

»Die Identifizierung durch die andere Prostituierte, die gesagt hat, sie habe Finlay in der Mordnacht dort gesehen«, gab Emily zurück.

»Was?« Charlotte spürte, wie sich ihr Magen verkrampfte, und einen Augenblick lang konnte sie kaum atmen. »Was hast du da gesagt?«

»Es war keine richtige Identifizierung«, erklärte Emily. »Sie weiß gar nicht, ob es wirklich Finlay war. Sie wäre durchaus bereit zu sagen, es war der Butler, wenn es zu einer Gerichtsverhandlung käme.«

»Was für ein Butler?« Charlotte war wie vor den Kopf geschlagen. »Welcher Butler? Warum sollte sie sagen, es war ein Butler?«

»Der Butler, der Ada verführt hatte«, erklärte Emily. »Deswegen hat sie ihre Stelle im Haushalt verloren und mußte auf die Straße gehen.«

»Und woher weißt du das alles?« fragte Charlottes leise, und ihre Stimme hatte einen schneidenden Ton.

Es war zu spät, sich jetzt noch herauszureden.

»Weil ich mit ihr gesprochen habe«, gab Emily kleinlaut zu.

Charlotte wurde schwindlig.

»Nimm es nicht so schwer«, sagte Emily beschwichtigend. »Wir haben uns früher schon in Fälle eingemischt, und es ist immer einigermaßen gut ausgegangen. Erinnerst du dich noch an den Schlächter vom Hyde Park?«

»Hör auf!« Charlotte schüttelte sich. »Hast du vergessen, was Jack hinterher zu dir gesagt hat?«

Aus Emilys Gesicht wich die Farbe. »Nein. Aber hierüber weiß er nichts. Und ich habe nichts Gefährliches getan... also, nichts'wirklich Gefährliches. Ich habe nur nach Indizien gesucht, die Finlays Unschuld beweisen könnten. Ich hatte nichts mit gewalttätigen Menschen zu tun, einem möglichen Täter, der sich in die Enge getrieben fühlt.«

»Sei doch nicht so dumm!« sagte Charlotte. »Wenn du Finlays Unschuld beweisen kannst, dann ist ein anderer der Täter. Es könnte jemand aus der Gegend sein. Das ist sogar wahrscheinlich. Andererseits«, fuhr sie schneidend fort, »da ihr ja die Anstecknadel in den Schrank gelegt habt, könnte Finlay genauso schuldig sein wie der Ripper. Das Original der Anstecknadel wurde bei der Leiche der armen Frau gefunden. Oder hast du daran nicht gedacht?«

»Ja, natürlich habe ich daran gedacht. Aber das heißt nicht, daß Finlay sie dort liegengelassen hat!« sagte Emily. »Wir wissen beide, daß er in der Tatnacht nicht in Whitechapel war. Er war auf einer Party in Chelsea.«

»Das wissen wir eben nicht!« widersprach Charlotte. »Wir wissen nur, daß Tallulah sagt, daß er da war, und daß sie sagt, sie habe ihn dort gesehen!«

»Also, ich glaube ihr! Und ohne die Identifizierung ist die Anstecknadel das einzige Beweisstück, das ihn überhaupt mit Whitechapel in Verbindung bringt. Alle möglichen Leute hätten sie stehlen oder vor Jahren finden können, um sie nun aus Rache gegen Augustus zu verwenden. Warum sollte Finlay schließlich eine Frau wie Ada McKinley umbringen? Oder sonst jemanden?«

»Jemand hat es getan«, beharrte Charlotte.

»Es ist viel wahrscheinlicher, daß es jemand war, der sie kannte«, argumentierte Emily und lehnte sich etwas vor. »Eine Konkurrentin oder jemand, den sie bestohlen oder verletzt hat. Vielleicht hat sie mit jemandem gestritten, mit einer der anderen

Frauen. Oder es war ein Mann, den sie lächerlich gemacht hat. Oder vielleicht jemand, der früher in sie verliebt war, und sie hat ihn betrogen mit dem, was sie tat.« Sie atmete tief durch. »Charlotte...«

Charlotte sah sie abwartend an.

»Charlotte... bitte, sag Thomas nichts über die Ansteckradel. Er würde mir nie verzeihen und vielleicht nicht verstehen, warum ich es getan habe. Ich bin wirklich überzeugt, daß Finlay unschuldig ist.«

»Das weiß ich doch«, sagte Charlotte ernst. »Sonst würdest du nicht diese absolut idiotischen Dinge tun.«

»Erzählst du es Thomas?« fragte Emily ganz kleinlaut.

»Nein«, antwortete Charlotte, mehr aus Mitleid denn aus Vernunft. »Zumindest nicht, solange ich nicht muß. Vielleicht... vielleicht findet er ja alles heraus und klärt den Fall auf, ohne daß das nötig ist.«

»Danke.«

In der Tat fand Pitt, als er mit Ewart am späten Nachmittag noch einmal in die Pentecost Alley ging, Neuigkeiten vor. Nan Sullivan war ebenso unentschlossen wie beim letzten Mal, als Pitt mit ihr gesprochen hatte. Aber er vertraute nach wie vor auf Rose Burkes Aussage. Die Veränderung in ihr verblüffte ihn.

»Ich weiß nich«, sagte sie, sah Pitt an und wandte dann den Blick ab. Sie saßen in der Küche, auf dem Tisch stand eine große Teekanne, an der die Emaille zum Teil abgesplittert war, darum herum Tassen aus Steingut. Das Feuer im Herd machte die Küche heiß und stickig. Doch keiner wollte das Fenster zum Hof öffnen mit dem Gestank aus Abfallkübeln und dem Schweinestall nebenan.

»Was wissen Sie nicht?« fragte Pitt nach. »Als Sie ihn von der Droschke aus in der Devonshire Street gesehen haben, hatten Sie keinen Zweifel. Sie waren sich so sicher, daß Sie ihn am liebsten selbst aufgehängt hätten.«

»Ich wollte den am Strang sehen, der das mit ihr gemacht hat«, berichtigte Rose ihn dickköpfig. »Das heißt aber nich, daß er es war. Ich hab ihn ja nur kurz gesehen, und das Licht war nich besonders gut.«

»Haben Sie Angst, Rose?« Pitt versuchte, seine Verärgerung und die Verachtung, die in ihm hochkam, aus der Stimme herauszuhalten.

»Nein!« Sie blitzte ihn an, Ewart beachtete sie überhaupt nicht.
»Nein, ich hab keine Angst. Vor wem sollte ich denn Angst
haben?«

»Vielleicht droht Ihnen jemand«, erwiderte er. »Der Mann, den
Sie identifiziert haben, kommt aus einer einflußreichen Familie.«

»Das kann ja sein, aber mit mir hat er nich gesprochen«, sagte
sie mit verächtlich gekräuselter Oberlippe. »Wenn Sie das denken, dann irren Sie sich ... aber gewaltig. Ich will ja nur, daß Sie
den Richtigen schnappen, den, der sie auf dem Gewissen hat, die
Ärmste.« Sie spielte mit dem Teelöffel und schlug mit ihm an
die Teetasse. »Und ich glaube, es kann ja auch der Butler gewesen sein, der sie damals in Schwierigkeiten gebracht hat. Der hat
das nämlich wieder gemacht, und diesmal glaubt ihm seine Herrschaft vielleicht nich so leicht. Der hat doch gute Gründe, daß er
Ada loswerden wollte. Feine Pinkel, wie der, den Sie mir da in
der Devonshire Street gezeigt haben, die kommen ja nich hier
nach Whitechapel. Die kriegen doch das, was sie suchen, am
Haymarket oder in der Windmill Street.«

»Das stimmt«, sagte Ewart.

»Sie haben gesagt, daß Ada manchmal in diese Gegend gegangen ist«, erinnerte Pitt sie.

»Schon. Aber das heißt doch nich, daß sie die hierher gebracht
hat!« sagte sie höhnisch. »So blöd war die doch nich. Wenn sie
das getan hätte, dann hätte dieser Costigan ihr mehr als die
Hälfte von ihrem Geld abgenommen. Und warum sollte so ein
Pinkel mit ihr hierherkommen? Wozu? So gut war sie auch nich.
Von ihrer Sorte gibt's doch viele, und für die sind die Mädchen
alle gleich.«

»Wollen Sie jetzt also sagen, daß Sie den Butler gesehen
haben?« fuhr Ewart dazwischen. »Beschreiben Sie ihn!«

»Nein, ich hab nich gesagt, daß er es war«, gab sie abwägend
zurück. »Ich sag nur, er könnte es gewesen sein. Mann! Is es
Ihnen denn ganz egal, wen Sie einen Kopf kürzer machen, Hauptsache, Sie haben einen?«

»Mir ist es nicht egal«, sagte Pitt und biß die Zähne zusammen. »Mir ist Ihre Sicherheit damals und Ihre Meinungsänderung jetzt verdächtig. Das wirft für mich die Frage auf, ob jemand
diese Meinungsänderung herbeigeführt hat, entweder durch
Drohungen oder durch Versprechungen.«

»Wollen Sie etwa sagen, daß mich jemand bezahlt, damit ich
lüge?« fragte sie verärgert.

»Nein«, beschwichtigte Ewart sie. »Niemand sagt, daß Sie lügen, Rose. Wir müssen uns nur absichern. Nichts kann Ada wieder lebendig machen, und wir sprechen vom Leben eines Mannes. Eine falsche Anklage wäre gewissermaßen ein zweiter Mord.«

»Na ja, vielleicht würd ich lügen, wenn es nich so wichtig wär«, sagte sie mit Bedacht und sah Ewart an. »Aber nich, um einen armen Teufel an den Galgen zu bringen, egal, wer es is. Ganz ehrlich, das hat mich ganz schön mitgenommen, das mit Ada.« Sie hob die Schultern ein wenig in einer Geste der Entschuldigung und Resignation. »Ich war ganz schön wütend und hatte Angst, und da hab ich zu schnell den Mund aufgemacht. Ich wollte, daß jemand geschnappt und bestraft wird, weil das für die andern ein besseres Gefühl wär. Mehr Sicherheit, sozusagen.« Sie atmete ein und sah wieder zu Pitt hinüber. »Ich wollte das Gefühl haben, ich weiß, wer es war. Jetzt hab ich drüber nachgedacht und weiß, das war dumm. Es muß schon der Richtige sein, nich einfach ein armer Kerl, der ihm ähnlich sieht. So is es doch, oder?«

»Ja«, stimmte Pitt ihr finster zu, »es muß der Richtige sein.«

»Natürlich.« Ewart hob die Hand, als wolle er ihr auf die Schulter klopfen. »Natürlich muß es der Richtige sein«, sagte er leise.

Pitt und Ewart verließen das Haus in der Pentecost Alley und nahmen sich zusammen eine Droschke.

»Wir müssen diesen Butler finden«, sagte er müde. »Auch wenn es nur darum geht, festzustellen, daß er ausscheidet.«

»Ich glaube, das ist unser Mann«, erwiderte Ewart, der im Brustton der Überzeugung die Stimme hob und mit starrer Miene geradeaus sah, während sie auf der Whitechapel High Street in westlicher Richtung fuhren. »Liegt doch auf der Hand. Er hat Ada schwanger gemacht. Damals ist er damit durchgekommen, seine Herrschaft anzulügen. Jetzt hat er das wieder gemacht, und Ada wollte kommen und die ganze Geschichte auf den Tisch bringen. Und ihn fertigmachen.«

»Sie hat die Geschichte auch beim ersten Mal auf den Tisch gebracht«, erklärte Pitt. »Was sollte es ihr also bringen, sie noch einmal zu erzählen?«

»Rache«, sagte Ewart, als wäre diese Antwort ganz offensichtlich. »Er war verantwortlich für ihr Schicksal. Das älteste Motiv der Welt.«

Pitt sah ihn von der Seite her an. Ewart war ein guter Polizist. Seine Erfolge konnten sich sehen lassen, und eine weitere Beförderung stand bevor. Doch in seiner Argumentation machte er einen außerordentlichen Fehler. Von Anfang an hatte er seine Gefühle ins Spiel gebracht. War es Mitleid oder Ekel? Oder war es die Angst, daß Augustus FitzJames denjenigen in den Ruin stürzen würde, der seinen Sohn, sei er schuldig oder nicht, eines solchen Verbrechens beschuldigte, und daß auch sein ausgezeichneter Ruf ihn nicht davor bewahren könnte?

Natürlich wäre es unangenehm. Aber jede Anklage hatte ihre tragischen Aspekte. Immer wurden unschuldige Menschen in Mitleidenschaft gezogen, Ehefrauen oder Eltern, die ihren Mann oder ihren Sohn liebten. Sie wurden von den Ereignissen überrannt, und wenn der ganze Tumult und die öffentliche Tortur vorbei waren, blieben sie mit ihrer Trauer allein.

»Was würde das nützen?« fragte Pitt und betrachtete Ewarts Gesicht, die schwarzen Augen und die Sorgenfalten um den Mund. »Ada hatte ihre Geschichte schon erzählt. Hätte er sie getötet, hätte das ihre Version nur bekräftigt. Wenn er jemanden umbringen wollte, dann doch das neue Mädchen, bevor die der Herrschaft davon erzählt. In der Geschichte zwischen Ada und diesem Mann ist doch bereits geurteilt worden, und sie hat den kürzeren gezogen. Sie hätte ihn vielleicht umbringen können, aber er hatte doch keinen Grund, sie zu töten.«

Ewarts Ausdruck versteinerte sich, und so etwas wie Angst – oder war es Zorn? – warf einen Schatten über seine Züge. Er war sehr müde. Seine Hände zitterten etwas. Vielleicht war es Verärgerung darüber, daß man ihm jemanden wie Pitt vorgesetzt hatte, weil man ihn für unfähig hielt, einen politisch heiklen Fall aufzuklären. Das würde jeden ärgern, auch Pitt.

Dabei war Ewart für die Suche nach einer politisch vertretbaren Lösung viel geeigneter. Jede Antwort war ihm recht, sie sollte nur nicht brisant sein.

An seiner Stelle würde Pitt sich darüber ärgern, daß ihm überhaupt jemand vorgesetzt wurde, der dann auch noch die Entscheidungen traf.

»Ich stimme Ihnen zu«, sagte er ruhig, »daß die Beweislage gegen FitzJames nicht gut ist. Die Identifizierung war für die Katz. Den Manschettenknopf hat er vor Jahren verloren, und die Anstecknadel ist verdächtig. Allein hat sie keinen Bestand, nachdem wir jetzt eine zweite gefunden haben. Wir müssen noch einmal von vorne anfangen. Wir sollten Adas Leben genauer überprüfen und das von FitzJames, um zu sehen, wer etwas mit der Sache zu tun haben könnte.«

Ewart sah ihn an. »Mit der Sache zu tun haben?« fragte er langsam. Er schien zu erschöpft, zu benommen nach den vielen Rückschlägen, um klar denken zu können.

»Wenn FitzJames' Feinde so hartgesotten sind, daß sie Indizien am Tatort eines Mordes hinterlassen würden, um den Verdacht auf ihn zu lenken«, erklärte Pitt, »dann ...«

Ewart begriff, was Pitt da sagte, und richtete sich ein wenig auf.

»Ja, ja natürlich. Soll ich mich darum kümmern? Ich fange morgen damit an.«

»Gut«, sagte Pitt. »Ich kümmere mich weiter um Ada.« Es war alles so häßlich und verwirrend. Er mußte, wie gesagt, noch einmal ganz von vorne anfangen.

Als Pitt spät nach Hause kam, war er überrascht, Emilys angeheiratete Großtante aus erster Ehe, Lady Vespasia Cumming-Gould, anzutreffen. Sie saß im Wohnzimmer, wo sie einen Kräutertee trank und mit Charlotte plauderte. Er hatte die Tür geöffnet und wollte etwas sagen, als er sie sah und abrupt innehielt.

»Guten Abend, Thomas«, sagte Tante Vespasia kühl und zog die silbernen Augenbrauen hoch. Wie immer sah sie großartig aus. Ihr Gesicht mit den schön geschwungenen Wangenknochen und den schweren Augenlidern war über die Jahre noch feiner geworden und spiegelte ihr Wesen wider. Es besaß nicht mehr die Lieblichkeit der Jugend, sondern eine Schönheit, faszinierend und einzigartig, die über ein ganzes Leben gewachsen war.

Sie hatte ihm gestattet, sie Tante zu nennen, was er sehr gerne tat.

»Guten Abend, Tante Vespasia. Wie angenehm, dich zu sehen.«

»Und außerdem überraschend, wenn ich den Ausdruck in deinem Gesicht richtig deute«, gab sie zurück. »Bestimmt hast du Hunger und möchtest zu Abend essen. Ich glaube, Gracie hat etwas für dich vorbereitet.«

Er kam in den Raum und schloß die Tür hinter sich. Hungrig und müde, wie er war, wollte er dennoch nicht auf das Vergnügen ihrer Gesellschaft und die Annehmlichkeit ihrer Konversation verzichten. Sie war nicht rein zufällig vorbeigekommen.

Vespasia tat nichts rein zufällig, und ihre Wege führten sie normalerweise auch nicht durch Bloomsbury.

»Bist du mit Augustus FitzJames bekannt?« fragte er ohne Umschweife.

Sie lächelte. »Nein, Thomas. Ich wäre beleidigt, wenn du annähmest, ich sei euch besuchen gekommen, weil ich mit ihm befreundet bin und weiß, daß du diesen schrecklichen Fall in Whitechapel bearbeiten mußt, in den sein Sohn verwickelt ist.«

»Keiner, der dich kennt, würde annehmen, daß du Einfluß zu nehmen versuchtest, Tante Vespasia«, sagte er aufrichtig.

Ihre silbergrauen Augen wurden groß. »Mein lieber Thomas, keiner, der mich kennt, würde annehmen, daß ich mit einem neureichen Klotz wie Augustus FitzJames befreundet bin. Setz dich doch. Ich finde es sehr unbequem, wenn ich zu dir hochblicken muß.«

Trotz seiner Erschöpfung, der verwirrten Gedanken in seinem Kopf und dem Gefühl, bei aller Mühe und in all der Zeit nichts erreicht zu haben, mußte er lächeln. Er setzte sich ihr gegenüber.

»Für seine Frau habe ich jedoch einiges Mitleid«, fuhr sie fort, »obwohl das nicht der Grund meines Besuches ist. Mein hauptsächliches Interesse gilt dir und an zweiter Stelle John Cornwallis.« Sie runzelte leicht die Stirn. »Thomas, wenn du Finlay FitzJames unter Anklage stellst, versichere dich genauestens, daß du genügend Beweise in der Hand hast. Sein Vater ist ein Mann von großem Einfluß und ohne jede Nachsicht.«

Das war Pitt ohnehin klar, doch es überlief ihn kalt, als er es von Vespasia hörte. Sie war weder arrogant noch töricht genug, um keine Angst zu kennen, doch das geschah selten. Wenn er in der Vergangenheit Furcht an ihr wahrgenommen hatte, so waren geheime Vereinigungen der Anlaß dazu gewesen, keine Einzelpersonen. Sein Unbehagen und die Undurchdringlichkeit, die den Mord in der Pentecost Alley umgaben, wurden nur noch größer.

Charlotte sah ihn besorgt an.

»Es gibt Anzeichen dafür«, fing er bedächtig an, »daß Finlay FitzJames nicht der Täter ist. Jedenfalls sind die Beweise, die gegen ihn vorlagen, entkräftet worden oder wurden anders gedeutet.«

»Das ist nicht sehr klar. Ich glaube, du solltest dich etwas genauer ausdrücken«, forderte Tante Vespasia ihn auf.

Er erzählte ihr von der Anstecknadel und von der zweiten, die in Finlays Schrank gefunden worden war, und sagte, er habe keine der anderen Originale finden können, mit deren Hilfe er das Duplikat identifizieren könnte. Er bemerkte Charlottes gerötete Wangen nicht, noch ihren abgewendeten Blick, so sehr war er damit beschäftigt, Vespasia den Fall zu erläutern.

»Hmm«, sagte sie, als er schloß. »Nicht sehr befriedigend, aber wahrscheinlich ziemlich offensichtlich, außer einer Sache.«

»Was meinst du?« fragte Charlotte hastig.

»Man fragt sich doch, warum Augustus nicht gleich ein Duplikat hat machen lassen«, erklärte Vespasia. »Und dann auf einer gründlicheren Durchsuchung bestand. Das hätte in den ersten paar Tagen stattfinden können. Wenn er es vorhatte, warum hat er dann gewartet, bis die Unannehmlichkeiten so groß wurden? Es sei denn, er wollte Finlay eine Lektion erteilen und ihm eine Weile lang ordentlich Angst einjagen, vielleicht um ihn gefügiger zu machen.«

»Warum hätte Finlay es nicht selbst tun können?« fragte Charlotte und senkte dann den Blick, als bereue sie, gesprochen zu haben.

»Weil er in Panik war und nicht schlau genug ist«, sagte Vespasia schlicht.

Pitt erinnerte sich an die erste Begegnung mit Finlay.

»In Panik schien er nicht zu sein«, sagte er ehrlich. »Er war überrascht, verwirrt, sogar schockiert, aber daß ihm der Angstschweiß ausgebrochen wäre, kann ich nicht behaupten. Wenn überhaupt, würde ich sagen, dann nahm seine Angst von Mal zu Mal zu, solange unser Verdacht fortbestand.«

»Seltsam«, gab Vespasia zu. »Was für Beweise hattet ihr denn?«

Pitt bemerkte, daß sie in der Vergangenheitsform sprach und lächelte bedauernd.

»Die Identifizierung durch eine Zeugin«, erwiderte er und berichtete dann von Nan Sullivan und Rose Burke und deren jetzigem Rückzug.

Vespasia ließ sich das einen Moment durch den Kopf gehen, bevor sie darauf antwortete.

»Nicht sehr zufriedenstellend«, gab sie zu. »Das könnte verschiedene Dinge bedeuten: Möglicherweise hat sie am Anfang die Wahrheit gesagt und ist von jemandem unter Druck gesetzt worden, ihre Aussage zurückzuziehen. Entweder ist ihr gedroht oder eine Belohnung versprochen worden. Vielleicht ist ihr Selbsterhaltungstrieb stärker als Haß oder Wut. Oder aber sie hat beschlossen, daß die Information mehr wert ist, wenn sie sie für sich behält und zu einem späteren Zeitpunkt gewinnbringend einsetzt.« Sie runzelte die Stirn. »Möglicherweise sagt sie aber auch die Wahrheit, und es war eine Mischung aus Angst und dem Wunsch, jemanden für das Verbrechen an Ada verhaftet und bestraft zu sehen. Zu Beginn reagierte sie impulsiv und erkannte im nachhinein, daß sie sich bei der Identifizierung geirrt haben könnte und keinen Meineid schwören wollte.«

»Glaubst du immer noch, daß Finlay der Täter ist?« fragte Charlotte leise, und die Anspannung stand ihr im Gesicht. »Ich meine ... sind die Beweise wirklich falsch, oder hat sein Vater sie entfernt oder ungültig gemacht?«

Pitt dachte einen Augenblick darüber nach.

»Ich weiß nicht«, sagte er schließlich. »Ich glaube, wenn ich mich festlegen müßte, würde ich sagen, er ist es nicht, aber ich bin mir nicht sicher.«

»Das ist schade.« Vespasia stellte das einfach nur fest, jedoch nicht ohne Mitgefühl. »Wenn er nicht der Täter ist, dann hat er entweder einen außerordentlich böswilligen Feind, oder es handelt sich um eine Verkettung ungewöhnlicher Ereignisse, die ihn schuldig erscheinen lassen, und das, mein lieber Thomas, ist doch sehr unwahrscheinlich.«

»Ja, das ist wahr«, stimmte Pitt ihr zu. »Ich muß mich wohl wieder der sehr unangenehmen Aufgabe zuwenden, die Feinde der Familie FitzJames ausfindig zu machen.« Er seufzte. »Ich wünschte, ich wüßte wenigstens, ob es Finlays Feinde sind oder die seines Vaters. Er scheint ein ziemlich harmloser junger Mann zu sein und viel normaler, als ihm wahrscheinlich lieb ist ...«

»Unbedingt«, pflichtete Vespasia ihm mit einem bedauernden Lächeln bei. »Ich glaube, seine Schwester hat eher das Zeug dazu, etwas Interessantes aus ihrem Leben zu machen. Aber möglicherweise wird man sie verheiraten, bevor sie die Gelegenheit dazu bekommt. Im Moment ist sie außergewöhnlich flatterhaft und scheint nur ihr eigenes Vergnügen im Kopf zu haben. Ihre Gedanken befassen sich mit nichts, das über den nächsten Tag hinausgeht. Aber sie tut das mit soviel Elan, daß ich hoffe, sie wird eines Tages auf etwas stoßen, das ihr Interesse weckt, und das könnte alles verändern.«

Charlotte hob an zu sprechen, ließ es dann aber.

Pitt hätte gern gewußt, was sie sagen wollte. Ihre Bemerkungen waren oft taktlos, aber auch sehr scharfsichtig. Er konnte sie fragen, wenn Vespasia fort war.

»Aber der Bruder hat die Arroganz eines Menschen, der seine Grenzen spürt«, fuhr Vespasia fort und betrachtete Pitt ernst, »und der Angst hat, er könne seine Ambitionen nicht verwirklichen und den Erwartungen, die andere an ihn stellen, nicht gerecht werden. Wer waren denn die anderen Mitglieder dieses kindischen Clubs? Sie wären doch in der idealen Lage, ein Modell für eine Ansteckadel zu liefern, und außerdem mit Finlays Gewohnheiten soweit vertraut, daß sie ihn erfolgreich in etwas hineinziehen könnten.«

Pitt sagte ihr die Namen.

Vespasia sah ihn unbeeindruckt an. »Thirlstone sagt mir nichts. Von James Helliwell habe ich schon gehört. Er hat, glaube ich, einen Sohn namens Herbert ...«

»Norbert«, berichtigte Pitt sie.

»Meinetwegen. Dann also Norbert«, sagte sie. »Aber der ist ein ganz gewöhnlicher Mann. Reich genug, um bequem leben zu können, und zu phantasielos, um es sich unbequem zu machen, solange er sich nicht auf eine Reißzwecke setzt! Und der Himmel weiß, wie viele Menschen es mit dem Namen Jones gibt, so wie Brown oder Robinson. Jago Jones könnte irgendwer sein ... oder ein Niemand.«

Pitt mußte lächeln. »Helliwell klingt wie der Mann, den ich kennengelernt habe, sehr bedacht, einen guten Eindruck zu machen, besonders bei seinen Schwiegereltern. Und wie du schon sagtest, hat er inzwischen genügend Geld und möchte sein angenehmes Leben durch nichts durcheinanderbringen lassen. Er ist längst nicht mehr so sehr daran interessiert, Finlay zu verteidigen, weil er Angst hat, von dem schlechten Ruf könnte etwas an ihm haften bleiben. Allerdings wollte er auf keinen Fall, daß ich weiter gegen Finlay ermittle.«

»Ein Feind?« fragte Charlotte zweifelnd.

»Kein Schneid«, sagte Vespasia wegwerfend und sah Pitt mit großen Augen an.

»Das denke ich auch«, stimmte Pitt ihr zu, als er sich Helliwells gerötetes Gesicht, seine Unruhe und die Bereitschaft, jede Verbindung zu leugnen, in Erinnerung rief. »Jedenfalls hat er kein Loyalitätsgefühl, wenn ihn das etwas kostet.«

»Thirlstone?« fragte Charlotte.

»Möglicherweise.« Im selben Moment sah er Jago Jones' ausdrucksstarkes Gesicht vor sich. Er war ein Mann, der Mut, Feuer und Überzeugungen hatte. Aber hatte er einen Grund? »Ich glaube ...«, sagte er langsam, »daß ich der Frage mehr nachgehen sollte, warum Ada das Opfer war. Warum traf es jemanden in Whitechapel statt im West End? Es scheint keinen Sinn zu ergeben. Vielleicht gibt es dafür einen Grund, der uns zu dem Täter führt.«

Vespasia erhob sich, und Pitt stand ebenfalls sofort auf und streckte ihr hilfreich die Hand entgegen.

Sie nahm sie, stützte sich aber nicht darauf.

»Danke, mein Lieber. Ich wünschte, ich könnte sagen, daß ich mich jetzt wohler fühlte, aber das ist nicht der Fall.« Sie musterte ihn mit großem Ernst und sah ihm in die Augen. »Ich befürchte, der Fall ist äußerst unangenehm. Paß gut auf, Thomas. Du kannst John Cornwallis' Ehrgefühl und Mut absolut vertrauen, aber ich vermute, daß sein Verständnis für die verschlungenen Wege des politischen Denkens noch nicht sehr weit entwickelt ist. Du darfst nicht enttäuscht sein, wenn er die Fähigkeiten, die du von ihm erwartest, nicht hat. Dafür ist er loyal. Auf Wiedersehen, mein Lieber.«

»Auf Wiedersehen, Tante Vespasia«, sagte er und sah zu, wie sie Charlotte leicht auf die Wangen küßte. Dann rauschte sie mit erhobenem Kopf aus dem Wohnzimmer, ging zur Haustür und bestieg ihre wartende Kutsche.

Am nächsten Morgen fing Pitt früh an, nicht unbedingt mit Begeisterung, aber doch mit neuer Entschlossenheit. Ewart hatte schon den Auftrag erhalten, weitere Einzelheiten über Augustus und Finlay FitzJames in Erfahrung zu bringen. Tellman befaßte sich mit den anderen Mitgliedern des Hellfire Clubs. Pitt selbst ging wieder in die Pentecost Alley, um noch einmal mit den Frauen zu sprechen, die Ada zuletzt gekannt hatten.

Der Vormittag war ein schlechter Zeitpunkt für einen Besuch, aber er hatte weder Zeit noch Geduld, bis zum Nachmittag zu warten, wenn sie normalerweise aufstehen und mit ihrem Tag beginnen würden.

Natürlich wurde in der Textilfabrik gegenüber schon eifrig gearbeitet. Die Türen standen offen, weil um neun Uhr die Maschinen schon einige Stunden gelaufen waren und die Räume sehr heiß wurden.

Pitt ging die Stufen zu der hölzernen Haustür des Mietshauses hinauf und klingelte. Er mußte mehrere Male klingeln, bis die Tür schließlich von der übellaunigen Madge geöffnet wurde. Das großflächige Gesicht war vor Müdigkeit und Verärgerung zerknittert, die Augen lagen tief in die Fettfalten ihrer Wangen eingesunken.

»Was denken Sie wohl, wieviel Uhr es is?« fragte sie. »Haben Sie denn keine...« Sie blinzelte ihn an. »Ach, Sie sind's! Was wollen Sie denn jetzt schon wieder? Ich kann Ihnen nichts weiter erzählen. Und Rose und Nan und Agnes auch nich.«

»Vielleicht doch.« Pitt stemmte sich gegen die Tür, aber ihr Körper war wie ein Fels.

»Sie verhaften den Mistkerl ja doch nich, also was soll's?« sagte sie verächtlich. »Sie machen mir keinen Eindruck mit Ihrer Arbeit.«

»Jemand hat Ada umgebracht«, beharrte er. »Und der ist immer noch auf freiem Fuß. Wollen Sie, daß ich ihn finde oder nicht?«

»Ich will jung un hübsch sein un n nettes Haus haben un genug zum Beißen«, sagte sie mit schneidendem Sarkasmus. »Wann hat das schon mal jemand interessiert, was ich will?«

»Ich gehe erst wieder weg, Madge, wenn ich alles über Ada erfahren habe, was es zu wissen gibt«, sagte er ruhig. »Wenn Sie Ihre Geschäfte in Frieden machen und den Gewinn einstreichen wollen, dann sollten Sie mir entgegenkommen, ob Sie es nun für sinnvoll halten oder nicht.«

Sie brauchte nicht abzuwägen. Resigniert trat sie zurück und öffnete die Tür. Sie hörte, wie er sie mit einem dumpfen Knall ins Schloß fallen ließ, und führte ihn in das kleine Zimmer, das sie als Küche und Nähstube benutzte und von wo aus sie auf Hilferufe oder Anzeichen von Gewalt hören konnte.

Pitt stellte ihr alle Fragen, die ihm zu Adas Leben einfielen. Wann sie aufstand, wie sie sich kleidete, wann sie kam und ging, ob Madge wußte, wohin und woher oder mit wem, wen sie kennenlernte. Madge sollte alle Freunde und Feinde erwähnen, und seien sie noch so entfernt, alle Namen von Kunden und möglichen Verbündeten. Er bat sie, Adas Verdienst nach ihren Kleidern, ihrem Verhalten, den Geschenken, die sie machte, einzuschätzen.

»Na ja«, sagte Madge nachdenklich. Sie saß auf einem Hocker und sah auf die fleckige Tischplatte. »Sie war großzügig, wenn sie Geld hatte, das muß man ihr lassen... das fanden die anderen auch. Und in den letzten zwei Monaten hatte sie ganz gut angeschafft. Die Stiefel hat sie an dem Tag gekauft, als sie ermordet wurde. Stolz wie Oskar war sie drauf. Ist mit ihnen rumgelaufen und hat damit angegeben. Hat die Röcke gehoben und sie mir gezeigt. Mit Knöpfen aus Perlmutt.« Ihre Miene verdüsterte sich. »Aber wahrscheinlich wissen Sie das ja, wo Sie ja an dem Abend gekommen sind und sie gefunden haben!«

Pitt dachte wieder an die Stiefel, die jemand mit soviel Aufwand aneinandergeknöpft hatte. Es waren sehr gute Stiefel. Damals hatte er nicht über ihren Preis nachgedacht.

»Ja, daran erinnere ich mich. Hat sie immer so teure Stiefel getragen?«

Sie lachte auf. »Natürlich nich! Sie mußte ihre Sachen ausbessern und flicken, wie wir andern auch. Nee, in letzter Zeit hat sie ganz gut verdient, wie ich schon gesagt hab.« Ihre Augen wurden schmal, bis sie in den Fettpolstern ihrer Wangen fast verschwanden. »He, wollen Sie etwa sagen, daß sie was Unrechtes gemacht hat, um an das Geld zu kommen?«

»Nein«, versicherte er ihr. Er beugte sich vor und stützte die Ellbogen auf den Tisch. »Aber ich wüßte gern mehr darüber, wo es herkam. Hat es angefangen, als sie den Zuhälter gewechselt hat?«

»Ja«, gab sie zu. »Ungefähr dann. Warum? Bert Costigan is auch nich viel besser, wenn Sie in die Richtung denken. Er sieht zwar ganz schnieke aus, aber so helle is der auch nich. Ich mochte den nie.« Sie zuckte mit den Achseln. »Aber ich mochte keinen von denen. Das sin doch alles Schweine, wenn man mal ehrlich is. Bluten einen aus. Und wo war er, als sie ihn gebraucht hat, hm?« Sie schniefte, und eine Träne rann ihr die dicken Backen herunter. »Weiß der Himmel, hier auf jeden Fall nich.«

Er weckte Rose und Nan, stellte ihnen dieselben Fragen und erzielte dieselben Antworten. Dann war auch Agnes wach, und er fragte auch sie. Sie fügte seinen Kenntnissen nichts Neues hinzu, bis er sie um eine Beschreibung von Ada bat, deren Gesicht er nur vom Tod entstellt gesehen hatte. Ihre zögernden Worte waren nicht sehr hilfreich, aber er entdeckte, daß Agnes geschickt mit dem Bleistift umgehen konnte. Sie produzierte eine Skizze, die eher eine Karikatur war als ein Porträt, aber dennoch sehr lebensecht. Er erkannte eine ebenso humorvolle wie tatkräftige Frau. Es war eine sehr lebendige Skizze, selbst auf dem linierten Papier des Notizbuches. Pitt konnte sich ihren Gang vorstellen, die Neigung ihres Kopfes, selbst ihre Stimme. Es machte ihren Tod unermeßlich viel schlimmer, und die Marter, die sie erduldet hatte, war mehr, als er ertragen konnte.

Er ging wieder in die Bow Street, wo er gegen sechs Uhr ein Sandwich mit kaltem Hammelbraten aß und einen Becher Tee trank. Dann schrieb er die Notizen, die er sich gemacht hatte, ins reine und begann, ein Muster in Adas Verhalten zu erkennen. Offenbar hatte sie ihr eigenes Revier in der Montague Street gehabt und war dann am frühen Abend, manchmal auch spät, in die Whitechapel Road gegangen. Aber es gab immer wieder Zeiten, in denen sie abwesend war, ausgezeichnete Zeiten für ihr Gewerbe, so daß man vermutet hätte, daß sie diese voll ausnutzen würde.

Eine mögliche Antwort kam ihm in den Sinn: Sie hatte in ein profitableres Revier gewechselt. War das der Einfluß von Albert Costigan und dessen Ehrgeiz, und war sie nur zu bereit gewesen, ihre Situation zu verbessern? War es möglich, daß sie in diesem neuen Revier einen von Finlays oder Augustus' Feinden kennengelernt hatte? Lohnte es sich überhaupt, dem nachzugehen?

Bisher hatten weder Tellman noch Ewart irgend etwas von Bedeutung entdeckt.

Diesen Abend sowie die beiden folgenden verbrachte er damit, den Strich im West End, der Windmill Street, um Haymarket und Leicester Square sowie die umliegenden Straßen und Gassen abzugehen. Er sah Tausende von Frauen wie Ada, die wie Pfauen stolzierten, manche berauschend gekleidet, manche weniger auffallend, manche in greller Aufmachung. Vielen von ihnen sah man sogar in der Dunkelheit beim Schein der Gaslaternen an, daß sie die Blüte ihrer Jugend überschritten hatten. Einige waren frisch vom Land in die Stadt gekommen und suchten hier ihr Glück, das sie nun in Stundenhotels und flüchtigen Begegnungen mit Fremden fanden, die oftmals so alt wie ihre Väter oder sogar Großväter waren.

Und es gab Kinder von acht oder zehn Jahren, die hinter Männern herliefen, sie am Ärmel zupften und ihnen Obszönitäten zuflüsterten, in der Hoffnung, ihr Interesse zu erregen, oder ihnen schmutzige, pornographische Bilder zuschoben.

Seite an Seite mit ihnen sah man abendliche Spaziergänger, achtbare, sogar wohlhabende Frauen am Arm ihrer Gatten, die zu der Vorstellung eines Theaterstücks oder zu einem Konzert eintrafen.

Pitt ging all seinen Kontakten in den Stundenhotels nach, befragte die Zuhälter und Bordellmütter, doch niemand erkannte

Ada nach ihrem Bild oder Namen, obwohl sie die Nachricht von ihrem Tode gehört hatten. Da die Verbindung zwischen dem Verbrechen und Finlay FitzJames nicht bekannt war, hatten die Zeitungen nicht darüber geschrieben. Niemand, außer Lennox, Ewart, Cornwallis und ihm selbst, wußte etwas über die gebrochenen Finger und Zehen.

Er wollte sich schon geschlagen geben, als ihm die Idee kam, sich vom West End in die Gegend um den Hyde Park zu begeben. Er konnte noch einen weiteren persönlichen Bekannten aufsuchen, einen riesigen, selbstgefälligen und schmierigen Mann, bekannt als der dicke George. Er herrschte mit eiserner Hand über seine Prostituierten und hielt sie mit der Drohung in Schach, seine rechte Hand zu schicken. Das war der kleine George, ein gemeiner Zwerg mit unberechenbarem Temperament, der geschickt mit seinem ständigen Begleiter, einem langen Messer mit dünner, scharfer Klinge, umgehen konnte.

Er traf den dicken George in seinem Haus an, einem sehr gut eingerichteten Gebäude mit klassischen Proportionen unweit der Inverness Terrace.

Der dicke George erhob sich nicht, sein riesiger Leib war praktisch in den Sessel eingeklemmt. Es war ein warmer Tag, er trug ein weites, frisch gewaschenes Hemd, und seine fettigen grauen Locken stießen auf dem Kragen auf.

»Nun, Mr. Pitt«, sagte er mit seiner flüsternden, keuchenden Stimme. »Was führt Sie so dringend zu mir? Es muß Ihnen ja sehr wichtig sein. Nehmen Sie Platz! Nehmen Sie Platz! Hab Sie seit den häßlichen Vorfällen im Park nicht mehr gesehen. Hat ganz schön lange gedauert, bis Sie da die Lösung hatten. Nicht sehr schlau, Mr. Pitt. Nicht sehr effektiv.« Der dicke George schüttelte den Kopf, und seine Locken blieben am Kragen hängen. »Dafür bezahlen wir unsere Polizei nicht! Sie sollen doch für unsere Sicherheit sorgen, Mr. Pitt. Wir sollten ruhig schlafen können, weil wir wissen, Sie beschützen uns.« Wenn sich Belustigung in den schwarzen Augen des dicken George zeigte, dann war sie kaum bemerkbar.

»Wir können Verbrechen nur aufklären, nachdem sie geschehen sind, George, nicht vorher«, erwiderte Pitt und nahm den Platz an. »Aber es gibt eine Reihe von Verbrechen, die Sie hätten verhindern können. Wissen Sie etwas über diese Frau?« Er reichte ihm die Skizze, die Agnes gemacht hatte.

Der dicke George nahm sie mit seiner blassen, sommersprossenbesprenkelten Hand entgegen, deren Finger so fett waren, daß sie knochenlos zu sein schienen.

»Ja, die habe ich schon mal gesehen«, sagte er nach einigen Sekunden. »Recht helle und ehrgeizig. Hätte ich auch gern gehabt, aber sie ist gierig. Will ihr Geld selbst behalten. Das ist gefährlich, Mr. Pitt, sehr gefährlich. Ist das die, die in Whitechapel ermordet wurde? Das hätte sie ahnen können. Wahrscheinlich brauchen Sie nicht weit zu gehen, um den Täter zu finden.«

»Wirklich nicht?«

»Nicht sehr schlau, Mr. Pitt.« George wackelte mit dem Kopf und schob die Unterlippe vor. »Sie lassen wohl nach, was? Versuchen Sie's mal mit ihrem Zuhälter, ein Typ namens Costigan, soweit ich weiß.«

»Sie sind ja sehr um das öffentliche Wohl besorgt, George, und sehr schnell dabei, Ihresgleichen anzuprangern«, sagte Pitt trocken.

»Das verdirbt doch den Ruf«, keuchte George salbungsvoll. »Bißchen Disziplin muß sein. Die ist nötig, sonst geht es drunter und drüber. Das darf nicht sein. Die Mädchen würden einen von vorne bis hinten betrügen. Aber gleich erwürgen geht zu weit. Da kommen doch nur Leute wie Sie, und das ist alles andere als nett.« Er hustete, und in seiner breiten Brust rumpelte es. Im Zimmer war es heiß, und die Fenster waren geschlossen, so daß es trotz der kühlen Farben, der feinen Bezüge und der vielen Topfpalmen, die überall standen, muffig roch.

»Warum hat Costigan sie nicht bestraft?« fragte Pitt mit hochgezogenen Augenbrauen. »Es schadet ihm doch nur, wenn er sie umbringt. Nur ein Dummkopf vernichtet sein lebendes Inventar.«

Mit einer Geste drückte George seinen Widerwillen aus. »Sehr grob gesprochen, Mr. Pitt, sehr grob.«

»Es ist ein grobes Gewerbe, George. Wieso glauben Sie, daß Costigan davon wußte, daß Ada gelegentlich ins West End ging und ihre Einkünfte für sich behielt?«

Der dicke George zuckte mit den Achseln, und durch seine Fettpolster lief eine Wellenbewegung. »Vielleicht ist er ihr gefolgt? Wäre doch normal.«

»Wenn er ihr gefolgt wäre«, argumentierte Pitt, »dann hätte er sie das erste Mal entdeckt, als sie Whitechapel verlassen hat, und das war vor mehreren Wochen.«

Der dicke George rollte mit den Augen. »Woher soll ich das wissen?«

»Vielleicht hat es ihm jemand gesagt?« schlug Pitt vor und beobachtete Georges Gesicht.

Ein winziges Flackern war zu sehen, eine Anspannung der blassen Haut. Das reichte Pitt.

»Sie haben es ihm gesagt, George.« Es war keine Frage, sondern eine Feststellung. »Sie war in Ihrem Revier und hat sich geweigert, Ihnen von ihrem Verdienst abzugeben. Statt also den kleinen George an sie heranzulassen und sich selbst Ärger einzuhandeln, haben Sie ihren Zuhälter benachrichtigt, damit er einschreitet. Nur daß der zu weit gegangen ist. Daran sind Sie natürlich nicht schuld«, endete er schneidend. »Wann haben Sie es ihm gesagt?«

In dem Zimmer war es stickig, fast wie im Dschungel.

George zog die farblosen Augenbrauen hoch. »An dem Tag, als sie ermordet wurde, aber ich kann wohl nichts dafür, Mr. Pitt. Ihr Ton ist nicht höflich. Sehr ungerecht sogar. Sie sind ein ungerechter Mann, Mr. Pitt, und das gefällt mir nicht. Ich erwarte, daß die Polizei fair ist. Wenn die Gerechtigkeit nicht ...«

Pitt stand auf, und sein Blick war so voller Verachtung, daß der dicke George seine Beschwerde unvollendet ließ.

»Costigan war Ihnen im Weg, was?« sagte Pitt bitter. »War eine Bedrohung?«

»Kaum!« der dicke George versuchte ein Lachen, fing an zu keuchen und endete mit einem Husten, daß seine riesige Brust bebte und er nach Atem rang.

Pitt hatte kein Mitleid mit ihm. Er drehte sich auf dem Absatz um und ließ George mit rot angelaufenem Gesicht, nach Luft hechelnd und vor Wut schnaubend, sitzen.

Als Pitt Albert Costigan aufsuchte, nahm er Wachtmeister Binns mit. Er kannte die Gegend und fand Costigan in der Wohnung, die der in der Plumbers Row gemietet hatte, auf der anderen Seite der Whitechapel Road gegenüber der Pentecost Alley. Das Haus war schmal und grau, wie alle anderen Mietshäuser auch, doch innen war es gut ausgestattet und einigermaßen komfortabel. Costigan umgab sich gern mit hübschen Dingen, und sein teurer Geschmack war an kleinen Extras zu erkennen: einem Kaminmantel aus graviertem Glas, dem neuen Teppich, einem schönen Klapptisch aus Eichenholz.

Costigan selbst war mittelgroß, hatte große, blaßblaue Augen, eine hübsche Nase und weiße Zähne. Sein braunes Haar war in Wellen von der Stirn zurückgekämmt. Auf den ersten Blick, bevor man den defensiven, gekränkten Ausdruck in seinem Gesicht und die Aggressivität in seiner Körperhaltung erkannte, hatte er eine gewisse Ähnlichkeit mit Finlay FitzJames. Hätte das Schicksal ihn mit vergleichbarem Reichtum und ähnlichem Selbstvertrauen ausgestattet und hätte er entsprechende Umgangsformen erlernt, hätte man sie für Vettern halten können.

Pitt hatte keine Beweise gegen Costigan, abgesehen von den Worten des dicken George, die als Zeugenaussage untauglich waren. Was zählte die eidliche Aussage eines Zuhälters gegen einen anderen? Und selbst die Durchsuchung von Costigans Wohnung würde kaum etwas Wesentliches zum Vorschein bringen. Wenn sich Dinge von Ada fänden, wäre das nur natürlich und ließe sich leicht erklären.

»Suchen Sie immer noch den, der die arme Ada umgebracht hat?« fragte Costigan anschuldigend. »Sie haben nichts rausbekommen, stimmt's?« Seine Verachtung war offensichtlich.

»Na ja, ich mache mir meine Gedanken«, antwortete Pitt, setzte sich auf den größten und bequemsten Stuhl und ließ Binns an der Tür stehen.

Auch Costigan blieb stehen und sah verärgert auf Pitt herab. »Ach ja. Was für welche denn?«

»Wir glauben, es hat damit zu tun, daß sie in die Gegend um den Hyde Park gegangen ist«, sagte Pitt.

Costigan blieb plötzlich still stehen und sah Pitt an.

»Wer hat denn gesagt, daß sie dahin gegangen is? Ich doch nich.«

»Wollen Sie mir sagen, Sie wußten das nicht?« fragte Pitt naiv. »Das ist nicht sehr geschäftstüchtig von Ihnen, Mr. Costigan. Eins Ihrer Mädchen geht auf den teuren Strich und sucht sich dort ihre Kunden, und Sie wußten das nicht? Wahrscheinlich haben Sie auch von dem Geld nicht viel gesehen?« Er lächelte. »Das könnte für einigen Spott hier in der Gegend sorgen!«

»Natürlich habe ich's gewußt!« sagte Costigan schnell und hob das Kinn ein wenig. »Glauben Sie, ich bin ein Idiot? Wenn ein Mädchen mich hintergeht, würd ich sie doch grün und blau schlagen! Aber umbringen würd ich sie doch nicht! Das wär doch dumm! Ein Mädchen, was tot ist, bringt doch kein Geld,

213

oder?« Seine großen, hellen Augen ruhten auf Pitt. Sie waren aggressiv und triumphierend, als hätte er einen Wettkampf gewonnen.

Pitt sah sich im Raum um und blickte dann wieder Costigan an. Es war nicht schwer zu glauben, daß er aus anderen seine Profite geschlagen hatte. Vielleicht sagte er die Wahrheit, auch wenn es dem, was der dicke George gesagt hatte, widersprach. Aber der konnte gelogen haben, mit dem einfachen Ziel, einen Konkurrenten zu schädigen.

»Haben Sie auch andere Mädchen da hochgeschickt?« fragte Pitt, und seine Hoffnung schwand.

Costigan zögerte und überlegte, ob er lügen sollte.

»Nein…nur Ada. Die hatte Klasse.« Er war voller Selbstmitleid. Er sah zu Binns an der Tür, der alles aufschrieb.

»Klasse?« fragte Pitt zweifelnd.

»Ja!« Costigans Kopf schoß nach vorn. »Zog sich nett an. Machte sich die Haare hübsch. Brachte den Männern Spaß. Das mögen die. Manche Mädchen sind hübsch, aber dumm. Ada war nich doof und auch nich auf den Mund gefallen.« Er warf die Schultern zurück und sah Pitt angeberisch an. »Und wie ich schon sagte, sie zog sich nett an. Gut genug für das West End. Nich so wie manche von den Mädchen hier, die aussehn, als hätten sie keine Ahnung, wie eine Dame sich anzieht.«

Binns an der Tür stöhnte auf.

Costigan verstand das als Skepsis.

»So war sie, wirklich!« sagte er verärgert. »Mit dem rotschwarzen Kleid sah sie so gut wie jedes andere Mädchen in der Gegend am Haymarket aus, und sie hatte neue Stiefel mit Perlmuttknöpfen. Die kosten ein Vermögen, solche Stiefel. Die Huren hier in der Gegend haben so was nicht.«

»Stiefel?« fragte Pitt und spürte eine gewisse Erregung in der Brust, während ihm gleichzeitig die tragische Dimension wieder bewußt wurde.

»Ja, Stiefel«, sagte Costigan unwirsch und begriff nicht, was er gesagt hatte.

»Wann haben Sie die gesehen, Mr. Costigan?« fragte Pitt mit einem Blick auf Binns, um sich zu vergewissern, daß der mitschrieb.

»Was? Weiß ich doch nich. Wieso?«

»Denken Sie nach!« befahl Pitt ihm. »Wann haben Sie die Stiefel gesehen?«

»Was soll das? Ich hab sie gesehen. Na und?« Costigan war jetzt aufgeregt, seine Augen glänzten. Seine Hände waren verkrampft, und auf der Oberlippe standen Schweißperlen.

»Ich glaube Ihnen, daß Sie sie gesehen haben«, sagte Pitt. »Ich denke, Sie sind am Hyde Park gewesen, vielleicht mit dem Gedanken, dort ein neues Revier zu eröffnen. Vielleicht hatten Sie auch bereits den Verdacht, daß Ada sich dort unabhängig gemacht hatte, und Sie haben den dicken George getroffen. Und der hat Ihnen erzählt, daß Ada dort tatsächlich Kunden hatte und recht erfolgreich war. Sie haben erkannt, daß sie Sie hinterging, und haben sie dann hier zur Rede gestellt. Sie hat Ihnen gesagt, sie brauche Sie nicht, Sie könnten lange auf Ihren Anteil warten. Sie haben versucht, ihr ein wenig weh zu tun, aber sie hat sich dagegen gewehrt. Sie haben die Geduld verloren, und in der Auseinandersetzung haben Sie sie getötet. Wahrscheinlich hatten Sie das nicht geplant, aber Ihre Eitelkeit war verletzt. Vielleicht hat sie Sie ausgelacht. Sie haben zu fest zugedrückt, und bevor Sie es merkten, war sie tot.«

Costigan starrte ihn an, sein Entsetzen war so groß, daß er nicht sprechen konnte, sein Gesicht war angstverzerrt.

»Und als Sie es merkten«, fuhr Pitt fort, »haben Sie ihr ein Strumpfband um den Arm gebunden und die neuen Stiefel aneinandergeknüpft, um den Anschein zu erwecken, es sei ein Kunde mit der Neigung zum Sadismus oder ein Fetischist gewesen, und sind gegangen.«

Costigan schluckte trocken. Sein Mund und seine Lippen waren wie ausgedörrt, sein Gesicht aschfahl.

»Sie wurden gesehen«, fuhr Pitt fort, der so schnell wie möglich zum Ende kommen wollte. »Ich glaube, wenn wir Rose Burke fragen, wird sie Sie identifizieren. Und Nan Sullivan wird wohl Ihren Mantel erkennen. Sie war Näherin und hat ein gutes Auge für Stoffe. Albert Costigan, ich verhafte Sie wegen Mordes an Ada McKinley ...«

Costigan stieß einen verzweifelten Seufzer aus. Zu entsetzt, um etwas zu sagen, sackte er in seinem Stuhl zusammen.

7.

Kapitel

»Gott sei Dank.« Cornwallis lehnte sich in seinem Sessel in der Theaterloge zurück und sah Pitt an. Charlotte und ihre Mutter Caroline saßen am anderen Ende und beugten sich nach vorne über die Brüstung, um das Kommen und Gehen der Leute unten im Parkett zu beobachten. Es war die Pause nach dem ersten Teil der Vorführung. Joshua Fielding, Carolines neuer Ehemann, war der Star des Stücks. Pitt hatte Bedenken gehabt, wie Cornwallis auf die Tatsache reagieren würde, daß Pitts Schwiegermutter in zweiter Ehe einen Schauspieler geheiratet hatte, der beträchtlich jünger war als sie. Doch falls Cornwallis das ungewöhnlich fand, war er zu höflich, um sich etwas anmerken zu lassen.

Ebenso unmöglich war es zu erkennen, was er von dem Stück hielt, einem zutiefst emotionalen und ziemlich gewagten Drama, das verschiedene kontroverse Fragen aufwarf. Wenn Pitt das bewußt gewesen wäre, hätte er seinen Vorgesetzten nicht dazu eingeladen. Bei Micah Drummond war das anders gewesen. Den kannte er gut genug, kannte auch seine Leidenschaften und Verletzlichkeiten und wußte ganz genau, was ihm widerstreben würde und was nicht. Cornwallis war ihm immer noch fremd. Sie arbeiteten noch nicht lange zusammen, nur an diesem einen gemeinsamen Fall, der, wie sich nun herausstellte, nicht so ungewöhnlich schien und nicht die Gefahren barg, die man zunächst dahinter vermutet hatte. Man hätte Pitt nicht hinzuziehen müssen. Doch natürlich konnte man das am Anfang nicht wissen.

Cornwallis strich sich mit der Hand über den Kopf und lächelte leicht. »Ich gestehe, ich dachte, daß dieser Fall höchst unangenehm sein würde«, sagte er mit einem erleichterten Seufzen. »Wir hatten großes Glück, daß es der Zuhälter der Frau war – gewissermaßen eine familiäre Angelegenheit.« Eine Falte zeigte sich auf seiner Stirn. Die Erleichterung war nicht so groß, wie seine Worte vermuten ließen. Er war makellos gekleidet, mit Frack und blütenweißem Hemd, doch auch die Eleganz seiner Kleidung konnte nicht über eine Anspannung hinwegtäuschen, die noch immer in ihm steckte.

Charlotte und Caroline lehnten Schulter an Schulter an der Brüstung und blickten in den Saal.

»War es einfach ein unglücklicher Zufall, daß wir FitzJames verdächtigt haben?« fragte Cornwallis leise, so daß niemand mithören konnte. Fast schien es, als spräche er gegen seinen Willen darüber.

»Ich glaube eigentlich nicht an unglückliche Zufälle dieser Art«, erwiderte Pitt bedächtig. Auch er war erleichtert, daß Costigan als Täter entlarvt worden war, aber es gab Aspekte in dem Fall, die ihn immer noch bedrückten, und zu viele Fragen, die auch durch Costigans Verhaftung nicht beantwortet wurden.

»Welche war die ursprüngliche Anstecknadel?« fragte Cornwallis, als könne er Pitts Gedanken lesen. »Die erste oder die zweite? Oder waren beide Originale, weil FitzJames sie hat machen lassen?«

Aus der Loge nebenan hörten sie Lachen und einen überraschten Ausruf. Vom Saal drang Stimmengemurmel zu ihnen herauf.

»Ich weiß es nicht«, sagte Pitt. »Helliwell hatte die ersten Anstecknadeln machen lassen und sagt, er hat vergessen, bei welchem Juwelier er war. Seine eigene kann er nicht mehr finden.«

»Und die anderen beiden Mitglieder?« fragte Cornwallis.

»Die behaupten, daß sie den Namen des Juweliers nie kannten und sie ihre eigenen Anstecknadeln verloren haben.« Pitt zuckte mit den Achseln. »Ich vermute stark, daß FitzJames die zweite hat machen lassen, um seine Unschuld zu beweisen oder um wenigstens Zweifel an der Schuldfrage zu wecken.«

»Dann war also die Nadel, die Sie in der Pentecost Alley gefunden haben, seine?« fragte Cornwallis rasch und sah Pitt an. Die Zwanglosigkeit war verschwunden. »Was hat das mit Costigan zu tun? Das verstehe ich nicht.«

»Ich auch nicht«, gestand Pitt. Als er weitersprechen wollte, klopfte es an der Logentür, und einen Moment darauf kam Micah Drummond herein. Er begrüßte Charlotte und Caroline, und sobald den Förmlichkeiten Genüge getan war, wandte er sich Pitt und Cornwallis zu. Er war ein großer, schlanker Mann mit sanftem, adlergleichem Gesicht. Sein höfliches Auftreten und eine erlernte Selbstbeherrschung kaschierten seine ihm eigene Scheu.

»Meinen Glückwunsch«, sagte er zu beiden mit Herzlichkeit. »Ein potentiell sehr unangenehmer Fall glatt gelöst. Und es ist Ihnen gelungen, das meiste vor der Presse geheimzuhalten, zum Glück. Ich habe gehört, daß FitzJames sehr zufrieden ist.« Er lachte auf. »Wahrscheinlich wäre ›dankbar‹ ein zu starkes Wort für diesen Mann, aber er wird sich daran erinnern. Möglicherweise erweist er sich in Zukunft als Verbündeter.«

»Nur wenn unsere Feinde auch seine sind«, sagte Cornwallis trocken. »Er ist einer der Menschen, die sich an einen Affront erinnern, es aber leicht vergessen, wenn man ihnen einen Dienst erweist. Nicht, daß wir ihm einen Gefallen tun wollten mit der Art, wie wir den Fall gehandhabt haben!« fügte er hastig hinzu. »Wenn Pitt nachgewiesen hätte, daß sein Sohn der Täter war, hätte ich ihn ohne zu zögern verhaftet, so wie Costigan auch.«

Micah Drummond lächelte.

»Da bin ich mir ganz sicher. Dennoch bin ich froh, daß sich das als unnötig herausgestellt hat.« Er sah Pitt an und dann wieder Cornwallis. »Wir können nichts dagegen unternehmen, wenn sich in einer Familie der gehobenen Gesellschaft eine Tragödie ereignet, aber es ist immer eine jammervolle Angelegenheit.«

Pitt dachte an die tragischen Ereignisse, die das Leben von Eleanor Byam, der zweiten Frau von Drummond, aus der Bahn geworfen hatten. Die Aufregung und der Schmerz dieser Erfahrung, das schreckliche Ende und Pitts Verständnis für Drummonds Gefühle hatten ein Band zwischen ihnen geschmiedet. Dergleichen fehlte bisher in dem Respekt, den er für Cornwallis empfand.

Drummond wechselte ein paar Worte mit Charlotte, machte Caroline ein Kompliment über Joshuas Schauspielkunst und verließ dann die Loge.

Pitt und Cornwallis waren im Begriff, ihr Gespräch wiederaufzunehmen, als es wieder an der Tür klopfte und Vespasia mit erhobenem Kopf hereinmarschierte. Sie sah grandios aus. Sie hatte beschlossen, in großer Garderobe aufzutreten, und trug lavendelfarbene und stahlgraue Seide. An jeder anderen würde das kühl wirken, doch mit ihrem silbernen Haar und den Diamanten an Ohren und Hals sah sie großartig aus.

Pitt und Cornwallis erhoben sich automatisch.

»Faszinierend, meine Liebe«, sagte Vespasia zu Caroline. »Was für ein bezaubernder Mann! Welch eine Ausstrahlung.«

Caroline errötete, wurde sich dessen bewußt und errötete noch mehr.

»Danke«, sagte sie zögernd. »Ich finde auch, daß er ziemlich gut ist.«

»Er ist superb«, wies Vespasia sie zurecht. »Die Rolle ist ihm wie auf den Leib geschrieben. Guten Abend, Charlotte. Guten Abend, Thomas. Sicherlich bist du zufrieden mit dir? Guten Abend, John.«

»Guten Abend, Lady Vespasia.« Cornwallis verneigte sich leicht. Er wirkte erfreut und zugleich etwas steif. Pitt sah ihn an und erkannte an seinem Gesichtsausdruck, daß er sich der verwandtschaftlichen Verbindung zwischen Charlotte und Vespasia bewußt war. Es überraschte ihn nicht, sie zu sehen, was sonst der Fall hätte sein müssen.

»Ganz außergewöhnlich«, fuhr Vespasia fort, hob leicht die eine Schulter und sah sich nicht bemüßigt zu erklären, worauf sie sich bezog. Sie sah Caroline mit einem charmanten Lächeln an. »Ich bin so froh, daß ich gekommen bin. Und ihr dürft nicht denken, daß die Entscheidung so ausfiel, weil die Alternative eine schrecklich gewichtige Wagneroper war, mit Göttern und Schicksal. Zum Scheitern verurteilte Liebesgeschichten gefallen mir auf italienisch besser. Außerdem höre ich lieber etwas über menschliche Schwächen, von denen ich etwas verstehe, als über ein Schicksal, von dem ich nichts verstehe, oder über Vorbestimmung, an die ich nicht glaube. Ich weigere mich, daran zu glauben. Sie leugnet alles, was Menschlichkeit ausmacht, was immer man damit meint.«

Caroline wollte eine höfliche Erwiderung geben, sah dann aber davon ab. Es war nicht nötig, und keiner, am wenigsten Vespasia, erwartete es.

»Und ich könnte es nicht ertragen, Augustus FitzJames dabei zu beobachten, wie er seine Federn spreizt«, fuhr Vespasia fort. »Ich weiß nicht, ob ihm Wagner wirklich gefällt oder ob er es für das passende Zeichen des guten Geschmacks hält, aber er geht in jede Oper, immer zur Premiere, mit seiner Frau, die sich eine halbe südafrikanische Diamantenmine um den Hals hängt. Der Anblick seines Gesichts ist noch schlimmer als das Gekreisch von Brünnhilde oder Sieglinde oder Isolde oder wer es auch sein mag. Aber es wäre interessant, die Zuschauer zu beobachten, um zu sehen, ob jemand besonders schlechter Laune ist.«

»Wieso?« fragte Pitt verwirrt.

Sie sah ihn unter schweren Augenlidern hervor an. »Nun, mein lieber Thomas, jemand hat sich große Mühe gegeben, Mr. FitzJames' Familie in den Ruin zu stürzen, ohne Erfolg. Dieser elendige kleine Costigan hat das Mädchen vielleicht umgebracht, aber glaubst du wirklich, daß es seine Idee war, das dem jungen FitzJames anzuhängen? Woher soll ein solcher Mann die Anstecknadel eines Clubs und einen Manschettenknopf bekommen? Meinst du, sie kennen sich?« Sie fragte das nicht sarkastisch, sondern erwog die Möglichkeit ernstlich.

»Ich weiß es nicht«, erwiderte Pitt. »Es erscheint mir nicht sehr wahrscheinlich, aber es gibt noch eine Menge offener Fragen. Morgen werde ich ihn noch einmal verhören. Von der Beweislage, wie sie sich im Moment darstellt, gibt es keinen Hinweis mehr darauf, daß Finlay FitzJames überhaupt etwas mit der Sache zu tun hatte, weder direkt noch indirekt.«

»Wie sind dann die Nadel und der Manschettenknopf dorthin gekommen?« fragte Charlotte neugierig. »Meinst du, Ada hatte sie gestohlen?«

»Ich weiß es nicht«, wiederholte Pitt. »Vielleicht hat Finlay sie bei einer anderen Gelegenheit dort liegengelassen, oder ein anderer hatte sie dabei.« Er sah Jago Jones vor sich, es war ein eindringlicher, bedrückender Gedanke.

»Ich wünschte, es wäre einfach ein unglücklicher Zufall gewesen«, sagte Vespasia mit einem kleinen Kopfschütteln. »Zumindest glaube ich, daß ich mir das wünsche. Für mich ist Augustus FitzJames einer der unangenehmsten Männer, die ich kenne. Ich kann ihn manchmal verstehen, aber im Herzen ist er ein brutaler Machtmensch.«

Sie hörten das ferne Klingelzeichen zum Pausenende. Hier und dort öffneten sich die Türen von Logen, durch die Frauen in bunten Seidengewändern hereinschwebten, während sich die Männer erhoben. Langsam nahmen die Zuschauer wieder ihre Plätze ein. Das Gemurmel wurde leiser, bis es nur noch ein Flüstern war.

Vespasia lächelte. »Es hat mich sehr gefreut, euch zu sehen, aber da ich diesmal ins Theater gekommen bin, um die Vorstellung zu sehen, will ich auf meinem Platz sitzen, wenn der Vorhang aufgeht.« Sie verabschiedete sich und verließ die Loge unter dem Rascheln von Seide und dem Duft von Jasmin.

Cornwallis setzte sich wieder und sah Pitt an.

»Wir müssen herausfinden, woher die Dinge kamen, die Fitz-James gehören, und wie sie in Adas Zimmer gelangt sind«, sagte er flüsternd. »Nachdem wir Costigan jetzt unter Anklage gestellt haben, wird FitzJames eine Klärung darüber verlangen, wer ihn belasten wollte und ob Costigan benutzt wurde. Ihre Arbeit ist noch nicht beendet, fürchte ich.« Er zog die Augenbrauen hoch und kam näher, als die Lichter ausgingen. »Es war ein ziemlich wilder Einfall, FitzJames mit einem Verbrechen in der Pentecost Alley in Verbindung bringen zu wollen. Woher wußte derjenige, daß FitzJames kein Alibi hatte? Die meisten Männer seines Alters verbringen ihre Abende in Gesellschaft. Die Chance, daß er allein sein und sich nicht erinnern würde, wo er gewesen war, ist doch ... weiß der Himmel ... verschwindend gering!«

Als der Vorhang hochging, flüsterte er noch leiser. »Ich habe das unangenehme Gefühl, Pitt, daß es jemand war, der ihm nahesteht. Sie sollten, wenn möglich, herausfinden, welche der zwei Anstecknadeln das Original ist.« Er seufzte. »Und wenn Finlay die andere hat nachmachen lassen, und sein Vater das absichtlich übersieht, dann können wir nichts machen.« Sein Ton war voller Ärger und Bedauern. Er brauchte nicht zu sagen, wie sehr er es verabscheute, daß seine Prinzipien kompromittiert wurden.

Eine weitere Unterhaltung war unmöglich, da die Höflichkeit sie verpflichtete, sich den zweiten Akt anzusehen. Es nicht zu tun, hätte Caroline gekränkt. Sie setzten sich bequem hin. Charlotte warf Pitt einen besorgten Blick zu, Caroline sah gebannt auf die Bühne, und Cornwallis ließ sich zurücksinken, glättete seine Stirn und verbannte den Fall in der Pentecost Alley vorübergehend aus seinen Gedanken.

»Weiß nich!« sagte Costigan verzweifelt. »Davon weiß ich gar nichts!«

Er saß in einer Zelle im Gefängnis von Newgate. Pitt stand bei der Tür und wollte feststellen, ob Costigan die Wahrheit sagte oder log – sei es aus Gewohnheit oder in der Hoffnung, der Strafe zu entgehen. Es nützte nichts. Er würde gehängt werden, weil er

Ada ermordet hatte. Alles andere war Teil der Ermittlungen, deren Zweck es war, das verbleibende Geheimnis zu lüften.

Seine zusammengekauerte Gestalt wirkte ohne die maßgeschneiderten Kleider und das gestärkte Hemd viel kleiner. Jetzt trug er ein altes, graues und zerknittertes Jackett, das aussah, als hätte er es beim Schlafen getragen. Bei diesem Anblick fiel es Pitt schwer, ihm die harte Wahrheit zu sagen, obwohl das unsinnig war. Costigan wußte sie auch so. Eine andere Wendung der Ereignisse war, nachdem er zugegeben hatte, daß er die Stiefel kannte, ausgeschlossen gewesen. Er war überführt worden und hatte das auch einschließlich der Konsequenzen begriffen, als er Pitts Gesicht sah und sein eigenes Geständnis verstand.

Dennoch stellte sich ein anderes Realitätsgefühl ein, wenn man die Dinge in Worte kleidete. Alle Hoffnung war geschwunden, selbst ein geflüstertes Leugnen, weil man sich der Wirklichkeit nicht stellen mochte, war nicht mehr möglich.

»Weiß nich«, wiederholte Costigan und starrte auf den Fußboden. »Die verdammte Anstecknadel hab ich nie gesehen, auch den Manschettenknopf nich. Das schwör ich.«

»Der Manschettenknopf war in der Sesselritze versteckt«, sagte Pitt, »aber die Anstecknadel lag unter ihrer Leiche, auf dem Bett. Kommen Sie, Costigan! Wie lange konnte sie dort liegen, ohne daß einer sie bemerkt hätte? Da ist eine Nadel dran, gut einen Zentimeter lang, und sie war nicht geschlossen.«

Costigan hob den Kopf. »Dann war es ihr letzter Kunde! Is doch klar. Wie soll ich denn wissen, wie die dahingekommen is? Vielleicht hat er sie ihr gezeigt? Oder sie hat damit angegeben, daß sie sie gestohlen hat, und hat sie ihm gezeigt?«

Pitt dachte einen Moment darüber nach. Die erste Mutmaßung war unwahrscheinlich, weil dann jemand Finlays Sachen in Adas Zimmer genau an dem Abend deponiert hätte, als sie ermordet worden war – und zwar von Costigan und nicht vorsätzlich –, was ein außergewöhnliches Zusammentreffen gewesen wäre. Daß Costigan ihren Betrug entdecken und in Wut geraten würde, war nicht vorhersehbar.

Oder doch? Hatte jemand dem dicken George Geld geboten, damit er es Costigan genau an dem Tag sagen würde? Und war dieser Jemand dann Costigan nach Whitechapel gefolgt und ...

»Was?« wollte Costigan wissen und musterte Pitts Gesicht. »Was is? Wissen Sie was?«

Nein. Keiner, der Macht und eine gewisse Intelligenz hatte,

würde sich dem dicken George ausliefern und ihn benutzen, nicht bei allem Haß auf FitzJames. Es war viel zu komplex und hing von zu vielen Menschen ab: dem dicken George, Costigan und einem weiteren, der die Beweismittel hinterlegen mußte. Keiner würde dieses Risiko tragen.

»Nichts«, sagte er. »Hat Ada gestohlen? Sie hatten angedeutet, daß sie die Nadel jemandem gezeigt haben könnte. Haben Sie ihr nicht beigebracht, nicht zu stehlen? Das ist gefährlich, und außerdem schlecht fürs Geschäft.«

Costigan starrte ihn mit bleichem Gesicht und angsterfüllten Augen an.

»Ja, natürlich hab ich das. Das heißt aber nich, daß sie sich immer dran gehalten hat, oder? Ich hab auch gesagt, sie soll nich betrügen. Hat sie aber trotzdem gemacht. Blöde Ziege!« Seine Miene drückte Bedauern aus, das mehr war als reines Selbstmitleid. Es lag echte Traurigkeit darin. Vielleicht hatte die alte Madge recht und er hatte sich selbst zu Ada hingezogen gefühlt, mochte sie vielleicht wirklich gern. Dann hätte ihr Betrug ihn um so mehr geschmerzt, es wäre eine persönliche Angelegenheit gewesen, nicht nur eine geschäftliche. Es würde erklären, warum er so sehr in Rage geraten war, als seine Gefühle, die er selten genug zeigte, so geschmäht wurden. Es war tatsächlich eine Familienangelegenheit.

»Hat sie vorher schon mal gestohlen?« fragte Pitt, dessen Stimme nicht mehr verärgert klang.

Costigan starrte wieder auf den Boden. »Nein, nein, dazu war sie zu helle, die Ada, um einen Freier zu bestehlen. Gut behandelt hat sie sie. Viele kamen regelmäßig. Sie war gut zu haben. Hat ihren Spaß mit ihnen gehabt. Sie war Klasse.« Tränen liefen ihm das Gesicht herunter. »Sie war ein gutes Mädchen, dumme Ziege. Ich hab sie gern gehabt. Sie hätte mich nicht betrügen dürfen. Ich hab sie gut behandelt. Warum hat sie mich so weit gebracht? Jetzt sind wir beide am Ende.«

Pitt bedauerte ihn. Es war eine dumme und überflüssige Tragödie, die durch Gier und verletzte Gefühle entfesselt worden war und durch das ungezügelte Temperament eines Mannes, dessen Ambitionen seine Fähigkeiten überstiegen. Und beide waren von dem dicken George benutzt worden, einem Mann, der schlauer und grausamer war. Und vielleicht stand dahinter ein anderer, der noch gerissener und kaltblütiger war.

»Kennen Sie FitzJames?« fragte er.

»Nein...« Costigan war zu sehr versunken in sein Unglück, um böse zu werden. Er sah auch nicht auf. Es interessierte ihn nicht mehr.

»Hat jemand mal Ihnen gegenüber den Namen erwähnt? Denken Sie nach!«

»Keiner, außer Ihnen«, sagte Costigan desinteressiert. »Was haben Sie denn mit diesem FitzJames? Ich weiß nich, wie seine Sachen in Adas Zimmer gekommen sind. Wahrscheinlich hat jemand sie gestohlen und dann da vergessen. Wie soll ich das wissen? Fragen Sie doch seine Freunde, oder seine Feinde. Ich weiß nur, daß ich es nich war.«

Mehr konnte Pitt nicht aus ihm herausbekommen. Er würde keine härtere Strafe bekommen als die, die ihm ohnehin bevorstand. Und es gab keine Belohnung, die ihm auch nur im entferntesten nützen würde. Daher glaubte Pitt ihm, daß er nicht mehr wußte.

Er verließ den feuchten Backsteinbau des Gefängnisses und trat in die Hitze des Augustnachmittags. Doch es dauerte lange, bis das Frösteln ihn verließ, die Kälte im Inneren, die die Begegnung mit Verzweiflung und tiefreichendem Unglück hervorrief.

Um halb sechs kam er in der Devonshire Street an und bat den freundlichen Butler um die Gelegenheit, Mr. Finlay FitzJames zu sprechen. Er brauchte nicht zu warten, sondern wurde sofort über einen langen Flur mit Parkettfußboden in die Bibliothek geführt, wo Finlay und Augustus an einem offenen Fenster saßen, das zum Garten hinausging. An den rankenden Geißblattblüten vorbei konnte man einen Zipfel von hellem Musselin sehen. Tallulah schwang sanft auf einer Gartenschaukel hin und her, die Augen geschlossen, das Gesicht ganz selbstvergessen der Sonne zugewandt. Kein Wunder, daß ihre Haut viel dunkler war, als es für schicklich angesehen wurde.

»Gibt es noch mehr, Oberinspektor?« fragte Augustus neugierig. Er schloß das Buch, einen schweren Band, dessen Schrift so klein war, daß Pitt sie auf dem Kopf nicht lesen konnte, ließ es aber auf dem Schoß so liegen, als wolle er die Lektüre jeden Moment wiederaufnehmen.

»Sehr wenig«, erwiderte Pitt mit einem Blick auf Finlay, der ihn interessiert beobachtete. Da Costigan jetzt verhaftet und angeklagt war, wirkte Finlay ganz entspannt, fast arrogant. Er war salopp gekleidet, das dichte Haar war in Wellen aus dem Gesicht gekämmt, sein Ausdruck war höflich und selbstbewußt.

»Warum sind Sie dann gekommen, Mr. Pitt?« fragte er und sah auf, bot Pitt aber keinen Stuhl an. »Wir wissen wirklich gar nichts über die ganze traurige Angelegenheit. Das haben wir Ihnen ja auch, wenn Sie sich erinnern, gleich zu Anfang gesagt. Sicherlich wollen weder mein Vater noch ich über jeden Ihrer Schritte informiert werden. Es ist alles etwas öde und ziemlich schäbig.«

»Schäbig ist es wirklich«, stimmte Pitt ihm zu und ärgerte sich über Finlays Arroganz. Fast vergaß er, daß er Costigan ebenso sehr verachtete. Pitt setzte sich unaufgefordert. »Aber es ist nicht öde«, fügte er hinzu. »Es ist äußerst ungewöhnlich.«

»Wirklich?« Finlay zog die Augenbrauen in die Höhe. »Ich dachte, es passiert recht häufig, daß Prostituierte geschlagen und ermordet werden, besonders im East End.«

Pitt hatte Mühe, seine Stimme unter Kontrolle zu halten. Die Gleichgültigkeit gegenüber dem Tod machte ihn wütend, egal wessen Tod es war: Adas, Costigans, ganz gleich.

»Das Motiv tritt recht häufig auf, Mr. FitzJames.« Er versuchte, seiner Stimme einen neutralen Klang zu geben, doch konnte er eine Spur Sarkasmus nicht verhindern. »Doch es ist ungewöhnlich, am Tatort die persönlichen Dinge eines Mannes wie Ihnen vorzufinden, wo Sie doch keinerlei Verbindung zu dem Opfer oder dem Verbrechen haben.«

»Nun, wie Sie inzwischen wissen, habe ich in der Tat keine Verbindung dazu.« Finlay lächelte, seine Augen waren klar. »Es war ihr Zuhälter. Ich dachte, daß sei zweifelsfrei erwiesen. Wenn Sie gekommen sind, um zu fragen, wie eine Anstecknadel, die wie meine aussieht, dorthin gelangt ist, dann kann ich nur sagen, ich wußte das am Anfang nicht und weiß es auch jetzt nicht.«

Pitt knirschte mit den Zähnen.

»Und es macht Ihnen nichts aus, Sir?« fragte er und musterte Finlays attraktives Gesicht mit dem offenen Blick. »Die Anstecknadel befand sich im Bett, die Nadel war nicht geschlossen. Sie kann nicht lange dort gewesen sein, vielleicht eine halbe Stunde höchstens.«

»Wenn Sie andeuten wollen, daß Finlay eine halbe Stunde vor dem Mord dort war«, unterbrach Augustus eisig, »dann irren Sie nicht nur, Oberinspektor, sondern Sie sind auch unverschämt, überschreiten Ihre Befugnisse und nutzen unsere Gutmütigkeit aus.«

»Keineswegs«, erwiderte Pitt. Vielleicht wußte Finlay nicht, warum Pitt gekommen war, aber Augustus mußte es erraten haben. Warum tat er so, als sei er verärgert oder verstünde nicht? Pitt hatte keinen Dank erwartet, aber diese stachelige Verstellung auch nicht. »Ich bin überzeugt, daß sein Alibi für den Abend der Wahrheit entsprach. Daß er fälschlicherweise als derjenige identifiziert wurde, der in der Pentecost Alley gesehen worden war, ist leicht zu erklären ...«

Augustus war nicht interessiert, und auf keinen Fall wollte er sich einem Mann verpflichtet fühlen, der dem Rang nach unter ihm stand und nur seine Arbeit getan hatte.

»Wenn Sie auf etwas Bestimmtes hinauswollen, Oberinspektor, dann kommen Sie bitte zur Sache. Wenn Sie meinen Dank wollen, dann bin ich Ihnen verpflichtet, da Sie den Fall mit Diskretion behandelt haben. Mehr erwarten Sie sicherlich nicht von mir?«

Das war eine grobe Beleidigung.

»Selbst das habe ich nicht erwartet!« stieß Pitt hervor. »Ich tue meine Arbeit für mich, für sonst keinen. Es geht nicht darum, jemandem einen persönlichen Gefallen zu tun. Ich betrachte es aber als meine Aufgabe herauszufinden, wer die Dinge Ihres Sohnes am Tatort hinterlassen hat. Dies geschah vermutlich mit der Absicht, ihn zumindest in einen Skandal zu verwickeln und seinen Ruf zu schädigen, schlimmstenfalls wollte man ihn an den Strang bringen.« Er sagte die Worte deutlich und mit Vergnügen. »Ich hätte erwartet, Sie würden die Antwort darauf noch dringender wissen wollen als ich.«

Augustus' Augen wurden schmal. Offenbar hatte er eine solche Replik nicht erwartet, sie traf ihn unvorbereitet.

»Und wenn die Anstecknadel des Hellfire Clubs, die in Ihrer Jackentasche entdeckt wurde, das Original war, Sir«, fuhr Pitt zu Finlay gewandt fort, »dann hat jemand keine Mühe gescheut, Sie zu belasten. Daraus ergibt sich nicht nur die Frage, warum eine zweite Anstecknadel mit Ihrem Namen darauf hergestellt wurde, sondern auch, woher man wußte, wie sie genau aussehen mußte! Selbst ein Juwelier kann sie nur an dem winzigen Unterschied im Schriftzug auseinanderhalten.«

Finlay verlor die Fassung. Er wurde blaß, und das Selbstvertrauen schwand aus seinen nervös flackernden Augen. Langsam drehte er sich zu seinem Vater um.

Einen Augenblick lang geriet auch Augustus aus der Fassung. Er hatte keine Antwort parat und war über Pitt verärgert, weil dieser ihm dieses Unbehagen verursachte. Er verharrte mit zusammengepreßten Lippen.

Finlay atmete ein und wollte sprechen, sah Pitt an, dann seinen Vater und sagte nichts.

»Haben Sie die Anstecknadel nachmachen lassen, Sir?« fragte Pitt. »Unter den Umständen wäre es verständlich und würde auch vor Gericht keiner Erklärung bedürfen.«

»N-nein«, stammelte Finlay und schluckte. »Nein, ich nicht.« Inzwischen wirkte er zutiefst bedrückt.

An der hinteren Wand schlug eine Standuhr die Viertelstunde. Durch das Fenster konnte man immer noch Tallulah auf der Gartenschaukel sehen.

»Ich habe das getan«, sagte Augustus schließlich. »Was die erste Anstecknadel angeht, so kann ich nur annehmen, daß sie, wie mein Sohn schon sagte, vor Jahren gestohlen wurde oder verlorenging. Desgleichen der Manschettenknopf. Seit fünf Jahren hat keiner ihn gesehen. Man kann nur annehmen, daß dieselbe Person beide hatte.«

»Und die Dienste Ada McKinleys in Anspruch nahm und beide Dinge dort gelassen hat, entweder bei derselben Gelegenheit oder bei zwei verschiedenen?« führte Pitt aus und konnte den Zweifel in seiner Stimme nicht unterdrücken.

Augustus' Miene sagte nichts, nur ein kleiner Anflug von Wut war zu sehen und gleich wieder verschwunden.

»So scheint es«, sagte er kühl.

Pitt wandte sich an Finlay.

»Dann grenzt das die Möglichkeiten erheblich ein«, argumentierte er. »Es können nicht viele Ihrer Bekannten die Gelegenheit gehabt haben, zwei so intime Gegenstände entweder zu finden oder zu stehlen, um sie dann zufällig in der Pentecost Alley am Abend, als Ada ermordet wurde, liegenzulassen.«

»Der Manschettenknopf kann schon lange da gelegen haben«, erinnerte Augustus, das Gesicht vor Zorn angespannt. »Sie sagten, man konnte ihn nicht sehen, er habe in der Polsterritze des Sessels gesteckt. Er kann seit Jahren dort gewesen sein.«

»Richtig«, stimmte Pitt ihm zu. »Während die Anstecknadel erst seit dem letzten Kunden dort gelegen haben kann. Jeder, der sich in dieses Bett legte, hätte sie gefühlt.«

»Sehr verwirrend, alles in allem«, gab Augustus zu. »Aber bei diesem Problem kann Ihnen meine Familie nicht helfen. Und ehrlich gesagt, da Sie zweifelsfrei wissen, wer die arme Frau umgebracht hat, hätte ich gedacht, daß Sie Besseres mit Ihrer Zeit anzufangen wüßten. Es ist Ihrem Rang doch wohl kaum angemessen, sich mit dem möglichen Diebstahl eines Manschettenknopfes und einer Anstecknadel zu befassen, deren Wert in beiden Fällen kaum eine oder zwei Guineen übersteigt und die beide leicht ersetzt werden können. Mein Sohn erhebt keine Anklage wegen Diebstahls, noch haben wir den Verlust je gemeldet, und schon gar nicht haben wir darum gebeten, daß Sie sich der Sache annehmen.« Er griff wieder nach dem Buch, ließ es aber geschlossen. »Danke für Ihre Anteilnahme, aber wir sähen es lieber, wenn Sie Ihre Bemühungen auf die Gewalt in unseren Straßen lenken oder wertvollen Besitz gegen Diebe schützen würden. Ich danke Ihnen für Ihren Besuch, Oberinspektor.« Er griff nach dem Klingelzug, um einen Diener herbeizurufen, der Pitt zur Tür bringen sollte.

»Mit Eigentum habe ich nichts zu tun«, sagte Pitt und blieb auf seinem Platz sitzen. »Sondern nur mit dessen Verwendung im Zusammenhang mit dem Versuch, Sie zu belasten.« Er sah Finlay an. »Es scheint, daß Sie einen einflußreichen und erbitterten Feind haben, Sir. Die Polizei möchte Ihnen dabei helfen, ihn zu entdecken und, wenn nötig, vor Gericht zu bringen.«

Finlay war weiß wie die Wand, auf seinem Gesicht standen feine Schweißperlen. Er schluckte, als hätte er etwas im Hals.

»Ich habe viele Feinde, Oberinspektor«, fuhr Augustus dazwischen, doch sein Ton war verhalten. »Das ist der Preis für Erfolg. Es ist unangenehm, aber ich fürchte mich nicht davor. Der Versuch, meinen Sohn zu ruinieren, ist fehlgeschlagen. Sollten weitere Versuche unternommen werden, werde ich selbst darauf antworten und mich angemessen verteidigen. So habe ich es immer gemacht. Ich danke Ihnen für Ihre Sorge um unser Wohlergehen und Ihren Einsatz für die Gerechtigkeit.« Diesmal zog er an der Klingel. »Der Diener wird Sie hinausbegleiten. Auf Wiedersehen.«

Pitt war mit dem Ergebnis in diesem Fall keineswegs zufrieden, hatte aber nicht die Zeit, die offenen Fragen weiter zu verfolgen. Außerdem fiel ihm keine sinnvolle Ermittlungsstrategie ein. Wenn Augustus die zweite Anstecknadel in Auftrag gegeben hatte, gab es dafür eine Erklärung. Offen war aber nach wie vor, wie die erste in das Bett in der Pentecost Alley gelangt und wie sie in den Besitz desjenigen geraten war, der sie dort hingelegt hatte. Pitt konnte sich außerdem nicht vorstellen, daß der Manschettenknopf zufällig im selben Raum verlorengegangen war.

Möglicherweise war es ein Feind von Augustus FitzJames, der auf diesem brutalen und hinterhältigen Weg Rache suchte, doch schien es eher wahrscheinlich, daß sich diese Gelegenheit für einen Feind Finlays ergeben hatte. Die anderen Mitglieder des Hellfire Clubs waren die naheliegendsten Verdächtigen. Warum hatte der Club sich aufgelöst? Langeweile? Plötzliche Einsicht? Oder hatte sich für einen von ihnen die Gelegenheit des Aufstiegs ergeben, wofür ein gemäßigter Lebenswandel und ein besserer Ruf erforderlich waren? Hatte das dann alle zu der Erkenntnis gebracht, daß es an der Zeit war, diesen Ausschweifungen ein Ende zu setzen?

Oder hatte es Streit gegeben?

Pitt wurde die Vorstellung nicht los, daß es ein Streit gewesen war und daß Jago Jones die beste Gelegenheit hatte, etwas in Adas Zimmer liegenzulassen. Doch er erinnerte sich noch gut an Jagos Gesicht, als er ihn zum ersten Mal zu dem Mord befragte. Sah wieder das Entsetzen, als er ihm sagte, daß Finlays Anstecknadel im Bett der Ermordeten gefunden worden war.

Wußte Finlay vielleicht, wer ihn belasten wollte, wußte er auch den Grund? War es möglich, daß er, vielleicht mit Hilfe seines Vaters, seine eigene Rache plante?

Warum erzählte er dann nicht einfach Pitt davon und überließ es ihm, die nötigen Schritte zu unternehmen? Ein Verfahren wegen Diebstahls oder wegen der Hinterlassung von Gegenständen, die einem anderen gehörten, im Zimmer einer Prostituierten würde Jago Jones ruinieren. Es würde auch Helliwell ruinieren. Seine höchst respektablen Schwiegereltern wären entrüstet. Seine Kreise würden ihn fallenlassen. Das wäre eine dauerhafte und äußerst schmerzliche Bestrafung. Das Opfer würde unentwegt leiden, im voraus und im nachhinein. Welche Strafe könnte grausamer oder effektiver sein?

Wenn Augustus diesen Weg nicht beschritt, mußte es dafür Gründe geben. Wollte er den Betreffenden für immer mit einer Drohung in Schach halten? Oder ihn um eine Gegenleistung bitten, die so groß war, daß er dafür auf das Vergnügen, ihn zu schädigen, verzichtete?

Könnte Rache, wenn er sie nähme, auf ihn und seine Familie zurückfallen? War die aufsehenerregende und flatterhafte Tallulah in einem Punkt verletzbar?

Die Möglichkeit, daß Augustus die Tat verzeihen könnte, kam Pitt nicht in den Sinn.

Der August endete mit stickiger Hitze, die in den September hinein dauerte. Der Prozeß gegen Albert Costigan sollte bald beginnen. Zwei Tage vor seiner Eröffnung ging Pitt noch einmal nach Whitechapel, um Ewart und den Polizeiarzt Lennox zu sprechen. Sie trafen sich nicht auf der Wache, sondern in einem Wirtshaus in einer Seitenstraße der Swan Street, wo sie kalte Taubenpastete zum Abendessen bekamen. Dazu tranken sie Cider, zum Nachtisch gab es Pflaumenkuchen.

Sie sprachen über dies und jenes. Lennox erzählte eine lustige Geschichte von einem seiner Patienten im westlichen Teil des Bezirks, der sich kürzlich eine Badewanne gekauft und dann alle Nachbarn eingeladen hatte, um sie zu bewundern.

Ewart war sehr glücklich, weil sein ältester Sohn einen Studienplatz bekommen und die ersten Prüfungen bestanden hatte. Pitt war überrascht, daß der Junge in Whitechapel eine ausreichende Schulbildung erhalten konnte, die diesen Aufstieg ermöglichte, aber er sagte nichts darüber. Doch Ewart erklärte, daß er seinen Sohn aufs Internat geschickt hatte, wo eine ausgezeichnete Bildung gewährt wurde.

»Bildung, das ist das Entscheidende für einen Mann«, sagte er mit einem traurigen Lächeln, das bitter und süß zugleich war, und Pitt fragte sich, wie groß das Opfer bei Ewarts Gehalt gewesen sein mußte. Auch seine Frau hatte sicherlich auf vieles verzichtet. Er sah Ewart von einer neuen Warte aus und bewunderte ihn. Er mußte sein ganzes Leben gespart haben. Doch Pitt enthielt sich jeder Bemerkung, das wäre wie eine Einmischung gewesen. Er lächelte Ewart zu, doch dieser wandte den Blick ab und mied seine Augen, als sei er verlegen. Den Mord in der Pentecost Alley erwähnten sie erst, als sie das Wirtshaus verließen und langsam zur Themse gingen, wo der riesige Komplex des Tower of London seine Schatten warf. Die Abende wurden kürzer. Es war immer noch warm, aber es wurde schneller dunkel, und man spürte die Nähe des Herbstes. Man sah es an den welkenden Blumen und dem staubigen Boden, dem ein gründlicher Regenguß fehlte.

Auf dem begrünten Hügel unterhalb des Tower blieben sie stehen und sahen über den Fluß. Hinter ihnen senkte sich die Dunstglocke aus Rauch und Asche über die Stadt. Das Licht lag sanft und orange-golden auf dem Wasser und hüllte das gegenüberliegende Ufer in einen zarten Dunstschleier. Über ihnen war die Tower Bridge. Flußabwärts versperrte nichts den Weg zum offenen Meer.

»Werden Sie die Anstecknadel und den Manschettenknopf erwähnen?« wandte Pitt sich an Ewart. Das Thema mußte angesprochen werden. In zwei Tagen wurden die Zeugen vernommen. »Kommt mir nicht sehr sinnvoll vor«, sagte Ewart vorsichtig und sah Pitt von der Seite her an. »Scheint für das, was passiert ist, keine Bedeutung zu haben.«

»Ich war noch einmal bei FitzJames«, sagte Pitt und blinzelte in die Sonne. Der Widerschein auf dem Wasser wurde heller, ein leuchtender Lichtfleck, fast silbern dort, wo er das Wellengekräusel der vorüberziehenden Ausflugsboote berührte, dunkler an den Rändern, wo das Wasser ans Ufer schwappte. »Ich habe ihn gefragt, ob er den Auftrag für die zweite Anstecknadel gegeben hat.«

»Das habe ich von Anfang an angenommen.« Lennox spitzte die Lippen, sein Gesicht hatte immer noch den melancholischen Ausdruck, auch in der sanften, goldenen Abendluft. Das Licht hob die feinen Linien um den Mund und die Augen hervor, die Mitleid und Kummer dort eingegraben hatten. Pitt fragte sich, wie er wohl lebte, wo er wohnte, ob er jemanden hatte, dem sein Sorgen und Handeln galt, mit dem er lachte und die guten Dinge teilte oder dem er zumindest einige der Dinge erzählen konnte, die ihn bekümmerten.

Ewart sprach mit ihm, aber er hatte ihn nicht gehört.

»Was haben Sie gesagt? Es tut mir leid, ich habe nicht zugehört.«

»Hat FitzJames es zugegeben?« wiederholte Ewart. »Also ist das geklärt, oder? Dumm vielleicht, aber verständlich. Dann hat es keinen Sinn, es zu erwähnen. Es wirft nur Fragen auf, die wir nicht beantworten können und die jetzt ohne Bedeutung sind. Ich vermute, daß er tatsächlich mal dagewesen ist und sie dort verloren hat. Klar ist, daß es nicht an dem Abend war, und das allein ist wichtig.«

»Es war nicht Finlay«, sagte Pitt, »sondern sein Vater.«

»Kommt doch aufs gleiche raus.« Ewart tat den Punkt ab, doch ein Ausdruck des Ekels huschte über sein Gesicht und wurde gleich wieder unterdrückt.

»Costigan schwört, daß er nichts davon weiß«, sagte Pitt leise in die warme Stille hinein. Es machte ihm immer noch Sorgen, denn es ergab keinen Sinn. Er verstand Ewarts Gefühle. Er teilte sie.

»Vielleicht stimmt das auch«, sagte Lennox ruhig. »Ich glaube immer noch, daß FitzJames etwas mit Ada zu tun hatte – wenn

231

nicht mit ihrem Tod, dann wenigstens als Kunde. Ich glaube nicht, daß jemand ihn bestohlen hat. Wer würde das tun? Außer Ada selbst.«

»Einer seiner Freunde oder angeblichen Freunde«, sagte Ewart nach einem Moment. »Vielleicht eins der ursprünglichen Club-Mitglieder. Wir wissen nicht, wie sie wirklich zueinander standen. Da kann auch einiges an Neid dabeigewesen sein. Finlay hatte mehr Geld als die anderen und andere Chancen im Leben. Eines Tages wird er ein hohes Amt bekleiden, die anderen nicht.« In seiner Stimme schwang Zorn und eine Heftigkeit, die an dem lauen Spätsommerabend überraschte. Pitt dachte daran, wie leicht Finlays Chancen erkauft worden waren und zu welchem Preis Ewart sie für seinen Sohn erworben hatte, in wie vielen Dingen er Verzicht leisten mußte, um dafür zu bezahlen. Daher war es nicht überraschend, daß Ewarts Zorn sich regte, wenn er sah, wie Finlay seine Möglichkeiten vergeudete.

»Wir werden es nie erfahren.« Ewart nahm sich zurück, und seine Stimme klang wieder normal, nahm einen gleichförmigen, offiziellen Ton an. »Wir lösen einen Fall nie lückenlos. Es bleiben immer Motive und Handlungen ungeklärt. Wir haben den Täter, das ist das Wichtigste.« Er schob die Hände in die Taschen und blickte über das Wasser. Ein paar Kähne hatten schon die Ankerlichter angezündet und glitten, fast ohne Wellengang zu verursachen, vorbei.

»Es ist Teil des Verbrechens«, sagte Pitt, der nicht zufrieden war. »Jemand hat die Dinge dort hingelegt, und das heißt, daß es jemand anders gewesen sein muß, wenn es nicht Costigan war. Ein guter Verteidiger wird in dem Punkt nachhaken und Zweifel wecken.«

Lennox sah ihn direkt an, sein Gesicht lag halb im Schatten, halb im goldenen Licht der untergehenden Sonne. Überraschung und eine gewisse Bestürzung lagen darin.

Ewart runzelte die Stirn, die Lippen zusammengepreßt, die Augen dunkel.

»Es würde keinen Freispruch geben«, sagte er langsam. »Er ist eindeutig der Täter. Es liegt alles auf der Hand. Sie hat ihn hintergangen, und er hat das herausbekommen. Er ist zu ihr gegangen, um mit ihr zu sprechen, sie hat es nicht zugegeben, hat ihm vielleicht sogar gesagt, er solle verschwinden. Sie haben gestritten, und er hat die Beherrschung verloren. Ein sadistischer Kerl. Aber was sind das überhaupt für Männer, die von Prostituierten leben?«

Lennox gab einen Laut von sich, der traurig und wütend klang. Seine Schultern waren hochgezogen, als wären alle Muskeln in seinem Körper angespannt. Die Gesichtshälfte, die vom Sonnenlicht beschienen wurde, drückte tiefen Haß aus. Die andere Hälfte war praktisch unsichtbar.

Pitt erriet seine Gefühle. Lennox war derjenige gewesen, der Adas Leiche untersucht hatte, der sie berührt und genau gesehen hatte, was mit ihr geschehen war. Er mußte sie sich lebendig vorgestellt haben. Vielleicht wußte er auch, welche Schmerzen ihr durch die ausgerenkten Glieder und die Knochenbrüche zugefügt worden waren, welches Entsetzen sie erlebt hatte, als sie nach Atem rang. Sein eigenes Mitleid für Costigan schwand, als er die Gefühle des jungen Arztes in dessen Miene gespiegelt sah.

Pitt seufzte. »Mein Gefühl sagt mir, daß FitzJames weiß, wer ihn belasten wollte, oder glaubt es zu wissen, und eigenhändig Rache üben will«, sagte er leise.

Ewart zuckte mit den Achseln. »Wenn wir das nicht herausbekommen, warum dann er?« Er lachte, und es klang erstaunlich bitter. »Und wenn es ihm gelingt und man ihn dabei faßt, wird es mir zumindest nicht leid tun.«

Am westlichen Himmel verglühte das letzte Tageslicht und breitete ein Feuer über das Wasser aus, auf dem die schwarzen Schatten des Tower und der Brücke lagen. Die Flut kam herein. Doch die Luft war immer noch warm, und viele Menschen schlenderten umher, manche allein, andere Arm in Arm mit einem Begleiter. Ganz in der Nähe ertönte Lachen.

Ewart legte die Stirn in Falten. »Wir können sie nicht daran hindern, Sir.« Das »Sir« hob die Distanz zwischen ihm und Pitt hervor und beendete das Thema gewissermaßen. »Wenn die etwas wissen, dann haben sie sicherlich den Richtigen, und ich würde sagen, sie haben es verdient. Es ist eine scheußliche Sache, einen Mann an den Strang zu liefern für ein Verbrechen, das er nicht begangen hat.«

Sein Gesicht wirkte verschlossen und erschöpft, das Licht betonte seine Falten. »Und wenn Sie denken, Sie können Augustus FitzJames davon abhalten, seinen Feinden gegenüber seine persönliche Form von Gerechtigkeit anzuwenden, dann, verzeihen Sie, wenn ich das sage, aber dann wissen Sie einfach nicht, in was für einer Welt wir leben. Wenn ein Verbrechen verübt wird und wir davon erfahren, ist es unsere Aufgabe, es aufzuklären.

Aber eine private Fehde zwischen Gentlemen ist nicht unsere Angelegenheit.«

Pitt sagte nichts.

»Wir können uns nicht die Bürde der ganzen Welt aufladen«, fuhr Ewart fort und zog die Schultern hoch, als wäre ihm plötzlich kalt. »Und wir würden uns selbst überschätzen, wenn wir dächten, daß wir etwas dagegen tun könnten oder gar sollten.«

»Er hat unsere Hilfe abgelehnt«, sagte Pitt. »Ich habe es angeboten, aber er hat sehr bestimmt abgelehnt.«

»Er will nicht, daß Sie zuviel über seine Familie erfahren«, sagte Lennox und lachte plötzlich auf. »Costigan hat vielleicht die Frau ermordet, aber Finlays Lebensführung würde einer genaueren Überprüfung nicht standhalten, wenn er einen Botschafterposten möchte.« Es schien, als stieße er die Worte zwischen zusammengebissenen Zähnen hervor, was man aber in der Dunkelheit nicht mehr sehen konnte, da er sich vom Licht abgewandt hatte.

»Also, wenn das so ist«, sagte Ewart spitz, »sollten wir ihn am besten in Ruhe lassen. Er wird sich nicht bedanken, wenn wir in Finlays Leben herumschnüffeln und herausbekommen, wer Grund hat, ihn zu hassen, und warum. Mit Sicherheit fänden wir ziemlich häßliche Dinge, und Augustus würde seine Rachegelüste auf Sie richten. Vielleicht würde er Sie sogar vor Gericht bringen. Sie haben keinen Grund, Finlays Leben zu untersuchen. Wir haben den Täter. Lassen Sie es ruhen, Sir, uns allen zuliebe!«

Lennox schnappte nach Luft, als hätte er sich den Fuß an einem Stein gestoßen, obwohl er bewegungslos stand.

Ewart hatte recht. Es gab keine Gesetzesgrundlage, auf der sie das Thema weiterverfolgen konnten. Augustus FitzJames hatte unmißverständlich klargemacht, daß er keine Unterstützung von seiten der Polizei wünschte. Wenn Pitt nicht aufgrund der von ihm bereits zusammengetragenen Informationen auf die Antwort stieß, würde er keine Lösung finden.

»Dann sehen wir uns also übermorgen vor Gericht«, sagte er resigniert. »Gehen Sie diesen Weg zurück?« fragte er und zeigte auf die Queen's Stairs.

»Nein, nein, ich gehe nach Hause«, sagte Ewart. »Danke, Sir. Gute Nacht.«

»Ich komme mit Ihnen.« Lennox gesellte sich zu Pitt, und

gemeinsam schritten sie über das Gras zu den Stufen am Wasser und dann wieder zum Great Tower Hill hinauf. Es war fast dunkel.

Sie machten ihre Aussage so präzise und exakt wie möglich und versuchten, sachlich zu klingen, aber das gelang nicht. Lennox insbesondere war kalkweiß, seine Stimme klang schrill vor Anspannung, seine Lippen waren trocken. Ewart erschien sachlicher. Trotz seiner Gelassenheit aber spürte man eine gewisse Genugtuung und eine Erleichterung sowie Verachtung für die Gemeinheit, die Gier und die Dummheit des Ganzen.

Es waren nicht viele Zuhörer gekommen. Der Fall stieß auf kein besonderes Interesse, da der Name Albert Costigan außerhalb der Gegend um die Whitechapel Road unbekannt war. Ada McKinley gehörte lediglich zu den unglückseligen Frauen, deren Gewerbe Risiken barg und der ein Schicksal zuteil geworden war, das keiner ihr gewünscht hatte. Dennoch hatte es niemanden überrascht, und nur wenige trauerten um sie. Am ersten Tag sah Pitt Rose Burke im Zuschauerraum, ebenso Nan Sullivan, die in Schwarz erstaunlich attraktiv aussah. Agnes sah er nicht. Wenn sie da war, hatte er sie nicht erkannt. Auch die alte Madge sah er nicht. Vielleicht ging sie wirklich nicht aus dem Haus, wie sie einmal sagte.

Von der Familie FitzJames kam keiner, aber das hatte er auch nicht erwartet. Für sie war die Sache mit Finlays Entlastung abgeschlossen. Thirlstone und Helliwell hatten von Anfang an nichts damit zu tun haben wollen.

Aber Jago Jones war da. Sein ungewöhnliches Gesicht mit dem intensiven Ausdruck machte ihn, trotz seiner abgetragenen Kleider, zu einer auffälligen Erscheinung. Nichts zeichnete ihn als Geistlichen aus, kein weißer Kragen, kein Kreuz. Seine Wangen waren hager, wirkten hohl unter den hohen Wangenknochen, und um seine Augen lagen Ringe, als hätte er seit Wochen nicht gut geschlafen. Er hörte jedem Zeugen aufmerksam zu. Man hätte denken können, daß es seine Aufgabe sei, das Urteil zu fällen, und nicht die der Geschworenen, so sehr war er bei der Sache.

Pitt überlegte einen Moment lang, ob Jago der Geistliche die Aufgabe übernehmen würde, Costigan auf seinem letzten, kurzen Gang zu begleiten. Würde er ihn in den Stunden vor der Hinrichtung zu einer Beichte bewegen und ihm dann auf dem Weg zum Galgen um acht Uhr morgens beistehen? Es war eine Aufgabe, die Pitt keinem wünschte.

Was würde ein Geistlicher sagen? Etwas über die Liebe Gottes, das Opfer Christi für alle Menschen? Was würden die Worte Costigan bedeuten? Hatte er in seinem Leben je Liebe erfahren – leidenschaftliche, bedingungslose Liebe, so weit wie der Himmel, Liebe, die nie nachließ oder sich entfernte und die dennoch gerecht war? Verstand er überhaupt das Konzept des Opfers, das für einen anderen gebracht wurde? Würde Jago sich einer Sprache bedienen, die Costigan nicht verstand, würde er von Ideen sprechen, die Costigan so fern waren wie das Feuer, das in den Sternen brannte?

Vielleicht gäbe es nichts weiter zu tun, als leise zu sprechen, ihm in die Augen zu blicken, ohne Verachtung und ohne Verurteilung, ihn als einen anderen Menschen zu nehmen, der das Entsetzliche vor sich sieht, und für ihn dazusein.

Aber Pitt erblickte auch in der Unerbittlichkeit des Rechtsprozesses eine Unbarmherzigkeit, die ihm einen tiefen Schrecken einjagte. Die Perücken und Roben erschienen ihm wie Masken, die die Männer angelegt hatten, und weniger als Symbole der Gerechtigkeit. Sie sollten Anonymität vermitteln, aber sie wirkten einfach nur unmenschlich.

Costigans Anwalt konnte wirklich nur wenig zur Verteidigung aufbieten. Er war jung, bemühte sich aber, mildernde Umstände geltend zu machen, und zeichnete Ada als eine Frau, die gierig war und zum Betrug bereit, selbst nach den Maßstäben, die ihr Gewerbe vorgab. Er stellte die Begegnung als einen Streit dar, der außer Kontrolle geraten war. Costigan hatte sie nicht töten wollen, hatte ihr angst machen und sie an die gemeinsame Abmachung binden wollen. Als er sah, daß sie bewußtlos war, geriet er in Panik, schüttete kaltes Wasser über sie und versuchte vergebens, sie wiederzubeleben, weil er zunächst nicht merkte, daß er sie getötet hatte.

Die Knochenbrüche, die ausgerenkten Gelenke?

Die Grausamkeit und Perversion eines vorherigen Kunden.

Das glaubte keiner.

An dem Urteil bestand nie wirklich ein Zweifel. Pitt wußte das, wenn er die Geschworenen ansah. Auch Costigan mußte das wissen.

Der Richter hörte zu, setzte sich seine schwarze Kappe auf und verkündete das Todesurteil.

Als Pitt das Gericht verließ, hatte er nicht das Gefühl, etwas erreicht zu haben, sondern spürte nur eine gewisse Erleichterung, weil etwas vorbei war. Nie würde er alles, was geschehen war, wissen, nie erfahren, wer die Gegenstände von Finlay Fitz-James in dem Zimmer deponiert hatte oder warum darüber so viele Lügen verbreitet worden waren. Er würde auch nie wissen, welche Gedanken in Jago Jones' Kopf herumspukten.

Nach den gesetzlich vorgeschriebenen drei Wochen wurde Albert Costigan gehängt. Die Zeitungen gaben das ohne weiteren Kommentar bekannt.

Am Sonntag darauf machte Pitt mit Charlotte und den Kindern einen Spaziergang im Park. Jemima trug ihr bestes Kleid und Daniel seinen schicken neuen Matrosenanzug. Es war Mitte Oktober, und die Blätter begannen sich zu verfärben. Die Kastanien, die im Frühling als erste zu knospen begannen, waren jetzt von klarem Gold. Das milde Licht des frühen Herbstes tanzte durch sie hindurch. In den Buchen sah man bronzefarbene Fächer im grünen Laub. Der erste Frost war nicht mehr fern, dann würde das Laub zusammengefegt werden, und der Geruch von Gartenfeuern, in denen man die Abfälle verbrannte, würde die Luft erfüllen. Auf dem Lande leuchteten jetzt die Hagebutten scharlachrot in den Hecken, und karminrot die Weißdornbeeren. Der Rasen mußte nicht mehr gemäht werden.

Pitt und Charlotte gingen langsam nebeneinander und unterschieden sich in nichts von Hunderten anderer Paare, die den letzten wirklich warmen Tag des Jahres genossen. Die Kinder rannten herum, lachten und jagten einander ohne Ziel, versprühten ihre Lebendigkeit und hatten ihren Spaß. Daniel nahm ein Stöckchen auf und warf es für einen jungen Hund, der um sie herumscharwenzelte. Anscheinend hatte sein Besitzer ihn, wenigstens vorübergehend, verloren. Der Hund rannte hinter dem Stock her und brachte ihn triumphierend zurück. Jemima nahm den Stock und warf ihn, so weit sie konnte.

Weiter weg, bei der Straße, spielte eine Drehorgel eine bekannte Melodie. Ein Zeitungsjunge verließ seinen Standplatz und setzte sich ins Gras, um ein Sandwich zu essen, das er soeben von einem Händler ein Stück weiter weg gekauft hatte. Ein alter Mann zog mit geschlossenen Augen an seiner Pfeife. Zwei Hausmädchen hatten ihren freien Tag und erzählten sich lustige Geschichten und kicherten. Ein Anwaltsgehilfe lag unter einem Baum und las einen Groschenroman.

Charlotte nahm Pitts Arm und schmiegte sich ein wenig an ihn. Er mäßigte seinen Schritt, so daß sie mit ihm mithalten konnte.

Kurze Zeit später erkannte Pitt in der Ferne die militärisch aufrechte Gestalt von John Cornwallis, der über das Gras schritt und zielbewußt zwischen den Spaziergängern seinen Weg suchte. Als er auf wenige Meter an sie herangekommen war und Charlotte seinen Gesichtsausdruck sah, wandte sie sich besorgt zu Pitt.

Ein kalter Schauer lief Pitt den Rücken hinunter, obwohl ihm nicht bewußt war, warum er beunruhigt sein sollte.

Cornwallis blieb vor ihnen stehen.

»Entschuldigen Sie bitte, Mrs. Pitt«, sagte er zu Charlotte und sah dann Pitt an, das Gesicht blaß und ernst. Offenbar erwartete er, daß Charlotte das als Stichwort verstehen und sich außer Hörweite begeben würde, damit sie allein reden konnten.

Sie reagierte allerdings nicht, sondern klammerte sich nur noch fester an Pitts Arm.

»Ist es eine vertrauliche Staatsangelegenheit?« fragte Pitt.

»Gott im Himmel, ich wünschte, es wär's!« sagte Cornwallis leidenschaftlich. »Ich fürchte, morgen früh weiß es jeder in London.«

»Was denn?« flüsterte Charlotte.

Cornwallis zögerte und sah Pitt besorgt an. Er wollte Charlotte schützen. Er war den Umgang mit Frauen nicht gewohnt. Pitt vermutete, daß er immer nur entfernt mit ihnen zu tun gehabt hatte und nicht wußte, wie er sich, anders als den Konventionen gemäß, verhalten sollte.

»Was denn?« wiederholte Pitt.

»Es ist wieder eine Prostituierte ermordet worden«, sagte Cornwallis mit belegter Stimme. »Genau wie die erste... in jedem Punkt.«

Pitt war wie vor den Kopf geschlagen. Er hatte das Gefühl, das Gleichgewicht zu verlieren; das Gras, die Bäume und der Himmel verloren ihre Konturen und schwankten um ihn herum.

»In einem Haus in der Myrdle Street«, sagte Cornwallis. »In Whitechapel. Ich denke, Sie sollten sofort dorthin gehen. Ewart ist schon am Tatort. Ich werde Mrs. Pitt eine Droschke besorgen, die sie nach Hause bringt.« Sein Gesicht war aschfahl. »Es tut mir leid.«

8.
Kapitel

*P*itt stand in der Tür des Zimmers, in dem die Leiche gefunden worden war. Ewart, das Gesicht aschfahl, war schon da. Aus einem anderen Zimmer hörte man hysterisches Schluchzen, lange, verzweifelte Klagelaute einer Frau, die die Fassung verlor.

Pitt sah Ewart an und erkannte in dessen Augen das Entsetzen, das er selbst auch fühlte, und ein plötzliches Schuldgefühl. Er wandte den Blick ab.

Auf dem Bett lag eine junge Frau, sie war zierlich, fast noch ein Kind. Ihre Haare waren auf dem Kissen ausgebreitet, ein Arm war mit einem Strumpf am linken Bettpfosten festgebunden. Um den anderen Arm war ein Strumpfhalter mit einem blauen Band gebunden. Ihr verrutschtes gelb-orange gemustertes Kleid gab ihre nackten Beine und die Schenkel frei. Wie bei Ada McKinley war ein Strumpf eng um ihren Hals gezogen und ihr Gesicht dunkelrot, fleckig und geschwollen. Und wie bei Ada war ihr Oberkörper mit Wasser übergossen worden.

Mit seinem Vorwissen, das ihm den Magen zusammenkrampfte, blickte Pitt auf den Boden. Ihre schwarzen, gewienerten Stiefel waren aneinander geknöpft.

Er sah auf und begegnete Ewarts Blick.

Das Weinen aus dem anderen Zimmer wurde ruhiger, der Schrecken ließ nach und ging über in unterbrochene Schluchzer der Trauer.

Ewart sah aus wie jemand, der aus einem Alptraum erwachte und dann feststellen mußte, daß sich die gleichen Ereignisse auch in der Wirklichkeit abspielten. An seiner Schläfe zuckte ein Muskel, und die Hände hatte er zu Fäusten geballt, damit sie nicht zitterten.

»Sind ihre Finger und Zehen gebrochen?« fragte Pitt mit brüchiger Stimme. Seine Kehle war wie zugeschnürt, sein Mund trocken.

Ewart schluckte. Er traute seiner Stimme nicht und nickte unmerklich.

»Andere... Indizien?« fragte Pitt.

Ewart atmete tief ein. Ihrer beider Befürchtung stand deutlich in den Blicken, die sie wechselten.

»Ich... ich habe nicht nachgesehen.« Seine Stimme war zittrig. »Ich habe gleich nach Ihnen geschickt. Als Lennox mir sagte, es sei alles gleich, habe ich... habe ich alles so gelassen. Ich...« Er atmete wieder. »Ich bin nach draußen gegangen. Mir war übel. Wenn hier etwas ist, dann möchte ich, daß Sie es finden, nicht ich. Zumindest... nicht ich allein. Ich...« Wieder suchten seine Augen den Blickkontakt mit Pitt. Oberlippe und Stirn glänzten vor Schweiß. »Ich habe mich ein wenig umgesehen. Konnte nichts finden. Aber ich habe nicht gesucht, nicht richtig. Habe nicht genau geguckt, in den Sesselritzen und unter dem Bett.«

Die ungestellte Frage hing zwischen ihnen in der Luft, Schuld und die übergroße Angst, daß sie einen entsetzlichen, nicht wiedergutzumachenden Irrtum begangen hatten, daß Costigan Ada nicht umgebracht und daß der Täter hier, in diesem Zimmer, wieder zugeschlagen hatte. War es Finlay FitzJames? Oder Jago Jones? Oder einer, von dem sie überhaupt noch nichts wußten? Einer, der sich draußen in der Dunkelheit der herbstlichen Straßen herumtrieb und darauf wartete, wieder zuschlagen zu können... wie der Verrückte vor zwei Jahren, der sich der Ripper nannte.

Pitt betrachtete die junge Frau auf dem Bett. Sie hatte dichte, dunkle, natürlich gewellte Haare und war klein, fast zierlich. Ihre Haut war ganz weiß: ohne einen Makel auf ihren Schultern, wo das Kleid etwas ausgeschnitten war, weich und weiß an den Schenkeln. Sie mußte noch sehr jung sein, siebzehn oder achtzehn.

»Wer ist sie?« fragte Pitt mit stockender Stimme.

»Nora Gough«, sagte Ewart, der hinter ihm stand. »Wir wissen nicht viel von ihr. Die anderen Frauen können wir noch nicht befragen, sie sind alle hysterisch. Lennox versucht, sie zu beruhigen. Der Ärmste. Aber dafür sind Ärzte ja da, nehme ich an. Er war hier in der Straße, gar nicht weit weg. Bei einem Patienten.« Er schniefte. »Wenigstens kann er sich noch um die Frauen kümmern, wenn das hilft.«

Sie hörten immer noch das Schluchzen aus dem Zimmer weiter weg, aber es war jetzt gedämpft, die schrille Hysterie war abgeklungen. Am besten ließen sie Lennox noch eine Weile bei den anderen Frauen, statt zu versuchen, sie zu vernehmen. Denn solange sie noch unter Schock standen, waren sie sicher nicht in der Lage, eine sinnvolle Aussage zu machen.

»Dann sollten wir das Zimmer durchsuchen«, sagte Pitt entmutigt. Diese Aufgabe war ihm verhaßt, und die Suche würde ihn wahrscheinlich nicht weiterbringen. Im Gegenteil, ihm graute vor dem, was er finden könnte. Der einzige, der auf keinen Fall der Täter sein konnte, war Costigan.

»Ich fange mit dem Bett an«, sagte er zu Ewart. »Nehmen Sie sich den Schrank und die Truhe vor. Achten Sie auf alles, einfach alles. Briefe, Papiere, alles, was vielleicht nicht ihr gehörte, geliehen oder gestohlen sein könnte. Alles, was teuer ist.«

Ewart rührte sich nicht vom Fleck. Pitt fragte sich, ob der Schreck ihn gelähmt hatte. Alle Farbe war aus seinem Gesicht gewichen, das wächsern wirkte, wie das eines Toten.

»Ewart«, sagte er sanfter. »Fangen Sie mit der Truhe an.« So konnte er mit dem Rücken zur Leiche arbeiten.

»Nein... ich... ich suche das Bett ab«, sagte Ewart, ohne ihm in die Augen zu blicken. »Das ist... meine Aufgabe. Es... es geht schon.« Seine Stimme klang belegt. In ihm tobten so viele Gefühle, daß er davon schier auseinandergerissen wurde. Auch Wut war dabei, verzehrende Wut.

»Fangen Sie mit der Truhe an«, wiederholte Pitt. »Ich nehme mir das Bett und die Stühle vor.«

Ewart regte sich immer noch nicht. Er wollte sprechen, fand aber die Worte nicht, oder vielleicht konnte er sich nicht überwinden. Er war voller Verzweiflung.

Sie standen kaum einen Meter voneinander entfernt in dem stillen Zimmer, die Leiche des Mädchens fast greifbar. In dem ungelüfteten Zimmer war es stickig. In dem trüben Licht, das durch das Fenster fiel, sah man die abgewetzten Stellen auf dem Läufer.

Draußen auf der Straße pries ein Kleiderverkäufer seine Ware an.

»Wissen Sie etwas über den Tod von Ada McKinley, das Sie mir nicht gesagt haben?« fragte Pitt und haßte sich dafür.

Ewart sah ihn aus großen Augen an. »Nein.«

Pitt glaubte ihm. Wovor Ewart sich auch ängstigte, diese Frage war es nicht; seine Überraschung war ganz unverfälscht.

»Haben Sie Angst, daß Costigan der falsche Mann war?«

»Sie etwa nicht?« gab Ewart zurück.

»Ja, natürlich. Wer war es dann? Finlay FitzJames?«

Ewart zuckte zusammen. »Nein...«, sagte er rasch und ohne zu überlegen.

Pitt drehte sich um und fing an, das Bett abzusuchen. Lennox hatte die Leiche schon untersucht. Es machte also nichts, wenn er sie berührte. Es war irrational, die Leiche sanft zu bewegen, aber es kam spontan, als sei die Hülle immer noch ein menschliches Wesen, das Mitleid und Würde verlangte.

Am äußeren Bettrand fand er ein Taschentuch, weiß wie das Laken, und zunächst dachte er, es sei der Zipfel des Lakens, der nicht richtig festgestopft war. Dann zog er daran und hielt es in der Hand. Es war aus feinem Batist, von Hand gesäumt und mit einem gestickten Monogramm in einer Ecke, in gotischer Schrift und nicht leicht zu entziffern. Dann las Pitt: »F.F.J.« Eigentlich hatte er schon gewußt, daß es so sein würde, dennoch revoltierte sein Magen, und seine Kehle war wie zugeschnürt.

Er sah zu Ewart hinüber, doch der hatte ihm den Rücken zugewandt und untersuchte den Inhalt der Truhe; Wäsche und Kleider lagen neben ihm auf dem Boden. Offenbar merkte er nicht, daß Pitt seine Arbeit unterbrochen hatte.

»Ich habe ein Taschentuch gefunden«, sagte Pitt in die Stille hinein.

Ewart drehte sich langsam und erwartungsvoll um. Er blickte Pitt in die Augen und sah darin, was er befürchtete.

»Initialen«, sagte Pitt und beantwortete die ungestellte Frage. »F.F.J.«

»Das ist doch ... das ist doch lachhaft!« sagte Ewart und stolperte über die Wörter. »Warum um alles in der Welt sollte er ein Taschentuch zurücklassen? Wer läßt schon ein Taschentuch im Bett einer Prostituierten liegen? Er hat doch hier nicht gewohnt!«

»Wahrscheinlich jemand, der sich die Nase putzen mußte,

während er bei ihr war«, sagte Pitt. »Vielleicht war er erkältet oder mußte plötzlich niesen. Wegen des Staubs vielleicht, oder des Parfums?«

»Und dann hat er es unter das Kissen gelegt?« sagte Ewart ungläubig.

»Na ja, er hatte ja in dem Moment keine Tasche, in die er es stecken konnte«, gab Pitt zurück. »Außerdem ist es im Moment nicht unsere Aufgabe herauszufinden, warum. Lassen Sie uns weitersuchen, vielleicht finden wir noch etwas anderes.«

»Was? Glauben Sie, er hat noch etwas hiergelassen?« Ewarts Stimme überschlug sich fast vor Panik. »Er wäre bald alle seine Sachen los, wenn er sie so freigebig in Whitechapel verteilte.«

»Keine Sachen von Finlay FitzJames«, sagte Pitt so ruhig wie möglich. »Alle möglichen Indizien. Vielleicht etwas, das auf einen anderen Mann hindeutet. Wir müssen das ganze Zimmer durchsuchen.«

»Ja, natürlich.« Ewart wandte sich ohne ein weiteres Wort wieder der Truhe zu und machte weiter. Er nahm Dinge heraus, faltete sie auf, schüttelte und befühlte sie, faltete sie wieder zusammen und legte sie auf den Stapel neben sich.

Pitt war mit dem Bett fertig und nahm sich den Fußboden vor. Er zündete eine Kerze an, stellte sie auf den Boden und kniete sich nieder, um unter dem Bett nachzuschauen. Er sah ein bißchen Staub, ein paar Fäden weißes Nähgarn und einen Stiefelknopf, den er nur fand, weil er mit der Hand über den Boden fuhr und in den Ritzen nachfühlte. Außerdem entdeckte er zwei Haarnadeln und eine Stecknadel. Am Fußende des Bettes fand er auf dem Boden ein Stück Schnürsenkel und einen Knopf, der von einem weißen Männerhemd stammen konnte. Außerdem lag da ein handgemachter Lederknopf, der sicherlich in Whitechapel niemandem gehörte, es sei denn, jemand hatte ein Jackett aus einer Kleidersammlung erhalten.

Er richtete sich mit seinen Funden auf.

Ewart hatte die Truhe durchsucht und begann mit der kleinen Kommode; seine Hände bewegten sich schnell und fachmännisch.

Pitt nahm sich die Lehnstühle vor, hob die Sitzkissen hoch, fühlte an den Rücken- und Seitenlehnen nach und drehte sie schließlich auf den Kopf, um sie von unten zu untersuchen. Er fand nichts weiter, was eine Bedeutung zu haben schien.

»Haben Sie etwas?« fragte Ewart ihn.

Pitt hielt ihm die Knöpfe hin.

»Hemd«, sagte Ewart zu dem ersten. »Könnte jedem gehören. Und er kann seit Monaten hier liegen.« Er nahm den zweiten, rollte ihn zwischen Daumen und Zeigefinger und sah dann auf. »Von einiger Qualität«, sagte er skeptisch. »Könnte aber auch jedem gehören. Könnte ein Landstreicher in einem Mantel aus der Kleidersammlung gewesen sein.« In seiner Stimme lag die Herausforderung, daß Pitt wagen solle zu sagen, der Knopf gehöre FitzJames. »Wollen Sie mit den Frauen hier sprechen? Sie scheinen sich einigermaßen beruhigt zu haben.«

Tatsächlich herrschte wieder Stille im Haus. Das Tageslicht war fast erloschen, und aus der Flaschenfabrik gegenüber drang kein Ton. Ein Pferd mit einem Einsitzer fuhr vorbei. Jemand rief etwas.

»Ja«, sagte Pitt. »Mal sehen, was sie zu sagen haben.«

Er ging durch den Flur voran zur Küche im hinteren Teil des Hauses. Die war erstaunlich groß, mit einem schwarzen Herd in der Mitte der gegenüberliegenden Wand und einem blinden Fenster, das auf die Rückseiten der Häuser in der nächsten Straße ging. In der Mitte der Küche standen ein Tisch mit ungleichen Beinen, die ursprünglich von zwei verschiedenen Möbelstücken stammten, sowie sechs bunt zusammengewürfelte Stühle. Vier Frauen saßen an dem Tisch, die zwischen zwanzig und fünfzig Jahre alt sein mochten. Alkoholmißbrauch und Schminke machten es schwer, ihr Alter anhand des Aussehens zu schätzen. Es waren bedauernswerte Geschöpfe mit verquollenen Augen vom Weinen, das auch Puder und Rouge verschmiert hatte, und Haaren, die sich aus den Nadeln lösten. Und gleichzeitig wirkten sie mit der brüchig gewordenen Maske ihres Gewerbes jünger, menschlicher und individueller.

Lennox stand halb hinter einer der Frauen, eine Hand auf ihre Schulter gelegt, während er ihr mit der anderen eine Tasse reichte. Er sah blaß und müde aus, seine Nase wurde durch die tiefen Linien seitlich des Mundes noch hervorgehoben. Er sah Pitt warnend an, seine Stimme war heiser, als er sprach.

»Guten Abend, Oberinspektor. Wenn Sie diese Frauen befragen wollen, so können Sie das jetzt tun. Aber erwähnen Sie keine unnötigen Einzelheiten, und haben Sie ein wenig Geduld. Sie sind zutiefst erschrocken, und es wird ihnen nicht leichtfallen, sich zu erinnern oder die richtigen Worte zu finden.«

Pitt nickte und sah Ewart an. »Fragen Sie die Leute in der Nachbarschaft. Finden Sie heraus, ob jemand etwas Ungewöhnliches beobachtet hat oder sich an etwas erinnern kann, so gegen ...?« Er sah fragend zu Lennox hinüber.

»Zwischen vier und fünf«, antwortete Lennox und lächelte dann in bitterer Selbstironie. »Das ist keine medizinisch brillante Analyse, Oberinspektor, sondern eine Zeugenaussage. Pearl hat Nora so gegen vier im Flur rufen gehört. Sie war gerade aufgestanden und fragte Edie, ob sie sich ein Unterkleid borgen könnte.«

Pitt sah die Frau an, auf die Lennox zeigte. Pearl hatte ein blasses Gesicht und flachsblondes Haar, das von außergewöhnlicher Schönheit war, klar wie ein Kristall, in dem sich das Licht der Kerzen brach, ein leuchtender Punkt in dem Raum. Edie war füllig und hatte olivfarbene Haut und schöne, feuchte braune Augen.

»Und Sie haben ihr ein Unterkleid geliehen?« fragte Pitt.

Edie nickte. »Sie mußte es enger stecken, sie is ja nur halb so groß wie ich, aber genommen hat sie's trotzdem.« Sie schniefte und hielt mühsam die Tränen zurück.

Lennox wandte sich einer anderen Frau zu, eher dunkel mit schmalen Augen und einem hübschen Mund. Sie war aschfahl, das Rouge auf ihren Wangen wirkte kraß, und ihre Frisur hatte gelitten, weil sie sich mit den Fingern durch die Haare gefahren war und die Nadeln herausrutschten.

»Und der andere Zeitpunkt?« Pitt richtete die Frage an Lennox.

»Das kann Mabel beantworten.«

»Mein erster Freier war grade weg«, sagte Mabel so leise, daß es kaum mehr als ein Flüstern war. »Ich bin an Noras Tür vorbeigegangen und hab reingeguckt. Wieso ich gewußt hab, daß sie allein is, weiß ich nich. Wahrscheinlich, weil's leise war.« Sie zog die Stirn kraus, als wäre die Frage wichtig. »Da sah ich sie liegen, mit der Hand am Bettpfosten. Ich dachte, vielleicht war ihr Freier scharf auf solche Sachen und hat sie so liegenlassen. Ich hab sogar was zu ihr gesagt ...« Sie schniefte und schluckte, doch ihre Kehle war ausgetrocknet. Sie zitterte so stark, daß ihre Finger unwillkürlich auf der Tischplatte hüpften.

Lennox trat hinter sie, legte ihr die Hände auf die Schultern und drückte sie gegen sich, als wolle er ihr von seiner Stärke abgeben. Es war eine Geste von außergewöhnlicher Zärtlichkeit. Sie hätte eine alte Freundin sein können, nicht eine Frau von der Straße, die er gerade kennengelernt hatte.

Die Berührung, wie eine Kraftquelle inmitten des Chaos, beruhigte sie.

»Dann hab ich ihr Gesicht gesehen, und da hab ich gewußt, sie hat es auch erwischt. Derselbe, der Ada McKinley auf dem Gewissen hat. Ich muß wohl geschrien haben. Im nächsten Moment waren alle da, und ein Geschrei und Geheule.«

»Gut. Danke.« Pitt wandte sich zu Ewart. »Sie sollten versuchen herauszubekommen, wer zwischen vier und fünf rein- oder rausgegangen ist. Lassen Sie sich eine Beschreibung aller Männer geben, und vergleichen Sie sie mit den Kunden der Frauen. Die Zeiten sollten so genau wie möglich sein. Von jedem Mann. Es ist mir egal, ob es Bewohner, Zuhälter oder Lampenanzünder sind! Von jedem.«

»Jawohl, Sir.«

Ewart ging, und Pitt konzentrierte sich auf die vier Frauen im Raum. Die letzte, Kate, schluchzte noch immer und biß dabei auf ein feuchtes Taschentuch. Sie mußte immer wieder nach Luft schnappen. Lennox ging wieder zum Herd, machte eine Tasse Tee und gab sie ihr, indem er unbeholfen ihre steifen Finger um den Griff schloß. Inzwischen begann Pitt mit der Befragung von Pearl, die auf einem wackligen Stuhl am Tisch saß.

»Erzählen Sie mir alles, woran Sie sich erinnern können, von dem Moment an, als Sie Nora so gegen vier gesehen haben«, forderte er sie auf.

Sie sah ihn eindringlich an, dann begann sie zögernd.

»Ich hab Nora in ihr Zimmer gehen hören, und dann hat sie Edie nach dem Unterkleid gefragt, aber was Edie gesagt hat, hab ich nich gehört. Ich war dabei, mir die Haare zu machen für heut abend. Als ich fertig war, bin ich rausgegangen. Ich hab ganz schnell einen Kunden gefunden, einen, der regelmäßig kommt...«

»Wer war das?«

»Was?«

»Wer war das? Wie sieht er aus?«

Sie zögerte einen Moment und sah zu Edie und Mabel hinüber.

»Jimmy Kale«, sagte sie. »Der kommt fast jeden Sonntag. Nich immer zu mir, manchmal is er auch bei einer andern.«

»Und wie sieht er aus?«

»Groß, dünn. Lange Nase. Hat immer ne Laufnase.«

»Ist er auch mal bei Nora gewesen?« fragte Pitt.

»Ich denk schon. Aber der hätte ihr nichts getan! Warum sollte er? Er kennt sie ja nich mal, außer zum...« Sie brach ab.

Pitt verstand, daß das hieß, er kannte sie nicht so, daß es von Bedeutung wäre.

»Also gut. Wie lange war Jimmy Kale bei Ihnen.«

»Halbe Stunde.«

»Was dann?«

»Dann hab ich mit Marge von gegenüber Tee getrunken. Die kommt manchmal rüber. Ihr Alter richtet sie ganz schön zu.«

»War sie zwischen vier und fünf hier? Benutzte sie normalerweise die Vordertür und ging dann an Noras Zimmer vorbei?« Sie schüttelte den Kopf.

»Nee, die kommt immer über die Mauer und durch den Hof. Damit ihr Alter sie nich sieht und keiner denkt, sie is eine von uns.« Sie lachte auf. »Die Arme. Wär besser für sie, wenn sie bei uns wär! Wenn mich jemand so schlagen würd wie der, würd ich ihm nen Messer in den Bauch rammen.«

»Wann ist sie gegangen?« fragte Pitt und überhörte die Bemerkung mit dem Messer.

»Als Mabel anfing zu schreien. Sonst kümmert uns der Krach nich, aber da wußte sie, das war was andres. Das wußten wir alle …« Sie schluckte, und ihre Kehle schnürte sich zu. Sie fing an zu husten, worauf Lennox zu ihr kam, ihre Hand nahm und ihr auf den Rücken klopfte. Der menschliche Kontakt, die Wärme der Berührung, die keine Forderung stellte, besänftigten sie. Sie atmete ein und schauderte. Einen Moment lang sah es aus, als wolle sie sich den tröstenden Armen und den Tränen hingeben.

Lennox nahm seine Hand fort, reichte ihr die Teetasse, und sie richtete sich wieder auf.

»Wir wußten, daß was Schreckliches passiert war«, sagte sie gefaßt. »Kate hatte Syd Allerdyce bei sich. Der kam aus dem Zimmer, hatte noch nich mal die Hosen hochgezogen. Ganz schön blöd sah der aus, fett wie ein Schwein und rot im Gesicht. Da hat er sein vornehmes Getue gelassen.« Die Abneigung stand ihr deutlich im Gesicht. Eine Beleidigung vergaß oder verzieh sie nicht. »Angie kam von oben mit einem Eimer Wasser. Den hat sie fallen gelassen, und alles war naß. Irgendwer muß wohl aufgewischt haben. Wer, weiß ich nich. Ich war's nich. Und dann kam Kate aus ihrem Zimmer mit einer Stola um. Wahrscheinlich war ihr Kunde noch da. Edie is in Noras Zimmer gegangen und hat sie da gesehen, und Mabel hat immer weiter geschrien. Edie hat ihr eine runtergehaun, damit sie aufhört, und dann hat sie Kate geschickt, die sollte die Polizei holen.«

»Haben Sie Noras Kunden gesehen?«

»Nee, ich hatte selber zu tun.«

»Liegt Ihr Zimmer weit von Noras?«

»Genau daneben.«

»Was haben Sie gehört?«

»Was ich gehört hab? Alles! Wie Syd geschnauft und gestöhnt hat, als wär er auf nem Berg. Hab zwei Katzen im Hof gehört, die haben gekämpft –«

»Sie meinen Katzen, ja?« unterbrach Pitt sie.

Sie funkelte ihn an. »Katzen! Die so n Fell haben und Mäuse fressen und die halbe Nacht rumkreischen. Mann! Habt ihr keine Katzen da im West End, wo ihr herkommt? Was macht ihr mit den Mäusen? Oder gibt's da auch keine Mäuse?«

»Doch, es gibt welche. Ich habe auch zwei Katzen.« Plötzlich machte ihn der Gedanke an Angus und Archie, die zusammengerollt in ihrem Korb neben dem Herd in der Küche schliefen, froh. Sie mußten nie um ihr Fressen oder ihre Milch betteln. »Und weiter?«

»Ich hab gehört, wie Shirl oben mit einem draußen geschimpft hat«, sagte Pearl. »Geschrien hat sie wie ein angestochenes Schwein. Schlimmer als die Katzen. Wahrscheinlich hat jemand sie übers Ohr gehaun. Und dann hat einer ein Tablett auf der Treppe fallen gelassen. Das war vielleicht ein Krach! Und Mabel hab ich gehört mit ihrem Freier, die haben gelacht wie die Idioten. Wahrscheinlich war er betrunken und nich ganz beieinander. Hoffentlich hat er gut gelöhnt, oder, Mabel?«

»Klar doch«, sagte Mabel überzeugt.

Es schoß Pitt durch den Kopf, daß sie dem Mann wahrscheinlich alles abgenommen hatte, was er bei sich trug. Aber das war das Risiko, das die Kunden eingingen. Er stellte sich vor, bei welcher Geräuschkulisse Nora Gough ermordet worden war. Sie hätte sich wahrscheinlich heiser schreien können, ohne daß sie überhaupt jemand gehört hätte.

Andererseits war Edies Schrei des Entsetzens schnell genug wahrgenommen worden.

Er sah Lennox an.

Der kräuselte die Lippen und schüttelte den Kopf.

»Man kann nichts sagen«, sagte er leise. »Vielleicht hat sie ihn gekannt, und als sie merkte, was sich abspielte, war es zu spät.«

Pitt schwieg dazu. Er drehte sich zu den anderen Mädchen um.

»Die Namen Ihrer Kunden?« fragte er. »Kate?«

»Bert Moss war kurz vor fünf hier. Eigentlich ziemlich früh, aber am Sonntag is es immer anders. Da muß er zum Essen nach

248

Hause. Dann Joe Edges. Der war noch hier, als Mabel anfing zu schreien.«

»Er war in dem Moment bei Ihnen?«

»Ja. Hören Sie, der hat's nich getan. Ich hab ihn mit reingebracht! Er war nich allein im Haus!«

Pitt nickte und sah Mabel an.

»Weiß nich. Hab nich gefragt.« Sie zuckte mit den Achseln. »Is doch auch egal.«

»Es war keiner, den Sie schon kannten?«

»Nee. Hab ihn noch nie im Leben gesehen.«

»Wann ist er gekommen, wann gegangen?«

»Um Viertel nach vier is er gekommen, und gegangen is er ungefähr zehn vor fünf. Ich hab ihn grade runtergebracht und wollte wieder auf die Straße gehen, als ich Noras Freier...« Die Farbe wich aus ihrem Gesicht. »Großer Gott! Meinen Sie, das war...«

Sie sank vornüber, und Pitt dachte, ihr würde übel. Sie rang keuchend nach Atem, ihre Brust hob und senkte sich.

»Hören Sie auf!« sagte Lennox scharf. »Hier!« Er nahm Pearl die Teetasse aus der Hand und gab sie Mabel. »Trinken Sie. Langsam. Nicht zu hastig.«

Sie wollte die Tasse entgegennehmen, aber sie zitterte zu heftig, und ihre Finger waren unbeweglich, so daß sie sie nicht halten konnte.

Lennox half ihr, indem er seine Hand um ihre legte und so verhinderte, daß sie den Inhalt verschüttete.

»Trinken Sie«, sagte er fest. »Konzentrieren Sie sich, sonst bekleckern Sie sich damit. Halten Sie still!«

Sie gehorchte und nahm vorsichtig, ihre ganze Aufmerksamkeit darauf richtend, kleine Schlucke. Allmählich wurde ihr Atem ruhiger und wieder regelmäßig. Nach einigen Minuten lehnte sie sich zurück und stellte die jetzt leere Tasse vor sich auf den Tisch.

»Wie sah er aus?« fragte Pitt etwas sanfter.

»Wie er aussah?« Sie blickte ihn über den Tisch hinweg an. »Er war, weiß nich, normal. Mit hellem Haar, und ganz vielen Wellen.«

»Was hatte er an?« Pitt spürte, wie ein Schauer ihn durchlief. »Was für Kleider trug er, Mabel?«

»Hab nich richtig geguckt.« Sie starrte ihn entsetzt an, und er wußte, welches Bild sie vor ihrem geistigen Auge sah: sich selbst auf dem Bett an Noras Stelle.

»Teuer?« fragte Lennox, und seine Stimme durchschnitt die Stille.

Pitt sah ihn an, doch er hätte dieselbe Frage gestellt. Sie dachten alle dasselbe, das war unvermeidlich.

»Na ja. Die Männer hier in der Gegend tragen so was nicht.«

»Würden Sie ihn erkennen, wenn Sie ihn wiedersehen würden?« fragte Pitt und dachte an Rose Burke und deren Gesicht, als sie Finlay FitzJames aus der Tür des Hauses in der Devonshire Street treten sah.

»Weiß nich.« Mabel war zutiefst erschrocken. Man sah es an ihrer weißen, schweißnassen Haut und dem bebenden Körper.

»Ich seh Hunderte von Männern. Ich kümmer mich nich drum, wie sie aussehn. Am Ende zählt doch nur das Geld, oder? Nur mit Geld kann man sich was zu essen kaufen und die Miete bezahlen.«

»Danke«, sagte Pitt, erhob sich und ging in der Küche auf und ab. »Wissen Sie sonst noch etwas über ihre regelmäßigen Kunden? Wo sie wohnen, was sie machen, wie wir sie finden können?«

»Wozu?« Kate sah ihn aus schmalen Augen an.

»Falls sie gesehen haben, wer das mit Nora gemacht hat, du dumme Kuh!« sagte Edie. »Was denkst du denn?« Zu Pitt sagte sie: »Sie müssen sich drum kümmern, daß Sie den Scheißkerl schnapppen, der die Mädchen in dieser Gegend auf dem Gewissen hat! Bitte, Mister! Erst Ada in der Pentecost Alley, und jetzt Nora. Wer wohl die nächste ist? Und die nächste danach?«

Pearl fing wieder an zu weinen, ganz leise, wie ein Kind, das sich verirrt hat.

»Mann, Edie!« sagte Mabel aufgebracht. »Warum mußt du so was sagen?«

Edie sah sie an. »Na, dieses miese Schwein Costigan war's ja wohl nich, oder? Der is ja aufgehängt worden, bis er tot war, und dann is er unter die Erde gekommen, stimmt's?« Erregt zeigte sie mit dem Finger nach draußen. »Der Bastard is immer noch da draußen, richtig? So ein Bastard, der hier reinspazieren und dein nächster Freier sein könnte. War ja auch der von Nora, richtig? Wer soll uns denn helfen, wenn nich die Polizei, he? Ich weiß nich, wer, du etwa?«

»Hat eine von Ihnen sonst noch jemanden hier gesehen?« fragte Pitt noch einmal. »Versuchen Sie sich zu erinnern.«

Pitt notierte alles, was gesagt wurde, aber er erfuhr nichts Neues. Um Mitternacht verabschiedete er sich von Ewart und dem blassen Wachtmeister Binns, deren Aufgabe es nun war, nach den Kunden zu suchen, die die Frauen genannt hatten, und sie zu fragen, was sie gesehen und gehört hatten. Das war eine Aufgabe für die Gebietswache.

Lennox hatte Nora Goughs Leiche im Leichenwagen weggebracht und würde am folgenden Tag eine Obduktion vornehmen. Allerdings erwartete Pitt nicht, daß es zusätzlich zu der kurzen, traurigen Geschichte, die er schon kannte, etwas mitzuteilen gab.

Um fünf vor eins kam er nach Hause und fand Charlotte blaß und mit großen Augen im Flur vor, die Wohnzimmertür hinter sich offen.

Er schloß die Haustür. Bis zu dem Moment hatte er vergessen, daß er noch seine Sonntagskleidung trug und keinen Mantel. Er hatte angenommen, er würde viel früher nach Hause kommen. Gegessen hatte er auch nicht.

»War es das gleiche?« fragte sie mit belegter Stimme.

Er nickte. »Genau das gleiche.« Er ging an ihr vorbei ins Wohnzimmer und setzte sich auf seinen Sessel. Er blieb in angespannter Haltung, vornübergebeugt, und stützte die Ellbogen auf die Knie.

Sie kam in den Raum, schloß die Tür mit einem Klicken und setzte sich ihm gegenüber.

»Du hast mir nie erzählt, wie es im ersten Fall war«, sagte sie leise. »Vielleicht solltest du das tun.«

Er wußte, sie meinte damit nicht, daß sie eine Antwort finden könnte, die ihm entgangen war. Aber sie wußte, daß er beim Vorgang des Erklärens seine eigenen Gedanken ordnen konnte, wie es so oft schon geschehen war. Manchmal verstand man seine eigenen Gedanken am besten, wenn man sie einem anderen zu erklären versuchte, der sich nicht scheute zu sagen, wenn er etwas nicht verstanden hatte.

Ganz sorgsam, mit großer Abscheu vor den Einzelheiten, erzählte er ihr, wie sie die Leiche von Ada McKinley gefunden hatten, beschrieb ihren Zustand, was mit ihr geschehen war. Er beobachtete ihr Gesicht und sah den Schmerz darin, aber sie wandte den Blick nicht ab.

»Und diesmal?« fragte sie. »Wie heißt sie?«

»Nora Gough.«

»Und war es ganz genauso?«

»Ja. Gebrochene Finger und Zehen. Wasser. Ein Strumpfband um ihren Arm, die Stiefel zusammengeknöpft.«

»Das kann kein Zufall sein«, sagte sie. »Wer, abgesehen von dem Täter, wußte von diesen Dingen?«

»Ewart, Lennox, das ist der Polizeiarzt, Cornwallis und der Wachtmeister, der am Anfang geholt wurde. Und Tellman«, sagte er. »Sonst keiner.«

»Stand es in den Zeitungen?«

»Nein.«

»Die Frauen im Haus könnten davon erzählt haben«, sagte sie. »Das tut man, besonders wenn einem etwas angst macht. Wenn man es erzählt, ist es nicht mehr so schlimm ... manchmal.«

»Auch die wußten nichts davon«, sagte er und überlegte, was Rose Burke gesehen hatte. »Sie wußten nichts von den Fingern und Zehen. Da fällt mir ein, Binns und Tellman auch nicht.«

Sie saß nach vorn gebeugt, fast berührten sich ihre Knie, ihre Hände waren wenige Zentimeter von seinen entfernt.

»Dann war es derselbe, nicht wahr«, sagte sie leise. In ihrer Stimme schwang keine Kritik, und ihre Augen blickten nicht ängstlich, nur bekümmert.

»Ja«, sagte er und biß sich auf die Lippe. »So muß es sein.« Keiner von beiden erwähnte, daß es dann nicht Costigan gewesen sein konnte, aber das hing unausgesprochen zwischen ihnen, mit all dem dunklen Schmerz und dem Gefühl der Schuld.

Charlotte legte ihre Hand über seine und hielt sie fest.

»War es Finlay FitzJames?« fragte sie und sah ihn fragend an.

»Ich weiß es nicht«, sagte er ehrlich. »Im Bett von Nora Gough habe ich ein Taschentuch mit seinen Initialen gefunden. Die sind eher selten. Aber es beweist nicht, daß er heute abend da war.« Er atmete tief ein und seufzte. »Aber ihr einziger Kunde heute ist gesehen worden. Er hatte helles Haar und trug gute Kleider. In anderen Worten, ein Gentleman.«

»Hat Finlay FitzJames helle Haare?«

»Ja. Sehr schöne Haare, dicht und gewellt. Und davon haben die Frauen heute abend gesprochen.«

»Thomas ...«

Ihre Stimme wechselte den Ton. Er wußte, daß sie ihm etwas sagen wollte, das er nicht hören mochte und das sie nur mühsam über die Lippen brachte.

»Was?«

»Emily ist überzeugt, daß Finlay FitzJames unschuldig ist. Sie kennt seine Schwester ...«

Er wartete.

»Sie hat ihn an dem Abend, als Ada ermordet wurde, gesehen.« Sie sah ihn an, die Stirn in Falten gelegt, die Augen dunkel und groß.

»Emily hat Finlay gesehen?« Er war verblüfft. »Warum hat sie das nicht gesagt?«

»Nein... nein, Tallulah hat ihn gesehen!« verbesserte sie sich. »Sie konnte es dir nicht erzählen, weil sie ihrem Vater nicht die Wahrheit gesagt hatte, wo sie war.« Sie sprach schneller. »Sie hat ihn bei einem ziemlich wüsten Fest gesehen. Es wurde getrunken und Opium geraucht oder Kokain genommen und so was alles. Es war in Chelsea, in der Beaufort Street. Das konnte sie natürlich nicht sagen. Ihr Vater hätte einen Anfall bekommen, wenn er das gewußt hätte.«

»Das glaube ich gern«, sagte Pitt mit Eifer. »Aber Tallulah hat Finlay da gesehen? Weißt du das bestimmt?«

»Also, Emily ist sich sicher. Aber Tallulah dachte, es würde ihr sowieso keiner glauben, da sie ja seine Schwester ist und bereits ausgesagt hatte, daß sie woanders war.«

»Aber es muß ihn doch noch jemand gesehen haben!« sagte Pitt und wollte innerlich fast jubilieren. Vielleicht hatte er sich bei Finlay doch nicht geirrt. »Wer war noch da?«

»Das ist es ja. Tallulah kannte keinen, außer demjenigen, mit dem sie gegangen war, und den kannte sie auch nicht gut. Und Finlay war völlig betrunken und weiß nicht mal mehr, daß er da war.«

»Na, jemand muß doch Tallulah gesehen haben!« beharrte er und ergriff ihre Hand, ohne es zu merken.

»Sie weiß nicht, wen sie fragen soll. Solche Feste sind... na ja, sie finden in Privathäusern statt. Anscheinend wandern die Gäste zwanglos durch die Räume, und man kann sich hinter japanische Wände oder Topfpalmen zurückziehen. Überall sitzen halbbetrunkene Leute herum... man kann kommen und gehen, wann man will, und keiner weiß, wer man ist. Der Gastgeber selbst wußte auch nicht, wer da war.«

»Woher weißt du das bloß alles?« fragte er und versuchte, sich ein solches Ereignis vorzustellen. »Hat Emily dir das erzählt? Und wahrscheinlich hat Tallulah FitzJames es ihr erzählt?«

Ihre Miene verdüsterte sich. »Du glaubst das nicht, oder?«

Er schüttelte den Kopf. »Nein. Ich glaube, daß Tallulah bei einer solchen Veranstaltung gewesen sein kann, und Finlay auch. Aber ich glaube nicht, daß sie ihn auf einer Party an dem

253

Abend gesehen hat, als Ada McKinley ermordet wurde. Als Beweis für seine Unschuld ist es untauglich.«

»Das hat Tallulah auch gedacht. Aber Emily war überzeugt.«

Sein Mißtrauen wurde stärker.

»Warum erzählst du mir das alles, Charlotte? Willst du sagen, daß Finlay unschuldig sein muß? Du hast gesagt, Emily war überzeugt – du nicht?«

»Ich weiß nicht«, sagte sie aufrichtig, senkte den Blick und hob ihn dann wieder. Sie war sehr blaß und sehr bedrückt. »Thomas ... Emily hat die zweite Anstecknadel machen lassen, und Tallulah hat sie in Finlays Sachen versteckt, damit du sie finden würdest.«

»Was hat sie gemacht?« Seine Stimme überschlug sich fast. »Was hast du da gesagt?«

Sie war sehr blaß, aber ihre Augen blieben standhaft. Sie sprach ganz leise, fast war es ein Flüstern.

»Emily hat die zweite Anstecknadel machen lassen, damit Tallulah sie in Finlays Schrank verstecken konnte.«

»Großer Gott!« brauste er auf. »Und du hast ihr geholfen! Und dann hast du mich geschickt, damit ich danach suche! Wie konntest du so hinterhältig sein?« Das war es, was ihm weh tat. Nicht, daß sie falsche Indizien beigebracht und dadurch den Fall verschleiert hatten, sondern daß sie ihn absichtlich hinters Licht geführt hatten. So etwas war noch nie zuvor passiert. Es war Betrug aus der Richtung, aus der er ihn niemals erwartet hätte.

Ihre Augen weiteten sich erschreckt, als hätte er sie geschlagen.

»Ich wußte nicht, daß sie das getan hatte!« protestierte sie.

Er war zu müde, um wütend zu sein. Sein Schuldgefühl gegenüber Costigan lastete schwer auf ihm, und er wußte, daß er Charlotte und ihre Loyalität brauchte, den Trost, den sie ihm geben konnte, die Wärme ihrer körperlichen Nähe.

Sie wartete und betrachtete sein Gesicht. Sie hatte keine Angst, aber in ihren Augen lagen Verletztheit und Sorge. Sie verstand seinen Schmerz. Ihre Finger legten sich sanft und fest über seine.

Er beugte sich vor und küßte sie, immer und immer wieder, und sie erwiderte die Küsse mit der Offenheit und Großzügigkeit, die ihr schon immer eigen gewesen waren.

Er seufzte. »Auch wenn ich es gewußt hätte, wäre die Beweislage gegen Costigan die gleiche geblieben«, sagte er schließlich.

»Übrigens hat Augustus FitzJames gesagt, daß er diese verdammte Nadel hat machen lassen. Ich wünschte, ich wüßte, warum.«

»Damit du nicht weiter nachforschst«, antwortete sie und richtete sich auf.

»Aber warum?« Es verwirrte ihn, es ergab keinen Sinn.

»Angst vor einem Skandal.« Sie schüttelte den Kopf. »Es ist immer ein Skandal, wenn man die Polizei im Haus hat, aus welchen Gründen auch immer. Vermutlich mußt du morgen wieder zu ihm gehen, oder?«

»Ja.« Daran wollte er nicht denken.

Sie erhob sich. »Dann sollten wir jetzt zu Bett gehen, solange von der Nacht noch etwas übrig ist. Komm...«

Er stand auf und drehte das Gas aus, dann legte er den Arm um sie, und gemeinsam gingen sie nach oben. Wenigstens für die nächsten paar Stunden würde er nicht nachdenken müssen.

Am nächsten Morgen stand Pitt früh auf und ging in die Küche, während Charlotte die Kinder weckte und mit ihrer Hausarbeit begann. Gracie bereitete ihm das Frühstück, wobei sie ihn hin und wieder mit sorgenerfülltem Gesicht skeptisch ansah. Sie hatte die Morgenzeitung schon gesehen und von dem zweiten Mord in Whitechapel gehört. Charlotte hatte ihr erst kürzlich das Lesen beigebracht, und sie verstand nun das meiste, was geschrieben wurde. Sie war bereit, Pitt gegen alles und jeden zu verteidigen.

Die Nachmittagsausgaben der Zeitungen würden noch Schlimmeres berichten, wenn es mehr Neuigkeiten und mehr Einzelheiten gab und deutlichere Hinweise darauf, wer beschuldigt werden würde.

Sie machte ordentlich Lärm, klapperte mit dem Geschirr und ließ den Kessel flöten, weil sie wütend auf die Leute war, die Pitt die Schuld gaben, und Angst hatte, daß sie ihm das Leben schwermachten. Außerdem war sie hilflos und wußte nicht, wie sie helfen konnte. Sie wußte auch nicht, ob sie es erwähnen sollte oder nicht.

»Gracie, das geht doch kaputt«, sagte Pitt leise.

»tschuldigung, Sir.« Sie setzte den Kessel polternd ab. »Es macht mich einfach so wütend. Es ist nicht fair! Was haben die denn dagegen getan? Nix! Die würden ja auch nicht wissen, wo sie anfangen sollten. Blöder Kerl, der, der das hier geschrieben hat.

Das ist doch unverantwortlich.« Neuerdings benutzte sie längere Wörter, da sich durch das Lesen ihr Wortschatz erweitert hatte.

Pitt mußte trotz seines Unbehagens lächeln. Gracies Anhänglichkeit war besonders wohltuend. Er hoffte, er würde der hohen Meinung, die sie von ihm hatte, gerecht werden. Doch je mehr er darüber nachdachte, desto mehr fürchtete er, daß ihm bei Costigan ein nicht wiedergutzumachender Irrtum unterlaufen war. Er fürchtete, daß er eine Tatsache übersehen hatte, die er hätte erkennen und verstehen müssen, und Costigan daher unschuldig zum Tode verurteilt worden war.

Er aß sein Frühstück, ohne recht zu merken, woraus es bestand, und machte sich zum Gehen bereit, als Charlotte mit den Kindern in die Küche kam. Gracie hatte die Zeitung versteckt. Dennoch merkte Jemima sofort, daß etwas nicht stimmte. Sie sah von Charlotte zu Pitt und setzte sich dann.

»Ich will kein Frühstück«, sagte sie gleich.

Daniel hievte sich auf seinen Stuhl, nahm das Glas mit der Milch, das für ihn an seinem Platz stand, und trank es halb leer; dann wischte er sich den weißen Ring um den Mund mit der Hand ab und erklärte, er wolle auch keins.

»O doch«, sagte Charlotte rasch.

»Draußen ist ein Mann«, sagte Jemima mit einem Blick auf Pitt. »Er hat an die Tür geklopft, aber Mama hat gesagt, er soll gehen. Sie war gar nicht nett. Du hast mir gesagt, ich soll immer höflich sein. Sie hat nicht bitte gesagt ... und danke auch nicht.«

Pitt sah zu Charlotte hinüber.

»Ein Zeitungsmensch.« Sie zwang sich zu einem Lächeln. »Er war unverschämt. Ich habe ihm gesagt, er solle gehen und nicht wiederkommen, sonst würde ich mit dem Hund kommen.«

»Und sie hat geflunkert«, sagte Jemima. »Wir haben gar keinen Hund.«

Daniel sah sie ängstlich an. »Du gibst ihm aber nicht Archie? Oder Angus?« fragte er besorgt.

»Nein, natürlich nicht«, versicherte Charlotte ihm. Als sein Gesicht den bekümmerten Ausdruck nicht verlor, fuhr sie fort: »Ich wollte ihm den Hund nicht geben, mein Süßer, ich hätte dem Hund gesagt, er soll den Mann beißen!«

Daniel lächelte und nahm sein Glas. »Ach so, das ist gut. Archie könnte ihn kratzen«, sagte er optimistisch.

Charlotte nahm ihm das Glas aus der Hand. »Trink nicht alles auf einmal, sonst ißt du deinen Haferbrei nicht.«

Er hatte vergessen, daß er das Frühstück verweigern wollte, und als Gracie ihm seine Schüssel mit Haferbrei gab, nahm er sie entgegen.

Jemima ließ sich nicht so leicht beschwichtigen. Sie spürte die Anspannung in der Luft und stocherte lustlos in ihrem Brei herum, wofür sie heute nicht getadelt wurde.

Plötzlich klingelte es an der Tür, und im nächsten Moment klopfte es laut. Gracie knallte den Kessel auf den Herd und marschierte zur Tür.

Charlotte sah zu Pitt und wollte Gracie schon nachgehen.

Pitt stand auf. »Irgendwann muß ich mich ihnen stellen«, sagte er, obwohl er wünschte, er hätte damit warten können, bis er etwas zur Erklärung zu sagen hatte. Eine Entschuldigung gab es nicht.

Charlotte wollte etwas sagen, unterließ es aber.

»Was ist denn los?« fragte Jemima mit einem Blick auf ihre Mutter, dann auf ihren Vater. »Was ist denn passiert?«

Charlotte legte Jemima die Hand auf die Schulter. »Nichts, worüber du dir Sorgen zu machen brauchst«, sagte sie rasch. »Iß dein Frühstück.«

Die Haustür wurde geöffnet, und sie hörten einen Mann sprechen, dann gab Gracie mit spitzer Stimme eine aufgebrachte Antwort. Gleich darauf wurde die Tür zugeschlagen, und Gracie kam mit festen Schritten wieder in die Küche. Dafür, daß sie so klein war, konnte sie ganz schön viel Lärm machen, wenn sie wütend war.

»So eine Frechheit!« sagte sie, als sie in die Küche kam, das Gesicht weiß, die Augen sprühend. »Was die sich wohl denken? Schreiben ein paar Sätze und meinen, sie sind so klug wie sonst keiner! Blöder Möchtegern.« Sie drehte den Wasserhahn voll auf, und der Strahl spritzte von einem Löffel im Becken und durchnäßte ihr Kleid. Sie atmete ein und wollte schon losschimpfen, als ihr einfiel, daß Pitt auch da war. Also unterdrückte sie den Fluch.

Charlotte konnte sich ein Lachen nicht verkneifen, aber es klang ein wenig überdreht.

»War das auch ein Reporter, Gracie?«

»Ja«, antwortete sie und tupfte die Wasserflecken mit einem Handtuch trocken, was jedoch nicht viel nutzte. »Nichtswürdiger Kerl!«

»Du solltest dir besser ein trockenes Kleid anziehen«, sagte Charlotte.

»Ist nicht so schlimm«, entgegnete Gracie und legte das Geschirrtuch hin. »Hier ist es doch warm. Schadet doch nichts.« Dann begann sie wie wild erst im Mehltrog, dann in der Dose mit dem Dörrobst zu wühlen und die Zutaten für einen Kuchen zusammenzusuchen, der erst später am Vormittag gebacken werden würde. Aber durch die körperliche Betätigung konnte sie sich etwas von der aufgestauten Anspannung befreien. Wahrscheinlich würde sie später den Brotteig so lange kneten, bis er gar nicht mehr aufgehen wollte.

Pitt lächelte schwach, gab Charlotte zum Abschied einen Kuß, strich Jemima über den Kopf und gab Daniel einen Klaps auf die Schulter. Dann ging er, vor ihm lag ein Tag harter Arbeit.

Jemima richtete den Blick auf Charlotte. »Was ist denn los, Mama? Auf wen ist Gracie so böse?«

»Auf die Leute, die etwas in der Zeitung schreiben, aber nur die halbe Geschichte kennen«, erwiderte Charlotte. »Auf die Leute, die allen anderen Angst einjagen, weil sie dann mehr Zeitungen verkaufen können, und die nicht daran denken, daß viele Dinge dadurch schlimmer werden.«

»Was für Dinge?«

»Was für Dinge?« fragte auch Daniel. »Hat Papa Angst? Ist Gracie auf ihn böse?«

»Nein«, sagte Charlotte und überlegte fieberhaft, wie sie die beiden schützen konnte. Was war schlimmer: so zu tun, als sei alles in Ordnung, wenn es ganz offensichtlich nicht so war? Eine Lüge würde sie noch mehr verängstigen. Oder sollte sie ihnen einen Teil der Wahrheit erzählen? Dann würden sie den Zusammenhang verstehen und sich zur Familie gehörig fühlen. Sie wären ängstlich und besorgt, aber es wären nicht die formlosen Auswüchse ihrer Phantasie, die sie erschreckten, oder das Gefühl, allein gelassen und nicht ernst genommen worden zu sein.

Ohne bewußt eine Entscheidung getroffen zu haben, kam ihre Antwort.

»In Whitechapel ist wieder eine Frau gestorben, so wie die vor einer Weile. Es könnte sein, daß der falsche Mann bestraft worden ist. Die Leute sind darüber sehr verärgert. Und manchmal, wenn man Angst hat oder böse auf jemanden ist, möchte man ihm die Schuld geben. Dann ist es nicht mehr so schwer.«

Jemima war verwirrt. »Wieso ist es dann nicht mehr so schwer?«

»Ich weiß nicht. Aber erinnerst du dich daran, wie du gegen den Stuhl gelaufen bist und dir am Zeh weh getan hast?«
»Ja. Er ist ganz blau und grün und gelb geworden.«
»Weißt du noch, wie das war?«
»Es hat weh getan.«
»Du hast gesagt, es war meine Schuld.« Daniel kniff die Augen zusammen und sah seine Schwester vorwurfsvoll an. »Aber es war nicht meine Schuld. Ich hab den Stuhl nicht dahingestellt. Du hast nicht aufgepaßt.«
»Hab ich wohl!« sagte Jemima beleidigt.
»Seht ihr?« unterbrach Charlotte sie. »Es ist leichter, böse auf jemanden zu sein, als zuzugeben, daß man unvorsichtig war.«
Daniel strahlte triumphierend. Endlich hatte seine Mutter sich einmal auf seine Seite gestellt und ihm recht gegeben.
Jemima war verstimmt. Ihre Augen funkelten Daniel zornig an.
»Es geht darum«, sagte Charlotte, die merkte, daß ihr Beispiel nicht die erwünschte Wirkung erzielt hatte, »daß Menschen zornig werden, wenn sie aufgeregt sind. Sie sind aufgeregt, weil eine Frau gestorben ist, und sie haben Angst, weil sie vielleicht den falschen Mann bestraft haben, deswegen haben sie auch Schuldgefühle. Jetzt suchen sie jemanden, auf den sie zornig sein können, und da kommt ihnen Papa gerade recht, weil er dachte, daß der Mann, der bestraft wurde, auch der Täter war. Jetzt sieht es so aus, als wäre er es nicht gewesen.«
»Hat er einen Fehler gemacht?« fragte Jemima mit einer steilen Falte zwischen den zarten Brauen.
»Das wissen wir noch nicht. Es ist sehr schwer zu verstehen. Aber möglich ist es. Wir alle machen manchmal Fehler.«
»Auch Papa?« fragte Jemima ernst.
»Auch der.«
»Sind die dann sehr böse auf ihn?«
Sie zögerte. War es besser, vorbereitet zu sein? Würde eine tröstliche Lüge später auf sie zurückfallen und den Schmerz vergrößern? Oder vergrößerte sie die Angst nur unnötig und überforderte die Kinder? Vor allem wollte sie sie beschützen. Doch wie schützte sie sie? Mit einer Lüge oder durch die Wahrheit?
»Mama?« In Jemimas Stimme klang der Anflug von Angst durch. Daniel beobachtete sie genau.
»Wahrscheinlich ja«, sagte sie und sah in ihre ernsten Augen. »Aber das ist nicht richtig, weil er alles getan hat, was man tun

kann. Wenn es ein Fehler ist, dann haben alle ihn gemacht, nicht nur er.«

»Aha«, sagte Jemima. »Ach so.« Sie wandte sich wieder ihrem Frühstück zu und aß nachdenklich weiter.

Daniel sah erst sie, dann Charlotte an, atmete tief durch und fing auch wieder an zu essen.

»Ich bringe euch heute zur Schule«, sagte Charlotte entschlossen. »Es ist ein schöner Tag, und ich habe Lust dazu.« Wenn noch weitere Reporter draußen warteten oder jemand Bemerkungen machte, wollte sie nicht, daß Gracie sich auf eine Auseinandersetzung einließ und Jemima und Daniel dazwischenstanden. Auch sie selbst müßte ihr Temperament sehr zügeln.

Richtig unangenehm wurde es allerdings erst, als die Nachmittagsausgaben der Zeitungen erschienen. Jemand hatte der Presse einen besonders gruseligen Bericht vom Mord an Nora Gough übermittelt, einschließlich einer genauen Beschreibung der Anzeichen und Symptome des Erstickungstodes. Diesmal wurden auch die gebrochenen Knochen, die Stiefel und die mit Wasser übergossene Leiche erwähnt. Nichts war ausgelassen worden, und natürlich wurde alles mit dem Mord an Ada McKinley in Verbindung gebracht. Es wurden große Bilder von Costigan, das Gesicht ängstlich und verschlossen, veröffentlicht. Diesmal allerdings wurde seine finstere Miene nicht als Zeichen seiner Gewalttätigkeit interpretiert, sondern als Ausdruck des Schreckens vor dem Urteil. Das Gesetz sei angewendet worden, um den kleinen Mann unter den Rädern der mißbrauchten Gerechtigkeit zu zermalmen. Pitts Name wurde freizügig in jedem Artikel erwähnt. Die Vorwürfe, die ihn für die Hinrichtung verantwortlich machten, waren viel deutlicher als das Lob zum Zeitpunkt der Festnahme Costigans.

Charlotte trat aus der Tür und ging die Straße entlang. Mit Bitterkeit bemerkte sie, wie sich Vorhänge bewegten und dahinter getuschelt wurde. Daß sie nun niemand mehr zu einer Teegesellschaft einlud, daß Leute sie nicht sehen würden, obwohl sie vor ihnen stand, daß jemand dringend etwas zu tun hatte, wenn sie sich ihm näherte – all das bekümmerte sie nicht. Ihr ganzer Zorn regte sich Pitts und der Kinder wegen. Sie hätte sie bis zum letzten verteidigt, wenn es nur einen greifbaren Gegner gegeben hätte!

So aber schritt sie erhobenen Hauptes die Straße entlang, ignorierte alles zur Rechten und zur Linken und segelte um die Ecke, wo sie beinahe mit Major Kidderman zusammengeprallt wäre, der seinen Hund spazierenführte.

»Entschuldigung«, sagte sie. »Es tut mir leid.« Sie wollte schon weitergehen, als er anhob:

»Damit muß man rechnen, wenn man in einer Befehlsposition ist, meine Gute«, sagte er ruhig und hob die Hand an den Hut. »Nicht leicht, aber so ist das.« Und er lächelte ihr scheu zu.

»Danke, Major. Das ist sehr…« Sie wußte nicht recht, was sie meinte… weise… freundlich. Beides klang falsch. »Danke«, sagte sie schwach, doch sie erwiderte sein Lächeln spontan und mit echter Wärme.

Sie holte Jemima und Daniel von der Schule ab und machte sich auf den Heimweg. Eine junge Frau mit schmalem Gesicht wechselte vor ihr mit angewidertem Ausdruck auf die andere Straßenseite. Eine Frau mit drei Kindern vermied Charlottes Blick und eilte vorbei. Das kleine Mädchen in einem Rüschenkleid wollte mit Jemima sprechen, wurde aber scharf gemahnt, sich zu beeilen und keine Zeit zu vertrödeln.

An der Ecke schrie ein Zeitungsverkäufer die neuesten Schlagzeilen.

»Polizei hängt den Falschen! Neuer Mord in Whitechapel! Costigan unschuldig! Lesen Sie mehr! Wieder ein schrecklicher Mord in Whitechapel!«

Charlotte eilte mit gesenktem Blick an ihm vorbei. Nicht, daß er ihr eine Zeitung zum Kauf anböte. Sie ging so schnell, daß die beiden Kinder nur im Laufschritt mit ihr mithalten konnten. Als sie zu Hause ankamen, hastete sie die Stufen hinauf und stieß die Tür mit solcher Wucht auf, daß sie gegen den Türstopper prallte und wieder zurückschwang.

Gracie stand, das Nudelholz in der Hand, in der Küche. Sie war so wütend, daß sie kaum sprechen konnte. Als sie Charlotte sah, war ihre Erleichterung enorm.

Charlotte fing an zu lachen, doch im nächsten Moment liefen ihr die Tränen über die Wangen. Für die Kinder vergingen ein paar ängstliche Augenblicke, bevor sie sich wieder in der Gewalt hatte und die Tränen fortwischte. Sie schniefte und suchte nach einem Taschentuch.

»Wascht euch die Hände, dann gibt es Abendessen«, befahl sie. »Danach könnt ihr zusammen was lesen. Ich hole euch ›Der Wind in den Weiden‹.«

Pitts Tag verlief weit unangenehmer. Als erstes ging er zur Wache in Whitechapel, um zu sehen, ob es weitere Neuigkeiten gab, bevor er Finlay FitzJames besuchen würde. Es gab nichts. Alle, die ihm begegneten, sahen blaß und unglücklich aus. Sie waren alle gleichermaßen von der Schuld Costigans überzeugt gewesen. Nur wenige waren mit der Todesstrafe einverstanden, akzeptierten sie aber. Diesen Preis zahlte man seit jeher für ein Kapitalverbrechen. Jetzt breitete sich ein merkwürdiges Schuldgefühl aus. Man machte die Polizei verantwortlich, nicht nur die Zeitungen taten das, sondern auch die normalen Menschen auf der Straße. Auf einen Wachtmeister war gespuckt wurden, ein anderer wurde angepöbelt und von einer verärgerten Meute verfolgt. Jemand hatte eine Bierflasche geworfen, die an der Wand neben Wachtmeister Binns' Kopf zerschellt war.

An diesem Morgen, im kühlen Tageslicht, waren sie alle ernüchtert und betroffen.

Ewart kam schlecht rasiert herein, auf der Wange hatte er einen Schnitt, unter den Augen dunkle Ringe, seine Haut wirkte dünn und verletzlich.

»Gibt es was Neues?« fragte Pitt ihn.

»Nein.« Ewart wandte Pitt nicht einmal den Blick zu.

»Der Bericht von Lennox?«

»Noch nicht da. Er ist noch dran.«

»Was ist mit den anderen Zeugen?«

»Zwei haben wir gefunden. Sehr unglücklich.« Ewart lächelte bitter. »Man kann der Ehefrau – oder der Schwester, in Kales Fall – nur schlecht erklären, daß die Polizei wegen einem Mordfall in einem Bordell mit dem Mann sprechen möchte. Ich könnte mir vorstellen, daß Sydney Allerdyce die nächsten Jahre keine anständige Mahlzeit mehr vorgesetzt bekommt!« In seiner Stimme lag kein Bedauern, sondern eher schon Befriedigung.

»Haben die Zeugen jemanden gesehen?« Pitt griff den Punkt heraus, der alleine von Bedeutung war.

Ewart zögerte.

»Wen haben sie gesehen?« wollte Pitt wissen und fragte sich, was Ewart wohl verbarg. Wahrscheinlich kannte er die Antwort. »FitzJames?«

Ewart seufzte. »Einen jungen Mann mit dichtem, hellem Haar, gut gekleidet, durchschnittlich groß.« Er sah rasch zu Pitt auf und versuchte, in dessen Miene zu lesen. »Er muß es nicht gewesen sein«, fügte er hinzu, dann ärgerte er sich sichtlich, weil er den Gedanken geäußert hatte.

»Na, Albert Costigan war es auf jeden Fall nicht«, sagte Pitt, bevor ein anderer es sagen konnte. »Ist sonst noch jemand gesehen worden?«

»Nein. Sie konnten sich an keinen anderen erinnern. Nur an die Frauen, die dort leben.«

»Was ist mit den Nachbarn, mit Leuten auf der Straße? Waren fliegende Händler oder andere Prostituierte da? Hat irgend jemand überhaupt etwas gesehen?« beharrte Pitt.

»Nichts, was uns weiterhilft«, sagte Ewart gereizt. »Einen Lastkutschenfahrer haben wir befragt, der die meiste Zeit wenige Meter entfernt geladen hat. Der hat nur Leute auf der Straße gesehen. Keinen, der rein- oder rausging. Mit ein paar Prostituierten haben wir gesprochen, Janie Martins und Ella Baker zum Beispiel, die hielten nach Kundschaft Ausschau. Sie haben niemanden gesehen, außer den Männern, die sie dann mitgenommen haben, aber sie waren nicht in der Nähe des Hauses – Ella war überhaupt nicht in der Myrdle Street.«

»Also, jemand ist gekommen und gegangen. Nora Gough hat sich schließlich nicht selbst so zugerichtet, oder? Gehen Sie wieder hin, und versuchen Sie es noch einmal. Ich werde zu den Fitz-James' gehen. Wahrscheinlich erwarten die mich schon.«

Ewart lachte auf, und es schwang Wut und Angst darin. Er wandte sich ab, als sei ihm bewußt geworden, daß er seine Gefühle offenbart hatte. Er nahm sich wieder den Bericht vor, an dem er geschrieben hatte.

Die Tür zu dem Haus in der Devonshire Street wurde von demselben überaus freundlichen Butler geöffnet. Obwohl seine Miene diesmal sehr ernst war, wirkte er sehr liebenswürdig.

»Guten Morgen, Mr. Pitt, Sir«, sagte er und öffnete die Tür weit, um Pitt einzulassen. »Das Wetter ist wunderbar, nicht wahr? Ich glaube, den Oktober mag ich am liebsten. Vermutlich wollen Sie zu Mr. FitzJames? Er ist in der Bibliothek, wenn Sie mir bitte folgen wollen?« Ohne eine Antwort abzuwarten, führte er Pitt über den Flur mit Parkettboden, an einem großartigen Gemälde einer Hafenszene der holländischen Stadt Delft vorbei, und dann in einen kleineren Vorraum, von dem die Bibliothek abging. Er klopfte und trat unverzüglich ein.

»Mr. Pitt, Sir«, gab er bekannt und trat dann zur Seite, damit Pitt vorbeigehen konnte.

Augustus stand vor dem Kamin, in dem aber kein Feuer brannte. Pitt sah ihn zum ersten Mal aufrecht. Bisher hatte er die Gespräche mit ihm immer im Sitzen geführt. Augustus hatte runde Schultern und zeigte einen kleinen Fettansatz am Bauch. Sein Anzug war ausgezeichnet geschnitten, der Hemdkragen hoch und steif, und in seinem langen Gesicht mit der großen Nase stand ein kämpferischer Ausdruck.

»Kommen Sie herein«, befahl er. »Ich hatte vermutet, daß Sie in der Gegend sind, und habe auf Sie gewartet. Sie werden mir jetzt erzählen, daß Sie den Falschen an den Galgen gebracht haben. Oder wollen Sie behaupten, daß das Verbrechen von gestern abend von einem anderen, einem zweiten Verrückten in unserer Mitte verübt wurde?«

»Ich behaupte gar nichts, Mr. FitzJames.« Pitt beherrschte sich nur mit Mühe. Selten hatte er so stark die Versuchung verspürt, zum Gegenschlag auszuholen. Nur die Erkenntnis, daß es auf ihn zurückfallen würde, hielt ihn davon ab.

»Ich bin überrascht, daß Sie den Zeitungen soviel mitgeteilt haben«, sagte Augustus spitz. In seinen Augen stand ein spöttischer Ausdruck. »Ich hätte gedacht, daß Sie zu Ihrem eigenen Schutz sowenig wie möglich preisgeben würden. Sie sind noch dümmer, als ich angenommen hatte.«

Pitt hörte die Angst aus der Stimme heraus. Es war das erste Mal, daß sie bemerkbar wurde, und Pitt fragte sich, ob Augustus selbst es auch hörte. Vielleicht war er deswegen so verärgert.

»Ich habe gar nicht mit der Presse gesprochen«, erwiderte Pitt. »Ich weiß auch nicht, wer es getan hat. Wenn es eine der Frauen war, die in der Myrdle Street leben, dann können wir nichts dagegen tun. Wir beschäftigen uns mehr damit, die Wahrheit aufzudecken und sie zu beweisen, als es zu bedauern, daß die Öffentlichkeit von diesem zweiten Verbrechen erfahren hat und darüber zu staunen, daß es eine starke Ähnlichkeit mit dem ersten hat.«

Augustus starrte ihn an. Ihn überraschte der schroffe Ton ebenso wie die bittere Wahrheit des Gesagten. Es zeigte ihm, daß diese Konfrontation unnütz war, und brachte ihm die eigene, sehr direkte Gefährdung zu Bewußtsein. Es galt, keine Zeit mit Vorwürfen zu verschwenden, besonders gegen den Menschen, der ihm am meisten helfen oder schaden konnte. Daß es ihn eine große Anstrengung kostete, seine Gefühle zurückzunehmen, war in seinen störrischen Zügen zu lesen.

»Vermutlich war es wie das erste?« sagte er langsam und musterte Pitt. »Ich habe nicht alle Einzelheiten in den Berichten über den Tod von dieser McKinley mitbekommen.«

»Sie wurden nicht veröffentlicht«, erwiderte Pitt.

»Verstehe.« Er richtete sich auf. »Wer konnte denn davon wissen?«

»Außer dem Täter« – Pitt ließ einen Hauch von Ironie über sein Gesicht ziehen – »ich, Inspektor Ewart, der Wachtmeister, der als erster am Tatort war, und der Polizeiarzt, der sie untersucht hat.«

»Die anderen Frauen im Haus?«

»Soweit wir wissen, nicht. Sie hatten keine Gelegenheit, in ihr Zimmer zu gehen.«

»Wissen Sie das ganz genau?« fragte Augustus mit erhobener Stimme, als könnte da eine Hoffnung sein. »Sie waren ja da. Vielleicht hat eine der Frauen die Leiche gesehen und jemandem... ich weiß ja nicht... davon erzählt« Seine Schulter zuckte irritiert. »Diesen Männern, mit denen sie zu tun haben! Vielleicht ist dieser Fall absichtlich kopiert?«

»Warum? Costigan kann man nicht die Schuld dafür geben«, sagte Pitt logisch. »Von allen Menschen, die in diese ganze Geschichte verwickelt sind, ist er der einzige, der fraglos unschuldig am Tode von Nora Gough ist.«

»Setzen Sie sich, Mann!« Augustus machte ein scharfe Bewegung, als würde er auf etwas schlagen. Er selbst blieb jedoch stehen, den Rücken dem leeren Kamin zugewandt, die Hände hinter dem Rücken verschränkt. »Ich kenne den Grund nicht. Vielleicht geht es nur darum, die Polizei in Verruf zu bringen und sie als unfähig darzustellen.«

»Man ermordet keine Frauen, um die Polizei in Verruf zu bringen«, erwiderte Pitt und blieb stehen. »Es gibt einen persönlichen Grund, sie umzubringen. Ihre Finger und Zehen waren ausgerenkt beziehungsweise gebrochen. Das ist unglaublich schmerzhaft. Es ist eine Form von Folter.« Er überging Augustus' angewidertes Zusammenzucken. »Währenddessen war sie mit ihrem eigenen Strumpf angebunden. Dann wurde sie mit Wasser begossen, ihre Stiefel wurden zusammengeknöpft und ein Strumpfband um ihren Arm gewickelt. Das tut man keinem an, wenn man nicht eine sehr gewalttätige Neigung in sich trägt. Da reicht nicht die Begründung, daß man einen anderen zum Idioten stempeln möchte.«

Augustus wurde sehr blaß, fast grau, und um Nase und Mund war er so verkniffen, daß er innerhalb weniger Stunden um ein Jahrzehnt gealtert zu sein schien.

»Ich bin Ihrer Meinung, Oberinspektor, das ist obszön. Sie suchen nach einem Tier. Das ist nicht mehr menschlich. Ich wünschte, ich könnte Ihnen mehr helfen, doch das ist nicht mein Gebiet. Ich vermute, daß Sie diesmal nichts gefunden haben, das meinem Sohn gehört?« Seine Stimme klang sicher, es war eine rhetorische Frage.

»Es tut mir leid, Mr. FitzJames, aber wir haben dies gefunden.« Pitt holte das Taschentuch mit dem Monogramm hervor und hielt es so, daß Augustus die Buchstaben erkennen konnte.

Einen Augenblick lang dachte er, Augustus würde ohnmächtig werden. Er wankte ein wenig, löste die ineinander verschlungenen Hände und streckte eine nach dem Taschentuch aus. Dann mußte er die zweite zu Hilfe nehmen, um das Gleichgewicht zu halten. Er berührte es nicht.

»Ich ... ich erkenne die Buchstaben, Oberinspektor«, sagte er mit harter, gepreßter Stimme. »Ich gebe zu, daß sie ungewöhnlich sind. Das bedeutet aber nicht, daß das Taschentuch meinem Sohn gehört. Mit Sicherheit heißt es nicht, daß er derjenige war, der es dort hingelegt hat. Sie sehen das hoffentlich ebenso klar wie ich?« Zum ersten Mal schwang keine Drohung in seiner Stimme. Statt dessen war eine Mischung aus Bitte und Trotz zu hören und der Wille, alles zu tun, um das Unheil, das so nah über seiner Familie schwebte, abzuwenden.

Trotz seiner Abneigung gegen ihn hatte Pitt Mitleid. Er wünschte, er hätte eine klarere Vorstellung von Finlays Schuld.

»Das weiß ich, Mr. FitzJames«, sagte er ruhig. »Die Schwierigkeit besteht darin aufzudecken, wer die Dinge Ihres Sohnes absichtlich am Ort des Verbrechens an Ada McKinley plaziert hat, und jetzt an dem von Nora Gough ... und warum? Ich fürchte, es wird nötig sein, daß ich mir diejenigen, die sich Ihre Feinde nennen, näher ansehe. Es ergibt keinen Sinn anzunehmen, daß Ihr Sohn zufälligerweise ausersehen wurde.«

Augustus atmete schwer ein und stieß die Luft mit einem Seufzer wieder aus.

»Wie Sie meinen, Oberinspektor.« Dann kniff er die Augen zusammen. »Darf ich Sie fragen, wie Sie eine Verurteilung gegen

Albert Costigan erreichen konnten, wenn er, wie es jetzt scheint, gar nicht der Täter war? Ich ... ich möchte Sie damit nicht kritisieren. Ich glaube nur, wir müssen das wissen ... ich muß das wissen. Dieses Unheil bedroht meine Familie ganz unmittelbar.«

»Ich fürchte, das stimmt.« Pitt nahm den Knopf aus der Hosentasche und reichte ihm den.

Augustus nahm ihn und sah ihn sich an.

»Sehr gewöhnlich«, erklärte er, den Blick zu Pitt hebend. »Ich glaube nicht, daß an meinen Kleidern solche Knöpfe sind, doch ich kenne viele Männer, die solche haben. Es beweist nichts, außer vielleicht, daß ein kultivierter Mensch dort gewesen ist.« Er kniff das Gesicht zusammen. »Kultiviert gekleidet, zumindest.«

»Es gibt außerdem Zeugen«, sagte Pitt und erteilte den letzten Schlag. »Der letzte Kunde der toten Frau war ein junger Mann von durchschnittlicher Größe mit dichtem, hellem Haar, und er war gut gekleidet.« Augustus versuchte nicht zu argumentieren, auf wie viele junge Männer diese Beschreibung paßte.

»Verstehe. Natürlich habe ich meinen Sohn bereits gefragt, wo er gestern am späten Nachmittag war. Vermutlich möchten Sie es von ihm persönlich hören?«

»Ich bitte darum.«

Augustus läutete, und als der Butler erschien, bat er ihn, Finlay zu holen.

Sie warteten schweigend. Kurz darauf betrat Finlay den Raum und schloß die Tür hinter sich. Er war lässig gekleidet. Offenbar hatte er sich nach dem Besuch im Außenministerium, wenn er überhaupt schon dort gewesen war, umgezogen. Er wirkte verängstigt, sein Gesicht war fleckig, als hätte er am Abend zuvor zuviel getrunken und litt nun an den Nachwirkungen. Sein Blick ging erst zu seinem Vater, dann zu Pitt.

»Guten Tag, Mr. FitzJames«, sagte Pitt ruhig. »Es tut mir leid, daß ich Sie störe, aber ich fürchte, ich kann nicht umhin, Sie zu fragen, wo Sie gestern nachmittag zwischen ungefähr drei und sechs Uhr waren.

»Also, in der Myrdle Street war ich nicht!« Finlays Stimme klang stockend, als hätte er sich noch nicht entschieden, ob er mit Entrüstung und Selbstmitleid reagieren wollte oder ob er die Sache herunterspielen sollte, so als ginge sie ihn nichts an. Nur die Angst war zu hören.

»Wo waren Sie?« wiederholte Pitt.

»Also, um drei Uhr war ich noch im Außenministerium«, antwortete Finlay. »Um halb vier bin ich gegangen, vielleicht etwas später. Ich habe einen Spaziergang im Park gemacht.« Er hob das Kinn, und seine Augen blickten Pitt so unmittelbar an, daß er sich fast sicher war, daß Finlay log. »Ich wollte mich mit jemandem geschäftlich treffen, aber er ist nicht gekommen. Ich habe eine Weile gewartet, dann habe ich in einem Restaurant früh zu Abend gegessen und bin ins Theater gegangen. In Whitechapel war ich jedenfalls nicht.«

»Können Sie das beweisen, Sir?« fragte Pitt und war sich bereits sicher, daß er das nicht konnte. Wenn, dann hätte Augustus das gleich in einem triumphierenden Ton verkündet. Er hätte Pitt wegschicken können, statt um seine Hilfe zu ersuchen. Die Angst in seiner Stimme war die Antwort.

»Nein, ich glaube nicht. Es... es ging um einen Gefallen für einen Freund, ein dumme Sache, in die er hineingeraten war«, erklärte Finlay überflüssigerweise. »Geld und eine Frau, alles ziemlich unerfreulich. Ich wollte ihm helfen, die Sache ein für allemal zu bereinigen, ohne den Ruf eines anderen zu schädigen. Auf keinen Fall wollte ich von einem Bekannten gesehen werden. Ich habe mit keinem gesprochen.«

»Verstehe.« Pitt verstand hauptsächlich, daß es vergeblich war. »Ist das Ihr Taschentuch, Mr. FitzJames?« Er reichte ihm das Taschentuch, das er unter Nora Goughs Kissen gefunden hatte.

Finlay berührte es nicht.

»Vielleicht. Ich habe mindestens ein halbes Dutzend in der Art, aber das trifft auf jeden anderen, den ich kenne, auch zu.«

»Mit dem Monogramm ›F. F. J.‹ in der Ecke?«

»Nein, natürlich nicht. Aber... man kann...« Er schluckte. »Man kann alle Initialen auf ein Taschentuch sticken lassen. Es heißt nicht, daß es mir gehört. Vermutlich haben Sie es bei dieser neuen Leiche gefunden? Dachte ich mir doch. Das sehe ich Ihrem Gesicht an.« Seine Stimme wurde schriller. »Ich habe sie nicht umgebracht, Oberinspektor! Ich kannte sie überhaupt nicht, und ich war noch nie in der Myrdle Street! Irgendein... Verrückter versucht, mein Leben zu zerstören, und bevor Sie fragen, ich habe nicht die geringste Ahnung, wer das sein könnte... oder warum! Ich...« Er beendete den Satz nicht. »Vielleicht sollten Sie sich Albert Costigans Freunde vornehmen? Irgend jemand versucht, uns beide zu belasten, Oberinspektor. Uns als

268

Mörder hinzustellen und Sie als einen unfähigen Polizisten...
indirekt auch als Mörder.« Seine Augen sahen ihn herausfordernd und in der Gewißheit eines kleinen Sieges an. »Ich glaube, es ist in Ihrem Interesse wie in meinem, denjenigen zu finden und ihn vor Gericht zu bringen. Ich würde Ihnen ja gerne behilflich sein, aber ich habe keine Ahnung, wo ich damit anfangen soll. Tut mir leid.«

»Wir werden mit all denen beginnen, die Grund für eine Abneigung gegen Sie haben, Mr. FitzJames«, gab Pitt zurück. »Dann wenden wir uns denjenigen zu, denen Sie beruflich oder privat im Wege stehen. Und vielleicht müssen wir uns die ursprünglichen Mitglieder des Hellfire Clubs noch einmal vornehmen.«

»Das kann ich nicht tun!« sagte Finlay heftig, und die Hochstimmung des Moments war verflogen. »Wir waren gute Freunde. Sie kommen einfach nicht in Betracht, nicht im entferntesten. Jugendfreunde sind... also... Von denen ist es keiner, das versichere ich Ihnen. All die anderen Möglichkeiten werde ich überdenken und Ihnen eine Liste machen.«

»Desgleichen werde auch ich tun«, fügte Augustus hinzu. »Sie haben unsere volle Unterstützung, Oberinspektor.« Ein winziges Lächeln huschte über seinen freudlosen Mund. »Unsere Interessen sind dieselben, in diesem Fall zumindest.«

Pitt konnte dem nur beipflichten.

»Und es ist dringend«, fügte Pitt trocken hinzu. »Danke, Sir.«

Zu Finlay gewandt sagte er: »Auf Wiedersehen, Mr. FitzJames.«

9.

Kapitel

Am nächsten Tag ging eine noch heftigere Welle der Entrüstung durch die Zeitungen. Nicht nur die kleineren Blätter brachten dicke Schlagzeilen, sondern selbst die *Times* äußerte Zweifel daran, ob Costigans Prozeß fair gewesen sei. Damit stellte sie nicht nur die Leistungsfähigkeit der Polizei in Frage, sondern auch ihre Redlichkeit.

In einem weiteren Artikel wurde die Beweisführung noch einmal überprüft. Der Reporter erhob den deutlichen Vorwurf, sie sei teilweise moralisch fragwürdig und gründe sich weniger auf Tatsachen als vielmehr auf Wunschdenken. Es wurde behauptet, den Ermittlern sei es bei diesem Fall nicht so sehr um wahre Gerechtigkeit gegangen als darum, möglichst schnell einen Schuldigen zu finden. Durch diese fragwürdige Vorgehensweise habe das Ansehen der Polizei – und das jener Personen, deren politisches Gewicht hinter den Ermittlungen stand – schwer gelitten. Costigan sei das Opfer dieser wenig rühmlichen Bemühungen geworden.

Einige der kleineren Blätter kamen sogar zu dem Schluß, daß die mit dem Fall betrauten Polizeibeamten entweder durch Drohungen oder durch Bestechung dazu veranlaßt worden waren, den Fall so rasch abzuschließen. Pitt wurde sowohl mit dem glücklosen Inspektor Abilene verglichen, dem es zwei Jahre zuvor nicht gelungen war, die Mordserie in Whitechapel aufzuklären, als auch mit dem Polizeipräsidenten Warren, der daraufhin sein Amt niederlegen mußte.

In mehreren Leserbriefen wurde gefordert, Costigan posthum zu begnadigen und seiner Familie, sofern sie aufzufinden war, eine angemessene Entschädigung für seine unrechtmäßige Hinrichtung zukommen zu lassen.

Pitt studierte die Zeitungen und faltete sie danach wieder zusammen. Gracie schnappte sie sich und hätte sie am liebsten ins Feuer geworfen. Aber sie wußte, daß die Asche von soviel Papier den Luftabzug im Kamin blockieren würde und sie dann die Feuerstelle auskehren und neu einheizen müßte.

Charlotte schwieg. Ihr war klar, daß Pitt an all die Dinge dachte, die es zu sagen gab, und das waren ohnehin herzlich wenige. Sie wußte, daß er nach bestem Wissen und Gewissen gehandelt hatte. Sagte sie ihm das jetzt aber, würde er womöglich glauben, sie zweifle daran. Ihre größte Sorge war nun, wie sie Daniel und Jemima schützen konnte. Sie war nicht in der Lage, Pitt die Demütigungen, die ihm bevorstanden, zu ersparen, aber sie konnte sie mit ihm teilen, ohne es sich allzu sehr anmerken zu lassen.

Sie überlegte, ob sie die Kinder zur Schule schicken sollte oder ob es vielleicht besser wäre, sie zu Hause zu lassen, wenigstens heute. So bräuchten sie das Gerede der anderen Kinder oder der Erwachsenen auf der Straße nicht zu hören und wären deren Fragen und Sticheleien nicht ausgesetzt. Sie selbst konnte nicht den ganzen Tag für sie antworten oder ihnen erklären, was die Leute gemeint hatten, warum sie so aufgebracht waren oder wieso sie unrecht hatten.

Sie könnte sie auch für eine Weile zu ihrer Mutter bringen. Dort wären sie sicher, niemand kannte sie da. Es wäre nicht weiter schlimm, wenn sie ein oder zwei Wochen nicht zur Schule gingen. Sie könnten den Unterrichtsstoff nachholen, wenn diese schreckliche Angelegenheit überstanden war und die Wahrheit bekannt wurde.

Wenn man die Wahrheit nun aber nicht herausfand? Wenn der Fall ungelöst blieb, wie damals der mit dem Ripper? Das wäre möglich. Pitt war intelligent. Er gab nie auf. Aber er löste nicht alle seine Fälle. Die Morde hatte er bisher zwar alle aufgeklärt, aber es gab ein paar Einbrüche, Betrugsdelikte und Fälle von Brandstiftung, in denen seine Ermittlungen fruchtlos geblieben waren und kein Täter dingfest gemacht werden konnte.

Wenn sie die Kinder zu Caroline brächte, würde sie ihnen damit zeigen, daß man weglaufen und sich verstecken konnte, wenn eine Situation unangenehm oder bedrohlich war. Daß man warten konnte, bis sie vorüberging, und man sich ihr nicht stellen mußte.

Wenn man sich ihr aber doch stellen mußte, war alles doppelt so schlimm. Man hatte sich nicht nur vor den anderen wie ein Feigling benommen, sondern sich auch selbst für einen gehalten. »Ihr müßt zur Schule.« Sie hörte ihre Stimme, bevor sie wußte, wofür sie sich entschieden hatte. Charlotte sah zu Pitt hinüber, der seinen Blick auf sie gerichtet hatte. Sein Gesicht verriet ihr nichts. Sie wußte nicht, ob er ihre Entscheidung billigte. »Ich bringe euch hin. Also kommt.«

Pitt verbrachte den Tag in Whitechapel, und es war einer der schlimmsten seines Lebens. Er befragte noch einmal alle Frauen in dem Mietshaus in der Myrdle Street, weil er mehr über Nora Gough in Erfahrung bringen wollte. War es möglich, daß sie Ada gekannt hatte? Hatte sie Streit mit jemandem gehabt? Hatte sie Costigan gekannt? Hatte sie Schulden oder jemandem Geld geliehen? Gab es irgendein Motiv für ihren Tod?

Ihr Zuhälter war ein massiger Mann mit schwarzen Locken, gönnerhaftem Gehabe und aufbrausendem Wesen. Aber für den fraglichen Tag hatte er ein hieb- und stichfestes Alibi und glaubwürdige Zeugen. Noras Tod hatte ihn anscheinend wirklich mitgenommen. Sie war sein bestes Mädchen gewesen, hatte ihm am meisten eingebracht und ihm keine Unannehmlichkeiten bereitet.

Als Pitt am frühen Nachmittag die Commercial Road East entlangging, stieß er vor einem der größeren Wirtshäuser auf eine Gruppe aufgebrachter Menschen. Jemand schrie: »Ein Hoch auf Bert Costigan! Costigan lebe dreimal hoch!«

»Lang lebe Costigan!« schrie ein anderer, und die Menge stimmte lauthals ein.

»Er war ein Märtyrer, wegen dieser reichen Pinkel, die hierherkommen und sich unsere Frauen nehmen!« rief ein dünner Mann dazwischen.

»Und sie abmurksen!« fügte ein anderer unter lauter Zustimmung hinzu.

»Er war unschuldig«, kam es von einer Frau mit flachsfarbenem Haar. »Sie haben ihn für nichts gehängt!«

»Sie haben ihn gehängt, weil er arm war!« ereiferte sich ein dicker Mann, dessen Gesicht vor Zorn dunkelrot angelaufen war. »Man sollte besser die da aufknüpfen!«

»Na, aber!« Der Gastwirt kam zur Tür heraus, die Schürze

schief umgebunden, in der Hand ein Geschirrtuch. »Ich will keinen Ärger hier. Verzieht euch und quatscht nicht so n Blödsinn.« Eine junge Frau mit einer Zahnlücke schob sich energisch nach vorn. »Was heißt hier Blödsinn? Bert Costigan is gehängt worden, für was, was er nich getan hat. Das kratzt Sie wohl nich, was? Hauptsache, man zahlt die Zeche, aber daß einer von uns am Galgen baumelt statt so einem reichen Pinkel, der aus dem feinen West End daherkommt und die Frauen hier abmurkst, das finden Sie wohl richtig?«

»Hab ich nicht gesagt!« protestierte der Gastwirt. Inzwischen hatte das Geschrei und das Gedränge zugenommen, und ein junger Mann wurde zu Boden gestoßen. Sofort kam es zu einem Handgemenge, und im nächsten Moment ging ein halbes Dutzend Männer mit Fäusten aufeinander los.

Pitt trat dazwischen und versuchte, die Streitenden zu trennen und Verletzungen zu verhindern, zumal auch Frauen darunter waren, die jetzt zu schreien anfingen. Erst als er bereits mitten in dem Getümmel steckte, erkannte er, daß es keine Angstschreie waren, wie er vermutet hatte, sondern wütendes Gebrüll, mit dem sie die Kämpfenden anfeuerten.

Jemand skandierte Costigans Namen wie einen Schlachtruf.

Pitt bekam von allen Seiten Schläge und Knüffe. Der Wirt war mitten im Gemenge.

Da gellte der Pfiff eines Polizisten, und jemand kreischte.

Die Kämpfenden schlugen immer heftiger aufeinander ein. Pitt wurde angerempelt und wäre zu Boden gegangen, doch der Wirt prallte von links mit ihm zusammen, und beide landeten auf einem rothaarigen jungen Mann mit blutender Nase, der lang hingestreckt am Boden lag.

Weitere Polizisten eilten herbei und trieben die Menge auseinander. Drei Männer und zwei Frauen wurden festgenommen. Acht Personen trugen mehr oder weniger schwere Verletzungen davon. Einer hatte sich das Schlüsselbein gebrochen. Zwei mußten wegen Platzwunden behandelt werden.

Pitt verließ den Schauplatz ziemlich lädiert: Sein Hemdkragen war eingerissen, sein Jackett hatte am Ellbogen ein Loch, und von oben bis unten war er mit Schmutz und Blut bespritzt.

Natürlich berichteten die Abendzeitungen darüber, und es fehlte weder an Kommentaren und Kritik noch an neuerlichen Rufen nach einer Begnadigung für Costigan. Außerdem wurde die Struktur des Polizeidienstes und seine Berechtigung im allgemeinen sowie Pitts Tauglichkeit im besonderen in Frage gestellt.

Parallelen zu den Morden in Whitechapel vor zwei Jahren wurden gezogen, die für niemanden schmeichelhaft waren.

Man sagte weitere Ausschreitungen und eine Gefährdung der öffentlichen Ordnung voraus.

Gegen sieben Uhr kam Pitt nach Hause, zerschlagen, verletzt an Seele und Körper, und unschlüssig, was er als nächstes tun sollte. Er hatte keine Vorstellung, wer die beiden Frauen ermordet haben könnte, ob Costigan und Finlay FitzJames eine Rolle dabei gespielt hatten und wenn ja, welche.

Vor dem Haus stand Vespasias Kutsche, doch er wußte nicht, ob er sich freuen sollte oder ob es ihm lästig war. Pitt wollte nicht, daß sie ihn so sah. Sein Aufzug war schäbig und schmutzig, er selbst völlig erschöpft. Es lag ihm viel an ihrer guten Meinung. Er wollte bei ihr den Eindruck erwecken, als ob solche Krisen und Rückschläge ihm nichts anhaben könnten. Andererseits würde er auch gerne ihre Meinung hören – ja, er würde sie gerne sehen und ihre Stärke und Entschlossenheit spüren. Unerschrockenheit war mindestens so ansteckend wie Verzweiflung.

Beim Betreten des Wohnzimmers stellte er überrascht fest, daß außer Vespasia auch Cornwallis anwesend war, der einen ausgesprochen niedergeschlagenen und finsteren Eindruck machte.

Charlotte erhob sich, noch bevor Pitt die Gelegenheit hatte, die Gäste zu begrüßen.

»Du bist bestimmt müde und hungrig«, sagte sie und trat auf ihn zu. »Oben ist warmes Wasser, und in einer halben Stunde gibt es Abendessen. Tante Vespasia und Mr. Cornwallis bleiben zum Essen. Dann haben wir Zeit zu sprechen.« Sie schickte ihn gewissermaßen weg, doch er ließ es gerne zu. Seinen Kleidern mußte noch der Geruch von Unrat, verschüttetem Bier, Straßenstaub und dem kaltem Schweiß der verängstigten und aufgestachelten Menschenmenge anhaften. Selbst Furcht und Zorn schienen an ihm zu kleben.

Eine halbe Stunde später stand Pitt wieder vor seinen Gästen. Er fühlte sich immer noch matt, seine Glieder schmerzten, und im Gesicht begannen sich die blauen Flecken abzuzeichnen, aber er war jetzt gewaschen und fühlte sich dem unabwendbaren Gespräch gewachsen.

Es begann gleich mit dem ersten Gang. Keiner wollte es länger hinausschieben.

»Wir müssen die Sache aus zwei Richtungen angehen«, begann Cornwallis mit ernster Mine und beugte sich nach vorn. »Wir müssen alles daransetzen, den Mörder dieser zweiten Frau zu finden und ihm die Tat nachzuweisen. Und wir müssen zeigen, daß es stichhaltige Beweise für Costigans Festnahme gab, die wir durch gründliche Nachforschungen zusammengetragen und in einem ehrenhaften Prozeß vorgebracht haben.« Er preßte die Lippen zusammen. »Ich weiß nur nicht, wie wir nachweisen können, daß wir keine Beweise zurückgehalten haben, die eine dritte Person belastet hätten.« Er senkte die Stimme und heftete den Blick auf die Blumen in der blauen Schale mitten auf dem Tisch. »Ich fürchte, wir haben vielleicht ...«

»Ich habe kein Mitgefühl mit Augustus FitzJames«, unterbrach ihn Vespasia energisch, und ihr Blick wanderte von Pitt zu Cornwallis. »Aber wenn die Öffentlichkeit erfährt, daß Indizien gegen seinen Sohn vorliegen, würde das zu einer allgemeinen Hysterie führen. Und das wäre nicht nur ungerecht, sondern es würde der Polizei die Klärung des Falles sicherlich um vieles erschweren. Und ganz gleich, was ich von ihm halte oder welche moralischen Grundsätze er hat, ich kann es nicht gutheißen, daß er für etwas bestraft wird, das er nicht getan hat. Auch wenn keiner ihn für die Dinge bestraft, die er getan hat«, fügte sie mit Bedauern hinzu.

Cornwallis sah sie ernst an und überdachte ihre Worte. Dann sagte er zu Pitt: »Inwieweit wird Finlay FitzJames in diesen zweiten Mord überhaupt hineingezogen? Vielleicht zuerst die Tatsachen und dann Ihre persönliche Meinung.« Er wandte sich dem Fisch auf seinem Teller zu. Da er aber weiterhin in höchstem Maß auf Pitt konzentriert blieb, konnte man bezweifeln, ob er überhaupt merkte, was er aß.

Pitt berichtete genau, was er in Nora Goughs Zimmer gefunden und welches Alibi Finlay vorgebracht hatte.

Der erste Gang wurde abgetragen, und eine Rindfleischpastete mit Gemüsebeilage kam auf den Tisch. Gracie bewegte sich diskret und behende. Sie wußte genau, wer Cornwallis war, und beobachtete ihn mit Argusaugen, als fürchte sie, er könne jeden Augenblick zu einer Gefahr für ihre geliebte Familie werden.

Cornwallis bemerkte ihren Blick nicht, der so oft durchdringend auf ihn gerichtet war. Seine ganze Aufmerksamkeit galt Pitt.

»Und was ist Ihre persönliche Meinung?« fragte er, kaum daß Pitt mit seinem Bericht geendet hatte.

Pitt dachte nach. Es war ihm bewußt, daß Cornwallis seiner Beurteilung großen Wert beimaß und sowohl sein Handeln als auch seine eigene Einschätzung danach ausrichten würde.

»Ich war wirklich von Costigans Schuld überzeugt«, antwortete er schließlich. »Wir konnten es ihm zwar nicht zweifelsfrei nachweisen, aber er hat es zugegeben. Ich habe allerdings nie verstanden, warum er so brutal gewesen ist. Und das hat er bis zuletzt geleugnet.« Bei dem Gedanken an Costigans Gesicht spürte er ein flaues Gefühl in der Magengegend. »Er war ein gemeiner Kerl, ein erbärmlicher und boshafter Mensch. Aber ich habe in ihm nicht diese sadistische Neigung gespürt, die ihn dazu bewegen würde, seinem Opfer die Finger und Zehen zu brechen oder auszurenken.«

»Sie hat ihn immerhin um einen Teil seiner Einnahmen gebracht«, gab Cornwallis zu bedenken. »Er betrachtete sie als sein Eigentum, also war es für ihn so etwas wie Verrat. Schwache Männer können sehr grausam sein.« Sein Gesicht verschloß sich. »Ich kenne das aus meiner Zeit bei der Marine: Gibt man dem falschen Mann auch nur ein bißchen Macht, mißbraucht er sie gegenüber seinen Untergebenen.«

»Natürlich hat Costigan seine Position mißbraucht, keine Frage«, pflichtete Pitt ihm bei. »Aber das Strumpfband und die Stiefel? Das geht doch weit über reine Bosheit hinaus. Das kommt mir nicht vor wie ein Wutanfall ... eher wie ...«

»Berechnung«, ergänzte Charlotte den Satz.

»Richtig.«

»Dann hatten Sie also doch Zweifel an Costigans Schuld?« Pitt sah in Cornwallis' Blick Besorgnis, aber keine Kritik. In seiner Zeit als Marinekommandant hatte er sich seiner Mannschaft gegenüber immer mit der gleichen Loyalität verhalten, die er auch von ihnen erwartete. Auf dieser Basis war er Unausweichlichem in der Natur und im Krieg begegnet. Nach diesem Prinzip wollte er fortfahren.

»Nein.« Pitt sah ihn mit offenem Blick an. »Nein, damals hatte ich keine Zweifel. Ich dachte nur, ich habe ihn nicht so gut durchschaut.« Angestrengt versuchte er, sich zurückzuversetzen und an die Gefühle zu erinnern, die Costigans Worte, seine Miene, seine Angst und sein Selbstmitleid in ihm ausgelöst hatten. Wie ehrlich war er damals mit sich selbst gewesen? Wie stark war er beeinflußt von seiner inneren Entschlossenheit, den Fall zu lösen, und der Erleichterung, damit allen die unangenehme Aufgabe zu ersparen, den Sohn von Augustus FitzJames auf die Anklagebank zu bringen?

»Er hat den Mord nie abgestritten«, fuhr er fort, den Blick fest auf Cornwallis gerichtet. Das Essen war inzwischen zur Nebensache geworden. Gracie stand bei der Küchentür und hielt ein sauberes Geschirrtuch in der Hand, mit dem sie die heißen Schüsseln anfaßte. Sie lauschte mit der gleichen Aufmerksamkeit wie die anderen Anwesenden.

»Aber er hat immer bestritten, sie gefoltert zu haben«, fuhr Pitt mit schmerzhafter Erinnerung fort. »Und er hat trotz allen Drängens und aller Fragen geleugnet, auch nur irgend etwas über Fitz-James, die Anstecknadel oder den Manschettenknopf zu wissen.«

»Hast du ihm geglaubt?« fragte Vespasia leise.

Pitt nahm sich Zeit für seine Antwort. Im Raum war es ganz still. Keiner rührte sich.

»Ich denke schon«, antwortete Pitt schließlich. »Sonst hätte es mich nicht weiterhin beschäftigt. Jedenfalls... glaubte ich nicht, daß er es allein getan haben könnte oder daß er ein Motiv gehabt hätte.«

»Dann sind wir also wieder da, wo wir angefangen haben«, sagte Cornwallis mit einem Blick in die Runde. »Es ergibt einfach keinen Sinn. Wenn Costigan es nicht war – und daß er es diesmal nicht war, steht wohl außer Frage –, wer kann dann der Täter sein? Haben wir jemanden übersehen? Oder ist das, was wir alle fürchten, wahr und FitzJames hat beide Morde begangen?«

»Nein, er ist unschuldig«, widersprach Charlotte, den Blick auf ihren Teller gesenkt.

»Und weshalb?« fragte Vespasia neugierig und legte die Gabel auf den Teller. »Was weißt du, Charlotte, daß du so sicher sein kannst?«

Charlotte fühlte sich sichtlich unwohl, und Pitt wußte, warum, doch er sagte nichts.

»Tallulah FitzJames hat ihn an dem Abend gesehen, als Ada McKinley ermordet wurde« antwortete Charlotte und sah Vespasia in die Augen.

»Wirklich?« entgegnete Vespasia mißtrauisch. »Und warum hat sie das damals nicht gesagt? Es hätte eine Menge Ärger erspart.«

»Das konnte sie nicht, weil sie selbst eigentlich nicht hätte dort sein dürfen.« Charlotte fühlte sich nicht wohl bei dieser Antwort. »Und da sie bereits gelogen hatte, nahm sie an, es würde ihr sowieso keiner glauben.«

»Das wundert mich keineswegs«, nickte Vespasia. »Doch ich habe den Eindruck, du glaubst ihr. Warum?«

»Also ... um ehrlich zu sein, Emily glaubt ihr.« Charlotte biß sich auf die Lippen. »Sie hat es Emily erzählt. Finlay mag zwar ein Taugenichts sein und kein besonders edler Mensch, aber Ada hat er nicht umgebracht.«

»Gab es dort niemanden, der Finlays Anwesenheit bezeugt hätte?« Cornwallis sah zuerst Charlotte, dann Pitt fragend an. »Warum hat sich keiner gemeldet? Finlay hätte sie doch bestimmt darum gebeten. Und wenn er sich wirklich an nichts mehr erinnern konnte, warum hat seine Schwester dann keine Zeugen ausfindig gemacht? Die ganze Sache wäre in kürzester Zeit vom Tisch gewesen!« In seiner Stimme lag Verblüffung, aber auch eine Spur Ärger.

Vespasia sah Charlotte direkt an, das Essen war vergessen. »Was ist denn das für ein Ort, daß niemand zugeben möchte, dort gewesen zu sein? Ich gestehe, ich bin neugierig geworden. Sind wir heute nicht alle aufgeklärt? Ich frage mich, was das für eine Veranstaltung war, daß ein gesunder junger Mann sich scheut zuzugeben, daß er daran teilgenommen hat. War es ein Hundekampf oder gar ein Faustkampf? Oder handelt es sich um ein Spielkasino? Ein Bordell?«

»Eine Party, auf der zuviel getrunken und Opium geraucht wurde«, sagte Charlotte kleinlaut.

Cornwallis' Gesicht verdüsterte sich.

Vespasia biß sich auf die Lippen und zog die Augenbrauen hoch. »Eine ziemlich törichte Sache, aber nicht so außergewöhnlich. Ich jedenfalls würde zugeben, daß ich dort war, wenn ich dadurch das Leben eines Menschen retten könnte.«

Charlotte antwortete nicht, und Pitt erkannte, daß es keine Zweifel waren oder Unentschlossenheit, sondern daß sie nach den richtigen Worten suchte.

Cornwallis, der sie weniger gut kannte, beobachtete Vespasia.

»Wenn wir also diese Leute ausfindig machen könnten«, begann er mit entschlossener Stimme, »könnten wir FitzJames zumindest im ersten Fall als Täter ausschließen, und folglich auch im zweiten.« Er sah Pitt an. »Hatten Sie Kenntnis davon? Warum haben Sie es nie erwähnt?«

»Ich habe erst davon erfahren, als mir die Information unwichtig erschien«, erwiderte Pitt und sah, wie Charlotte die Röte ins Gesicht schoß.

Sowohl Cornwallis als auch Vespasia registrierte den Blickwechsel, doch beide enthielten sich einer Bemerkung.

»Jedenfalls haben wir eine Frage beantwortet«, faßte Cornwallis zusammen, lehnte sich zurück und nahm seine Gabel wieder in die Hand.

»Nun müssen wir nur noch herausfinden, warum jemand die Gegenstände aus seinem Besitz am Tatort zurückgelassen hat, und wer es war. Im Grunde ist es eine Frage, denn die Antwort auf eine wird beide Fragen beantworten. Zweifellos handelt es sich um dieselbe Person.«

Er sah Vespasia an, dann Pitt. »Ich kann mir nur schwer vorstellen, daß es jemand aus Whitechapel war oder jemand, der mit den Opfern in Verbindung stand. Es muß eine Person sein, die FitzJames abgrundtief haßt, ein ganz besonderer persönlicher Feind von ihm also. Und das bedeutet, daß wir uns FitzJames noch einmal vornehmen müssen, aber das ist ja ohnehin unvermeidlich.«

»Könnte es sich um so etwas wie eine Verschwörung handeln?« fragte Vespasia. Auch sie hatte sich inzwischen wieder der Rindfleischpastete zugewendet. Charlotte verstand sich wirklich ausgezeichnet auf einen knusprigen Teig.

Beide Männer sahen sie an.

»Du meinst, daß einer die Frauen getötet hat und ein anderer die Beweise lieferte beziehungsweise sie am Tatort zurückließ?«

Pitt glaubte nicht an diese Möglichkeit. Sie war zu kompliziert und auch viel zu gefährlich. Wenn Costigan kein Einzeltäter gewesen wäre, hätte er es doch zugegeben. Warum sollte er sich alleine hinrichten lassen.

Aber Cornwallis' Blick blieb auf Vespasia gerichtet.

Charlotte räusperte sich.

»Was ist?« fragte Pitt.

Ihr war äußerst unbehaglich zumute, aber es mußte gesagt werden. Nun waren alle Augen auf sie gerichtet.

»Es gibt keinen eindeutigen Beweis dafür, daß Finlay auf dieser Party war«, sagte sie langsam und mit hochrotem Kopf. Sie vermied es, Pitt in die Augen zu sehen. »Also... ich glaube, alle Gäste waren so sehr damit beschäftigt, sich zu vergnügen, und in ihrer Wahrnehmung von ... von den Dingen, die sie tranken oder anderweitig zu sich nahmen, so beeinträchtigt, daß die Beweise ohnehin nicht besonders brauchbar wären. Man hätte auf einer Horde tanzender Pferde durch den Salon reiten können, ohne daß hinterher jemand mit Sicherheit hätte sagen können, ob es tatsächlich geschehen ist oder Einbildung war.«

»Ich verstehe.« Cornwallis bewahrte die Fassung, doch er konnte seine Enttäuschung nicht verbergen. »Sie glauben aber seiner Schwester? Sie war nüchtern genug, um mit Sicherheit ihren Bruder unter den Gästen erkannt zu haben?«

Diesmal sah sie ihn direkt an.

»Oh ja. Sie war nur kurz dort. Als sie begriff, was los war, verließ sie sofort das Haus.«

»Und das alles hast du von Emily erfahren?« fragte Vespasia arglos.

Charlotte zögerte.

»Ich verstehe.« Vespasia sagte nichts weiter.

Charlotte senkte den Blick auf ihren Teller und aß langsam weiter.

Gracie hatte sich inzwischen in die Küche zurückgezogen.

»Ich muß zu der Frage, ob Costigan begnadigt werden soll, Stellung nehmen«, sagte Cornwallis mit sichtlichem Unmut. »Obwohl ich mir nicht sicher bin, inwieweit das von mir abhängt. Ich muß dafür geradestehen, daß wir ihm den Prozeß gemacht haben, aber für eine Begnadigung sind der Richter und der Innenminister zuständig, vielleicht sogar die Königin. Hätten wir doch noch eine Woche gewartet! Dann wäre der arme Teufel noch am Leben, und er hätte noch etwas von seiner Begnadigung.«

Pitt vermied es, das Thema Todesstrafe anzuschneiden. Er hatte seine eigene Überzeugung, aber das war jetzt nicht der richtige Augenblick dafür. Und zweifelsohne würde es in nicht allzu ferner Zukunft ohnehin zu einer Debatte darüber kommen.

»Könnte Costigan schuldig sein, und ein anderer Täter hat den ersten Mord nachgeahmt?« wandte sich Cornwallis an Pitt, obwohl keine Hoffnung aus seinem Blick zu lesen war.

»Nein«, antwortete Pitt ohne zu zögern. »Es sei denn, einer von uns ist der Täter, und das ist so gut wie unmöglich. Nur Wachtmeister Binns, Inspektor Ewart und Lennox, der Polizeiarzt, kannten die näheren Umstände des ersten Mordes.«

Die anderen sahen ihn erwartungsvoll an, Cornwallis saß mit geradem Rücken leicht nach vorne gebeugt, Vespasias Hände ruhten auf der Tischkante.

»Binns war auf seinem üblichen Streifengang und wurde auf die Sache aufmerksam, als ein Zeuge panikartig aus der Pentecost Alley gerannt kam«, beantwortete Pitt die unausgesprochene

Frage. »Ewart war zu Hause bei Frau und Kindern. Lennox machte gerade einen Hausbesuch, als er zum Tatort gerufen wurde. Er war nicht weit davon entfernt, und er hatte den ganzen Abend bei dem Patienten verbracht. Er ging erst, als man ihn fortholte.«

»Na, dann scheint ja alles klar zu sein«, sagte Cornwallis ausdruckslos.

Charlotte erhob sich und räumte die Teller vom Tisch, die nicht alle leer gegessen waren. Anschließend trug sie zusammen mit Gracie den Reisauflauf herein. Er hatte eine goldbraune Kruste und war mit Zimt bestreut. Dazu gab es Pflaumenkompott.

»Ja bitte!« Cornwallis nahm gerne eine Portion, doch als er sich dem Thema wieder zuwandte, lief ihm ein Schauer über den Rücken. »Mir scheint, es bleibt nichts anderes, als uns den Tatsachen zu stellen, keine Ausflüchte zu suchen, keine voreiligen Anklagen zu erheben, bis wir absolut stichhaltige Beweise haben. Wir dürfen keinem anderen die Schuld zuschieben; die Ermittlungen müssen sowohl FitzJames als auch den Spuren im Zusammenhang mit Nora Goughs Tod gelten, so als hätten wir keinen Verdächtigen. Pitt, ich möchte, daß Sie sich weiter um FitzJames kümmern. Es ist eine sehr heikle Angelegenheit, und sie wird sich zunehmend schwieriger gestalten, fürchte ich. Mir wäre wohler, wenn uns die Zeitungen in Ruhe lassen würden, aber diese Hoffnung ist wohl eher unrealistisch. Ich fürchte, wir haben Feinde, die keine Gelegenheit versäumen werden, uns Steine in den Weg zu legen. Es tut mir leid.« Er sah niedergeschlagen aus. »Ich wünschte, ich könnte Ihnen mehr Schutz bieten …«

Pitt zwang sich zu einem Lächeln.

»Vielen Dank, Sir, aber ich weiß sehr wohl, daß auch einem Mann in Ihrer Position die Hände gebunden sind. Wir können uns nicht verteidigen.«

Seine Worte sollten sich bewahrheiten. Pitt sprach mit allen Personen, von denen er sich nützliche Hinweise über die Familie FitzJames versprach, und mit solchen, denen FitzJames, mit oder ohne Absicht, unrecht getan hatte, so daß sie nach Rache trachten könnten. Er stellte Nachforschungen über sein privates wie auch sein Berufsleben an und erfuhr eine Menge über Augustus FitzJames und die Machenschaften, mit denen er sein Finanzimperium aufgebaut hatte und nun sicherte. Sie waren skrupellos. Loyalität und Freundschaft wurden gering geachtet, doch überschritt er nie den gesetzlichen Rahmen. Seine Schulden beglich er fristgerecht und auf den Schilling. Und wenn er Geld verlieh – was selten vorkam –, verlangte er es auf den letzten Penny zurück.

Seine Ausstrahlung war eher kühl, wirkte jedoch nicht unattraktiv auf die Damen der Gesellschaft, und er hatte wohl manche Affäre gehabt. Doch in seinen Kreisen war er damit nicht der einzige, und es hatte auch nie einen Skandal gegeben oder gar eine Ehescheidung. Der gute Ruf aller Beteiligten blieb stets unangetastet.

Wie Cornwallis befürchtet hatte, schlug die Presse einen schärferen Ton an. Costigan wurde zum Volkshelden und Märtyrer erhoben, zum Opfer von Inkompetenz und Korruption bei der Polizei. Pitt wurde mehrmals namentlich erwähnt. Einer der Wortführer mutmaßte sogar, Pitt selbst habe die Indizien, die Costigan belasteten, untergeschoben und jene entfernt, die einen Dritten belastet hätten, nämlich einen Mann aus gutem und vermögendem Hause und wohlhabend genug, um sich von Strafverfolgung freizukaufen.

Es handelte sich hierbei natürlich um Verleumdung, aber die einzig sinnvolle Verteidigung bestand darin, die Angriffe zu widerlegen. Und dazu war Pitt im Augenblick nicht in der Lage.

Am dritten Tag nach Nora Goughs Tod saß er am späten Nachmittag in seinem Büro in der Bow Street, als Jack Radley hereinkam. Er war förmlich gekleidet, als käme er direkt von einer Parlamentssitzung. Jack war ein gutaussehender Mann mit feinen Gesichtszügen, wirkte aber müde und gehetzt. Er schloß die Tür hinter sich und steuerte einen der Stühle an.

»Es sieht nicht gut aus, Thomas«, sagte er ernst. »Heute kam die Sache im Parlament zur Sprache. Es gab viele Wortmeldungen.«

»Das kann ich mir vorstellen.« Pitt sah ihn bedrückt an. »Die Polizei hat viele Feinde.«

»Du hast auch persönliche Feinde«, erwiderte Jack. »Auch wenn du sie teilweise in einem anderen Lager vermuten würdest.«

»Der Innere Kreis«, entfuhr es Pitt augenblicklich. Er war aufgefordert worden, in den erlauchten Kreis dieses Geheimbundes einzutreten, und hatte abgelehnt. Und ganz abgesehen von der Tatsache, daß er bereits einige der Mitglieder bloßgestellt hatte, war das eine unverzeihliche Sünde.

»Nicht unbedingt.« Jacks dunkelblaue Augen weiteten sich. Die übliche Unbekümmertheit und Heiterkeit waren verschwunden. Zwischen den Augenbrauen und zwischen Nase und Mundwinkel hatten sich neuerdings Sorgenfalten eingegraben. Er lehnte sich in seinem Stuhl zurück, aber sein ganzer Körper blieb angespannt, und seine Aufmerksamkeit war uneingeschränkt.

»Wenn es nicht so verdammt ernst wäre, würde es sogar Spaß machen zuzusehen, für welche Seite sie sich entscheiden«, fuhr er fort. »Diejenigen, die mit FitzJames entweder befreundet sind oder ihn fürchten, stehen auf deiner Seite, auch wenn es ihnen gar nicht wohl dabei ist. Und die anderen, die, aus welchen Gründen auch immer, das Chaos vermeiden möchten, das eine polizeiliche oder gerichtliche Fehlentscheidung dieser Art in der Öffentlichkeit hervorruft, sind sich nicht schlüssig, wem sie die Schuld geben sollen. Also äußert sich ein Großteil von ihnen überhaupt nicht.«

»Und wer meldet sich dann zu Wort?« Pitt spürte die Ironie, die in dieser Frage lag. »Die Feinde von FitzJames, die so mächtig sind, daß sie ihn nicht zu fürchten brauchen? Vielleicht finden wir den Mörder unter ihnen? Oder wenigstens den Mann, der die Spur zu FitzJames junior für uns gelegt hat.«

»Nein.« Jacks Antwort kam ohne Zögern und mit unmißverständlicher Klarheit. »Ich fürchte, deine wortgewaltigsten Feinde sind diejenigen, die Costigan für unschuldig halten und dessen Verurteilung in erster Linie einem Mann anlasten, der erst seit kurzem mit der Lösung von politisch heiklen Fällen betraut ist. Von dem sagen sie, daß er die Befehle seiner Vorgesetzten blind befolgt und in einem armen Teufel aus dem East End den idealen Sündenbock gefunden hatte, um einen blaublütigen Wüstling zu schützen. Dabei wurde FitzJames' Name in der Presse oder in öffentlichen Verlautbarungen mit keinem Wort erwähnt, und ich glaube, daß nur einigen wenigen bekannt ist, gegen wen sich der Verdacht richtet.«

»Woher wissen die, daß es überhaupt einen Verdacht gibt?« fragte Pitt.

»Sie wissen, wer du bist, Thomas. Warum hat man dich wohl mit dem Fall beauftragt, wenn er nicht von politischer oder gesellschaftlicher Brisanz wäre? Würde es sich nur um einen schmutzigen kleinen Mord handeln – gäbe es also keine Verdächtigen außer Costigan oder jemandem aus diesem Milieu –, warum hätte man dich dann überhaupt einschalten sollen... noch dazu gleich in der Mordnacht?«

Das hätte Pitt klar sein müssen. Es war so offensichtlich.

»Tatsächlich« – Jack streckte die Beine aus und legte die Füße übereinander – »wissen nur sehr wenige, von wem die Rede ist, aber man hört so einiges. Vermutlich hat FitzJames ein paar Leute herbeizitiert, die ihm einen Gefallen schulden, denn es ist verwunderlich, aus welchen Lagern die Polizei plötzlich Rückendeckung bekommt.« Er gab seiner Abscheu durch ein kurzes Schnauben Ausdruck. »In gewisser Weise ist es amüsant zu beobachten, welche Überwindung es sie kostet, sich auf eure Seite zu stellen. Doch ihre einzige Alternative besteht darin, die liberale Sichtweise zu übernehmen und die Todesstrafe in Frage zu stellen.«

Pitt starrte ihn an. Es war wirklich eine Ironie des Schicksals, daß ausgerechnet diejenigen, die Pitt am meisten verabscheute und deren Ansichten er ablehnte, nun gezwungen waren, ihn zu verteidigen, während die anderen, für die er eine natürliche Sympathie empfand, den Angriff gegen ihn führten.

»Außer Somerset Carlisle«, sagte Jack, und auf seinem Gesicht machte sich ein Lächeln breit. »Als eingefleischter Liberaler steht er ohne Wenn und Aber hinter dir, er setzt dabei sogar seinen politischen Ruf aufs Spiel. Ich vermute, du weißt, warum?«

Es war eine seltsam süße Erinnerung, gerade in der momentanen Bitterkeit.

»Ja, ich weiß, warum«, gab Pitt zur Antwort. »Ich habe ihm vor einigen Jahren einen Gefallen getan. Eine etwas absurde Sache im Zusammenhang mit der Resurrection Row. Es ging um eine Gewissensentscheidung, obwohl das sonst keiner so gesehen hat. Er ist eine Spur unkonventionell, ein Mann, der zu seinen Überzeugungen steht. Ich habe Somerset Carlisle immer gemocht. Ich bin ... ich bin froh, daß er auf meiner Seite ist ... auch wenn es vielleicht nichts nützt.« Plötzlich lächelte er, obwohl er nicht recht wußte, warum. Vielleicht war es nur der Gedanke an die eigenartige, unausgesprochene und felsenfeste Loyalität, die sich von einer tragischen Situation zur anderen spannte.

Pitt überlegte kurz, ob er Jack erzählen sollte, daß Emily von FitzJames' Unschuld überzeugt war. Doch dann dachte er an all die Fragen, die Jack auf diese Bemerkung hin stellen würde, und beschloß, die Sache lieber nicht zu erwähnen, jedenfalls nicht jetzt.

»Ich fürchte, im Buckingham-Palast ist man nicht gerade angetan«, fügte Jack hinzu und sah Pitt in die Augen. »Wahrscheinlich mußte irgend so ein Wichtigtuer alles berichten?«

Pitt war überrascht: »Ist das von Bedeutung?«

»Dein Mangel an politischem Gespür überrascht mich, Thomas! Sie wird sich nicht einschalten, aber allein die Erwähnung ihres Namens wird die Dinge verändern. Es wird manch einem Grund genug sein, herumzurennen und sich einzumischen und wichtig zu machen. Es lenkt nur noch mehr Aufmerksamkeit auf die Sache und macht alles noch schwieriger ... und veranlaßt noch mehr Leute zu Bemerkungen. Und natürlich ist es Wasser auf die Mühlen der Journalisten, als hätten sie nicht schon genug zu schreiben.«

»Ich spüre nicht dieselbe Panik wie vor zwei Jahren«, bemerkte Pitt bedächtig. »Ich finde, hier ist viel mehr ... Wut im Spiel!«

»Das stimmt«, pflichtete Jack ihm bei. »Wut, aber nicht nur das: Es wird auch viel von Korruption in den Reihen der Politiker und der Polizei geredet.« Er stellte seine Beine wieder nebeneinander und lehnte sich nach vorne. »Es tut mir leid. Es wäre mir lieber gewesen, ich hätte uns dieses Gespräch ersparen können, aber mein Schweigen hätte auch nichts geändert. So bist du durch meine Vorwarnung vielleicht besser in der Lage, dich zu verteidigen.« Er sah Pitt an und war plötzlich verlegen. »Mein Urteil ist vielleicht nicht viel wert, aber ich glaube nicht, daß dir ein Fehlschluß dieses Ausmaßes unterlaufen ist. Und ich weiß verdammt gut, daß du grundehrlich bist. Wir alle machen uns manchmal etwas vor, sehen nur das, was wir sehen wollen und was unserer Vorstellung entspricht, aber dir passiert das seltener als den meisten von uns. Und dann hast du meines Wissens noch nie einen Vorteil aus dem Unglück eines anderen Menschen gezogen.«

Bevor Pitt darauf etwas erwidern konnte, hatte sich Jack erhoben, tat zum Spaß, als salutiere er, und ging zur Tür hinaus.

An diesem Vormittag beschloß Charlotte, ein paar Kleider einzupacken und Daniel und Jemima zu ihrer Mutter zu bringen. Sie wollte der Situation nicht entfliehen, sondern sich ihr entschlossen entgegenstellen. Die Tatsache, daß Emily mit Tallulah FitzJames in gesellschaftlicher Verbindung stand, in deren Geheimnisse eingeweiht war und ihr Vertrauen gewonnen hatte, bot eine vielversprechende Möglichkeit, Pitt zu helfen. Natürlich brauchte das Zeit. Sie mußte ungehindert handeln können und war deshalb nicht in der Lage, sich gleichzeitig Sorgen um die Kinder zu machen.

Caroline begrüßte sie herzlich, wirkte aber äußerst besorgt. Seit ihre Mutter Joshua Fielding geheiratet hatte, erschien Charlotte das ganze Haus vertraut und zugleich auf eine seltsame Weise fremd; wie eine alte Bekannte, die sich plötzlich in neuem

Gewand und mit neuem Benehmen zeigte. Auch Caroline hatte sich verändert. Alte Konventionen, an die sie von Kindheit an gebunden war, hatte sie leichten Herzens abgelegt. Aber es waren neue an deren Stelle getreten.

Die Ausstattung, mit der Charlotte aufgewachsen war, gab es nicht mehr. Nichts erinnerte mehr an einen soliden, von einer geschäftigen Dienerschaft streng geführten Haushalt. Charlotte bedauerte es im selben Moment, wie sie sich freute, ihre Mutter so glücklich zu sehen. Die alte Ordnung hatte Sicherheit bedeutet. Sie war ihr vertraut, voller meist glücklicher Erinnerungen.

Die Sesselschoner waren entfernt worden. Als Kind hatte sie sich darüber lustig gemacht, aber das waren die Dinge, die durch ihre Beständigkeit, ihre Unveränderlichkeit eine wohnliche Atmosphäre im Haus geschaffen hatten. Spontan sah sie hinüber zur Wand, wo früher die dunklen, fast etwas düster wirkenden Stilleben hingen, die ihr Vater von seiner Lieblingstante geschenkt bekommen hatte. Er konnte sie nicht ausstehen, sie alle fanden sie furchtbar, aber man hatte sie Tante Maud zuliebe hängen lassen.

Sie hingen nicht mehr dort. Auch der Spazierstock ihres Vaters stand nicht mehr im Schirmständer. Natürlich nicht. Es gab keinen vernünftigen Grund, ihn nach Vaters Tod nicht wegzugeben, es hatte bisher nur keiner daran gedacht.

Irgendwie war es schmerzlich, als würden Wurzeln herausgerissen, als ginge etwas zu Bruch.

Es gab neue Dinge, die bislang nicht dagewesen waren: Eine chinesische Vase prangte auf der Ablage in der Eingangshalle. Caroline hatte Chinoiserie bisher nie gemocht. Sie fand sie affektiert. Neu waren auch eine rote Schachtel mit Japanlack und ein halbes Dutzend Theaterplakate. Ein leuchtend bunter Seidenschal hing, nachlässig hingeworfen, über dem Treppenpfosten. Es war eigentlich nichts dabei. Es war einfach nur fremd.

»Wie geht es dir?« fragte Caroline besorgt. Sie umarmte die Kinder und schickte sie in die Küche, wo sie Kuchen und Milch bekommen würden. So konnte sie mit Charlotte allein reden.

»Ich habe die Zeitungen gelesen. Es ist schrecklich. Und so furchtbar ungerecht.« Und mit einem ironischen Lächeln fügte sie hinzu: »Seit ich mit einem Juden verheiratet bin, erkenne ich vorschnelle Urteile viel leichter und weiß, wie unglaublich dumm sie sein können. Früher war mir die Meinung anderer immer wichtig. Heute tue ich meistens das, wozu ich Lust habe, und bin so, wie ich sein möchte. Manchmal fühle ich mich dabei blendend, und manchmal erschreckt es mich, und ich habe Angst, alles zu verlieren.«

Charlotte sah ihre Mutter erstaunt an. Es war ihr nie in den Sinn gekommen, ihre Mutter könnte sich ihrer eigenen Verletzlichkeit und des Risikos, das sie einging, bewußt sein. Sie hatte angenommen, ihre Mutter habe durch die Liebe zu Joshua den Blick für den Preis verloren, den sie möglicherweise dafür würde zahlen müssen. Doch sie hatte sich getäuscht. Caroline wußte sehr wohl, was sie aufs Spiel setzte. Sie hatte sich sehenden Auges entschieden und war das Wagnis eingegangen.

Vielleicht würde sie Charlottes Angst um Pitt heute besser verstehen, als Charlotte angenommen hatte. Sie war nie auf den Gedanken gekommen, sie könne ihrer Mutter ähnlich sein. Vielleicht hatte sie sich geirrt. Zwar gehörten sie verschiedenen Generationen an, hatten unterschiedliche Werte und Erfahrungen, aber in ihren Wesen gab es mehr Verbindendes als Trennendes. Charlotte verwarf die Entschuldigungen, die sie sich zurechtgelegt hatte.

»Könntest du dich bitte ein paar Tage um Daniel und Jemima kümmern?« bat Charlotte, als sie Caroline in den alten, vertrauten Salon folgte. »Es ist mir zu heikel, sie zu Hause zu behalten. Gracie würde zwar für sie sorgen, aber sie ist voller Wut auf alle, die Thomas kritisieren. Sie würde sich wahrscheinlich sogar auf der Straße mit den Leuten anlegen, bevor ich einschreiten könnte, besonders dann, wenn die Kinder verängstigt oder erschrocken sind. Und außerdem ist es nicht gerade fair zu erwarten, daß sie die Kinder tröstet, wenn jemand etwas gegen ihren Vater sagt.«

»Und wo bist du so lange?« fragte Caroline und ließ keinen Zweifel daran, daß sie Charlottes Bitte nachkommen würde. Sie setzte sich und bat Charlotte mit einer Geste, auf einem der anderen Stühle Platz zu nehmen.

»Emily kennt die Schwester des Mannes, von dem Thomas vermutet, daß er vielleicht hinter allem steckt«, begann Charlotte ihre Erklärung. Sie saß, ungeachtet ihrer Röcke, etwas schräg auf dem Stuhl. »Oder es sind seine Familie und seine Feinde, die dahinterstecken. Ich muß etwas tun. Ich kann nicht zu Hause sitzen und ihn nur bemitleiden. Mama, sie greifen ihn von allen Seiten an! Die liberalen Journalisten und Politiker, genau die Leute, die allen Grund hätten, auf seiner Seite zu sein, weil er so denkt wie sie, bezichtigen ihn der Korruption.«

Sie merkte, wie ihre Stimme immer lauter wurde, doch sie konnte nicht gegen ihre aufkommenden Gefühle ankämpfen. »Sie behaupten, er habe Costigan nur deshalb vor Gericht gebracht und die Verurteilung erwirkt, weil er die Ängste der Leute nach der Mordserie vor zwei Jahren beschwichtigen wollte. Und es sei ihm gleich gewesen, ob Costigan der Täter war oder nicht. Er habe es versäumt, seine Nachforschungen auf die jungen Männer aus gutem Hause zu lenken, die sich mit Prostituierten statt mit Frauen ihres Standes vergnügten. Den Mitgliedern der gehobenen Gesellschaft sei das Schicksal der Armen gleichgültig, solange keine Skandale in ihren eigenen Reihen ausgelöst würden. Wenn –«

»Ich weiß«, unterbrach Caroline sie. »Ich weiß, meine Liebe. Ich lese jetzt auch die Zeitung. Natürlich ist es töricht, und vor allem völlig ungerecht. Aber hast du erwartet, daß sie etwas anderes schreiben?«

»Ich...« Charlotte neigte sich nach vorn und stützte das Gesicht in die Hände. Hier in dieser fremd-vertrauten Umgebung, in der sich bekannte Formen in neuen Farben zeigten, erinnerte sie sich so genau an ihre erste Begegnung mit Pitt. Ihr fiel wieder ein, wie wütend sie auf ihn war und daß er sie zum Nachdenken gebracht hatte. Doch auch in der größten Wut war ihre Zuneigung zu ihm stärker gewesen. Er hatte ihr neue Welten eröffnet, neue Arten von Schmerz und Freude gezeigt und eine andere Wirklichkeit als die, die sie sich in der Sicherheit ihrer Träume ausgemalt hatte. Sie konnte es nicht ertragen, daß man ihn demütigte und alles zerstörte, was er aufgebaut hatte, und daß die Angriffe von Menschen ausgingen, die sich als Verfechter von Gerechtigkeit und Mitgefühl verstanden. Sie meinten es gut, taten aber genau das Falsche.

»Das spielt im Augenblick keine Rolle«, gab sie zur Antwort. Dabei schluckte sie den Kloß hinunter, der ihr im Hals steckenzubleiben drohte. »Ich kann es nicht verhindern. Ich kann aber mit Emily den FitzJames' einen Besuch abstatten und dort mehr über die Familie in Erfahrung bringen, als Thomas je könnte. Ich werde jetzt gleich zu Emily gehen.«

»Ja, tu das«, stimmte Caroline ihr zu. »Ich kümmere mich um Daniel und Jemima. Ich... ich nehme an, es hat keinen Sinn, dir zu sagen, du sollst vorsichtig sein?«

»Überhaupt keinen«, erwiderte Charlotte. »Wärst du es?«

»Nein.«

Charlotte lächelte kurz, dann erhob sie sich, umarmte Caroline und verließ das Haus. Draußen begab sie sich zielstrebig zur Hauptstraße, um sich eine Droschke zu nehmen. Es lag überhaupt nicht in ihrer Absicht, vorsichtig zu sein, aber sie würde peinlich darauf achten, jede noch so winzige Information aufzugreifen und die richtige Taktik anzuwenden, um sie zu erhalten.

»Natürlich!« Emily war sofort einverstanden, als Charlotte ihren Vorschlag machte. Sie war von Caroline geradewegs zu Emily gefahren. »Aber wenn wir wirklich etwas herausfinden wollen, müssen wir mit Finlay, nicht nur mit Tallulah sprechen. Am besten, wir gehen erst am späten Nachmittag, wenn er vom Außenministerium zurück ist. Ehrlich gesagt bin ich mir gar nicht sicher, ob er dort wirklich viel zu tun hat. Wir müssen ihn auf jeden Fall sprechen, bevor er sich für den Abend umzieht und ausgeht.«

»Ja, du hast recht«, stimmte Charlotte ihr zu, auch wenn es sie Mühe kostete, ihre Ungeduld zu zügeln. »Wir brauchen einen handfesten Beweis, daß Finlay auf dieser Party war«, fuhr sie fort. »Wenn es uns wenigstens gelingt, seine Unschuld an dem ersten Mord nachzuweisen, dann können wir auch beweisen, daß Thomas aus guten Gründen keine Anklage gegen ihn erhoben hat und daß es nichts mit seiner Herkunft zu tun hatte.«

Sie saßen in Emilys Lieblingszimmer, dem kleinen Salon, der sich zum Garten öffnete, mit moosgrünem Teppich und gelbgeblümten Gardinen. Dort kam es einem immer warm vor, sogar wenn die Sonne nicht schien. Eine Vase mit Chrysanthemen schmückte ein niedriges Rosenholztischchen.

»Als nächstes«, überlegte sie weiter, »müssen wir herausfinden, wer der Mörder der beiden Frauen sein könnte. Sie wohnten nicht weit voneinander entfernt, vielleicht hatten sie gemeinsame Bekannte.« Sie biß sich auf die Lippen. Einerseits spürte sie das Verlangen, ihre – unausgesprochene – Angst zu unterdrücken, andererseits tat es ihr auch gut, sie mit einem anderen Menschen zu teilen.

»Glaubst du, es ist wieder so ein Verrückter, Emily?«

»Erst wenn es unumgänglich ist«, entgegnete Emily mit einem kühlen Lächeln. »Laß uns erst einmal ausschließen, daß es Finlay war. Und einen kleinen Happen zu Mittag essen. Dann können wir uns überlegen, was wir sagen wollen. Wir sollten gut vorbereitet sein, und mit hungrigem Magen wird uns das nicht leichterfallen.«

Um Viertel nach vier kamen sie in der Devonshire Street an und wurden von Tallulah in deren Boudoir, dem Damenzimmer, empfangen. Tallulah freute sich, Emily wiederzusehen, war aber ziemlich erstaunt, als sie in Begleitung einer fremden Frau eintrat. »Charlotte, meine Schwester«, stellte Emily sie vor. »Ich dachte mir, Sie hätten nichts dagegen, wenn ich sie mitbringe. Sie hat oft gute Einfälle, und ich bin sicher, sie kann uns vielleicht bei der Lösung unseres Problems behilflich sein. Sie kennt bereits einige der näheren Umstände.«

Talullah wirkte etwas überrumpelt. Sie hatte offensichtlich nicht damit gerechnet, daß Emily jemand anders in diese Angelegenheit einbeziehen könnte.

Emily übersah ihren Gesichtsausdruck und kam mit unschuldiger Miene gleich zur Sache: »Wir sind jetzt an einem Punkt angelangt, wo wir den Fall ein für allemal klären müssen.« Sie schüttelte ein wenig den Kopf und fuhr voller Mitgefühl fort: »Sie werden zugeben müssen, daß Sie auf dieser Party waren und Finlay dort gesehen haben.«

»Das glaubt mir doch niemand!« sagte Tallulah verzweifelt und warf einen nervösen Blick auf Charlotte, bevor sie sich wieder Emily zuwandte. Alle drei saßen in kleinen Polstersesseln mit geblümten Bezügen, aber Tallulah kauerte unbequem auf der Kante. »Das haben wir doch alles schon zur Genüge durchgesprochen«, wandte sie ein. »Wenn es sinnvoll wäre, hätte ich es gleich zu Beginn erwähnt. Glauben Sie denn, ich würde zulassen, daß Finlay verdächtigt wird, wenn ich ihm helfen könnte? Was glauben Sie denn von mir?« Ihre Augen glänzten, als stünden sie voller Tränen, und sie preßte die Hände in ihrem Schoß zusammen.

Charlotte fragte sich, ob es Emilys Verhalten war, das sie so kränkte, oder das eines anderen, möglicherweise von Jago Jones. Es gab noch viel zu erfahren über Tallulah, über Finlay, über all die Gefühle, die hinter der Fassade der Höflichkeit brodelten zwischen Menschen, die unter einem Dach lebten, die Alltag, Herkunft und gesellschaftlichen Status miteinander teilten und sich von Kindheit auf kannten, und die doch kaum eine Vorstellung davon hatten, was dem anderen wichtig war oder was ihn kränkte.

Emily versuchte ihre Antwort so zu formulieren, daß sie die schwierige Situation nicht noch verschlimmerte.

»Ich habe den Eindruck, Sie haben Angst wegen Ihres Bruders, den Sie lieben«, sagte sie schließlich. »Und so ginge es mir an Ihrer

Stelle auch. Ich liebe meine Schwester und würde alles tun, um sie vor einer ungerechten Bestrafung zu retten.« Sie lächelte. »Ich würde sogar alles tun, um eine gerechte Bestrafung zu mildern, wenn es nötig wäre. Und das gleiche würde sie für mich tun ... hat sie für mich getan.« Sie sah Tallulah mit sanftem Blick an. »Aber gerade weil ich so in Sorge geraten würde, wäre mein Blick weniger klar als bei jemandem, der mir weniger nahesteht.«

Sie wartete, und ihr Blick ruhte auf Tallulah.

Die entspannte sich allmählich. »Ich verstehe. Es tut mir leid. Das alles ist ein Alptraum. Ich erkenne mich in letzter Zeit selbst nicht wieder.« Sie blickte Emily an, als meinte sie ihren letzten Satz nicht im übertragenen Sinn, sondern ganz wörtlich.

Emily entging es nicht.

»Und inwiefern sind Sie verändert?« ging sie halb ernst darauf ein.

»Ich bin tugendhaft geworden«, erwiderte Tallulah, ebenfalls in einem Ton, der nicht genau erkennen ließ, ob sie es wirklich ernst meinte. »Ich bin jetzt jemand, der nicht zu aufregenden Parties geht, der keine Zeit vertrödelt, der keine teure, modische Kleidung trägt.« Sie seufzte. »Um die Wahrheit zu sagen: Ich bin ein richtiger Langweiler geworden. Ich versuche, gut zu sein, und letztendlich bin ich nur langweilig. Warum darf man, wenn man ein guter Mensch sein will, immer so vieles nicht tun? Und dazu meistens Dinge, die Spaß machen. Tugendhaft zu sein ist so ... so fade! So ... grau!«

»Gutes tun kann manchmal grau sein«, erwiderte Charlotte, wobei sie an etwas dachte, das Großtante Vespasia einmal zu ihr gesagt hatte. »Gut sein aber nicht, denn dazu braucht man Gefühle, und man muß hinter allem stehen, was man tut. Es ist kein bißchen langweilig. Egoismus ist letztendlich grau, auch wenn man es vielleicht nicht immer gleich merkt. Aber bei jemandem, der nur an sich selbst interessiert ist, ist der andere immer der Verlierer. Das ist grau. Feigheit ist grau ... und die Menschen sind es, die davonlaufen und den anderen allein lassen, wenn die Lage wirklich brenzlig ist und kaum noch Hoffnung besteht. Lügner sind grau, Menschen, die einem nach dem Munde reden, egal, ob es die Wahrheit ist oder nicht. Großzügigkeit, Mut, Heiterkeit und Ehrlichkeit dagegen sind die Dinge, die dem Leben Farbe verleihen.«

Tallulah lächelte. »Das hört sich an, als würden Sie selbst dran glauben. Mama denkt, ich will mich in ein besseres Licht setzen,

Papa glaubt, ich bin einfach nur gehorsam. Und Fin hat noch überhaupt nichts bemerkt.«

»Spielt das denn eine Rolle?« forschte Emily nach.

Tallulah zuckte mit den Achseln.

»Nein, eigentlich nicht.«

»Und Jago?«

Tallulah versuchte zu lachen, was ihr aber nicht gelang. »Für ihn ist das alles Pose und äußerst töricht. Wenn überhaupt, dann verachtet er mich noch mehr, weil er mich für gekünstelt hält.« Ihre Miene verriet Schmerz und Verwirrung. »Ich weiß nicht, wie ich ein besserer Mensch werden soll, wenn ich nicht so tue, als sei ich es schon. Was erwartet er von mir?« Sie seufzte tief, und ihr Körper zitterte. »Ich fürchte, er mag mich nicht, egal was ich auch tue.« Plötzlich flammte Zorn in ihr auf, in dem der Schmerz der Zurückweisung mitschwang. »Und außerdem will ich auch nicht gemocht werden! Wer will schon gemocht werden? Das ist doch nichts weiter als ein laues, fades Gefühl! Ich mag Reisauflauf! Reisauflauf kann man mögen!«

»Warum?« schaltete Charlotte sich plötzlich ein.

Tallulah drehte sich zu ihr um. »Wie bitte?«

»Warum kann man Reisauflauf mögen?« wiederholte Charlotte.

Tallulah konnte ihre Ungeduld nicht verbergen. »Weil er gut schmeckt. Mehr ist es nicht. Es ist wohl kaum von Bedeutung, oder?«

»Mir ist klar, daß Sie uns mit diesem Vergleich den Unterschied zwischen faden und unwichtigen Gefühlen und intensiver Leidenschaft verdeutlichen wollen«, sagte Charlotte und versuchte, ihren verzweifelten Wunsch, Pitt zu helfen, für einen Augenblick hintanzustellen und sich ganz Tallulah zu widmen. »Worauf ich aber hinauswill ist, daß es ein subjektives Gefühl ist, wenn man etwas mag. Wenn Sie sagen, Sie mögen Reisauflauf, heißt das, daß Sie ihn genießen. Sie fühlen sich danach gut.«

Tallulah starrte sie verständnislos an. Nur ihre gute Erziehung hinderte sie daran, ungehalten zu werden.

»Wenn wir von unseren Gefühlen zu einem Menschen sprechen«, führte Charlotte ihren Gedankengang fort, als habe sie Jemima vor sich, »meinen wir damit manchmal nur die Wirkung, die sie auf uns haben. Aber wenn es wirkliche Liebe ist und wahrhafte Zuneigung, sollten uns auch die Gefühle des anderen wichtig sein. Heißt es nicht, die Liebe sei selbstlos? Sie stelle das Wohl des anderen vor das eigene Wohl?«

Im Raum herrschte absolute Stille. Es war das typische Boudoir einer jungen Dame aus wohlhabendem Hause, in dem sie ungestört ihre Gäste empfangen konnte. Blumenmuster in Rosa- und Blautönen mit weißen Einsprengseln herrschten vor. Für jemanden mit Tallulahs Originalität war das Zimmer sehr konventionell ausgestattet. Vielleicht hatte sie es nicht selbst einrichten dürfen. Nach dem, was sie von Emily über Tallulah wußte, war Charlotte auf einen Raum mit einer stärkeren persönlichen Note gefaßt gewesen. Vielleicht mit einem orientalischen, türkischen oder – ganz der Zeitströmung entsprechend – ägyptischen Ambiente, nicht mit diesem konventionellen Blumenmuster.

»Ich... nehme an, Sie haben recht«, antwortete Tallulah schließlich. »So habe ich es noch nie betrachtet...«

Charlotte lächelte. »Doch, das haben Sie. Ihre Sorge um Ihren Bruder ist selbstlos. Sie sind bereit, beträchtliche Unannehmlichkeiten auf sich zu nehmen, um den Verdacht gegen ihn zu entkräften. Wenn Sie zugeben, auf der Party gewesen zu sein, schaden Sie damit Ihrem eigenen Ansehen – in der Gesellschaft im allgemeinen und bei Jago im besonderen. Auch Ihr Vater wird es nicht gerade wohlwollend zur Kenntnis nehmen. Möglicherweise gewährt er Ihnen weniger Freiheiten, oder er kürzt oder streicht gar das Kleiderbudget.«

Tallulah war inzwischen ganz blaß geworden. »Ja«, sagte sie leise. »Ich weiß. Aber das ist etwas anderes.« Ihre Hände verkrampften sich ineinander. »Fin ist mein Bruder. Ich kenne ihn von klein auf. Wenn ich nicht zu ihm stehe, wer dann?«

»Vielleicht niemand«, gab Charlotte ehrlich zur Antwort. »Aber sprechen Sie bitte nicht so leichtfertig davon, jemanden zu mögen. Es ist von großer Bedeutung. Es ist so etwas wie Liebe, nicht wahr, und nicht selten hält dieses Gefühl länger als Verliebtheit. Man kann sich nicht nur verlieben, sondern auch entlieben. Das passiert sogar den meisten Menschen, besonders dann, wenn sie sich nicht gleichzeitig mögen. Aus Verliebtheit wird nicht immer Liebe, aber manchmal kommt es vor.«

Tallulah blinzelte und zog die Augenbrauen zusammen.

»Würden Sie den Rest Ihres Lebens mit einem Menschen verbringen wollen, den Sie nicht wirklich mögen?« hakte Charlotte nach.

»Nein, natürlich nicht.« Tallulah betrachtete sie eindringlich, als wolle sie herausfinden, was für eine Frau sie war. »Aber würden Sie einen Mann heiraten, den Sie lediglich mögen und der sie auch mag und mehr nicht?«

Ein strahlendes Lächeln überzog Charlottes Gesicht. »Nein, das würde mir gar nicht erst in den Sinn kommen. Ich habe eine sehr unpassende Wahl getroffen, denn ich liebte meinen Mann von ganzem Herzen und tue das noch heute.«

»Jago liebt mich jedenfalls nicht.« Tallulah konnte ihre große Enttäuschung nicht verbergen. »Und diese ganze Diskussion ist sinnlos, weil er mich auch noch nicht einmal mag.«

»Geben Sie nicht schon auf«, schaltete sich Emily ein. »Sich von Parties fernzuhalten und nicht verschwenderisch zu sein, reicht noch nicht aus. Das heißt ja nur, daß man Dinge unterläßt. Sie sind aber nicht mit ganzem Herzen dabei, und das weiß er. Sie müssen etwas finden, das Ihnen am Herzen liegt, eine Sache, für die es sich zu kämpfen lohnt. Damit werden wir gleich anfangen, wenn wir diese Schlacht hier gewonnen haben. Diese schrecklichen Mordgeschichten sind ein ziemlich großer Brocken. Wenn Ihnen keiner glaubt, müssen wir jemanden finden, der auf der Party und vor allem nüchtern genug war, um sich an Finlays oder zumindest an Ihre Anwesenheit erinnern zu können. Damit wäre bewiesen, daß Sie dort waren. Vielleicht erinnern sich dann auch andere plötzlich wieder. Sind Sie dazu bereit?«

»Natürlich.« Tallulah war sehr blaß, aber sie zögerte keinen Augenblick. »Sobald er nach Hause kommt, sprechen wir mit ihm.« Sie zog an der Klingel. Als das Hausmädchen kam, in der Erwartung, Anweisungen für den Tee entgegenzunehmen, forderte Tallulah sie auf, ihnen unverzüglich mitzuteilen, wenn Mr. Finlay nach Hause kam.

»Ja, Miss. Soll ich ihm etwas ausrichten?«

»Nur, daß ich ihn in einer dringenden Angelegenheit zu sprechen wünsche«, erwiderte Tallulah. »Es betrifft ihn und könnte ihm nützlich sein. Bitte teilen Sie ihm das unverzüglich mit, und kommen Sie dann zu mir.«

Kaum hatte das Hausmädchen das Boudoir verlassen, klopfte es. Noch bevor Tallulah antworten konnte, öffnete sich die Tür, und Aloysia FitzJames betrat den Raum. Sie war eine attraktive Frau mit ruhigem Auftreten und guten Umgangsformen. Ihr Gesicht drückte eine Gelassenheit aus, die vermuten ließ, daß sie sich den häßlichen Dingen des Lebens verschlossen und sich allein durch Willenskraft ihre eigene Welt geschaffen hatte.

»Guten Tag«, begrüßte sie Charlotte und Emily, die sich erhoben hatten. »Ich freue mich, Sie bei uns begrüßen zu können.« Die Tageszeit, zu der normalerweise förmliche Besuche abgestattet wurden, aber auch die für freundschaftliche Besuche, war inzwischen beträchtlich überschritten. Ihre Anwesenheit bedurfte also einer Erklärung.

»Mama«, begann Tallulah, »das sind gute Freundinnen von mir, Mrs. Radley und ihre Schwester, Mrs. ...« Sie zögerte mit ihrer Antwort, weil sie Charlottes Nachnamen nicht kannte.

»Pitt«, ergänzte Charlotte.

Es dauerte ein paar Sekunden, bevor Tallulah begriff, was sie da soeben gehört hatte. Sie warf Emily einen Blick zu, sah deren Bestürzung, blickte dann zu Charlotte und fand dort den gleichen Ausdruck im Gesicht. Zorn flammte in ihr auf, sie fühlte sich hintergangen und konnte ihre Gefühle nur mühsam unter Kontrolle halten.

Aloysia merkte von alldem nichts.

»Guten Tag, Mrs. Radley, Mrs. Pitt«, sagte sie lächelnd.

»Tallulah, meine Liebe, werden deine Gäste mit uns zu Abend essen? Dann sollten wir jetzt der Köchin Bescheid geben.«

»Nein.« Tallulah preßte die Antwort zwischen den Lippen hervor.

»Sie haben bereits eine Abendverabredung.«

»Wie schade.« Aloysia zuckte leicht mit den Schultern. »Wie gerne hätte ich mich mit den Damen beim Abendessen etwas unterhalten. Die Männer reden gewöhnlich so viel über Politik, finden Sie nicht auch?«

»Ja, das stimmt«, pflichtete Emily ihr bei. »Mein Gatte ist Parlamentsabgeordneter. Bei uns wird viel zuviel über Politik geredet.«

»Und Ihr Gatte, Mrs. Pitt?« erkundigte sich Aloysia.

»Wir kennen Mrs. Pitts Mann bereits«, antwortete Tallulah bissig. »Er ist bei der Polizei!« Sie wandte sich an Charlotte. »Ich nehme an, Sie unterhalten sich beim Abendessen über alle möglichen Themen? Diebe, Brandstifter, Prostituierte ...«

»Und über Mörder ... und Politiker«, beendete Charlotte die Aufzählung mit einem heiteren, unsicheren Lächeln. »Im allgemeinen sind das getrennte Gruppen, aber nicht immer.«

Aloysia war völlig verwirrt, ließ sich aber nichts anmerken. Sie hatte schon in schlimmeren Situationen die Konversation ruhig und beherrscht weitergeführt.

»Ich finde das sehr schlimm, daß diese Frauen ermordet wurden«, sagte sie und blickte erst Emily, dann Charlotte an. »Vielleicht sollte man die Prostitution verbieten, damit so etwas nicht mehr vorkommt?«

Tallulah starrte sie an.

»Ich kann mir nicht vorstellen, daß das etwas nützen würde, Mrs. FitzJames«, gab Charlotte ruhig zu bedenken. »Es ist sinnlos, ein Gesetz zu erlassen, das sich nicht durchsetzen ließe.«

Aloysia sah sie mit großen Augen an. »Aber im Gesetz sollte das Ideal zum Ausdruck kommen, Mrs. Pitt. Eine Gesellschaft, die sich als zivilisiert oder christlich versteht, kann doch nicht nur die Bereiche gesetzlich regeln, über die sie die Kontrolle zu haben glaubt. Jedes Verbrechen muß gegen das Gesetz verstoßen, sonst wäre das Gesetz ja wertlos. Das sagt mein Mann auch immer.«

»Ein Verbrechen wird es erst, wenn es ein Gesetz dagegen gibt«, argumentierte Charlotte völlig ruhig. »Es gibt eine Vielzahl von Dingen, die man als Sünde bezeichnet, Lügen etwa, Ehebruch, Boshaftigkeit, Neid oder Unbeherrschtheit. Darin jedoch Gesetzesverstöße zu sehen, wäre nicht sinnvoll, weil wir sie weder überwachen noch nachweisen können, noch können wir die Menschen dafür bestrafen.«

»Aber die Prostitution ist doch etwas ganz anderes, meine liebe Mrs. Pitt«, erwiderte Aloysia mit Überzeugung. »Sie ist höchst unmoralisch. Für aufrechte Männer bedeutet sie den Ruin, für Frauen und Familien Verrat. Sie ist in höchstem Maße verwerflich! Ich habe das Gefühl, Sie wissen nicht, wovon Sie sprechen...« Sie holte tief Luft. »Ich natürlich auch nicht.«

»Ich will nicht als Verfechterin der Prostitution auftreten, Mrs. FitzJames«, entgegnete Charlotte und mußte das intensive Bedürfnis, laut zu kichern, mühsam zügeln. Tallulah war so aufgebracht, daß sie nahezu die Beherrschung verlor. »Ich bin einfach der Ansicht, daß es nicht möglich ist, Prostitution zu verhindern. Wäre das unser Wunsch, müßten wir nach den Ursachen der Prostitution forschen, und zwar sowohl bei den Frauen, die sie praktizieren, als auch bei den Männern, die zu diesen Frauen gehen.«

Aloysia blickte sie starr an.

»Ich verstehe nicht, was Sie damit meinen.«

Charlotte gab es auf. »Vielleicht habe ich mich nicht deutlich genug ausgedrückt. Ich bitte um Verzeihung.«

Aloysia setzte ein gewinnendes Lächeln auf. »Es ist ja auch nicht weiter wichtig. Vielleicht besuchen Sie uns ein andermal wieder? Es war nett, Sie kennengelernt zu haben, Mrs. Radley, Mrs. Pitt.« Sie machte noch eine Bemerkung über das Wetter und verließ dann den Raum.

Tallulah warf Emily einen zornigen Blick zu, wobei sie Charlotte geflissentlich übersah.

»Wie konnten Sie nur?« fragte sie aufgebracht. »Wahrscheinlich haben Sie es von Anfang an darauf angelegt, meine Bekanntschaft zu machen. Meine intimen Bekenntnisse müssen Sie köstlich amüsiert haben, wenn sie auch nicht sehr aufschlußreich waren.«

Dann sagte sie zu Charlotte: »Ihr Mann ist noch immer nicht von dem Vorwurf befreit, den Falschen gehängt zu haben, nicht wahr? Sind Sie nun hier, um ihm zu helfen, den an den Galgen zu bringen, den Sie für den Richtigen halten?«

Emily wollte zu einer Erklärung ansetzen, aber Charlotte kam ihr zuvor. »Wenn Sie die Wahrheit gesagt haben – wovon ich vollständig überzeugt bin –, dann war es mit Sicherheit nicht Ihr Bruder. Es liegt doch in unser beider Interesse, daß der Verdacht gegen ihn ausgeräumt wird, und zwar überzeugend. Wenn wir beweisen können, daß er für den ersten Mord ein Alibi hat, wäre das ein glänzender Anfang. Noch besser wäre es, wenn wir den tatsächlichen Täter überführen könnten. Das würde sämtliche Spekulationen verstummen lassen.« Sie atmete tief durch. »Ich hatte eigentlich angenommen, Sie wollten unbedingt herausfinden, wer es so offensichtlich darauf anlegt, Ihren Bruder zu belasten. Das wäre jedenfalls mein Wunsch, wenn es mein Bruder wäre ... oder ein Mensch, der mir sehr nahesteht.«

Die Feindseligkeit schwand nur ganz allmählich aus Tallulahs Gesicht, als sie die Wahrheit in Charlottes Worten begriff.

»Wir haben alle das gleiche Ziel, wenn auch aus unterschiedlichen Gründen«, faßte Emily pragmatisch zusammen. »Und ich kann wohl davon ausgehen, daß wir alle Finlay für unschuldig halten?«

»Ja«, antwortete Charlotte.

»Ich weiß, daß er es ist«, stimmte Tallulah zu.

Emily setzte ein gewinnendes Lächeln auf. »Dann tun wir doch einfach so, als wären wir gute Freundinnen, zumindest für eine Weile, ja?«

Tallulah nahm den Vorschlag angesichts ihrer vor wenigen
Minuten noch so aufgebrachten Gefühle erstaunlich freundlich
an.

Als Finlay nach Hause kam, begab er sich unverzüglich in Tallulahs Boudoir, wo er überrascht feststellte, daß außer ihr noch
zwei weitere Damen zugegen waren. Charlotte kannte er nicht,
und an Emily erinnerte er sich nicht mehr. Tallulah machte sie
miteinander bekannt, wobei sie nicht Charlottes vollen Namen
nannte, sie aber besonders herzlich vorstellte. Sie wies auf Charlottes Wunsch hin, ihnen zu helfen, als hätte sie das von Anfang
an gewußt.

Finlay war etwas mißtrauisch, doch seine Augen verrieten
auch eine gewisse Belustigung.

Charlotte erwiderte seinen Blick, versuchte aber, ihre Neugier
zu verbergen. Zweifellos hat er inzwischen ein Gespür für die
indiskreten und gelegentlich schlüpfrigen Gedanken anderer
angesichts des vermeintlich von ihm begangenen Verbrechens.

Er war ein gutaussehender Mann, auf Charlotte wirkte er
jedoch nicht anziehend. Er strahlte weder die Stärke aus, die sie
so bewunderte, noch die Einbildungskraft, die sie faszinierte. Sie
meinte, eine gewisse Verletzlichkeit in ihm zu erkennen, etwas,
das vor jedem Schaden geschützt werden mußte, weil es nicht
heilen, nicht wieder erstarken würde.

Er wandte sich von Charlotte ab. Ihr Name sagte ihm nichts,
und sie selbst weckte keinerlei Interesse in ihm.

»Vielen Dank für Ihr Vertrauen«, sagte er trocken und legte
seine Hand leicht auf Tallulahs Schulter. Es war eine vertrauliche Geste, die seine Zuneigung und vielleicht auch seine
Dankbarkeit zum Ausdruck brachte. »Meinst du wirklich,
du erträgst Papas Vorhaltungen, wenn du ihm sagst, daß du
dort warst? Es wird nicht leicht sein, jemand anders dazu
zu bewegen, es zuzugeben. Ich kann mich an gar nichts mehr
erinnern. Ich weiß allerdings mit Sicherheit, daß ich nicht in
der Pentecost Alley war, auch nicht in der Nähe. Das erste,
an das ich mich erinnern kann, sind die höllischen Kopfschmerzen am nächsten Morgen. Wahrscheinlich ist es den
anderen genauso gegangen.« Sein Gesicht war ausdruckslos.
»Ich könnte vor Gericht nicht aussagen, wer außer mir noch
dort war.«

»Vielleicht war unter den anderen Gästen jemand, der nüchterner war als du, Fin«, gab Tallulah zu bedenken.

Er lachte bitter und blickte Emily an. »Ich kann Ihnen eine Menge Leute aufzählen, die wahrscheinlich dort waren. Ich kann sie fragen, ob das der Fall war und ob sie mich gesehen haben. Es könnte sein, daß einer bereit ist, eine Aussage zu machen.« »Mich müßten sie gesehen haben«, wandte Tallulah ein. »Dann würden die Leute mir glauben, wenn ich sage, ich hätte dich gesehen. Es muß ja nicht an die Öffentlichkeit gelangen. Wenigstens...« Sie sah zu Charlotte hinüber. »Oder doch? Ich meine, es muß doch nicht jeder in der Gesellschaft davon erfahren?«

»Oder im Außenministerium?« fügte Finlay hinzu. »Obwohl ich mir nicht sicher bin, ob das jetzt noch etwas ausmachen würde.« Er schob seine Hände in die Taschen und ging im Zimmer auf und ab. »Es wäre egal, wenn sie mich wegen des Mordes an Nora Gough unter Anklage stellen. Und auch dann, wenn ich der einzige Verdächtige bin und keiner angeklagt wird.« Aus seinem Blick sprach Hoffnungslosigkeit. In seinen Augen lag die blanke Angst, als sähe er eine unvermeidliche Katastrophe auf sich zukommen, ohne zu wissen, woher sie kam und wieso sie gerade über ihn hereinbrach.

»Jemand hat es darauf angelegt, den Verdacht auf Sie zu lenken, Mr. FitzJames«, sagte Charlotte ernst. »Jemand hat absichtlich Gegenstände von Ihnen entwendet und an den Schauplätzen zweier Morde hinterlegt. Es muß jemand sein, der Sie mit einer fast fanatischen Leidenschaft haßt –«

»Oder meinen Vater«, unterbrach Finley. »Ich kann mir nicht vorstellen, daß mich jemand so sehr haßt. Natürlich habe ich nicht nur Freunde. Und es gibt sicher nicht wenige, die mich um unser Familienvermögen oder meine Chancen beneiden. Vermutlich gibt es auch Leute, die mir meine Position nicht gönnen, und schon gar nicht die Aussicht auf einen Botschafterposten.« Er sah von Charlotte zu Emily. »Aber ich habe weder die Frau eines anderen geschändet noch Schulden nicht zurückgezahlt, noch jemanden bestohlen... oder sonst etwas verbrochen.« Er stand am anderen Ende des Zimmers und starrte sie an, trotzig und hilflos, gerade so, als sei ihm eine häßliche Erkenntnis gekommen, die ihn verstummen ließ.

»Vielleicht sind es ja die Feinde Ihres Vaters«, stimmte Charlotte ihm zu. »Aber da ist noch etwas anderes, Mr. FitzJames. Es muß jemand sein, der Sie gut kennt. Er hatte die ursprüngliche Ansteck015nadel und den Manschettenknopf, und beide gehörten

Ihnen. Und nicht nur das. Er wußte auch genau, daß Sie für diesen Abend kein Alibi hatten. Es hätte wenig Sinn gehabt, Sie zu belasten, wenn Sie mit Ihrer Familie oder mit Freunden zu Abend gegessen hätten oder in der Oper gewesen wären, was ja durchaus nicht unwahrscheinlich war. Wie konnte derjenige wissen, daß das alles nicht zutraf?«

Finlay starrte sie an, eine schreckliche Gewißheit dämmerte ihm.

Charlotte wartete.

Emilys Blick war auf ihn gerichtet. Keiner sprach ein Wort.

»Was ist los?« verlangte Tallulah zu wissen, ihre Stimme war schrill und hoch. »An wen denkst du, Fin?«

Finlay starrte ins Leere, sein Gesicht war fast weiß, in seinen Augen stand Angst.

»An wen?« Tallulah wiederholte ihre Frage, diesmal mit mehr Schärfe.

»Jago«, antwortete Finlay mit erstickter Stimme, dann hustete er, vermied es aber, in ihre Richtung zu schauen. »Am Nachmittag hatte ich Jago getroffen und ihm erzählt, ich würde am Abend auf eine Party in Chelsea gehen. Ich sagte ihm auch, wo sie stattfand. Ich zog ihn noch damit auf, daß es wohl nichts für ihn und seine Selbstgerechtigkeit sei. Er –«

»Das ist unmöglich«, widersprach Tallulah abrupt. »Das ist eine gemeine Behauptung... und eine dumme dazu. Du weißt ganz genau, daß Jago nie jemanden verletzt hat... und erst recht nicht...« Sie sprach nicht weiter. Ihre Stimme war tränenerstickt und ihr Gesicht so weiß, als würde sie jeden Augenblick in Ohnmacht fallen.

»Natürlich ist das unmöglich«, sagte Emily schnell, doch es klang nicht sehr überzeugt. »Aber er könnte es vielleicht ohne böse Absicht jemand anders gegenüber erwähnt haben...«

»Wem?« Tallulah drehte sich panikartig zu Emily um, in ihren Augen glitzerten die Tränen. »Warum sollte er jemandem erzählen, daß Finlay auf ein ausschweifendes Fest geht? Kennt Jago überhaupt jemanden, der schon einmal von Fin gehört hat?« Sie wandte sich wieder ihrem Bruder zu. »Wem hast du es noch erzählt? Jemand muß dich doch eingeladen haben? Denk nach!« Sie sprach immer lauter und klang immer wütender und verletzter. »Steh nicht da wie ein... Trottel. Alle möglichen Leute können dich dort gesehen haben, vielleicht sind einige früher gegangen als du. Um Himmels willen, Fin, streng deinen Verstand an!«

»Ich weiß es nicht!« schrie er sie an. »Wenn ich es wüßte, hätte ich es dir doch schon gesagt. Großer Gott, Tallulah, mich werden sie hängen ... nicht Jago, verdammt noch mal!«
»Hören Sie auf«, befahl Charlotte. »Sie werden Sie nicht hängen, wenn wir Ihre Unschuld beweisen können. Und dazu müssen wir unsere Köpfe ein wenig bemühen. Wenn wir aufeinander losgehen, erreichen wir gar nichts. Also reißen Sie sich zusammen, und denken Sie nach.«

Finlay starrte sie mit offenem Mund an.

»Sie hat recht«, gab Tallulah widerwillig zu. »Jeder, der dort war, hätte dich gesehen und gemerkt, in welchem Zustand du warst. Oder hätte dich so gut gekannt, daß er sich sicher sein konnte, daß du dich bestimmt nicht an den Abend erinnern würdest, und die meisten anderen auch nicht.«

»Außerdem würden die meisten nicht gerne zugeben, daß sie auch dort waren«, fügte Emily hinzu.

»Versuchen Sie es doch mit Ihren Freunden«, riet ihm Charlotte. »Es wird doch wenigstens einer von ihnen so ehrenhaft sein und bezeugen, daß er Sie dort gesehen hat. Und wenn auch nicht zur fraglichen Zeit, so doch zu einem früheren Zeitpunkt. Vielleicht weiß derjenige auch, wer anfangs noch dort gewesen war.«

»Was werden Sie jetzt tun?« Tallulahs Frage galt vornehmlich Charlotte, schloß aber auch Emily mit ein.

Charlottes Gedanken überschlugen sich.

»Ich nehme doch an, Sie tun etwas?« fuhr Tallulah fort. »Schließlich ist die Angelegenheit für Sie genauso dringend wie für uns ... zumindest fast so dringend.«

»Wohl kaum«, fuhr Finlay bitter dazwischen.

»Oh doch«, sagte Tallulah mit neu aufflackerndem Zorn. »Wenn wir den Mörder nicht überführen, werden all die Vermutungen und Gerüchte deinen Ruf trotzdem ruinieren. Dir geschieht zwar nichts, aber es tut dir auch nicht gut.«

»Das weiß ich auch!« entgegnete Finlay mit einem Ausdruck von Bitterkeit und Selbstmitleid in Stimme und Gesicht.

»Und der Ruf von Mrs. Pitts Ehemann ist dann ebenfalls ruiniert«, schloß Tallulah. »Weil er den Falschen gehängt und den Richtigen nicht gestellt hat.«

Finlay schaute Charlotte mit großen Augen an, dann schoß ihm die Röte in die Wangen.

»Pitt! Pitt – natürlich.« Seine Stimme klang belegt. »Jetzt sehe ich den Zusammenhang. Mir ist noch nie in den Sinn gekommen, daß Polizisten Ehefrauen haben, und schon gar nicht solche, die als Damen in unseren Kreisen auftreten können!« Dann begann er zu lachen, und es klang immer hysterischer, lauter und schriller.

Tallullah sah aus, als hätte sie ihn am liebsten geohrfeigt. »Es tut mir leid«, entschuldigte sie sich mit hochrotem Kopf bei Charlotte. »Ich werde Ihnen eine Nachricht schicken, sobald ich etwas Neues in Erfahrung gebracht habe.«

»Dasselbe gilt für uns«, versprach Emily etwas halbherzig, bevor Charlotte und sie sich verabschiedeten.

»Er hat Angst«, sagte Emily, als sie wieder in ihrer Kutsche saßen und von der Devonshire Street wegfuhren.

»Ginge mir auch so«, erwiderte Charlotte heftig, »wenn ich einen Feind hätte, der vor nichts zurückschreckt, um mich an den Galgen zu bringen.« Bei dem Gedanken fröstelte sie unwillkürlich. »Er hat zwei Frauen gequält und getötet, nur um Finlay zugrunde zu richten. Ein Mensch, der einen anderen dermaßen haßt, muß doch verrückt sein.«

Emily verschränkte die Arme vor dem Oberkörper.

»Was tun wir als nächstes?« fragte sie ruhig.

»Ich weiß es nicht. Vielleicht sollten wir herausfinden, ob es eine Verbindung zwischen Ada McKinley und Nora Gough gibt. Warum hat er sich gerade diese beiden Frauen ausgesucht? Warum kein anderes Opfer?«

»Vielleicht spielte es gar keine Rolle, wer das Opfer war«, wandte Emily niedergeschlagen ein. »Vielleicht gibt es gar keinen Grund. Es hätte genausogut jemand anders sein können.« Sie sah noch unglücklicher aus. »Und wenn es wirklich Jago Jones war?«

»Wenn er es war, dann wird es schrecklich«, antwortete Charlotte. »Aber auch damit müssen wir leben«.

10.

Kapitel

Als Emily nach Hause kam, war sie fest entschlossen, mit aller Macht gegen die Ungerechtigkeit anzugehen, der Finlay FitzJames ihrer Meinung nach ausgesetzt war. Vielleicht wollte sie es mehr Tallulah zuliebe als seinetwegen, doch Emily hatte seine Angst gespürt und seine tiefe Bestürzung. Sie hätte vor jedem Gericht geschworen, daß er keine Ahnung hatte, wie seine Dinge in das Zimmer von Ada McKinley gelangt waren, noch wer sie dort deponiert haben könnte. Daß es getan worden war, um den Verdacht auf ihn zu lenken, war die einzige Gewißheit in diesem scheußlichen und chaotischen Bild.

Es gab einen unsichtbaren und unversöhnlichen Feind, der von einem verrückten Haß getrieben wurde. Weshalb? Anscheinend konnte Finlay es sich nicht erklären, und je mehr sie darüber nachdachte, desto überzeugter war sie davon, daß es ein Feind seines Vaters sein mußte, und nicht sein persönlicher.

Am folgenden Morgen sprach sie Jack darauf an, gleich nachdem er sich an den Frühstückstisch gesetzt hatte.

»Ich habe lange über Thomas' Fall nachgedacht«, sagte sie, bevor er sich von dem Bacon aufgetan hatte. »Wir sollten alles in unserer Macht Stehende tun, um ihm zu helfen.« Sie nahm sich einen Löffel Rührei und eine Scheibe getoastetes Brot. »Finlay FitzJames ist nicht der Täter, das ist klar –«

»Das ist es nicht«, sagte er scharf. »Er kann durchaus der Täter sein. Sicher ist nur, daß Albert Costigan unschuldig ist, der arme Schlucker.«

Mit einem flauen Gefühl in der Magengegend erkannte Emily, daß sie sich in eine Falle manövriert hatte. Natürlich wußte Jack nichts von ihrer Expedition in die Beaufort Street. Er hätte es heftig mißbilligt, das stand außer Frage. Früher wäre er selbst vielleicht Gast auf einer solchen Party gewesen, doch das hatte sich geändert. Er war Abgeordneter im Parlament und ein verantwortungsvolles Familienoberhaupt, und sein Ruf war ihm einiges wert.

»Oh.« Hastig überlegte sie, wie sie den Rückzug antreten sollte. Ihr fiel kein Argument ein, womit sie ihre Aussage bekräftigen konnte. Es blieb ihr nichts anderes übrig, als zu leugnen. »Vielleicht entsprang das mehr einer Hoffnung als der Wirklichkeit. Ich…« Es wäre besser, Tallulah nicht zu erwähnen. Das könnte zu Komplikationen führen. »Ich glaube einfach nicht, daß Thomas sich so irren würde…«

Er nahm zwei pochierte Eier aus der Schüssel und legte sie auf den Teller.

»Meinst du, Costigan war der Täter?« fragte er, hob den Blick und sah sie geradewegs an. Sie war immer wieder überrascht, wie schön seine Augen waren.

»Nein…, was ich sagen wollte, war, daß Thomas Finlay Fitz-James nicht laufen lassen würde, bloß weil er aus guter Familie stammt. Er würde nicht denken, daß er unschuldig sein muß, und der Sache nicht nachgehen, weil…« Sie brach ab. Er sah sie zweifelnd und geduldig an.

»Kennst du Finlay FitzJames?« fragte er.

»Ich bin ihm begegnet.« Sie log nie richtig. Zwischen einer Lüge und einer diskreten Aussage lagen Welten. »Zweimal, und beide Male zufällig. Ich kenne ihn nicht.«

»Doch du hast keinerlei Zweifel, daß er unschuldig ist.« Er traf eine Feststellung, es war keine Frage.

»Ich…« Sie überlegte in Windeseile. Gerechtigkeit und Unterstützung für Tallulah waren ihr sehr wichtig. Es ging um eine richtige oder eine falsche Entscheidung. Ihre Aufrichtigkeit Jack gegenüber, das Vertrauen zwischen ihnen waren ihr ebenfalls wichtig, wichtiger, als ihr noch vor fünf Minuten bewußt war. »Ich kenne seine Schwester«, setzte sie hinzu.

»Und die hat dir etwas erzählt, das dich von seiner Unschuld überzeugt«, stellte er fest.

Sie hatte nicht erwartet, daß er so schnell begriff.

»Ja«, sagte sie schon viel weniger überzeugt.

»Was?«

»Wie bitte?«

»Was hat sie dir erzählt, Emily?«

»Ach, nur, daß sie ihn zu der Zeit an einem anderen Ort gesehen hat. Thomas weiß davon. Es ist kein richtiger Beweis.«

»So scheint es«, sagte Jack mit einem gepreßten Lächeln. Er schob sich eine Gabel mit Bacon und Ei in den Mund.

Sie entspannte sich ein wenig und aß ihr Rührei mit Toast und Butter. Es war still bis auf das Geräusch des Messers, das den knusprigen Toast zerschnitt.

»Wo hat sie ihn denn gesehen?« fragte er.

Emily verließ der Mut.

»Auf einer Party.«

»Das ist wohl kaum eine Erklärung. Laß es dir nicht aus der Nase ziehen, Emily. Was für eine Party? Wahrscheinlich eine, wo zuviel getrunken wurde und keiner sich daran erinnern kann, ob er da war, geschweige denn, wer sonst noch da war?«

»Genau«, antwortete sie knapp. Wenn sie etwas hinzufügte, würde ihr das nur weiteres Ungemach bescheren. Sie erkannte deutlich, wie schmerzhaft es wäre, wenn Jack sein Vertrauen in sie oder seine Achtung vor ihr verlöre. Vielleicht sollte sie ihm erzählen, daß sie in der Beaufort Street war, bevor er es herausbekam?

»Hat sie Thomas davon berichtet?« fragte er.

»Sie ist überzeugt, man würde ihr nicht glauben. Sie hatte schon eine Lüge erzählt und gesagt, daß sie woanders war.«

»Aber du glaubst ihr?«

»Ja.«

»Ist es sinnvoll zu fragen, warum?«

»Eigentlich nicht.«

Er wandte sich wieder dem Bacon mit den Eiern zu. Sie war sich nicht sicher, ob er ihr glaubte.

»Kennst du Augustus FitzJames?« fragte sie erwartungsvoll.

Er sah nicht auf, aber seine Mundwinkel gingen belustigt nach oben, als würde er gleich lachen.

»Neugierig?« fragte er.

»Ja, neugierig«, gab sie zu. »Kennst du ihn?«

»Flüchtig. Und ich weiß nicht, wer ihn so leidenschaftlich haßt, daß er bereit ist, soweit zu gehen, um Rache an ihm zu nehmen. Aber ich werde weiter darüber nachdenken, Thomas zuliebe.«

»Danke.« Sie atmete auf. »Ist er wirklich so schrecklich?«

»Augustus? Ja, ich glaube schon. Nach allem, was ich erfahren habe, ist er nicht grundlos grausam, sondern einfach rücksichtslos. Er glaubt an die Familie – an die Dynastie, wenn du so willst. Was ja merkwürdig ist für jemanden, der aus relativ gewöhnlichen Verhältnissen stammt. Vielleicht ist das aber auch der Grund. Er hat sein jetziges Leben mit Geld erkauft, und nun glaubt er, man kann alles käuflich erwerben. Er behält damit öfter recht, als mir lieb ist.«

»Aber du kümmerst dich darum, wer seine ärgsten Feinde sind?«

»Natürlich. Meinst du, Thomas ist mir nicht genauso wichtig wie dir? Aber ich muß ihn auch im Parlament verteidigen. Die Angriffe nehmen zu.« Sein Blick war betrübt, er hatte aufrichtige Bedenken.

»Es wird doch alles gut für ihn ausgehen, oder?« Jetzt hatte sie richtig Angst, nicht um Tallulah oder Finlay FitzJames, sondern um Charlotte und vielleicht sogar um Jack, wenn der seine Verbindung zu erkennen gab. Sie konnte ihn nicht fragen, wie weit er zu gehen bereit war. Außerdem wußte sie die Antwort, wenn sie ihm ins Gesicht sah. Es gäbe keine Grenze. Wenn nötig, würde Jack seine eigene Laufbahn in Gefahr bringen, sie sogar aufgeben, bevor er Pitt verleugnete.

Ehe er antworten konnte, lächelte sie ihm zu, strahlend, bedingungslos, und die Tränen rannen ihr die Wangen hinunter.

Er streckte seine Hand aus und nahm ihre, drehte sie um und küßte zärtlich die Innenfläche.

»Ich weiß nicht«, bekannte er und hielt ihre Finger fest umschlossen.

Cornwallis wirkte entnervt. Er forderte Pitt auf, sich zu setzen, war aber zu angespannt, um selbst Platz zu nehmen. Er wanderte auf dem Teppich in seinem Büro auf und ab, hielt hin und wieder inne und zwang sich schließlich stehenzubleiben. Er erwähnte nicht, daß die Kampagne, mit der ein Gnadengesuch für Costigan erwirkt werden sollte, an Kraft gewann, aber beide wußten es. Noch deutete er an, daß es mehrere Fragen im Unterhaus gegeben hatte und daß nicht nur Pitt für einen häßlichen Fehltritt in der britischen Rechtsprechung verantwortlich gemacht wurde, sondern auch er selbst.

»Haben Sie etwas herausgefunden?« fragte er ruhig. Aus seiner Stimme war keine Verärgerung und schon gar kein Vorwurf herauszuhören. Er war ein Mann, dessen Stärke in der Krise zum Tragen kam. Seine Loyalität zeigte sich am deutlichsten, wenn sie bis zum bitteren Ende unter Beweis gestellt wurde.

»Nichts Nützliches«, sagte Pitt ehrlich. »Ich habe noch einmal mit Thirlstone und Helliwell gesprochen, aber keiner von ihnen gibt einen ernsten Streit zu, obwohl langsam deutlich wird, daß es Antipathien gibt. Sie sind nicht als Freunde auseinandergegangen, Genaueres ist aber bisher unklar. Um ehrlich zu sein«, fügte er bedauernd hinzu, »weiß ich nicht einmal, ob es wichtig ist.«

»Was ist mit Jones?« fragte Cornwallis. »Ihn haben Sie nicht erwähnt.« Sein Gesicht verdüsterte sich, ganz offensichtlich fiel es ihm schwer zu sagen, was er sagen wollte. »Ich weiß, daß er Priester ist und offensichtlich in Whitechapel sehr gute Arbeit leistet. Doch das heißt nicht, daß er unfähig ist, Haßgefühle gegen einen Mann wie FitzJames zu entwickeln. Sie wissen nicht, was für Differenzen es in der Vergangenheit gegeben hat, Pitt.« Er bohrte die Hände in die Taschen und beulte seine Jacke aus. »Kein Mann bleibt von Gelüsten und Einsamkeitsgefühlen verschont; die können ihn jederzeit heimsuchen. Er hat den Weg des Dienens und der Selbstverleugnung gewählt, aber er ist ein junger Mann. Es kommt vor, daß wir zuviel von uns verlangen und unsere Schwächen sich deutlicher bemerkbar machen, als uns lieb ist.«

Pitt hörte die Emotionen, die Intensität in der Stimme. Sprach er nur von Jago Jones? Cornwallis hatte lange und einsame Jahre auf See verbracht, in der Isolation des Befehlshabenden, wo er verantwortlich für alle Besatzungsmitglieder war und jeweils sechs Monate lang ohne Berater oder Freund auskommen mußte.

»Ich weiß«, sagte Pitt leise. »Ich bete zu Gott, daß er es nicht ist, und ich glaube es auch nicht. Aber es ist nicht unmöglich, das weiß ich. Ich werde zu ihm gehen. Dann fange ich wieder von vorne an, mit den Beweisen im Mordfall Nora Gough. Ich möchte mehr über das Opfer erfahren.«

»Gibt es eine Verbindung zwischen den beiden Opfern?« fragte Cornwallis und fing wieder an, auf und ab zu gehen, bis er in einem sonnigen Viereck stehenblieb. »Abgesehen von dem Gewerbe und der Wohngegend?«

»Ich weiß es nicht. Ich werde noch einmal mit Ewart sprechen. Er muß inzwischen auf etwas gestoßen sein.«

»Er ist ein guter Polizist«, sagte Cornwallis ernst. »Ich habe mir seine Akte angesehen. Alle sprechen gut von ihm, nicht nur wegen seines beruflichen Erfolgs, sondern auch auf Grund seines persönlichen Umgangs. Er hat einen ausgezeichneten Ruf. Ruhig, gewissenhaft, ein solider Familienmensch. Arbeitet sehr viel und hält sein Geld zusammen.« Cornwallis' Stimme drückte sein Erstaunen aus. »Er hat drei Söhne und eine Tochter. Die Tochter hat eine gute Partie gemacht, hat einen Bauern irgendwo in Kent geheiratet. Solides Unternehmen. Sein ältester Sohn hat einen Studienplatz an der Universität, und die anderen beiden scheinen einen ähnlichen Weg einzuschlagen. Das ist eine erstaunliche Leistung.« Er ergänzte nicht »für einen normalen Polizisten«. Der Takt verbot es ihm, doch genau das meinte er. »Wir könnten uns keinen besseren für diesen Fall wünschen.«

»Das stimmt«, sagte Pitt. »Er ist ein guter Mann. Wissen Sie, er war immer der Ansicht, daß FitzJames nichts mit Ada McKinley zu tun hatte. Er glaubte von Anfang an, daß es jemand aus der Nachbarschaft war. Vielleicht hatte er recht. Vielleicht war es genau die Familientragödie, die er immer vermutet hatte. Ich hätte ihm mehr Gehör schenken und sein Urteil mehr beachten sollen. Er war immer der Ansicht, daß die Verbindung mit FitzJames unwichtig sei, und vielleicht stimmt das auch. Morgen gehe ich zu ihm.«

»Dann ist der Kern dieser Sache nicht bei FitzJames zu suchen?« fragte Cornwallis mit einem Stirnrunzeln, und es klang, als wolle er die Idee prüfen und sei noch nicht von ihr überzeugt. Er stand bei dem Teleskop neben dem Sextanten an der Wand, die Sonne schien ihm ins Gesicht und schimmerte auf der polierten Messingfläche. »Was ist mit dem Taschentuch? Es könnte seins sein, aber ist das sicher? Muß es seins sein?«

»Nein. Jeder kann sich so eins machen lassen.«

»Und der Knopf?«

»Teuer, aber leicht erhältlich bei einem guten Schneider.«

»Es bedeutet also eigentlich nichts?«

»Es bedeutet nicht, daß FitzJames da war«, verbesserte Pitt ihn. »Es bedeutet, daß jemand uns glauben machen möchte, daß er da war. Und dieser jemand war nicht Costigan.«

Cornwallis schüttelte ein wenig den Kopf, seine Augen waren betrübt.

»Wir kommen auf Jones zurück«, sagte er leise. »Er scheint der gemeinsame Faktor zu sein, Pitt.«

»Ich weiß.«

»Wir müssen uns damit abfinden. Stellen Sie genau fest, wo er war, als die beiden Frauen ermordet wurden. Halten Sie sich an die Beweise. Kümmern Sie sich nicht um die Gründe dafür. Er war Mitglied in diesem unseligen Club. Er lebt und arbeitet in Whitechapel. Er kannte Ada McKinley. Vielleicht kannte er auch Nora Gough.« Er schüttelte leicht den Kopf. »Ich weiß, daß Sie der Meinung sind, es paßt nicht zu seinem Wesen, soweit Sie ihn kennen, aber was wissen Sie über ihn?«

»Nicht genug«, gab Pitt zu, und er mußte sich die Worte abringen. »Aber ich glaube, das ist immer so.« Er erhob sich. »Ich gehe morgen zu ihm. Nachdem ich mit Ewart gesprochen habe.« Er hatte nicht den Mut, es gleich zu tun. Er wußte, wo Jago sein würde: in der Coke Street, wo er Suppe austeilte. Er wollte nicht während dieser Tätigkeit mit ihm sprechen. Nie hatte er so großen Widerwillen dagegen verspürt, einen Menschen zu befragen oder hinter die Fassade zu blicken wie im Fall von Jago Jones. Der Morgen war schnell genug da. An diesem Abend war es unerträglich.

Charlotte war verständnisvoll, aber nicht sehr mitteilsam. Offenbar war sie den ganzen Nachmittag unterwegs gewesen und hatte sich schließlich doch dazu entschlossen, die Kinder zu ihrer Mutter zu bringen, um sie vor den unangenehmen Bemerkungen der Leute auf der Straße und den Scherzen und Fragen ihrer Schulkameraden zu bewahren.

Sie erwähnten den Fall nicht. Er wollte ihn einen Abend lang vergessen. Er hatte keine neuen Gedanken, keine Hinweise, denen es nachzugehen galt, nichts, womit er ringen mußte oder das er verstehen wollte. Er war zufrieden, daß er still in seinem Sessel sitzen und über normale und sinnvolle Dinge nachdenken konnte. Sie überlegte, was im Garten getan werden mußte und ob Daniels Zimmer neu gestrichen werden sollte, jetzt, da er kein kleines Kind mehr war. Eigentlich war er schon zu alt für sein Kleinkinderzimmer. Und vielleicht sollten sie Gracie eine Gehaltserhöhung geben.

Am nächsten Morgen fuhr Pitt früh nach Whitechapel, wo er Ewart an seinem Tisch vorfand. Er wirkte müde und unglücklich. Pitt brauchte ihn nicht zu fragen, ob er etwas Wichtiges entdeckt hatte, da sich in jeder Falte von Ewarts Gesicht und der Kontur seines Körpers die negative Antwort abzeichnete. Er hatte sich beim Rasieren geschnitten, und sein Gesicht war zerknittert.

»Ich habe nichts gefunden«, sagte er, bevor Pitt ihn fragen konnte. »Die Beweisstücke sind bedeutungslos.« Er sackte auf seinem Stuhl zusammen und konnte seinen schlaffen Körper vor Müdigkeit nicht aufrichten. Er sah aus, als hätte er eine Niederlage erlitten, obwohl doch Pitt für den Mißerfolg verantwortlich gemacht würde. Möglicherweise war er jetzt froh, daß der Fall seiner Verantwortung entzogen worden war.

»Ich weiß, daß der Knopf und das Taschentuch keine Bedeutung haben«, sagte Pitt und setzte sich auf den einzigen anderen Stuhl. »Was haben wir sonst noch?«

»Nichts.« Ewart spreizte die Finger. »Wir haben noch einmal mit allen Frauen gesprochen. Sie sagen, sie haben nur einen Mann gesehen: einen jüngeren Mann mit hellem, gewelltem Haar. Obwohl sie da auch allmählich Zweifel bekommen. Einige wollen nicht mehr beschwören, daß es hell war. Als ob das was ausmachte!« Seine Mundwinkel gingen nach unten. »Das Licht erschwert es manchmal. Wir suchen ihn immer noch. Ich habe mehrere Leute damit beauftragt, aber es könnte jeder sein. Könnte auch ein feiner Pinkel aus dem Westteil der Stadt sein, dann finden wir ihn nie.«

Pitt starrte ihn an. Es war ungewöhnlich, daß ein Polizist von Ewarts Rang und Erfahrung so hoffnungslos sprach. Wenn es um einen Mann ging, der zwei Frauen gefoltert und umgebracht hatte, dann mußten sie ihn finden, egal wie lange es dauerte. Befürchtete Ewart immer noch, daß es Finlay FitzJames sein könnte und daß dies sehr viel Häßliches nach sich ziehen könnte? Daß man ihnen Pflichtvernachlässigung, Selbstgerechtigkeit, ja Korruption vorwerfen würde? Er verstand Ewarts Zögern, selbst sein Zurückschrecken – aber billigen konnte er es nicht.

Abrupt beugte er sich vor. »Also, wenn das der Mann ist, der Nora Gough und Ada McKinley umgebracht hat, dann finden wir ihn«, sagte er lauter, als er beabsichtigt hatte. »Jemand muß ihn gesehen haben! Er ist gekommen und wieder gegangen. Haben Sie die Beschreibung, die die Frauen in der Myrdle Street von ihm gegeben haben, an die Frauen in der Pentecost Alley weitergegeben?«

»Ja.« Ewart war zu unglücklich, um sich zu ärgern. »Sie sagen, es hört sich an wie eine Beschreibung von Costigan. Was ja auch stimmt.«

»Hat Costigan Brüder, Vettern oder sonstige Verwandte?«
beharrte Pitt.

Ewart lächelte bitter.»Daran habe ich auch schon gedacht.
Hat er aber nicht. Rose Burke und Nan Sullivan sind immer noch
überzeugt, daß Costigan der Mörder war.«

»Und wer hat ihrer Meinung nach Nora Gough umgebracht?«
fragte Pitt sarkastisch.

»Weiß nicht. Ein Verrückter, der Costigan nachahmt.«

»Und warum? Er konnte wohl kaum hoffen, man würde Costigan für den Täter halten.«

»Ich weiß es nicht«, sagte Ewart.»Weil sie Costigan gesehen
haben und denken wollen, er ist gehängt worden, fertig, vorbei!
Es ist auch egal, was sie denken! Es war jemand da, ein jüngerer
Mann mit dichtem, gewelltem Haar, und sonst ist keiner gekommen und gegangen, also muß er es sein. Weiß der Himmel, wer
es ist ... ich weiß es nicht!«

»Sonst ist keiner dagewesen und wieder gegangen?« hakte Pitt
nach.

»Keiner.« Ewart klang so unglücklich, als sei es seine persönliche Tragödie, von der er sprach, und nicht einer der recht
gewöhnlichen Vorfälle, die in seiner Laufbahn immer wieder
vorgekommen sein mußten.»Davon weichen sie nicht ab.«

»Gibt es sonst etwas über den Mann?« beharrte Pitt.»Körper-
bau? Gang? Ohren? Die Menschen haben sehr unterschiedliche
Ohren. Hat jemand auch nur eine Kleinigkeit beobachtet? Boh-
ren Sie nach, rütteln Sie ihre Erinnerung wach.«

»Erzählen Sie mir nicht, wie ich vorgehen muß!« sagte Ewart
verärgert.»Ich habe alle diese Dinge gefragt. Keiner hat ihn
beachtet. Es war einfach ein Kunde.«

»Paßt denn keiner auf?« Pitt wollte nicht lockerlassen. Er
hatte keine andere Spur.»Haben diese Mädchen keinen Beschüt-
zer? Oder jemanden, der die Kunden zählt, um sich zu versichern, daß er seinen Anteil vollständig bekommt?«

»Doch ... und der sagt auch nur, der Mann war gut gekleidet
und hatte dichtes Haar. Hören Sie, Pitt.« Er hatte Pitts neuen
Rang vergessen und sprach mit ihm wie mit einem Gleichge-
stellten.»Ich habe alles mehrfach abgesucht. Meine Leute sind
mit einer Beschreibung des Mannes auf die Straße gegangen. Die
waren in jedem Bordell und jedem Stundenhotel zwischen Mile
End im Norden, Limehouse im Osten und dem Tower im
Westen. Jeder da hat mindestens ein halbes Dutzend Männer

gesehen, auf die die Beschreibung paßt.« Er wollte noch etwas hinzufügen, ließ es dann aber doch. »Wir haben nichts.«

Pitt lehnte sich ebenfalls erschöpft zurück. War es doch Finlay FitzJames? Oder war es Jago Jones in einem irren und bitteren Haß auf Prostituierte? Einem Haß auf Finlay, auf sein eigenes früheres Leben und Finlays Wissen darüber? War das der Schlüssel zu seinem Wahnsinn – die Überzeugung, daß Finlay derjenige war, durch den er den Sünder in sich selbst entdeckt hatte, die unkontrollierbare Gier?

»Was ist?« fragte Ewart und setzte sich plötzlich aufrecht hin, wobei er mit dem Ellbogen einen Stapel Papiere umstieß. »Woran denken Sie?«

»Nichts«, antwortete Pitt. »Aber ich muß noch einmal mit Pfarrer Jones sprechen.«

»Jones?« fragte Ewart überrascht und ließ die Papiere liegen. »Glauben Sie, der weiß etwas? Das bezweifle ich. Ein guter Mensch, aber er steht nicht mit beiden Beinen in dieser Welt. Wenn er was wüßte, hätte er es uns schon gesagt.« Seine Stimme war flach, die Hoffnung des Moments verflogen. »Außerdem ist es reine Zeitverschwendung, ihn zu fragen. Er würde niemals ein Gemeindemitglied preisgeben, auch wenn er wüßte, wer es ist. Wegen dem priesterlichen Gelöbnis und so. Wir sollten uns besser an Ada und Nora halten und herausfinden, wer beide gekannt haben könnte. Damit habe ich schon angefangen.« Er wühlte in den Papieren herum, zog ein paar Blätter heraus und schob sie Pitt zu. »Hier sind diejenigen, die beide Frauen gekannt haben und mit beiden zu tun hatten, egal, aus welchem Grund: Bekleidung, Wäsche, Schönheitspflege, Arzneimittel, Essen, Schuhe, und sogar Bettwäsche.« Er knurrte. »Ich wußte gar nicht, daß Prostituierte soviel Bettwäsche brauchen. Sehen Sie, ein paar der Händler sind gleich.«

»Das ist logisch.« Pitt nahm das Blatt, obwohl er nicht erwartete, etwas Interessantes zu finden. »Vermutlich gibt es in diesem kleinen Gebiet nur eine begrenzte Anzahl von Geschäften. Paßt die Beschreibung auf einen von ihnen?«

»Bisher noch nicht. Die meisten sind mittleren Alters und waren zur Tatzeit bei ihren Familien zu Hause.« Wieder machte sich die Hoffnungslosigkeit in Ewarts Miene breit, er lehnte sich auf seinem Stuhl zurück und sackte in sich zusammen.

»Gibt es Neues von Lennox?« fragte Pitt.

»Nein. Sie wurde nach der gleichen Methode umgebracht«, antwortete Ewart mutlos, seine Niedergeschlagenheit, aber auch verhaltene Wut, waren in seiner Körperhaltung deutlich zu erkennen. »Auf dieselbe Art gefoltert. Alle Einzelheiten passen zusammen, auch die, von denen keiner etwas weiß. Es muß derselbe gewesen sein.«

»Gibt es irgendwelche Unterschiede?« fragte Pitt leise. Das schäbige Büro war bedrückend und zu klein, um diesen überwältigenden Gefühlen Raum zu bieten.

»Nein, keinen einzigen«, sagte Ewart.

»Wurde abgesehen von dem Knopf und dem Taschentuch noch etwas gefunden?« fuhr Pitt fort.

»Nein.«

»Merkwürdig, finden Sie nicht?«

»Was?«

»Daß die Beweise an beiden Tatorten Finlay FitzJames belasten...«

»Indizienbeweise«, sagte Ewart zu hastig und ließ sich wieder auf seinen Stuhl sinken, sein Gesicht war blaß.

»Ich wollte sagen«, fuhr Pitt verwirrt und unglücklich fort, »daß es mir nicht natürlich vorkommt. Je mehr ich mich damit beschäftige, desto mehr sieht es für mich so aus, als ob die Beweise in beiden Fällen absichtlich dort hinterlassen wurden, damit wir sie finden. Ist Finlay FitzJames je zuvor in den beiden Häusern gesehen worden?«

Ewart richtete sich ruckartig auf. »Nein!« Ein Hoffnungsschimmer stand in seinem Gesicht. »Ich frage sie alle noch einmal, aber ich bin mir sicher, daß das nicht der Fall ist. Sie haben recht! Es wäre ein unwahrscheinlicher Zufall, wenn er bei seinem ersten Besuch in dem Haus eine Frau töten würde, die er nie zuvor gesehen hatte. Warum sollte er das tun, es sei denn, er ist verrückt? Vielleicht würde er es einmal tun, wenn...« Er schluckte, als ob die Anspannung ihm die Kehle zuschnürte. »Wenn er betrunken wäre oder... oder vor Gier verrückt... oder vor Wut, je nachdem, was die Menschen packt. Aber dieses eine Mal würde ihn vor Angst verrückt machen. Niemals würde er nach weniger als zwei Monaten dasselbe tun. Besonders dann nicht, wenn er wüßte, daß wir ihn verdächtigen.«

Er war über den Tisch gebeugt, seine Miene voller Konzentration. »Sie haben ihn gesehen, Pitt. Erschien er Ihnen wie ein Mann, der von Wahnsinn besessen ist? Oder eher wie ein junger

Mann, der sich gelegentlich wie ein Idiot aufführt? Vielleicht hat er früher öfter die Kontrolle über sich verloren und häufig mal ein bißchen zuviel getrunken, so daß er sich an den vorangegangenen Abend nicht mehr erinnern konnte. Und dann hat er vielleicht panische Angst davor gehabt, daß man ihn wegen etwas beschuldigen könnte, was er nicht getan hat. Und davor, daß er der Familie geschadet oder die Verachtung seines Vaters auf sich gezogen hat, der ihm das Leben auf Monate, wenn nicht gar Jahre, schwermachen kann.«

Genau diesen Eindruck hatte Finlay auf Pitt gemacht. Er hätte es selbst nicht besser ausdrücken können. Es war eine sehr scharfsichtige Charakterisierung des Mannes, den er gesehen hatte. Er hatte Ewarts Urteilsvermögen unterschätzt.

»Sie haben recht«, sagte er laut. »Jedesmal kommen wir zu dem Schluß, daß ein anderer FitzJames belasten will.« Er sah Ewart direkt an. »Haben wir uns mit Costigan geirrt? Ich war überzeugt, daß wir den Richtigen hatten. Ich konnte die Stiefel und das Strumpfband nicht erklären, aber ich war mir sicher, daß er sie umgebracht hatte.«

»Ich auch«, sagte Ewart sofort ganz ernst. »Das denke ich immer noch. Die Stiefel und das Strumpfband müssen mit dem Kunden davor zu tun gehabt haben.«

»Und das zweite Mal, bei Nora?« fragte Pitt. »Derselbe Kunde?«

»Nein, das muß derjenige gewesen sein, der das Taschentuch und den Knopf dort deponiert hat, damit es so aussah, als sei es dieselbe Person gewesen.« Er preßte die Lippen zusammen. »Es tut mir leid, Sir, aber es sieht nach Ihrem Geistlichen aus. Der ist sowieso ein bißchen fanatisch. Ich meine... warum würde ein Mann aus gutem Hause, der verschwenderisch lebt, plötzlich alles aufgeben, Priester werden und dann nach Whitechapel gehen?« Er schüttelte den Kopf. »Leute wie er brauchen gar nicht zu arbeiten. Sehen Sie sich die übrigen Mitglieder des Hellfire Clubs an... Helliwell arbeitet in der City, aber nur, wenn er Lust dazu verspürt. Nötig hat er es nicht. Ein gutes Leben, danach steht ihm der Sinn. Er muß eine Frau unterhalten und wahrscheinlich auch Kinder. Eine Kutsche hat er, ein großes Haus und Bedienstete, und feiert gern Partys. Was seine Frau im Jahr für Kleider ausgibt, ist wahrscheinlich mehr, als Jago Jones in zehn Jahren verdient.«

Pitt konnte dem nicht widersprechen. Andere Gedanken rasten ihm durch den Kopf.

»Und Thirlstone«, fuhr Ewart mit belegter Stimme fort. »Gibt sich als Künstler, verdient aber kein Geld damit. Das braucht er auch nicht. Geht allein seinem Vergnügen nach und läßt sich von einer dümmlichen Konversation zur nächsten treiben. Spaziert im Park herum und besucht Ateliers und Ausstellungen. FitzJames möchte Botschafter oder Parlamentsabgeordneter werden, aber jeden Tag arbeiten, das tut er nicht, nicht wie Sie oder ich. Im Außenministerium erscheint er nur, wenn er dazu Lust hat. Die meiste Zeit verbringt er damit, die richtigen Leute zu hofieren und sich an den richtigen Orten sehen zu lassen.«

Pitt sagte nichts. Er hörte die Verachtung in Ewarts Stimme und verstand sie, vielleicht teilte er sie auch.

»Aber Jones arbeitet von morgens bis abends«, führte Ewart weiter aus. »Sonntags auch. Ich weiß nicht, was er verdient, aber man sagt ja nicht grundlos ›arm wie eine Kirchenmaus‹. Er trägt abgetragene Kleider und ißt dasselbe wie die anderen da auch. Wahrscheinlich friert er im Winter, so wie die Menschen da alle. Bestimmt hat er es schlechter als ich. Warum?«

»Ich weiß es nicht.« Pitt stand auf. »Aber Sie haben recht, darauf brauchen wir eine Antwort. Suchen Sie weiter nach demjenigen, der Nora zuletzt lebend gesehen hat.«

»Ich weiß nicht, wen ich noch fragen soll«, wandte Ewart ein. »Wir haben mit allen Frauen im Haus gesprochen, mit den Arbeitern in der Flaschenfabrik, den Nachbarn und den Ladeninhabern.«

»Fragen Sie auch die Bettler und Straßenarbeiter«, sagte Pitt von der Tür aus. »Geben Sie nicht auf. Jemand muß ihn gesehen haben. Er kann nicht aus dem Zimmer gegangen und plötzlich verschwunden sein.« Er drehte den Knauf. »Oder haben Sie eine bessere Idee?«

Er ließ Ewart in dem dunklen, unaufgeräumten Büro zurück und ging wieder in die Myrdle Street. Die Frage nach dem Kunden, der verschwunden war, nagte an ihm. Es mußte der Mörder gewesen sein, und die Tatsache, daß keiner ihn gesehen hatte, als er ging, war von Bedeutung. Eigentlich hatte ihn auch keiner kommen sehen. Das Haus war ein Bordell. Es waren immer Leute da. Das gehörte zum Gewerbe, aber es gab den Frauen auch Sicherheit. Jede Frau, die als Prostituierte arbeitete, war sich der Gefahr bewußt, daß ein Kunde gewalttätig oder ausfallend werden konnte, daß er sich weigerte zu zahlen oder Wünsche äußerte, denen die Frau nachzukommen nicht gewillt war.

Er verließ die Polizeiwache und schritt auf den grauen, belebten Straßen kräftig aus – Männer und Frauen hasteten auf den Gehwegen entlang, Kaufleute, kleine Büroangestellte, Botenjungen, Lieferanten, Hausierer und Zeitungsverkäufer waren zu sehen. Der Mord an Nora füllte immer noch die Titelseiten, daneben wurde Costigans Unschuld beschworen und nach Reformen verlangt. In manchen Zeitungen wurde gar zur Abschaffung der Polizei aufgerufen, weil sie erst den einen Mörder in Whitechapel nicht dingfest gemacht hatte und jetzt schon den zweiten nicht fassen konnte.

Pitt eilte daran vorbei, er wollte den Blick abwenden, dennoch wurde er gegen seinen Willen angezogen. In seiner Phantasie hatte er gräßliche Schlagzeilen entworfen. Was er tatsächlich sah, war jedoch noch schlimmer. Ihm blieb nichts erspart. »Die Polizei hat versagt!« hieß es in einer Zeitung. »Whitechapel lebt erneut in Schrecken!« Und auf einem Plakat las er: »Ist der Ripper wieder da? Polizei hilflos!« »Hochrangiger Polizist dreht sich im Kreise! Weiß er mehr, als er zugibt? Wer ist der Mörder von Whitechapel?«

Verstört und außer Atem erreichte er das Haus in der Myrdle Street. Es war noch keiner auf. Das Geschäft ging weiter, wie gewohnt. Für Zahlungsforderungen gibt es keine angemessene Trauerzeit, und die Tatsache, daß im Haus ein Mord verübt worden war, hatte die Kundschaft offensichtlich nicht vertrieben.

Er hatte alle Mühe, Edie zu wecken. Doch schließlich kam sie in die Küche im hinteren Teil des Hauses. Ihr langes, schwarzes Haar war zerzaust, das Gesicht vom Schlaf verquollen, und sie trug ein loses Gewand. In ihrem Gewerbe hatte sie die Vortäuschung von Schamgefühlen verlernt.

»Sie verschwenden Ihre Zeit«, sagte sie verdrießlich und setzte sich auf einen der Küchenstühle. »Wir wissen nich mehr als das, was wir schon gesagt haben. Außer unseren Kunden haben wir an dem Abend keinen gesehen, der gekommen oder gegangen is. Wer der Kerl mit dem hellen Haar war, der in Noras Zimmer gegangen is, das wissen wir nich, und gehört haben wir auch nichts.«

»Ich weiß.« Pitt bemühte sich um Geduld. »Draußen auf der Straße hat ihn auch niemand gesehen. Finden Sie das nicht merkwürdig?«

»Ja, schon. Und? Soll das heißen, wir haben hier einen Geist, der ins Haus geschwebt kommt, Nora erwürgt und wieder rausschwebt?« Sie zitterte, und ihr beleibter Körper bebte in ihrem

Gewand. »Sie sind verrückt. So was gibt's doch gar nich. Irgend jemand lügt, so einfach is das. Jemand hat ihn gesehen und sagt es nich.«

»Es sind mehrere Leute«, sagte Pitt nachdenklich. »Warum?«

»Weiß ich doch nich. Ich versteh das nich. Die sollen den Bastard schnappen und aufhängen.« Sie legte die Hände mit den schlanken Fingern ans Gesicht. »Nora war ein freches Luder, aber was der mit ihr gemacht hat, das hat keine verdient. Ich hätt ihr auch gern manchmal eine geknallt, aber so is das eben, man is manchmal sauer auf die andern.«

»Warum haben Sie sich über Nora geärgert?«

Edie verzog spöttisch und ein wenig belustigt das Gesicht. »Weil sie hübsch war, wahrscheinlich. Und sie hatte richtig Glück bei den Männern. Sie hatte so ne Art.« Verächtlich sah sie Pitt an. »Ich meine nich, daß sie einem die Kunden abspenstig gemacht hat. Ich meine Liebhaber. Sie hat sich welche genommen, auf die ich selber scharf war.«

»Keine Kunden?« fragte Pitt. »Die haben nicht gezahlt?«

»Meine Güte. Wir machen es auch mal, weil es Spaß macht«, sagte sie unwirsch. »Na ja, ... nich oft. Aber manchmal is es gut, einen zu haben, der einen mag. Ohne Geld. Der behandelt einen dann wie einen Mensch, nich wie was Gekauftes. Is doch schön, jemanden zu haben, der nett zu einem is und einen in den Arm nimmt.«

»Ja, natürlich. Und Nora hat Ihnen und anderen die Männer abspenstig gemacht?«

»Na ja, nich immer. Mir nur einmal, das war ein Kerl, auf den ich scharf war, aber nichts Bestimmtes. Wenn sie es öfter gemacht hätte, dann hätten wir sie rausgeschmissen! Sie war nicht schlecht, die Nora. Und wenn ich wüßte, wie ich Ihnen helfen könnte, den zu kriegen, der sie umgebracht hat, dann würd ich's tun. Ihr seid ja ziemlich unfähig.« Sie fuhr sich mit den Fingern durch ihr schwarzes Haar. »Großer Gott! Is ja klar, daß es dieser miese Hund Costigan nich war. Und ihr habt den richtigen Kerl noch nich geschnappt, obwohl er zwei auf dem Gewissen hat. Ihr wollt wohl warten, bis er wieder zuschlägt, was? Beim dritten Mal schnappt ihr ihn dann, ja?« Sie stand auf und zog ihr Gewand fest um sich. »Mehr weiß ich nich, und jetzt geh ich wieder ins Bett. Weiß der Himmel, wofür Sie Ihr Geld kriegen. Wenn ich meine Arbeit nich besser machen würd als Sie, würd ich verhungern.«

317

Pitt weckte Pearl und Mabel, erfuhr aber nichts Neues. Sie wiederholten nur ihre früheren Aussagen.

Es war Mittag, und er hatte Hunger. Er ging zum Fluß hinunter und betrat das erste Wirtshaus, an dem er vorbeikam. Es lag in der Swan Street, wo er mit Ewart und Lennox zwei Tage vor Costigans Prozeß gewesen war.

Hatte er sich mit Costigan geirrt? Wollte er in ihm unbedingt den Täter sehen, so daß er seine Aussage falsch gedeutet hatte? Er mußte zurückdenken, konnte sich aber nicht an die Worte erinnern, nur an seine eigene Überzeugung, daß es ein Schuldbekenntnis war.

Er ging an die Bar und bestellte ein Glas Cider und ein Sandwich mit Käse und Mixed Pickles. Er setzte sich mit dem Essen an einen Tisch und aß, ohne viel zu schmecken. Es war laut in dem Raum, er war voll besetzt mit Lastträgern, Kutschern und Arbeitern. Es roch nach Sägemehl und Ale, man hörte Stimmen und gelegentlich ein Lachen. Pitt hatte schon einige Minuten am Tisch gesessen und war fast mit seinem Sandwich fertig, als ein großer Mann mit offener Jacke ihn direkt anstarrte.

»Polyp!« sagte er langsam. »Sie sind doch der Polyp, der den Costigan an den Strang gebracht hat, richtig?«

Pitt sah zu ihm auf.

»Ich habe ihn nicht an den Strang gebracht«, verbesserte er den Mann. »Ich habe ihn verhaftet. Das Gericht hat ihm den Prozeß gemacht, die Geschworenen haben ihn für schuldig befunden, und der Richter hat ihn verurteilt.« Er nahm einen Bissen von seinem Sandwich und drehte sich ab.

An den umliegenden Tischen hörten die Leute auf zu reden.

»So is es richtig!« Der Mann sprach jetzt lauter. »Stopfen Sie sich nur den Rand voll und drehn sich weg. Wir sind ja nich wichtig. Die Armen von Whitechapel, mehr sind wir ja nich. Sie können jemand an den Galgen bringen und sich dann ruhig ins Bett legen, was?« Der Hohn in seiner Stimme wurde schärfer, häßlicher. »Sie schlafen gut, was, Sie Polyp, Sie? Nur daß der Costigan nicht wieder aufwacht, richtig? Weil Sie den an den Galgen gebracht haben! Aber das hält ja so nen Schnösel aus dem Westen nich davon ab, sich unsre Frauen zu nehmen und sie dann zu foltern und zu erwürgen, richtig?«

Jetzt mischte sich ein anderer Mann ein, dessen Gesicht haßverzerrt war.

»Was haben die Ihnen gezahlt, he, Sie Judas?«

318

»Judas!« ertönte es jetzt aus einem halben Dutzend anderer Kehlen. Keiner aß weiter, alle Unterhaltungen waren verstummt.

Jemand stand auf.

Der Wirt rief die Gäste zur Ordnung und bekam zur Antwort, er solle den Mund halten.

Mit wütenden Gesichtern kamen die Männer an Pitts Tisch heran.

»Und was wolln Sie diesmal hier? Wahrscheinlich wolln Sie wieder Geld kassiern, was?«

»Der gibt Ihnen wohl jedesmal Geld, wenn er eine von diesen armen Frauen umbringt, was?«

»Und wieviel gibt er Ihnen? Wieviel is Ihnen eine von unsern Frauen wert, he, Sie Polyp, Sie?«

Pitt wollte etwas sagen, als einer von den Männern zum Schlag ausholte. Die Faust streifte ihn nur, aber Pitt war nicht darauf gefaßt gewesen und verlor das Gleichgewicht.

Es wurde gejohlt, dann lachte jemand.

Pitt stand auf.

Er war größer, als der Mann erwartet hatte, und kräftiger. Der Mann trat zurück.

Ein anderer stellte sich an seine Seite, bereit einzugreifen. Die Lage spitzte sich immer mehr zu. Pitt bekam es mit der Angst zu tun, ihm brach der Schweiß aus. Er würde sich nicht kampflos ergeben, aber er hatte keine Chance, sich gegen so viele Gegner durchzusetzen. Sie könnten ihn schwer verletzen, vielleicht sogar umbringen.

Der Mann vor ihm wippte auf den Fußballen hin und her, bereit zuzuschlagen. Sein Blick ging von einer Seite zur anderen, auf seinem Gesicht glänzte der Schweiß der Erregung. Pitt nahm den Geruch wahr.

»Macht schon!« schrie eine schrille Stimme. »Worauf wartet ihr?«

Der erste Mann warf einen kurzen Blick zur Seite, um sich zu vergewissern, daß er nicht allein anfangen würde. Er sah die Zustimmung in den Augen des Mannes neben sich und trat vor, die Faust zum Schlag erhoben.

Pitt verlagerte das Gewicht und wartete auf den ersten Hieb.

»Aufhören!«

Alle erstarrten. Die Stimme war gebieterisch. Zwar war sie nicht laut, doch sie hallte durch den ganzen Raum.

Pitt stockte der Atem, fast hätte er sich verschluckt.
Die Menge wurde zur Seite gedrängt, als Jago Jones sich nach
vorn zwängte. Auf seinem Gesicht war eine stählerne Miene,
seine Augen blitzten.

»Was ist hier los?« verlangte er zu wissen und ließ seinen
Blick von einem Mann zum anderen wandern.

»Sie brauchen wir nich, Herr Pfarrer«, sagte ein Mann scharf.
»Gehn Sie und helfen Sie den Kranken und denen, die Sie brauchen. Wir brauchen Sie hier nich!«

Es gab gemurmelte Zustimmung. Ein Mann wollte ihn beiseite schieben. Er beachtete ihn nicht.

»Das hat nichts mit Ihnen zu tun hier, Herr Pfarrer«, sagte ein
anderer Mann grob. »Gehn Sie wieder an Ihre Arbeit, und lassen
Sie uns in Ruhe!«

»Was habt ihr vor?« Jago Jones blickte den Mann unverwandt
an. »Wollt ihr einen Menschen umbringen und damit zeigen, daß
ihr wirklich so dumm und primitiv seid, wie die Reichen gerne
glauben würden? Wenn ihr einen Polizisten ermordet, der lediglich seine Arbeit macht, dann rückt das Militär an, ehe ihr bis
drei zählen könnt.«

Ein Murren war zu hören, doch die Männer traten einer nach
dem anderen zurück oder wurden fortgezogen, so daß Jago und
Pitt sich schließlich gegenüberstanden.

»Sind Sie fertig mit dem Essen?« fragte Jago, doch sein Gesichtsausdruck gab deutlich zu verstehen, daß dies eine Aufforderung und keine Frage war.

Pitt schluckte. Von seinem Sandwich war gut die Hälfte übrig,
und sein Glas war noch halb voll. Er nahm das Glas und leerte es,
dann nahm er das Sandwich in die Hand.

»Ja.«

Jago drehte sich zum Ausgang um. Ein paar Sekunden rührte
sich keiner. Alle starrten Jago kämpferisch und herausfordernd an.

»Wollt ihr mich auch zusammenschlagen?« fragte er mit
einem ganz leisen Stocken in der Stimme. »Ist das eure Auffassung von Mut und Intelligenz? So sollen die Leute im West End
von euch denken, ja? Tiere, die sich auf Priester und Polizisten
stürzen?«

Ein verärgertes Murren war zu hören, aber einige der Männer
traten zurück.

Jago ging voran durch die nun stille Menge. Die Augen blickten bockig, viele Fäuste waren noch geballt. Keiner machte mehr

320

Platz als nötig, und Pitt streifte ein, zwei der Männer auf dem Weg zur Tür.

Draußen war die Luft kühler und roch nach Pferdemist und Abwässern, aber Pitt atmete tief ein, als sei es eine frische Brise vom Meer.

»Danke«, sagte er zitternd. »Ich ... ich wußte nicht, daß die Gefühle so heftig sind ... und so schlimm.«

»Es gibt immer jemanden, der sich die Lage zunutze macht«, sagte Jago und schlug den Weg zur St. Mary's Church ein. »Politische Opportunisten oder einfach Menschen, die voller Haß sind, die versagt haben und jemandem die Schuld dafür geben wollen. Für die sind Sie ein gefundenes Fressen. Ein bißchen naiv von Ihnen, daß Sie das nicht gesehen haben.«

Pitt schwieg. Jago hatte recht.

Sie gingen raschen Schrittes Seite an Seite. Pitt war gekommen, weil er den schmerzlichen Verdacht nicht loswurde, daß Jago die Verbindung zwischen Finlay FitzJames und Whitechapel beziehungsweise zwischen der Vergangenheit und der Gegenwart darstellte. Er war der einzige, der sowohl Ada also auch Finlay kannte. Wahrscheinlich hatte er auch Nora Gough gekannt. Der Gedanke war Pitt verhaßt. Noch unangenehmer war es ihm, daß er Jago, der ihn gerade gerettet und sich dabei selbst in Gefahr gebracht hatte, zu diesem Punkt befragen mußte.

Pitt atmete ein und wollte beginnen, als Jago plötzlich stehenblieb.

Sie waren die Mansell Street hochgegangen und hatten die Whitechapel Road erreicht. Es herrschte dichter Verkehr, größtenteils waren es Lieferfahrzeuge.

»Ich muß eine Frau besuchen, deren Mann letzte Woche ertrunken ist«, sagte Jago ziemlich laut, um das Rattern der Räder und das Klappern der Hufe zu übertönen. »Ich würde mich in dieser Gegend vorsehen, Oberinspektor. Bleiben Sie nicht zu lange. Wenn Sie mehrere Menschen auf einmal befragen müssen, bringen Sie ein paar Wachtmeister mit. Vermutlich sind Sie noch nicht weiter ...« Der Rest des Satzes wurde von dem Lärm eines vorbeifahrenden Lastenfuhrwerks verschluckt.

»Nein«, sagte Pitt, als es weg war. »Nicht viel.«

Jago lächelte ihm voller Mitgefühl zu, überquerte zwischen dem belebten Verkehr die Straße und verschwand.

Pitt machte sich auf den Weg, um Lennox aufzusuchen. Es bestand die Möglichkeit, daß er ein paar Einzelheiten nicht erwähnt hatte, einen kleinen Unterschied vielleicht, oder etwas, das er über das Wesen eines Menschen wußte, der einem anderen Menschen solche Dinge antun konnte.

Er fand ihn in einem grobgezimmerten Unterschlupf aus halbverrotteten Holzkisten bei einer Treppe zum Fluß, wo er sich um einen alten Mann kümmerte, dessen Körper im Delirium geschüttelt wurde. Ob Fieber der Urheber war oder purer Alkohol, das wußte Pitt nicht. Offenbar war Lennox das gleichgültig. Er sprach sanft mit dem Mann, lagerte ihn in seinem behelfsmäßigen Bett etwas bequemer und glättete die zerknäulten Decken. Er holte Wasser und gab dem Mann einen halben Laib Brot, von dem dieser abbiß, ganz langsam kaute und die Bissen mit Mühe hinunterschluckte.

Pitt wartete, bis Lennox fertig war, und begleitete ihn durch die Gasse zur Straße. Immer wieder verschwand die Sonne hinter Wolken, die aus östlicher Richtung über den Fluß herbeitrieben.

»Was kann ich für Sie tun, Oberinspektor?« fragte Lennox neugierig. Er wirkte immer noch erschöpft, doch in seinem Körper war weniger Anspannung als beim letzten Mal, und in seinem Gesicht nicht soviel Müdigkeit.

»Ich komme mit dem Fall nicht weiter«, gab Pitt offen zu. »Sie haben beide Leichen untersucht. Gab es irgendwelche Unterschiede in der Art, wie sie mißhandelt wurden?«

Lennox ging in unvermindertem Tempo weiter.

»Nein.«

»Wirklich nichts?« beharrte Pitt. »Ich weiß, daß die Frauen jeweils mit ihren eigenen Strümpfen erwürgt wurden und daß sie auf dieselbe Art geknotet waren. Aber es gibt natürlich nur eine begrenzte Anzahl von Methoden, wie man eine Schlaufe knüpft, mit der man einen Menschen erdrosseln will. Wie war das mit den Fingern und Zehen? Waren jeweils dieselben gebrochen und ausgerenkt?«

»Ja.« Lennox' Miene war hart und verschlossen, als ob er immer noch den Schmerz spüren könnte, der den Frauen zugefügt worden war. Seine Mundwinkel waren weiß, in seiner Schläfe zuckte ein kleiner Muskel.

»Ganz genau gleich?« Pitt ließ nicht locker.

»Ja, ganz genau. Wenn Sie sagen, daß zwei verschiedene Männer die Morde begangen haben, dann kann ich Ihnen leider nicht helfen. Ich weiß, daß Costigan verurteilt worden ist, und das tut mir leid. Ich wünschte, ich hätte einen Trost für Sie ..., aber leider habe ich keinen.« Mit verschlossener Miene ging er weiter, den Kopf nach vorn gereckt, die Augen gesenkt. Seine Gefühle nahmen ihn so sehr gefangen, daß er fast vom Gehweg auf die Straße gestolpert wäre. Nur Pitts Arm hielt ihn zurück. Eine Droschke fuhr vorbei, und der Fahrtwind wehte ihm das Haar aus der Stirn.

»Was war mit den Fingernägeln?« fragte Pitt, nachdem Lennox wieder Halt gefunden hatte, aber der schwieg. Als die Straße frei war, überquerten sie sie zusammen.

»Fingernägel?« fragte Lennox.

»Ja. Bei Ada war einer eingerissen, weil sie versucht hatte, sich den Strumpf vom Hals zu zerren. Sie hat sich gewehrt, nur wenige Minuten allerdings. Nora hatte kleine blaue Flecken, und unter einem Fingernagel war Blut. Sie war viel kleiner und sehr zierlich, aber es scheint, daß sie sich länger gewehrt hat.«

»Ist das eine Frage?« wollte Lennox wissen und ging um einen Haufen Dreck auf dem Gehweg herum.

»Ja.« Pitt wich dem Dreck auf seiner Seite aus. »Warum konnte Nora sich länger wehren? Das ist doch ein Unterschied.«

»Ich weiß es nicht.« Lennox schien verblüfft, seine Stirn war gefurcht. »Vielleicht wurde Ada überrumpelt? Manche Menschen wehren sich einfach länger. Ich weiß keinen Grund dafür. Bei Krankheiten ist das auch so. Manche Menschen lassen sich ganz leicht unterkriegen und sterben an einer Krankheit, von der man gedacht hat, sie würden sich leicht davon erholen. Andere klammern sich ans Leben und überstehen Krankheiten und Verletzungen, die jeden anderen umgebracht hätten. Das hat was mit dem Willen zu tun, und nicht mit körperlicher Stärke oder Größe.«

Pitt wartete auf eine Fortsetzung, aber Lennox sprach nicht weiter.

»Aber die medizinischen Befunde legen die Vermutung nahe, daß derselbe Mensch beide Frauen umgebracht hat?« sagte Pitt nach ein oder zwei Minuten.

Lennox blieb stehen und sah Pitt an. In seinen Augen war Verwirrung und Schmerz zu lesen, sein Mund war bei der Erinnerung zusammengepreßt.

»Ich weiß es nicht, Oberinspektor. Ich weiß nur das, was ich sehe. Es ist Ihre Aufgabe, daraus Schuld oder Unschuld abzuleiten. Ich kann Ihnen da nicht helfen. Wenn ich das könnte, wenn ich auf jemanden zeigen und sagen könnte: ›Das ist er‹, dann würde ich das tun. Das müssen Sie doch wissen, oder? Ich habe gesehen, daß zwei junge Frauen gefoltert und erniedrigt wurden, daß sie Schrecken und Schmerzen erdulden mußten und dann umgebracht wurden!« Seine Stimme stockte, und einen Moment lang verlor er die Beherrschung, so heftig waren seine Gefühle. Er rang nach Atem, schluckte und versuchte, die Fassung wiederzugewinnen.

Pitt legte dem Arzt die Hand auf den Arm. Durch das Jackett spürte er die verkrampften Muskeln.

»Ist schon gut«, sagte er leise. »Es tut mir leid. Ich hätte Sie nicht bedrängen sollen. Natürlich ist es derselbe Mann. Ich... ich kann Costigan nicht wieder lebendig machen, und anscheinend bin ich nicht in der Lage, den wirklichen Täter zu finden. Langsam verzweifle ich.«

Lennox atmete ein, als wolle er sprechen, dann sah er Pitt nur zutiefst unglücklich an.

»Es tut mir leid, Dr. Lennox«, entschuldigte Pitt sich noch einmal. »Ich habe lange gezögert, mich einer Sache zu stellen, vor der ich mich fürchte. Aber jetzt muß ich es tun. Danke, daß ich Ihre Zeit in Anspruch nehmen durfte. Und es tut mir leid, daß ich Sie von Ihren Patienten ferngehalten habe.« Er drehte sich auf dem Absatz um und schlug die Richtung zur Whitechapel Road und St. Mary's Church ein. Es war Zeit, Jago Jones gegenüberzutreten.

Wie schon einmal traf er Jago in der Coke Street, wo er an die Hungrigen und Obdachlosen heiße Suppe austeilte, nur daß ihm diesmal eine Frau mit schmutzigem Kleid half, die Pitt kaum erkannte – Tallulah FitzJames. Er stellte sich in ihre Nähe, machte aber keinen Versuch, ihre Aufmerksamkeit auf sich zu lenken. Tallulah hatte kaum Ähnlichkeit mit der lebenslustigen, zierlichen Frau, die er in der Devonshire Street kennengelernt hatte. Wäre da nicht ihr unverwechselbares Gesicht, hätte er sie nicht erkannt. Sie konzentrierte sich auf die Arbeit, obwohl er hin und wieder einen Anflug von Widerwillen über ihr Gesicht huschen sah und die Mühe erkannte, mit der sie ihn unterdrückte und weiter die Suppe austeilte.

Neben ihr lag ein Stapel alter Kleider, aus dem sie immer wieder etwas heraussuchte und es in gierig zupackende Hände legte.

Für ein verschmutztes Kind mit einer Laufnase gab sie sich ein bißchen mehr Mühe und suchte so lange, bis sie ein Kleidungsstück mit einem fröhlichen roten Muster fand.

»Hier, das ist für dich«, sagte sie und lächelte. Sie war zu taktvoll, um die wärmende Wirkung zu erwähnen. »Darin wirst du richtig hübsch aussehen.«

Das Kind schluckte und zog die Nase hoch. Es hatte nie daran gedacht, es könne hübsch aussehen. Das war ein Traum, nur etwas für andere.

»Nimm schon«, sagte Tallulah. »Es gehört dir.«

Die Mutter sah sprachlos auf.

Das Kind war stumm. Seine Augen wurden rund. Es sah zu Tallulah auf, dann kam es einen Schritt heran, und noch einen, und warf die Arme um sie.

Eine Sekunde lang wurde Tallulah stocksteif, ihr Körper reagierte intuitiv mit Ablehnung. Mit einer kleinen Willensanstrengung, die sich in ihrem Gesicht widerspiegelte, lächelte sie und beugte sich herab. Dann legte sie die Arme um das Kind und drückte es.

Der Augenblick war vorüber, und sie wandte sich dem nächsten in der Reihe zu, doch auf ihrem Gesicht blieb eine Milde, als erblickten ihre Augen etwas Schönes.

Die Schlange bewegte sich Schritt für Schritt voran. Die Männer waren voller Widerwillen, ihnen fiel es sichtlich schwer, das Almosen anzunehmen. Die Frauen mit ihren ausgemergelten Gesichtern, die schmutzigen Kinder an der Hand, hatten diesen Stolz nicht. Im Angesicht der frierenden und hungrigen Kinder war der Verlust von Status und das Eingeständnis von Bedürftigkeit nicht mehr wichtig.

Nachdem die letzte Suppenschüssel gefüllt war und Tallulah und Jago allein bei dem Karren standen, trat Pitt zu ihnen. Tallulah nahm den leeren Kleidersack. Er fragte sich, ob sie die Kleider mitgebracht hatte – ein materieller Beitrag zusätzlich zu ihrem Arbeitseinsatz.

Jago kam auf ihn zu und begrüßte ihn höflich, doch seine Augen waren wachsam und müde. Tallulah räumte in einiger Entfernung auf.

»Was können wir für Sie tun, Oberinspektor? Ich weiß nicht mehr als beim letzten Mal, als wir miteinander gesprochen haben.«

»Kannten Sie Nora Gough?« fragte Pitt ruhig. »Ich hatte beim letzten Mal keine Gelegenheit, Sie das zu fragen.«

Jago mußte lächeln. »Das stimmt! Ja, ich kannte sie flüchtig. Ein hübsches Mädchen. Sehr jung. Sehr selbstbewußt. Ich denke, sie wäre vielleicht eine von denen gewesen, die einmal heiraten und ein ehrbares Leben führen. Das kommt vor, wissen Sie.« Er suchte in Pitts Miene nach Zustimmung.

»Das weiß ich«, sagte Pitt. »Ich habe es ein paarmal erlebt.«

Jago seufzte. »Natürlich. Entschuldigen Sie, ich wollte nicht herablassend sein.«

»Gibt es einen Grund, warum Sie das sagen ... über Nora?«

»Nicht unbedingt. Ein Eindruck, mehr nicht. Vielleicht hat sie mal etwas gesagt. Warum? Meinen Sie, es hat etwas mit ihrem Tod zu tun?«

»Ich suche nach Hinweisen jeder Art. In ihrem Bett wurde ein Taschentuch mit Finlays Initialen gefunden.«

Jago räusperte sich heftig, sein Gesicht war plötzlich sehr blaß.

»Sie können nicht annehmen ...« Er seufzte lang. »Was wollen Sie von mir, Oberinspektor? Ich weiß nichts über den Mörder der beiden Frauen. Ich ... ich kann nicht glauben, daß es Finlay war. Wenn es so wäre, würde ich es mehr bedauern, als Sie je ahnen können.« Er sah nicht zu Tallulah hinüber. In dem Moment schien es nicht so, als dächte er an ihren Schmerz.

»Ein Mann, der der Beschreibung nach Finlay glich, wurde als letzter Kunde gesehen, als er ins Haus ging«, fuhr Pitt fort und beobachtete Jagos Gesicht.

»Und Sie glauben, es war Finlay?« fragte Jago. »Können Sie den Mann denn nicht finden? Er muß doch gesehen worden sein, nachdem er das Haus in der Myrdle Street verlassen hatte! Wohin ist er gegangen? Am hellichten Nachmittag ist die Straße doch voller Menschen. Warum sollte Finlay um diese Tageszeit nach Whitechapel kommen? Das ergibt keinen Sinn. Vermutlich hat er kein Alibi, sonst wären Sie nicht hier und würden mir diese Fragen stellen.« Er sprach so leise, daß Tallulah, die fast fertig war, ihn nicht hören konnte.

»Das ist richtig«, sagte Pitt. »Und der Mann wurde nicht gesehen, nachdem er das Haus verlassen hat.«

»Wen haben Sie gefragt?« Jagos Miene war ganz konzentriert.

Pitt zählte, soweit er sich erinnern konnte, alle Namen der Nachbarn auf, mit denen er oder Ewart gesprochen hatte. »Und wo waren Sie, Herr Pfarrer?« fragte er zum Schluß.

Jago lachte auf. »Ich habe eine Bande Kinder in der Chicksand Street beim Kartenspiel betreut, dann bin ich zum Essen ins

Pfarrhaus gegangen und habe mich mit einigen wohltätigen Damen getroffen. Ich war nicht in der Myrdle Street, und ganz gewiß habe ich Finlay nicht gesehen ... oder wer immer der Täter war.«

»Keiner hat ihn gehen sehen.« Pitt zuckte mit den Achseln.

»Das ist doch nicht möglich. Sagt denn keiner die Wahrheit?«

»Doch.« Jago klang überzeugt. »Wenn niemand ihn gesehen hat, dann haben Sie ihn entweder so ungenau beschrieben, daß keiner ihn danach erkennen kann ... oder er hat das Haus nicht verlassen.«

Pitt sah ihn an. Könnte das stimmen? Vielleicht hatte der Täter das Haus nicht verlassen, sondern war in einem der anderen Stockwerke verschwunden?

Oder aber er hatte sein Aussehen so verändert, daß er nicht mehr der junge Mann mit dichtem, gewelltem Haar war.

»Danke«, sagte er langsam. »Wenigstens weiß ich jetzt, wo ich noch einmal nachfragen muß.«

»Passen Sie gut auf«, sagte Jago. »Vergessen Sie nicht, einen Wachtmeister mitzunehmen. Die Stimmung ist noch immer ziemlich aufgeheizt. Costigan war nicht besonders gut gelitten, als er lebte, aber jetzt ist er ein willkommener Held. Verbitterung und Verzweiflung sind tief, und es gibt immer Leute, die die Stimmung für sich nutzen. Sie hetzen die Leute gegen die Polizei auf, bringen andere in Schwierigkeiten und schlachten das dann für sich selbst aus.«

»Ich weiß.« Pitt wollte sich nicht länger aufhalten. »Keine Angst, ich werde aufpassen. Ich will nicht zusätzlich zu der verhängten Todesstrafe auch noch für einen Aufruhr verantwortlich sein.« Auf direktem Wege ging er zur Polizeiwache in Whitechapel und ließ sich von einem Wachtmeister in die Myrdle Street begleiten.

11.

Kapitel

An dem Tag nach Pitts beängstigendem Erlebnis im Wirtshaus in der Swan Street verbrachte auch Charlotte den Nachmittag im East End. Doch zuvor hatte sie Emily besucht, mit der sie gemeinsam zu Tallulah gegangen war.

»Wir wissen, daß es Finlay nicht war«, sagte Emily nachdrücklich. Sie saß am Erkerfenster in Tallulahs Zimmer und sah auf den herbstlichen Garten hinaus. »Und bedauerlicherweise wissen wir auch, daß es nicht Albert Costigan war. Wir wollen alle aus verschiedenen Gründen wissen, wer der Täter ist. Also müssen wir systematisch vorgehen.«

»Ich weiß nicht, was wir tun können, das die Polizei nicht schon getan hat«, sagte Tallulah resigniert. »Sie haben alle vernommen. Das weiß ich von Jago. Er ist auch befragt worden.« Ihre Miene sagte deutlich, daß ihr der Gedanke, er könne schuldig sein, völlig abwegig erschien. Sie war so von seiner Güte überzeugt, daß alles, selbst die geringste Verfehlung, ausgeschlossen war.

Charlotte vermied es, Emily in die Augen zu blicken. Beide hatten denselben unschönen Gedanken gehabt und ihn beiseite geschoben, aber er ließ sich nicht verdrängen.

»Wir müssen logisch vorgehen«, fuhr Emily fort und sah Tallulah an. »Aus welchen Gründen würden Sie einen Menschen umbringen?«

Tallulah war verdutzt. »Was?«

328

»Aus welchen Gründen würden Sie einen Menschen umbringen?« wiederholte Emily. »Wenn Sie keine regelmäßige Arbeit hätten und sich irgendwie durchschlagen müßten. Versuchen Sie sich in diese Lage zu versetzen. Was würde Sie dazu treiben, eine so extreme, schmutzige und gefährliche Tat zu begehen wie einen Mord?«

»Wenn ich jemanden umbringen würde, dann nur, wenn ich plötzlich die Beherrschung verlöre«, sagte Tallulah nachdenklich. »Ich kann mir nicht vorstellen, so etwas zu planen, es sei denn, es wäre jemand, vor dem ich mich fürchte, und ich hätte nicht die Kraft, es spontan zu tun. Aber das trifft ja hier nicht zu, oder?«

»Sie würden einen Mord also begehen, wenn Sie sich vor dem Menschen fürchteten«, sagte Emily. »Gibt es andere Gründe? Warum würden Sie die Beherrschung soweit verlieren, daß Sie jemanden umbringen könnten?«

»Vielleicht wenn jemand mich verspottet?« sagte Tallulah langsam. »Ich würde ihn vielleicht schlagen, und der Schlag könnte tödlich sein. Keiner mag verspottet werden, besonders dann nicht, wenn der andere eine empfindliche Stelle getroffen hat.«

»Reicht das, um jemanden umzubringen?« beharrte Emily.

Tallulah biß sich auf die Lippen. »Eigentlich nicht... nur wenn ich sehr unbeherrscht wäre. Ich habe gesehen, wie Männer sehr böse werden, wenn ihre Ehre angegriffen wird oder wenn jemand ihre Frau oder Mutter angreift.«

»Das reicht vielleicht, um zuzuschlagen«, stimmte Charlotte ihr zu. »Aber um jemandem Finger und Zehen zu brechen und ihn dann zu erdrosseln?«

Tallulah sah sie erschrocken an, das Blut wich aus ihrem Gesicht, so daß es kreidebleich wurde. Sie öffnete den Mund, als wolle sie etwas sagen, brachte aber keinen Ton heraus.

Mit einem plötzlichen Schuldgefühl und verärgert über sich selbst fiel Charlotte ein, daß Tallulah bestimmt nicht die Zeitungen las. Keiner hatte ihr gesagt, wie die Frau umgebracht worden war. Vielleicht dachte sie an einen kurzen Kampf, das Ringen nach Atem und dann Dunkelheit. Und jetzt war sie mit einem Satz in die Wirklichkeit katapultiert worden.

»Es tut mir leid«, sagte Charlotte leise. »Ich hatte vergessen, daß Sie das nicht wissen. Ich hätte das nicht sagen sollen.«

Tallulah schluckte. »Warum denn?« Ihre Stimme war unsicher. »Warum sollten Sie mir die Wahrheit ersparen? Das ist doch die Wahrheit, oder? Die Frauen sind ... gefoltert worden?«

»Ja.«

»Warum? Warum würde jemand so etwas tun? Sind sie beide ...?« Ihr Blick sagte Charlotte, sie wünschte, es wäre nicht so.

»Ja, es ist schrecklich, aber wahr.«

»Das ist entsetzlich!« Tallulah zitterte und schien in sich zusammenzusacken, als wäre es kalt in dem hellen, warmen Raum, in den die Sonne durch das Fenster einfiel und in dem ein kleines Feuer im Kamin brannte.

»Da waren noch andere Dinge« – Emily warf Charlotte einen warnenden Blick zu – »die darauf hindeuten, daß es um ein Verbrechen geht, das mit ...« Sie zögerte und versuchte sich so auszudrücken, daß sie Tallulah nicht weiter ängstigte. Als unverheirateter Frau waren ihr verständlicherweise manche Aspekte des Lebens noch fremd. »... das mit Beziehungen zwischen Männern und Frauen zu tun hat«, schloß sie also.

»Was für ... Dinge?« fragte Tallulah mit belegter Stimme.

Emily war unbehaglich zumute. »Dumme Dinge. Manche Menschen haben merkwürdige Ideen. Es gibt ...« Sie brach ab und sah Charlotte an.

»Es gibt alle möglichen merkwürdigen Beziehungen«, sagte sie leise. »Manchmal sagen Menschen verletzende Dinge oder wollen ihre Überlegenheit demonstrieren. Das wissen Sie doch auch, oder? Nun, zwischen Männern und Frauen kann das manchmal eine schärfere Form annehmen und sich auch in der körperlichen Beziehung ausdrücken. Natürlich sind die meisten Menschen nicht so. Aber es sieht so aus, als hätte der, der die Morde verübt hat, solche Neigungen.«

»Ich verstehe.« Tallulah gab sich alle Mühe, die Fassung zu bewahren. »Das heißt also, es war einer mit einer starken Neigung zu Grausamkeit, und ein Mann, der eine ... körperliche Beziehung zu der Frau hatte.« Sie lachte etwas unsicher. »Obwohl das ja nicht überraschend ist, wo das doch ihr Gewerbe war. Aber warum sollte er sie umbringen?«

»Ich weiß es nicht«, erwiderte Emily. »Vielleicht hat sie ihn irgendwie bedroht?«

»Wie?« Tallulah war verwirrt. »Sie war doch viel schwächer als er. Muß sie doch gewesen sein.«

»Erpressung?« schlug Emily vor.

»Zweimal hintereinander?« Charlotte war äußerst skeptisch.

»Erpressung weswegen? Weil er zu einer Prostituierten gegangen ist? Zwar spricht keiner davon, aber jeder weiß, daß Männer so etwas tun. Wenn das nicht so wäre, dann gäbe es keine Prostituierten.«

»Wir wissen«, stellte Emily richtig, »daß andere es tun! Aber wenn es jetzt dein eigener Mann ist? Wenn der diese ungewöhnlichen Gelüste hat? Wenn er eine wichtige Position hätte, könnte ihn das in den Ruin stürzen. Nehmen wir mal an, jemand möchte sich vorteilhaft verheiraten oder hat schon eine gute Partie gemacht, und jetzt ist sein weiteres Vorankommen von dem guten Willen seines Schwiegervaters abhängig. Oder er braucht einen Sohn und Erben, aber seine Frau wäre wohl kaum bereit, ihm einen zu schenken, wenn sie von seinen Neigungen wüßte.«

»Gut«, sagte Charlotte. »Das leuchtet ein. Aber warum sowohl Ada als auch Nora? Und warum hat er sie gefoltert? Warum hat er sie nicht einfach umgebracht und sich so schnell wie möglich aus dem Staub gemacht? Je länger er am Tatort bleibt, desto größer das Risiko, entdeckt zu werden. Oder gehört die Folter zu dem, was er sonst auch macht? Nein, das kann nicht sein. Keine Prostituierte würde sich die Finger und Zehen brechen lassen, auch nicht für sehr viel Geld. Vielleicht würde sie sich anbinden und mit kaltem Wasser überschütten lassen, aber sie würde sich keine Verletzungen zufügen lassen.«

Tallulah war immer noch sehr blaß und saß zusammengekauert in ihrem hübschen Sessel.

»Beweise«, sagte sie nachdenklich. »Sie hatte Beweise für seine Neigungen, und er hat sie gefoltert, damit sie sie herausrückt.«

»Aber das hat sie nicht getan ..., weil sie die Beweise Nora gegeben hatte, zur sicheren Aufbewahrung!« schloß Charlotte.

»Was für Beweise?« wollte Emily wissen, aber ihre Stimme klang begeistert. Endlich verfolgten sie einen Gedankengang, der einigermaßen sinnvoll schien. »Bilder? Briefe? Eine Aussage von einem Zeugen? Was gibt es sonst?«

»Eine Zeugenaussage«, gab Charlotte zurück. »Zeichnungen sind bedeutungslos, sie gelten nicht als Beweismittel. Und keiner würde so etwas photographieren. Ich meine, wie sollte das gehen? Man muß ja Ewigkeiten stillsitzen, wenn man photographiert wird. Und wer schreibt einer Prostituierten schon Briefe?

Am einleuchtendsten ist die Idee mit dem Zeugen. Vielleicht ist es vorher schon einmal geschehen? Vielleicht wissen viele Frauen davon, und sie hatte von allen eine Aussage?«

»Und wo sind sie jetzt?« Tallulah sah von einer zur anderen. »Hat der Täter sie mitgenommen, oder hatte Nora sie so gut versteckt, daß er sie nicht gefunden hat?«

»Was wir tun sollten«, sagte Charlotte entschlossen und richtete sich auf, »wir sollten soviel wie möglich über Nora und Ada in Erfahrung bringen. Da liegt die Antwort. Erst mal brauchen wir einen Beweis dafür, daß sie sich kannten. Wir müssen die Dinge herausfinden, die für beide gleich waren, und vielleicht finden wir dann noch andere Frauen, die diesen Mann kannten. Vielleicht können wir von ihnen eine Beschreibung bekommen. Vielleicht weiß jemand sogar seinen Namen.«

»Wunderbar!« Tallulah stand auf. »Fangen wir gleich an. Jago kann uns helfen. Er kannte Ada McKinley. Er kann uns sagen, wo wir anfangen sollen, und vielleicht kann er uns mit den Leuten, die wir befragen wollen, bekannt machen.«

»Ich...« Emily sah Charlotte an. Sie wußte nicht, wie sie das, was sie sagen mußte, formulieren sollte, ohne Schaden anzurichten.

»Was ist?« fragte Tallulah.

Charlotte überlegte fieberhaft. »Meinen Sie nicht, daß das ein bißchen unfair wäre?« sagte sie und improvisierte heftig.

»Unfair, wieso?« Tallulah verstand nicht. »Wem gegenüber? Den Frauen? Wir suchen nach einem Mann, der zwei von ihnen umgebracht hat! Wie kann es da um fair oder unfair gehen?«

»Nicht den Frauen, sondern Jago gegenüber.« Charlotte hatte eine Idee. »Er ist ihr Geistlicher. Er darf sich seine Arbeit in dem Viertel nicht dadurch erschweren, daß er uns hilft. Schließlich muß er weiter für die Menschen dasein, wenn wir schon wieder weg sind.« Sie mußte immer daran denken, daß Jago selbst der Täter sein konnte. Wer war erpreßbarer als ein Priester, der zu Prostituierten ging? Sein Ruf wäre für immer ruiniert, wenn jemand ihn beschuldigte, er habe mit einer Prostituierten, oder vielleicht mehreren, geschlafen. Er könnte seine Arbeit aufgeben, nicht nur in Whitechapel, sondern überhaupt.

»Oh.« Tallulah entspannte sich. »Ja, da haben Sie bestimmt recht. Am besten machen wir das allein. Wir finden uns sicher zurecht. Mir wäre es lieber, wenn wir am Tage gehen könnten.« Ihr war unbehaglich. »Abends ist es so...«

»Natürlich«, stimmte Emily ihr zu. »Es wird so schon unangenehm genug sein, auch ohne daß man uns für Konkurrentinnen hält.«

Tallulah kicherte nervös, aber sie trafen eine Verabredung für den frühen Nachmittag. Dann wollten sie mit einer Droschke in die Old Montague Street fahren und dort mit ihren Nachforschungen beginnen – natürlich in entsprechender Kleidung.

So leicht war es gar nicht, Zutritt zu dem Haus in der Pentecost Alley zu bekommen. Madge kam zur Tür und erkannte Emily und Tallulah von ihrem früheren Besuch. Sie trugen ähnliche Kleidung.

»Was wollt ihr denn jetzt schon wieder?« fragte sie und musterte sie argwöhnisch durch den Türspalt. Sie sah Charlotte an. »Und wer sind Sie, das Zimmermädchen?« Ihr Blick glitt an Charlottes attraktiver Figur herunter. »Sie sehn aus wie n Zimmermädchen. Und ihr seid alle rausgeschmissen worden, ja? Es nützt euch aber gar nichts, wenn ihr herkommt. Ich kann euch nich nehmen. Hier is nur Platz für eine, und das Zimmer is teuer. Da muß man ordentlich verdienen. Und Miete muß man auch dann zahlen, wenn man nichts verdient. Wer von euch will es haben?«

»Wir gucken es uns mal an«, sagte Charlotte, ohne zu zögern. »Danke.«

Madge war mißtrauisch. »Warum will ne junge Frau, die ordentlich sprechen kann wie Sie, hier in der Gegend auf die Straße gehn? Warum gehn Sie nich ins West End, da können Sie richtig gut verdienen?«

»Vielleicht tue ich das auch«, sagte Charlotte. »Aber dürfen wir uns zuerst das Zimmer ansehen? Bitte!«

Madge öffnete die Tür und ließ sie herein. Sie gingen hinter ihr den Flur entlang, in dem es ein bißchen muffig roch, als wäre zuviel darin gelebt worden und als seien die Fenster immer verschlossen. Sie stieß die zweite Tür auf und öffnete sie weit. Charlotte ging voran. Sie sah in das Zimmer und wünschte sich auf der Stelle, es nicht getan zu haben. Es war ein gewöhnliches Zimmer, ungefähr so groß wie das, in dem sie aufgewachsen war, aber längst nicht so schön. Es machte vor allem den Eindruck, daß darin gelebt worden war. Man konnte sich leicht die Frau vorstellen, die hier geschlafen hatte, ihrer Arbeit nachgegangen und unter entsetzlichen Qualen gestorben war.

Hinter sich hörte sie Tallulah, deren Atem rasch ging, und neben ihr erstarrte Emily, die keinen Laut von sich gab.

»Will's jemand?« fragte Madge laut. Charlotte drehte sich zu ihr um und sah in das verschlossene Gesicht der dicken Frau, das rot und fleckig war – doch in ihren Augen standen die Tränen.

»Können wir uns hinsetzen und darüber reden«, fragte Emily. »Vielleicht bei einer Tasse Tee. Ich habe was dabei, das dazupaßt. Irgendwann müssen Sie das Zimmer ja vermieten.«

Ohne ein weiteres Wort führte Madge sie in die Küche hinten im Haus.

Der Raum war unaufgeräumt. Hier wurde die Wäsche gewaschen, und es wurde gekocht. Von dem schwarzen, verspritzten Herd kam eine schwache Wärme, und rundherum auf dem Boden lag eine feine Schicht Asche. Der Wasserkessel stand schon auf der Flamme, Dampf stieg von ihm auf. Vielleicht kochte dort ständig Wasser. Auf dem Brett neben dem Spülstein standen schmutzige Becher und zwei Wassereimer mit Deckeln. Charlotte vermutete, daß das Wasser vom Brunnen oder der nächsten Pumpe geholt werden mußte, und hoffte, daß es für den Tee gründlich abgekocht wurde. Sie wünschte, Emily hätte den Vorschlag nicht gemacht. Aber vielleicht war es die einzige Gelegenheit zu einem Gespräch, und was kümmerte sie schon ein verdorbener Magen, verglichen mit der verhängnisvollen Situation, in der Pitt sich befand, wenn er das Verbrechen nicht löste? Man würde ihn als den Mann in Erinnerung behalten, der Costigan unschuldig an den Strang gebracht hatte. Und schlimmer noch, er würde von sich selbst auch so denken. Er würde an seinem Urteilsvermögen zweifeln und nachts voller Gewissensbisse wachliegen. Und es gäbe Menschen, die der Auffassung waren, daß er wissentlich so gehandelt hatte, um einen anderen zu schützen, jemanden mit Geld und Einfluß, der ihn entsprechend belohnen konnte. Man würde ihm mehr als nur einen Irrtum vorwerfen. Irrtümer konnte man verzeihen, sie zählten zu den menschlichen Schwächen. Korruption reichte weiter, sie stellte den schlimmsten Betrug dar, den an sich selbst.

Der Tee war stark und bitter, Milch gab es keine. Sie saßen um den Tisch auf bunt zusammengewürfelten Stühlen. Emily zog einen Flachmann mit Whisky aus ihrer geräumigen Tasche und gab einen kräftigen Schuß in jeden Becher. Tallulah verbarg ihr Erstaunen.

»Auf Ihre Gesundheit«, sagte Emily optimistisch und hob den Becher.

»Auf unser aller Gesundheit«, schloß Charlotte sich an, und es klang eher wie ein Gebet denn wie ein Toast.

»Wie ist denn dieses Revier?« fragte Emily interessiert.

»Nich übel«, sagte Madge, nahm einen großen Schluck von ihrem Tee und schmatzte genüßlich. »Das is sehr freundlich von Ihnen«, fügte sie hinzu und deutete mit dem Kopf auf die Whiskyflasche. »Man kann ganz gut verdienen, wenn man dafür arbeitet.«

»Ada hat ganz gut verdient, stimmt's?« fragte Emily. »Sie war helle.«

»Und gut«, pflichtete Madge ihr bei und nahm noch einen Schluck.

»Hoffentlich schnappen die bald den Kerl, der sie auf dem Gewissen hat«, sagte Emily heftig.

Madge stieß einen langen Seufzer aus.

»Und die arme Nora«, schaltete Charlotte sich ein und zitterte. »Kannten Sie Nora?«

»Und Sie?« fragte Madge und sah sie aus schmalen Augen an.

»Nein, ich kannte sie nicht. Wie war sie?«

»Hübsch. Klein, für manche n bißchen mager.«

In Anbetracht von Madges anderthalb Zentnern konnte man diese Bemerkung so oder so interpretieren. Charlotte spürte ein Kichern in sich aufsteigen und unterdrückte es mit Mühe.

»Aber auch gut?« fragte sie und hickste.

»Und wie!« bestätigte Madge. »Obwohl manche gesagt haben, sie will aufhörn und heiraten.«

»Haben Sie das geglaubt?« Das war das erste Mal, daß Tallulah sprach, zögernd und mit kehliger Stimme.

»Kann sein.« Madge hielt inne. »Hab sie mal mit Johnny Voss gesehn. Dem geht's nich schlecht. Vielleicht hätt er sie geheiratet. Obwohl, es hieß immer, er is scharf auf Ella Baker drüben in der Myrdle Street. Vielleicht hat die ihn sitzenlassen. Edie sagt, sie hat Nora gesehn, wie die ihn vor einiger Zeit zum Abschied geküßt hat.«

»Ich habe auch schon Leute zum Abschied geküßt«, sagte Tallulah, »aber das heißt doch nicht, daß ich sie heiraten werde.«

»So, tust du das?« Madge sah sie sich genauer an. »Wie lange bist du denn schon dabei, he? Paß nur gut auf dich auf. Für Anfänger is das hier nichts!«

»Ich … ich bin doch keine Anfängerin«, verteidigte sich Tallulah und stieß einen kleinen Schmerzensschrei aus, als Emily ihr unter dem Tisch einen Tritt versetzte.

»Wer wen küßt, is ne Anfängerin.« Madge stellte eine unumstößliche Tatsache fest. »Küssen tut man sich in der Familie, Leute, die man mag. Kunden kriegen das, wofür sie bezahlt haben, mehr nich. Irgendwas muß man für sich behalten, das man nich kaufen kann.«

Tallulah sah sie an, auf ihren Wangen erschienen zwei rote Flecken.

»Du brauchst jemanden, der auf dich aufpaßt und dir zeigt, wie man's macht«, sagte Madge sanft. »Wenn du das Zimmer nimmst, zeig ich dir's.«

Tallulah war sprachlos. Was ihr durch den Kopf ging, konnte man nur erraten.

»Danke«, sagte Charlotte hastig, »das ist sehr freundlich von Ihnen. Vielleicht ist das eine gute Idee. Wir beide können uns ja auch noch woanders umsehen. Es muß ja noch Zimmer in der Gegend geben. Ist das Zimmer von Nora zu vermieten?«

»Hab nichts davon gehört«, sagte Madge. »Aber Sie können mal fragen. Wenn es schon weg is, können Sie es bei Ma Baines drüben in der Chicksand Street versuchen. Die hat meistens was frei. Is zwar nich das Beste, aber man kann es nehmen, und wenn sich was Besseres ergibt, kann man auch wechseln. Sie is noch nich lange hier, aber von dem, was ich gehört hab, is sie nich so schlecht. Man braucht aber eigene Kleider. Hast du das?«

»Ei-eigene Kleider?« stammelte Tallulah.

»Ja, meine Güte, ihr seid wirklich Anfänger, was?« Madge schüttelte den Kopf. »Na ja, du siehst ja nich übel aus. Hübsches Gesicht. Aus dir wird noch was.« Sie tätschelte ihr tröstend die Hand und sagte dann zu Emily und Charlotte: »Ihr zwei kommt allein zurecht.« Sie musterte Charlotte. »Sie haben was auf den Rippen. Das kommt gut an. Und jede Menge Haare. Kein schlechtes Gesicht.«

»Danke«, sagte Charlotte eine Spur zu trocken.

Der Sarkasmus glitt an Madge ab. Ihre Aufmerksamkeit galt jetzt Emily.

»Sie sind nich so gut, ein bißchen mager, aber nettes Gesicht und gute Haut. Die Männer mögen helles Haar, vor allem welliges, wie Ihres. Wie's aussieht, haben Sie auch bißchen Pfiff. Nich übel.«

»Können Sie uns sagen, wo wir Ma Baines finden?« Emily
überging die Einschätzung ihrer Person und kam zum Thema
zurück.

»Na klar«, sagte Madge. »Chicksand Street einundzwanzig.
Die nächste, die in Richtung Mile End raufgeht. Das kann euch
jeder zeigen.«

Es sah so aus, als könnten sie jeden Moment weggeschickt
werden, und dabei hatten sie zuwenig erfahren, um aufzuge-
ben.

»Ada und Nora kannten sich«, wagte Charlotte einen Vorstoß.
»Waren sie sich ähnlich? Hatten sie gemeinsame Freunde?«

Madges Augen wurden klein. »Warum interessiert Sie das?«

»Weil ich mir nicht meine Finger und Zehen brechen lassen
und mit meinem eigenen Strumpf erdrosselt werden will«, sagte
Charlotte spitz. »Wenn hier ein Verrückter umgeht, dann
möchte ich wissen, auf welchen Frauentyp er es abgesehen hat,
damit ich anders sein kann.«

»Er hat es auf nen ganz bestimmten Typ abgesehn, Herzchen«,
antwortete Madge matt. »Und zwar auf den, der sich an jeden
Mann, der das Geld dazu hat, verkauft, weil sie nämlich ihre
Kleinen durchbringen muß oder weil sie nich in den Uhrenfabri-
ken arbeiten will, wo man nen Phosphorkinn kriegt und einem
das Gesicht weggefressen wird, oder in einer Textilfabrik, wo sie
den ganzen Tag und die halbe Nacht Hemden nähen muß und
der Lohn nich reicht, um eine Maus satt zu bekommen! Sich
umlegen lassen bringt leichtes Geld, solange es gutgeht.« Sie goß
sich Tee aus der Kanne ein, füllte auch die anderen Becher auf
und sah Emily hoffnungsvoll an.

Emily ließ die Flasche wieder umgehen.

»Besten Dank«, sagte Madge. »Natürlich is es gefährlich«,
fuhr sie fort. »Wenn man ein Leben ohne Gefahren will, muß
man reich auf die Welt kommen. Vielleicht wird man krank, wer
weiß. Man wird immer mal wieder verprügelt oder übers Ohr
gehauen, wenn man Pech hat. Und irgendwann will man nie
wieder einen Mann sehen, sein Lebtag nich.«

Sie schniefte. »Aber Hunger braucht man keinen zu haben,
und kalt hat man's auch nich, wenn man von der Straße kommt.
Und manchmal gibt's auch was zu lachen!« Sie seufzte und
nippte an ihrem Tee. »Wir hatten Spaß miteinander, Nora und
Rosie und Ada und ich. Wir haben uns Geschichten erzählt und
so getan, als wärn wir feine Damen.« Sie schniefte. »Ich weiß

noch, einmal im Sommer, da sind wir mit nem Ausflugsdampfer gefahren, wie alle andern auch. Fein herausgeputzt hatten wir uns. Heiße Aalpastete haben wir gegessen und kandierte Früchte, und zu trinken gab's Pfefferminzwasser.«

»Das hat bestimmt Spaß gemacht«, sagte Charlotte und stellte sich die Gruppe vor, obwohl sie sie nicht kannte.

»Das kann man wohl sagen«, erwiderte Madge gedankenverloren, und die Tränen stiegen ihr in die Augen. »Und manchmal haben wir uns Gespenstergeschichten erzählt. Bis wir vor Angst fast gestorben sind. Natürlich is es uns auch schlechtgegangen. Aber in schlechten Zeiten, da merkst du erst, wer deine Freunde sind.« Sie schniefte wieder und wischte sich mit der Hand über die Backen.

»Das stimmt«, sagte Emily. »Das mit Ada ist ganz schlimm. Ich hoffe nur, die schnappen den Täter.«

»Warum sollten sie?« sagte Madge unglücklich. »Den Ripper haben sie doch auch nich gekriegt. Warum sollten sie diesen hier kriegen?«

Tallulah schauderte. Zwei Jahre waren vergangen, aber sein Name ließ noch immer jeden vor Furcht erzittern.

Auch Charlotte fröstelte, trotz des Tees und des Whiskys und der Wärme in der kleinen, engen Küche. Im Haus war es still. Die Frauen schliefen nach der nächtlichen Arbeit. Ihre Körper waren erschöpft, Fremde hatten sie benutzt, um ihre Bedürfnisse zu befriedigen, ohne Liebe, ohne Küsse, wie in einer öffentlichen Bedürfnisanstalt.

Als sie zu Tallulah hinüberblickte, sah sie, daß sich für sie ein ganz neuer Verständnishorizont auftat. Mit Jago, der die Armen versorgte, die anständigen, aber verarmten Frauen, die von Hunger, Kälte und Sorge niedergedrückt waren, hatte sie Einblick in eine neue Welt erhalten. Dies hier war wieder eine andere Welt, viel dunkler, und auch die Schmerzen und Ängste waren andere.

»Kommen viele feine Herren in diese Gegend?« fragte sie plötzlich, und die Worte gingen ihr stockend über die Lippen, als wäre das Sprechen schmerzhaft.

»Betuchte Kerle?« Madge lachte. »Hör zu, Herzchen, Geld is Geld, egal von wem es is.«

»Aber wie ist es mit denen?« beharrte Tallulah, einen intensiven Blick auf Madge gerichtet.

»Nich oft. Wieso? Wenn ihr feine Herren wollt, müßt ihr ins West End gehen. Haymarket und Picadilly, die Gegend. Ganz schön teuer da, wenn man Zimmer stundenweise mietet, und die Konkurrenz is auch hart. Hier is es besser für euch, schließlich seid ihr Anfänger. Ich paß schon auf euch auf.«

Tallulah erkannte die Sanftheit in der Frau und war unerwartet gerührt. Charlotte sah das in ihrem Gesicht.

»Ich... ich hatte nur gedacht...«, sagte sie unglücklich und senkte den Blick.

»Manchmal schon«, erwiderte Madge und beobachtete sie.

»War es ein Gentleman, der Ada umgebracht hat?« Tallulah konnte nicht lockerlassen. Ihre schlanken Finger umfaßten den Becher mit dem bitteren Tee und dem Whisky.

»Was weiß ich.« Madge zuckte mit den Achseln. »Ich dachte, es war Bert Costigan, aber sieht so aus, als wär er's nich gewesen, wo Nora auch so umgebracht worden is.«

»Es könnte also ein Gentleman gewesen sein?« Emilys Blick wanderte von einer zur anderen. »Aber ist das sehr wahrscheinlich? Könnte es nicht eher einer gewesen sein, der sie beide kannte?«

»Vielleicht war es ein Gentleman, der sie beide kannte.« Charlotte ging noch einen Schritt weiter. »Einer mit seltsamen Neigungen.«

Madge trank den Becher leer und setzte ihn krachend auf den Tisch.

»Fangt ihr bloß nich an, so zu reden«, sagte sie heftig und drohte ihnen mit dem Finger. »Das macht den andern nur Angst, und es hilft keinem. Wir müssen alle arbeiten, mit oder ohne Verrückten da draußen. Geht ihr mal zu Ma Baines. Die besorgt euch was. Und macht bloß keinen Lärm, wenn ihr geht. Meine Mädchen schlafen noch, das würdet ihr auch, wenn ihr die ganze Nacht gearbeitet hättet.« Zu Emily sagte sie: »Danke für den Whisky. Das war nett.« Mit weichem Blick sah sie Tallulah an. »Ich halt das Zimmer bis morgen für dich frei, mein Herzchen. Länger geht nich, wenn ich ein Angebot krieg.«

»Danke«, sagte Tallulah, doch sobald die drei im Freien waren und die enge Straße verlassen hatten, wurde sie von einem heftigen Zittern geschüttelt. Sie drängte sich so nah an Emily, daß sie sie fast von dem engen Gehweg auf die Straße gedrängt hätte.

Sie folgten den Anweisungen und gelangten zur Chicksand Street und dem großen, schäbigen Mietshaus, in dem Ma Baines ihr Etablissement führte. Sie hatten jemanden wie Madge erwartet – grotesk, rotgesichtig, mißtrauisch. Statt dessen trafen sie auf eine fröhliche Frau mit enormer Oberweite, schmalen Hüften und langen Beinen. Sie war keineswegs hübsch, und das spröde, gebleichte Haar, das sie hochgesteckt hatte, schien sich jeden Moment aus den Haarnadeln lösen zu wollen.

»Ja bitte?« fragte Ma Baines, als sie die drei jungen Frauen sah.

»Wir haben gehört, daß Sie Zimmer zu vergeben haben«, sagte Charlotte, ohne zu zögern. Um diese Zeit am Nachmittag begannen die Frauen mit der Arbeit.

»In diesem Haus wird gearbeitet«, sagte Ma Baines zur Warnung. »Die Miete is hoch. Für Fabrikarbeiterinnen habe ich keinen Platz. Der ihr Lohn reicht nich mal für eine Nacht, ganz zu schweigen von einer Woche.«

»Das wissen wir«, erwiderte Charlotte und zwang sich zu einem Lächeln. »Sehen wir aus wie Näherinnen?«

Ma Baines lachte, und es klang nach echter Belustigung ohne jede Bitterkeit.

»Für mich seht ihr aus wie Huren aus dem West End, abgesehn von den Kleidern. Die sehn aus wie Personal am Feiertag. Schrecklich anständig und so gewagt wie die Klamotten von der Frau Pfarrer.«

»Wir haben unseren freien Tag«, erklärte Emily.

»Freie Tage, so was gibt's nich«, erwiderte Ma Baines.

»Gibt es wohl, wenn Sie keine Zimmer haben«, gab Charlotte zurück. »Wir können ja nicht auf der Straße arbeiten.«

Ma Baines trat zurück. »Vielleicht solltet ihr mal reinkommen.«

Sie folgten ihr. Im Haus war es eng, ein muffiger Geruch hing im Flur. Auf dem Boden lag ein abgetretener Teppich, der ihre Schritte dämpfte, als sie in das kleine Wohnzimmer im hinteren Teil des Hauses geführt wurden. Charlotte erinnerte dieser Raum absurderweise an den ihrer Haushälterin in dem Haus ihrer Kindheit.

Ma Baines forderte sie auf, sich zu setzen, und nahm sich den größten und bequemsten Stuhl. Man hatte den Eindruck, sie nähme neues Dienstpersonal in Augenschein. Charlotte spürte, wie ein Kichern in ihr hochstieg, eine Art hysterischer Anfall angesichts der Absurdität der Situation. Noch vor ein paar Jahren wäre ihre Mutter bei dem Gedanken, daß ihre Tochter auch nur von der Existenz solcher Häuser wußte, in Ohnmacht gefallen. Unvorstellbar ihre Reaktion, wenn Charlotte einem solchen Haus einen Besuch abgestattet hätte. Heute verstand ihre Mutter das möglicherweise. Ihr Vater hingegen hätte schlicht die Augen davor verschlossen. Der Himmel allein wußte, was Aloysia Fitz-James denken würde, wüßte sie, daß Tallulah hier war.

Ma Baines sprach über Miete und Hausregeln, und Charlotte hatte nicht zugehört. Sie versuchte, aufmerksam zu wirken, und richtete den Blick auf Mas Gesicht.

»Das klingt gut«, sagte Emily zweifelnd. »Allerdings haben wir noch Bedenken wegen der Gegend.«

»Weiter westlich ist's teurer«, erklärte Ma. »Ihr könnt jederzeit von hier ins West End gehn, aber ihr müßt euren Anteil abgeben, und Mogeln is nich drin.« Ihr Gesicht war freundlich, doch ihre Augen waren von einem unbarmherzigen Eisgrau, kalt wie das Meer im Winter.

»Das meine ich ja nicht«, erklärte Emily. »Ich meinte die Morde, die hier passiert sind. Wir wollen ein Haus, in dem uns jemand hört, wenn wir einen üblen Kunden haben und um Hilfe schreien.« Sie erwähnte nicht, daß Menschen in Adas und Noras Nähe gewesen waren, sie aber keine Schreie gehört hatten und ihnen daher keiner zu Hilfe gekommen war.

»Ist eigentlich egal, wo man ist«, sagte Ma mit einem bitteren Lachen. »Verrückte gibt's überall, ist doch alles Glückssache.«

»Aber hier in Whitechapel hat es zwei gräßliche Morde gegeben«, sagte Tallulah und sah Ma Baines an. Ihre Stimme war dunkel und zittrig. »Das gibt es sonst nirgends.«

»Und ob!« sagte Ma barsch. »In Mile End gab's einen vor sechs Jahren, der war genau gleich, vielleicht sogar vor sieben.«

»Wie meinen Sie das... genau gleich?« Charlottes Stimme klang heiser, als hätte sie etwas im Hals.

»Genau gleich«, wiederholte Ma. »Die Hände zusammengebunden, Finger und Zehen gebrochen oder ausgerenkt, Strumpfband um den Arm, überall Wasser, Haare, Kopf, Schultern, alles pitschnaß.«

Tallulah stöhnte auf, als hätte sie jemand geschlagen.

Emily sah Charlotte an.

Einige Augenblicke herrschte frostige Stille. Der Dielenboden über ihnen knarrte, als jemand im oberen Stockwerk durch das Zimmer ging.

»Wer war es?« Charlotte preßte die Worte zwischen kalten Lippen hervor.

Ma zuckte mit den Achseln. »Wer weiß. Wurde keiner geschnappt. Die Polypen haben nach ner Weile aufgehört zu suchen. Diesmal is's genauso, wenn sie keinen finden.«

»Was ... was war es für eine Frau?« fragte Emily, ebenfalls mit heiserer Stimme.

Ma schüttelte den Kopf.

»Den Namen weiß ich nich mehr. Hab ich vergessen. War aber ganz jung, noch Anfängerin. Wahrscheinlich war's ihre erste Woche oder so, die Ärmste. Hübsches Ding, so sechzehn oder siebzehn, hieß es.« Einen Moment lang drückte ihr Gesicht Mitleid aus. »Komisch, damals haben sie nich so nen Aufstand gemacht. War kaum was in den Zeitungen. Obwohl, das war ja auch vor dem Ripper und so. Aber diesmal, da zeigen sie es der Polizei aber ganz schön. Bin froh, daß ich kein Polyp bin.« Sie zog eine ihrer breiten Schultern hoch. »Aber wer will schon einer von denen sein?« Sie sah Emily an. »Wollt ihr jetzt die Zimmer oder nich? Ich kann nich meine ganze Zeit mit euch verquasseln.«

»Nein, danke«, sagte Charlotte für alle. »Im Moment nicht. Wir müssen es uns noch überlegen. Es ist wahrscheinlich nicht das Richtige für uns.« Damit stand sie auf und suchte einen Moment Halt an der Stuhllehne. Ihre Knie waren weich. Sie ging durch den Flur und aus dem Haus in die Chicksand Street, Emily an ihrem Ellbogen und Tallulah, die wie im Traum einen Fuß vor den anderen setzte, einen Schritt hinter sich. Die kalte Luft schlug ihr ins Gesicht, doch sie bemerkte es kaum.

Pitt hatte schlecht geschlafen. Es war ihm, als habe er die halbe Nacht wachgelegen und sich nicht zu rühren gewagt, um Charlotte nicht zu wecken. Wenn sie sich Sorgen machte, war ihr Schlaf leicht. War eines der Kinder krank, hörte sie auch das leiseste Geräusch und saß sofort aufrecht im Bett. Seit dem zweiten Mordfall hatte er oft Alpträume und war ruhelos, schon wenn er sich zu oft umdrehte, wachte sie auf.

Er lag mit weit geöffneten Augen im Dunkeln und starrte auf das schwache Muster, das das Licht der Gaslaterne durch die Vorhänge an die Decke warf. Wenn er einnickte, träumte er von Costigans verzweifeltem Gesicht und spürte dessen Selbsthaß und Angst. Warum hatte er zugegeben – wenn auch nicht in diesen Worten –, daß er Ada umgebracht hatte, wenn er nicht der Täter war? Sollten seine Worte: »Ich habe sie erledigt« bedeuten, daß er sich in gewisser Weise verantwortlich für ihr Verhalten fühlte und folglich auch für ihren Tod, aber nur auf indirekte Weise? Er hatte gestanden, daß es einen Streit gegeben und daß er sie geschlagen hatte. War es möglich, daß sie nur bewußtlos gewesen war, er also nicht ihren Tod verursacht hatte? Die Grausamkeiten, die gebrochenen Finger und Zehen, hatte er immer geleugnet, ebenso das Strumpfband, obwohl das kaum ein Verbrechen war, wie das Wasser auch.

Warum, wenn es wirklich so war? Es hätte nichts geändert. Er wäre trotzdem gehängt worden, so oder so. Und da die Wärter ihn für den Mörder hielten, hätten sie ihn deswegen nicht sanfter behandelt.

Unumstößlich war, daß er für den Tod von Nora Gough nicht verantwortlich sein konnte.

Wer war der blonde Mann, den man gesehen hatte, kurz bevor sie umgebracht wurde? Wie konnte er verschwinden, ohne daß ihn eine der Personen in der näheren Umgebung, ein gutes Dutzend immerhin, gesehen hatte?

Die Worte von Jago Jones gingen ihm im Kopf herum. Das mußte die Antwort sein ... Entweder hatte der Mann, als er das Haus verließ, ganz anders ausgesehen, so daß keiner ihn als denselben erkennen konnte, oder, noch einfacher, er hatte das Haus nicht verlassen!

War das helle, gewellte Haar eine Perücke? War er mit einem anderen Mantel und anderen Haaren wieder gegangen? Wo war dann der Mantel? Hatte er ihn über dem Arm getragen? Und die Perücke? Sein eigenes Haar konnte demnach von jeder beliebigen Farbe und Beschaffenheit sein.

Pitt mußte alle noch einmal vernehmen und zu erfahren versuchen, ob sich jemand daran erinnerte, daß eine Person aus dem Haus gegangen war, die eine Perücke getragen haben konnte.

Wie würden sie das jedoch wissen? Eine Perücke konnte man in eine Tasche stecken. Also hätte er eine Tasche haben müssen. Eine Hosentasche wäre zu klein, sie würde ausbeulen. Vielleicht könnte sich jemand an den Mantel erinnern. In der Myrdle Street gab es nicht viele Menschen mit einem wadenlangen Mantel, schon gar nicht mit einem gut geschneiderten.

Wie stand es mit der anderen Möglichkeit, daß der Täter das Haus gar nicht verlassen hatte, sondern in ein anderes Stockwerk im selben Haus gegangen war? Pitt hatte nicht daran gedacht, in den oberen Stockwerken bei den Frauen nachzufragen. Möglicherweise hatten die sich bei ihrer Arbeit nicht stören lassen. Die Polizei im unteren Geschoß würde neue Kunden abschrecken, aber diejenigen, die schon im Haus waren, hatten Zeit, sich ihrem Vergnügen hinzugeben. Sie konnten natürlich erst gehen, nachdem die Polizei wieder abgezogen war, weil sie den verständlichen Wunsch hatten, unerkannt zu bleiben. Das bedurfte keiner weiteren Erklärung.

Wenn er am nächsten Tag wieder in die Myrdle Street ging, mußte er die Frauen im oberen Stockwerk befragen und sich von ihnen die Beschreibungen ihrer Kunden von dem Abend geben lassen. Das hätte er gleich tun sollen – es war ein schlimmes Versäumnis.

Er starrte in die Dunkelheit. Neben sich hörte er Charlotte tief und regelmäßig atmen. Sie schlief tief und fest. Oder aber sie lag auch wach und versuchte, so zu tun, als schliefe sie, um ihn nicht zu stören. Und damit er nicht merkte, daß auch sie unruhig, besorgt und ängstlich war.

Cornwallis würde zu ihm stehen, aber vielleicht war er nicht in der Lage, seine Stelle zu verteidigen, wenn Costigan begnadigt wurde. Vielleicht auch dann nicht, wenn es keine Begnadigung gab. Sollte sich herausstellen, daß Pitt einen unschuldigen Mann an den Galgen gebracht hatte, wäre es richtig, wenn er auch seine Stelle verlor. Ihm fehlte wahrscheinlich das Format, um als Micah Drummonds Nachfolger zu bestehen. Er war über seine Fähigkeiten hinaus befördert worden. Das hätte Farnsworth ein Lächeln entlockt. Er war immer davon überzeugt gewesen, daß Pitt für die Befehlsgewalt nicht taugte ... ihm fehlten der richtige Familienhintergrund und die entsprechende Ausbildung.

Es würde Vespasia betrüben. Sie hatte immer großes Vertrauen in ihn gehabt. Sie wäre enttäuscht. Nie würde sie das sagen, aber fühlen würde sie es auf jeden Fall. Besonders schlimm war, daß er Charlotte enttäuscht hätte. Auch sie würde nichts sagen, aber in gewisser Weise machte das alles nur noch schlimmer.

Er fiel in einen unruhigen Schlaf und schreckte kurz darauf hoch.

Wenn es doch Jago Jones gewesen war, mit einer hellen Perücke? Vielleicht lachte er Pitt aus und setzte ihn auf die Fährte, weil er sich sicher war, daß Pitt ihm nie auf die Schliche kommen würde, und wenn, daß er ihn nie überführen könnte.

Es war fast Morgen. Er war steif und hätte sich gern gestreckt und umgedreht oder wäre aufgestanden und umhergelaufen, um besser denken zu können. Doch wenn er Charlotte jetzt aufweckte, würde sie nicht wieder einschlafen. Das wäre egoistisch und unnötig.

Bis sechs Uhr blieb er still liegen und schlief sogar noch einmal ein.

Um halb acht, als Charlotte ihn sanft berührte und zärtlich rüttelte, schreckte er hoch.

Um halb zehn kam er in der Myrdle Street an, wo er ganz und gar nicht willkommen war. Wie immer schliefen die Frauen nach einer langen Nacht um diese Zeit, und keine wollte mit einem Polizisten sprechen und dieselben Fragen beantworten, die sie bereits mehr als einmal beantwortet hatte. Pitt fing im oberen Stockwerk an, wo er die Bewohnerinnen der Reihe nach weckte und warten mußte, bis sie sich das Gesicht gewaschen und einen Morgenmantel oder eine Stola übergeworfen hatten und in der Küche eintrudelten, wo er den Wasserkessel aufgesetzt hatte, regelmäßig Tee aufgoß und geduldig endlose Fragen stellte.

»Nein, einen Kunden mit hellem Haar, so einen hab ich nich.«

»Nein, meiner war kahl wie n hartgekochtes Ei.«

»Nich mal seine Mutter würde sagen, daß er jung is! Mann, die muß schon mit der Arche Noah rübergekommen sein! Der is fünfzig, mindestens!«

»Meiner hatte graue Haare.«

»Könnten die Haare im Gaslicht hell gewirkt haben?«

»Schon möglich... aber nich gewellt, die waren glatt wie Schnittlauch.«

Und so ging es weiter. Er befragte jede Frau ganz ausführlich, doch keine hatte einen Mann gesehen, der Edies Beschreibung von Noras letztem Kunden entsprach.

Er ging ein Geschoß tiefer, um mit Edie selbst zu sprechen, die inzwischen sowieso aufstehen wollte. Es war drei Uhr nachmittags.

»Beschreiben Sie ihn noch einmal«, sagte er matt.

»Hörn Sie mal, Mister, ich hab nich mal sein Gesicht gesehn, nur den Rücken, als er reinging«, entgegnete sie und wurde ungeduldig. »Ich hab mich nich um ihn gekümmert. Der war doch nur ein Kunde. Konnte ich doch nich wissen, daß er sie umbringen würde, und schon gar nich...« Sie brach ab und erschauderte, ihr beleibter Körper war in den Morgenmantel eingezwängt.

»Ich weiß. Schließen Sie doch einen Moment die Augen, und versuchen Sie sich an das zu erinnern, was Sie gesehen haben.

Lassen Sie sich Zeit. Sie haben den Mann gesehen, der Nora umgebracht hat, Edie.« Er sprach sanft mit ihr, um sie nicht zu verschrecken. Es war wichtig, daß sie sich konzentrierte und alles andere aus ihren Gedanken verbannte. »Beschreiben Sie genau, was Sie gesehen haben. Vielleicht können Sie allein uns helfen, ihn zu fassen.« Er versuchte, die Verzweiflung in seiner Stimme nicht durchklingen zu lassen.

Edie bemerkte sie trotzdem.

»Ich weiß«, flüsterte sie. »Ich weiß, daß ich die einzige bin, die ihn gesehen hat, außer der, die er umgebracht hat.« Sie verstummte und beugte sich über den Küchentisch, die dicken Ellbogen aufgestützt, den Morgenmantel eng um den Leib gezogen, die schwarzen Haare hingen ihr über die Schultern, die Augen hatte sie geschlossen.

Pitt wartete.

»Er war ziemlich groß«, sagte sie schließlich. »Nich schwer – eher, wie soll ich sagen – nich stämmig. Wahrscheinlich dachte ich deswegen, er is jung. So wie er dagestanden hat.« Sie öffnete die Augen und sah Pitt an. »Aber ich kann mich irren. Es hat so ausgesehn für mich.«

»Gut. Weiter«, ermutigte er Edie. »Beschreiben Sie seinen Mantel, seinen Hinterkopf, alles, was Sie gesehen haben. Beschreiben Sie es ganz genau. Wie sah sein Haar aus? Wie war es geschnitten? War es lang oder kurz? Hatte er Koteletten? Konnten Sie das sehen?«

»Folgsam schloß sie die Augen. »Der Mantel war so grau-grün. Den Kragen hatte er... den hatte er hochgeschlagen, über die Haare, also müssen die ziemlich lang gewesen sein. Aber sehn konnt ich nich, wie lang die waren. Kann so oder so gewesen sein. Oder vielleicht waren sie so lang, daß sie ihm bis auf den Rücken reichten!« Sie lachte auf. »Koteletten hab ich keine gesehen. Möglich, daß er den Kopf nich gedreht hat. Aber schön waren die Haare. Hätte auch gern solche Haare. Mußte an Ella Baker denken, die hier in der Straße wohnt. Die hat auch so wunderbare Haare.« Sie öffnete die Augen und sah Pitt an. »Vielleicht hat sie nen Bruder?« sagte sie scherzhaft. »Und der is vielleicht verrückt oder so.«

Pitt sah sie entgeistert an.

»Die hat keinen Bruder«, sagte Edie erstaunt. »Sie denken doch nich etwa... Ich meine...« Dann brach sie ab, und ihre Augen öffneten sich langsam mit furchtbarem Entsetzen.

»Was?« fragte Pitt. »Was ist? Was wissen Sie noch, Edie?«

»Nora und Ella haben sich ganz schrecklich gestritten, wegen Johnny Voss...«

»Warum? Wer ist Johnny Voss? Ist das der Mann, den Nora heiraten wollte?«

»Genau. Nur, der wollte erst Ella heiraten ... das hat sie jedenfalls gedacht. Ich auch, übrigens. Dann kam Nora ... und dann hat er sich in sie verguckt, und die wollte sich nichts entgehen lassen. Na, is doch klar, oder? Is doch besser, mit einem einigermaßen anständigen Kerl verheiratet zu sein, als so zu leben, oder?« Sie hob kaum den Blick, aber ihre Geste schloß den schäbigen Raum, das Haus, seine Bewohner und deren Gewerbe mit ein.

»Ja«, stimmte Pitt ihr zu. Mehr brauchte er nicht zu sagen. »Danke, Edie.« Er verließ die Küche und ging noch einmal in Noras Zimmer. Es war immer noch in demselben Zustand: das ungemachte Bett mit den zerknitterten Laken und den Kissen dort, wo sie liegengeblieben waren, nachdem er das Taschentuch gefunden hatte.

Ein paar Augenblicke stand er in der Mitte des Zimmers und fragte sich, wonach er suchen, wo er anfangen sollte. Auf dem Bett, dem Fußboden?

Er bückte sich und begann auf dem Fußboden. Irgend etwas, das seine Theorie untermauern würde, mußte er finden. Hier würde es keine Beweise geben, höchstens kleine Hinweise, die ihm weiterhelfen könnten.

Es war nichts zu finden.

Er stand auf, warf die Decken beiseite und ließ seine Hände sanft und ganz langsam über die Laken gleiten.

Auf dem oberen Laken fand er sie, erst eins, dann noch eins, dann mehrere – helle Haare, sehr lang, vierzig bis fünfundvierzig Zentimeter ... Haare, die niemals von einem Mann stammen konnten und die viel zu hell waren, um Noras zu sein.

Ella Baker, das Haar unter einem hohen Kragen verborgen, hätte sich einen Mantel von einem Kunden oder einem Freund borgen und sich ein Paar Männerhosen über ihren Rock und unter den Mantel anziehen können. Beim Hinausgehen würde sie sich den Rock aus der Hose ziehen und ihre Haare unter dem Kragen hervorholen, und schon wäre sie als Mann unsichtbar. Das erklärte auch, warum es hier einen Kampf gegeben hatte. Zwar war sie größer und stärker als Nora und viel schwerer, aber längst nicht so kräftig wie ein Mann.

Doch warum um alles in der Welt sollte sie Ada McKinley töten? Und welchen Groll hegte sie gegen FitzJames? Da gab es viele Möglichkeiten... eine Mißachtung oder Kränkung, eine Mißhandlung, die nicht unbedingt ihr selbst zugefügt worden sein mußte, sondern jemandem, den sie liebte... vielleicht gar der Verlust eines Kindes. Möglicherweise war sie einmal im Haushalt FitzJames angestellt gewesen. Er hatte bisher versäumt, das in Betracht zu ziehen. Das war ein schwerer Fehler. Ein Dienstmädchen, das mißhandelt und entlassen worden war, trug mit Sicherheit einen tiefen Groll in sich. Als er von dem Butler hörte, der der Vater von Adas Kind war, hätte er sich alle Bediensteten der FitzJames' vornehmen sollen. FitzJames junior war sich bestimmt nicht zu fein dazu, ein hübsches Zimmermädchen in Schwierigkeiten zu bringen und es dann seinem Vater zu überlassen, sie auf die Straße zu setzen.

Es schien alles sehr plausibel.

Schnellen Schrittes verließ er das Haus und ging die Old Montague Street entlang zur Osborn Street, wo er Binns bei seinem Streifendienst antraf. Gemeinsam gingen sie die paar hundert Meter zu dem Haus, in dem Ella Baker wohnte. Er erinnerte sich, daß Ewart sie schon einmal vernommen hatte. Er wollte von ihr wissen, ob ihr ein Mann beim Verlassen des Hauses aufgefallen war oder ob sie Finlay FitzJames gesehen hatte. Laut Ewarts Bericht war sie sehr aufgewühlt und durcheinander gewesen. Er hatte dies auf das natürliche Entsetzen und das Mitleid zurückgeführt, das alle empfanden, weil es wieder einen Mord gegeben hatte und es so aussah, als ob Costigan für ein Verbrechen gehängt worden sei, das er gar nicht begangen hatte.

Und sie hatte zugelassen, daß er verurteilt wurde. Das war eine doppelte Schuld, die sie zerfressen mußte.

Er klopfte so lange, bis der Zuhälter, der auch dort wohnte, die Tür öffnete. Der Mann war unrasiert und roch nach Bier.

»Was wolln Sie?« fragte er barsch mit einem Blick auf Pitt. Binns im Hintergrund hatte er nicht gesehen.

»Polizei«, sagte Pitt knapp. »Ich möchte mit Ella Baker sprechen, sofort!«

Binns trat neben ihn.

Der Mann sah dessen kräftige Gestalt und Pitts entschlossenen Gesichtsausdruck und widersetzte sich nicht. Mißmutig ließ er sie ein und führte sie zu Ellas Tür. Er klopfte und rief ihren Namen.

Nach wenigen Augenblicken kam sie zur Tür, eine stattliche Frau, groß und adrett. Sie hatte starke, fast ein wenig grobe Züge. Das Beste an ihr waren die Haare, dicht und gewellt, von der Farbe reifen Weizens – wie dunkles Gold. Es hing ihr auf die Schultern und den Rücken hinunter.

»Danke«, sagte Pitt und schickte den Zuhälter fort, der mißmutig vor sich hin murmelnd abzog. Pitt ging ins Zimmer und schloß die Tür. Binns blieb draußen stehen. Das Zimmer lag im zweiten Stock, die Fenster waren schmal.

»Was wollen Sie denn jetzt?« fragte Ella und sah ihn mit hochgezogener Stirn an.

»Ich verstehe ja, warum Sie Nora umgebracht haben«, sagte er mit fester Stimme. »Sie hat Ihnen Johnny Voss ausgespannt und Ihre Chancen zerstört, zu heiraten und hier herauszukommen. Aber Ada McKinley? Was hatte die Ihnen getan?«

Alles Blut wich aus ihrem Gesicht. Sie wankte, und einen Moment lang dachte er, sie würde ohnmächtig. Dennoch machte er keine Anstalten, ihr zu helfen. Schon einmal war er so übertölpelt worden, und die Verdächtige hatte sich im Handumdrehen in eine kratzende und beißende Furie verwandelt. Also blieb er stehen, wo er war, mit dem Rücken zur Tür.

»Ich...« Sie schnappte nach Luft, plötzlich war ihr Gaumen wie ausgetrocknet. »Ich... ich hab Ada nich angerührt, das schwör ich!«

»Aber Nora haben Sie getötet...«

Sie schwieg.

»Wenn ich Ihr Kleid am Hals öffne, dann sehe ich die Kratzer, die davon zeugen, daß Nora sich widersetzt und um ihr Leben gekämpft hat...«

»Ich hab es nich getan!« leugnete sie und funkelte ihn an. »Sie können es nicht beweisen!«

»Doch, das kann ich, Ella«, sagte er ruhig. »Man hat Sie gesehen.«

»Wer hat mich gesehn?« wollte sie wissen. »Das is gelogen!«

»Sie haben einen Männermantel gestohlen, einen guten, und Ihren Rock hochgerafft, damit niemand ihn sehen konnte. Die Haare haben Sie in den Mantelkragen gesteckt. Sie sahen aus wie ein Mann, aber jemand hat Ihre Haare erkannt. Nicht viele Menschen haben Haare wie Sie, schönes, langes, goldenes Haar.« Er betrachtete ihr blasses Gesicht. »Ich habe einzelne Haare auf Noras Bett gefunden, wo Sie mit ihr gekämpft haben und sie Ihnen einige ausgerissen hat, während sie um ihr Leben rang...«

»Hörn Sie auf!« schrie sie. »Meinetwegen, ich hab das gierige Luder umgebracht! Sie hat mir den Mann weggenommen. Mit voller Absicht. Sie wußte genau, was er für mich bedeutet hat, und trotzdem hat sie's getan. Und was sie sich eingebildet hat! Schadenfrohes Weib. Sie würden sich ein Haus in Mile End mieten, hat sie gesagt, und ganz allein drin wohnen und Kinder bekommen, und nie mehr würd sie sich mit betrunkenen Rüpeln und solchen Mistkerlen einlassen müssen, die ihre Frauen betrügen.«

»Sie haben sie also gefesselt, ihr die Finger und Zehen gebrochen und sie dann erdrosselt.« Pitt sagte das voller Widerwillen.

Ihr Gesicht war kalkweiß, aber ihre Augen sprühten Funken.

»Das stimmt nich, verdammt noch mal! Ich hab mich mit ihr gestritten und sie geschlagen. Dann haben wir gekämpft, und ich hab sie an der Gurgel gepackt. Jawohl, ich hab sie erwürgt, aber ihre Finger und Zehen, die habe ich nich angefaßt. Ich weiß nich, wer das war, und warum, auch nich!«

Pitt glaubte ihr nicht, konnte ihr nicht glauben. Doch seine Intuition sagte ihm klar und deutlich, daß sie nicht log.

»Warum haben Sie Ada umgebracht?« wiederholte er.

»Das hab ich nich!« schrie sie ihn an. »Ich hab Ada nich umgebracht! Ich kannte sie gar nich! Ich dachte, Bert Costigan hätt's getan. Das dachten Sie auch. Wenn der's nich war, dann weiß ich nich, wer sonst.«

Mit einem leichten Gefühl der Übelkeit dachte er daran, daß Costigan geleugnet hatte, Adas Finger und Zehen gebrochen zu haben, und wie aufgebracht und verstört er war, als man ihn dessen beschuldigte. Sein Gesichtsausdruck war so ähnlich gewesen: verängstigt, betroffen und völlig konfus.

»Aber Nora haben Sie umgebracht!« wiederholte er. Es sollte fest klingen, wie eine Beschuldigung, nicht wie eine Frage.

»Ja... hat wahrscheinlich keinen Zweck mehr zu leugnen. Aber ihre Finger hab ich nich gebrochen, und mit Ada hab ich nichts zu tun! Ich war da noch nie!«

Pitt wußte nicht, ob er ihr glauben sollte. Ihr Anblick und ihre Stimme vermittelten ihm den Eindruck, daß sie die Wahrheit sprach, doch sein Verstand sagte ihm, daß das lächerlich war. Sie gab zu, Nora getötet zu haben. Warum leugnete sie den Mord an Ada? Die Strafe wäre dieselbe, und keiner würde ihr glauben.

»Ada hab ich nich umgebracht!« sagte sie laut. »Und Nora hab ich diese Sachen auch nich angetan!«

»Warum haben Sie versucht, Finlay FitzJames zu belasten?« fragte er.

Sie verstand ihn nicht. »Wen?«

»Finlay FitzJames«, wiederholte Pitt. »Warum haben Sie ein Taschentuch und einen Knopf von ihm in Noras Zimmer liegenlassen?«

»Ich hab keine Ahnung, wovon Sie reden!« Sie sah ihn verständnislos an. »Nie von ihm gehört. Wer is denn das?«

»Haben Sie nicht früher bei den FitzJames' gearbeitet?«

»Ich hab noch nie im Haushalt gearbeitet. Ich war nie in meinem Leben Hausmädchen!«

Er wußte immer noch nicht, ob er ihr glauben sollte.

»Vielleicht stimmt das ja. Aber es ist jetzt nicht wichtig. Kommen Sie. Ich verhafte Sie wegen des Mordes an Nora. Machen Sie die Sache für sich nicht noch unangenehmer, als sie es schon ist. Die anderen Frauen sollen sehen, daß Sie einen würdevollen Abgang machen.«

Sie warf den Kopf zurück, fuhr sich mit den Händen durch ihr wundervolles Haar und starrte ihn aufsässig an. Dann verließ sie die Kampfeslust, und sie ließ sich von ihm abführen.

»Meine Güte, bin ich froh«, sagte Ewart mit einem Seufzer der Erleichterung in der Polizeiwache von Whitechapel und lehnte sich auf seinem Stuhl zurück. »Zugegeben, ich habe nicht gedacht, daß wir es schaffen.« Er sah Pitt an und lächelte. Alle Anspannung war aus seinem Körper gewichen, als wäre eine unerträgliche Last von ihm genommmen und er könne wieder frei und ohne Beklemmung atmen. Auch die Angst, die ihm von Anfang an im Nacken gesessen hatte, war verschwunden. Er gönnte Pitt die Anerkennung. »Ich sollte sagen, Sie haben es geschafft«, verbesserte er sich. »Letztendlich habe ich nicht viel dazu beigetragen.« Er faltete die Hände über dem Bauch. »Es war also Ella Baker, von Anfang an. Eine Frau wäre mir nie in den Sinn gekommen. Hätte ich vielleicht dran denken sollen.«

»Sie behauptet steif und fest, daß sie Ada nicht umgebracht hat«, sagte Pitt und setzte sich ihm gegenüber. »Und daß sie Noras Finger und Zehen nicht gebrochen hat.«

Ewart war unbeeindruckt. »Na, das ist doch klar, aber das

heißt doch nichts. Weiß der Himmel, warum sie das tut. Ist doch jetzt egal.«

»Und sie schwört, sie habe Finlay FitzJames nicht belastet«, fuhr Pitt fort. »Sie sagt, sie habe noch nie von ihm gehört und noch nie im Haushalt gearbeitet.«

Ewart zuckte mit den Schultern. »Vermutlich lügt sie, obwohl ich nicht verstehe, warum. Jedenfalls ist es jetzt egal.« Er lächelte. »Der Fall ist abgeschlossen. Und es ging ja noch mal glimpflich ab. Das ist weit mehr, als ich gehofft hatte. Ich war von Anfang an überzeugt, daß FitzJames unschuldig war«, sagte er hastig und fühlte sich einen Moment lang unbehaglich. »Ich dachte …, daß es schwer sein wird, das zu beweisen.«

Pitt erhob sich.

»Sprechen Sie mit FitzJames?« fragte Ewart. »Damit die Familie ihre Ruhe hat.«

»Das werde ich wohl tun.«

»Gut.« Er lächelte, ein merkwürdiges, halb bitteres Lächeln. »Ich freue mich sehr. Sie haben es verdient.«

»Gut«, sagte Augustus FitzJames knapp, als Pitt ihn darüber informierte, daß Ella Baker wegen Mordes an Nora Gough verhaftet und unter Anklage gestellt worden war. »Vermutlich werden Sie die Anklage auch auf den Mord an der anderen Frau ausweiten?«

»Nein. Dafür gibt es keine Beweise, und sie hat den Mord nicht gestanden«, sagte Pitt. Wieder einmal saßen sie in der Bibliothek, diesmal brannte ein Feuer im Kamin und brachte ein wenig Wärme an diesem kühlen Abend.

»Nun, das ist vielleicht auch unwichtig.« Augustus war nicht besonders interessiert. »Dann wird sie für den zweiten gehängt. Alle werden wissen, daß sie den ersten auch begangen hat, da die beiden Fälle ja praktisch identisch sind. Ich danke Ihnen, daß Sie gekommen sind und mir das mitgeteilt haben, Oberinspektor. Sie haben ganze Arbeit geleistet … dieses Mal. Bedauerlich, das mit dem ersten Mann … ehm … Costigan. Aber das läßt sich jetzt nicht mehr ändern.« Er sprach geringschätzig und wippte leicht auf den Fußballen hin und her. »Auf die Sorte Mann können wir alle ohnehin gut verzichten. Widerwärtig, von den Einkünften einer Frau zu leben. Der gehörte ohnehin ins Gefängnis, wenn nicht an den Galgen. Wahrscheinlich wäre er da sowieso in absehbarer Zukunft gelandet.«

Wenn Pitt nicht für den Tod von Costigan verantwortlich gewesen wäre, hätte er jetzt seine Meinung geäußert und sein Entsetzen über solch eine Einstellung kundgetan. Doch er war zu sehr darin verwickelt.

»Hat Ella Baker früher einmal in Ihrem Haus gearbeitet, Mr. FitzJames?« fragte er. Immer noch nagten unbeantwortete Fragen an ihm, störten ihn einige verworrene Fäden.

»Ich glaube nicht.« Augustus runzelte die Stirn. »Nein, ich bin mir ganz sicher, daß sie nie bei uns war. Warum?«

»Ich frage mich, wie sie an die Gegenstände, die Ihrem Sohn gehören und am Tatort gefunden wurden, geraten konnte und, weit wichtiger, warum sie ihn belasten wollte.«

»Ist mir unerklärlich. Gestohlen, wahrscheinlich«, sagte Augustus knapp. »Ist wohl kaum von Bedeutung. Danke, daß Sie persönlich gekommen sind, Oberinspektor. Gut zu wissen, daß die Polizei nicht so inkompetent ist, wie uns manch schauerlicher und schlecht recherchierter Zeitungsartikel glauben machen will.« Er schob die Lippen vor. »Wenn Sie mich jetzt entschuldigen wollen, ich habe heute abend einen Termin. Auf Wiedersehen.«

Pitt wollte Einwände erheben, aber Augustus hatte schon an der Klingel gezogen und den Butler herbeigerufen, der Pitt zur Tür bringen sollte. Er hatte ihm damit das Wort abgeschnitten. Offenbar war Augustus nicht willens, weiter über die Sache zu diskutieren.

»Auf Wiedersehen, Mr. FitzJames«, sagte Pitt und ging, als der Butler ihm mit einem Lächeln die Tür öffnete.

12.

Kapitel

Pitt kam spät und völlig erschöpft nach Hause, aber es war die Erschöpfung nach dem Sieg. Trotzdem gab es Einzelheiten in dem Fall, die ihn gründlich irritierten und die er, so fürchtete er, niemals würde aufklären können. Es war schon dunkel, und die Gaslaternen waren von einem Dunstschleier umgeben. Feuchtigkeit lag in der Luft und der Geruch von totem Laub und regennasser Erde und eine Ahnung vom ersten Frost.

Er öffnete die Haustür, und als er die Diele betrat, sah er Charlotte oben an der Treppe stehen. In ihrem schlichten Rock mit Bluse wirkte sie fast ein wenig nachlässig gekleidet, und die Haare lösten sich aus ihrer Frisur. Sie kam so hastig die Treppe herunter, daß er befürchtete, sie würde ausgleiten und fallen.

»Was ist?« fragte er, als er ihr erregtes Gesicht sah. »Was ist passiert?«

»Thomas.« Sie atmete tief ein und war so erfüllt von ihren eigenen Neuigkeiten, daß sie nicht merkte, daß auch er etwas Wichtiges mitzuteilen hatte. »Thomas, ich habe ein paar Nachforschungen angestellt. Nichts Gefährliches ...«

Die Tatsache, daß sie das erwähnte, machte ihm klar, daß es sehr wohl gefährlich gewesen war.

»Was?« fragte er, als sie unten angelangt war. »Was habt ihr gemacht? Ich nehme an, daß Emily dabei war?«

»Ja.« Sie klang erleichtert, als sei das etwas, das ihn beschwichtigen würde. »Und Tallulah FitzJames. Hör mir bitte

354

erst zu, und sei hinterher böse auf mich, aber ich habe etwas sehr Wichtiges herausgefunden, und etwas Schreckliches.«
»Ich auch«, gab er zurück. »Ich habe herausgefunden, wer Nora Gough umgebracht hat und warum. Ich habe ein Geständnis. Und was hast du herausbekommen?«
Sie war überrascht.
»Wer war es?« fragte sie. »Wer, Thomas?«
»Eine andere Prostituierte, sie heißt Ella Baker.« Er erklärte, daß sie wegen des Mantels davon ausgegangen seien, daß der Täter ein Mann war, und sich gefragt hätten, wie er hatte verschwinden können, ohne daß er gesehen wurde. Sie standen immer noch bei der Treppe in der Diele.
»Warum hat sie es getan?« fragte Charlotte, und in ihrem Gesicht stand nicht die Genugtuung, die er erwartet hatte.
»Weil Nora ihr den Mann ausgespannt hatte, den sie heiraten wollte und der ihr einen Ausweg aus dem Leben als Prostituierte geboten hätte. Vielleicht hat sie ihn sogar geliebt.« Er legte ihr sanft die Hände auf die Schultern und drückte sie an sich. »Tut mir leid, wenn ich deine Neuigkeiten verdorben habe. Ich weiß, daß du meinetwegen diese Nachforschungen anstellst, das nehme ich dankbar an.« Er beugte sich vor und wollte ihr einen Kuß geben, aber sie entzog sich ihm mit gerunzelter Stirn.
»Warum hat sie Ada McKinley umgebracht?«
»Den Mord leugnet sie«, erwiderte er und merkte beim Sprechen, wie schwer ihn die Ungelöstheit dieser Frage bedrückte. Er hatte einen schalen Sieg errungen, der ihn mit jeder Stunde, die verging, unzufriedener machte.
»Warum?« fragte sie. »Das ergibt doch keinen Sinn, Thomas. Man wird sie sowieso hängen!« Ihr Gesicht war selbst im Widerschein der Gaslampe in der Diele ganz blaß. »Oder dreimal.«
»Natürlich«, stimmte er ihr zu. »Was meinst du mit dreimal? Es gab nur zwei Morde.«
»Das stimmt nicht.« Ihre Stimme war kaum zu hören. »Das ist es, was ich dir erzählen wollte. Es gab noch einen, vor ungefähr sechs Jahren... ein junges Mädchen war das Opfer, eine Anfängerin. Sie ging erst ein, zwei Wochen auf die Straße. Sie wurde in Mile End umgebracht, nach derselben Methode wie die anderen... mit dem Strumpfband, den Fingern und Zehen, den zusammengeknüpften Stiefeln, selbst das mit dem Wasser... alles ist gleich. Der Täter ist nie gefunden worden.«

Er war wie vor den Kopf geschlagen. Einige Sekunden lang stand er regungslos da, als hätte er nicht richtig verstanden, was sie gesagt hatte, obwohl seine Gedanken rasten. Ein weiterer Mord, vor sechs Jahren in Mile End. Das mußte derselbe Täter sein. Oder nicht? Es konnte doch unmöglich zwei... drei Menschen geben, die auf dieselbe grausige und sinnlose Weise einen Mord begingen, drei Menschen, die nichts miteinander zu tun hatten? Und wer war das erste Opfer? Warum hatte ihm keiner etwas erzählt? Warum wußte Ewart nichts davon?

»Es tut mir leid«, sagte Charlotte ganz leise. »Es bringt dich nicht weiter, stimmt's?«

Er richtete den Blick auf sie.

»Wer war das Opfer? Weißt du etwas über die Frau?«

»Nein. Nur daß sie neu war in dem Gewerbe. Ihr Name wurde nicht genannt.«

Seine Gedanken überschlugen sich.

»Könnte Ella Baker sie umgebracht haben?« fragte Charlotte. »Vielleicht wollte sie sie bestehlen. Hat sie gesagt, warum sie Finlay belasten wollte?«

»Nein.« Pitt ging ins Wohnzimmer. In der Diele war ihm plötzlich kalt geworden, und er war hundemüde. Er wollte sich ganz nah ans Feuer setzen.

Sie kam hinter ihm ins Zimmer und setzte sich auf ihren Sessel ihm gegenüber.

Das Feuer war heruntergebrannt. Er legte Kohlen nach und schürte es, damit es hoch aufloderte.

»Nein«, sagte er wieder. »Sie leugnet es. Sie behauptet, die Familie FitzJames nicht zu kennen, und Augustus hat noch nie von ihr gehört.« Er lehnte sich in seinem Sessel zurück. Die neue Kohle fing Feuer, die Flammen schlugen hoch, und seine Haut prickelte vor Wärme. »Und Ewart ist das egal«, fügte er hinzu. »Er ist froh, daß alles vorbei ist und er FitzJames nicht verhaften muß, und will nichts weiter darüber wissen.«

»Und Mr. Cornwallis?«

»Den habe ich noch nicht gesprochen. Als ich bei FitzJames gegangen bin, war es zu spät. Ich spreche morgen früh mit ihm. Und nehme mir noch einmal Ella Baker vor. Vielleicht sollte ich erst einmal etwas über diesen anderen Mord herausfinden. Das ist sechs Jahre her, hast du gesagt?«

»Ja, ungefähr.«

Er seufzte.

»Möchtest du eine Tasse Tee?« fragte Charlotte. »Oder eher Kakao?«

»Ja... ja, bitte.« Er überließ ihr die Entscheidung, was sie ihm bringen wollte, und saß zusammengekauert in seinem Sessel, während das Feuer kräftiger loderte und es allmählich wärmer wurde.

Am nächsten Morgen fand er sich in den düsteren Gemäuern des Gefängnisses von Newgate ein und bat, Ella Baker sehen zu dürfen. Die Erinnerung an Costigans Gesicht, bleich und verängstigt, stand ihm lebhaft vor Augen. Von all seinen Aufgaben war dies die schlimmste. Den Verwandten eines Opfers die Nachricht zu überbringen verursachte eine andere Art von Pein. Es war zwar schrecklich, aber ein klarer Schnitt, und mit der Zeit würde die Wunde heilen. Dies hier zerriß ihn innerlich, weil es immer wieder neu war und furchtbare Realität. Die Zeit machte die Empfindung nicht weniger akut, härtete ihn nicht dagegen ab.

Ella saß in einer Zelle. Sie trug ihre eigenen Kleider, obwohl die sich kaum von Sträflingskleidung unterschieden. Er hatte sie festgenommen, bevor sie für die Arbeit zurechtgemacht war.

»Was wolln Sie?« fragte sie teilnahmslos, als sie ihn sah. »Wolln sich an meinem Anblick ergötzen, was?«

»Nein.« Er schloß die Tür hinter sich und betrachtete ihr blasses Gesicht, die leeren, hoffnungslosen Augen, die wunderbaren Haare, die ihr über die Schultern fielen. Merkwürdigerweise, obwohl er Ada und Nora gesehen hatte, ihre gebrochenen Hände und ihre toten, vom Todeskampf entstellten Gesichter, nahm er jetzt nur Ella und ihre Verzweiflung wahr. »Es macht mir kein Vergnügen«, sagte er. »Eine gewisse Erleichterung, weil es nun vorbei ist, aber mehr nicht.«

»Warum sind Sie dann gekommen?« sagte sie und traute ihm nicht recht, obwohl in seinen Augen und seiner Stimme etwas lag, das sie berührte.

»Erzählen Sie mir von dem ersten Mord, Ella«, sagte er. »Was hat sie Ihnen angetan? Sie war eine blutjunge Anfängerin. Warum haben Sie sie umgebracht?«

Sie sah ihn völlig verständnislos an.

»Sie sind ja wohl übergeschnappt! Wovon reden Sie, Mann? Ich hab Nora ins Gesicht geschlagen, dann hab ich sie gewürgt. Ihre Finger und Zehen, die hab ich nich angerührt, und das mit den Stiefeln hab ich auch nich gemacht! Ada McKinley hab ich nie im Leben angerührt. Von der hab ich nie gehört, erst als sie umgebracht worden is. Und von noch einer weiß ich nichts. Da gab es keine andre, nich daß ich wüßte.«

»Vor ungefähr sechs Jahren in Mile End«, präzisierte er.

»Vor sechs Jahren!« Sie war fassungslos, dann fing sie an zu lachen, schrill, voller Schmerz und unkontrollierbarer Angst. »Vor sechs Jahren, da war ich in Manchester. Hab geheiratet und bin in den Norden gegangen. Mein Mann is gestorben. Da bin ich zurückgekommen und bin auf die Straße gegangen. Was andres blieb mir nich übrig, um nich zu verhungern. Das und die Streichholzfabrik. Eine Kusine von mir, die is am Phosphorkinn gestorben. Da kann ich drauf verzichten. Dann lieber am Galgen enden.« Plötzlich standen Tränen in ihren Augen. »Paßt ja auch gut, was?«

Wie gerne hätte Pitt ihr etwas Tröstliches gesagt. Er merkte, wie der Schrecken sie ganz gefangennahm, die Dunkelheit, vor der es kein Entrinnen gab. Aber er konnte ihr keinen Trost geben. Mitleid half ihr auch nicht, und von Hoffnung zu sprechen wäre ein Hohn.

Ihr bitterer Humor brachte ihn zum Lächeln. Darin steckte auch Mut. Das bewunderte er.

»Wie hieß Ihr Mann?« fragte er.

»Joe Baker ... Joseph. Prüfen Sie das jetzt nach?« Sie schniefte. »Das war ein guter Mann, der Joe. Hat zwar zuviel getrunken, aber schlecht war er nich. Geschlagen hat er mich nie, ist nur immer hingefallen. Dummer Kerl!«

»Was hat er gemacht?«

»Er hat auf den Schleppern gearbeitet, dann hatte er nen Unfall und is ertrunken. Wahrscheinlich war er wieder besoffen.«

»Das tut mir leid«, sagte Pitt aufrichtig.

Sie zuckte mit den Achseln. »Is jetzt auch egal.«

Vom Gefängnis ging Pitt zur Polizeiwache in Mile End und bat darum, den ranghöchsten Polizisten, der gleichzeitig eine Dienstzeit von mindestens sechs Jahren in diesem Revier hatte, zu sprechen. Von einem verdutzt wirkenden jungen Wachtmeister wurde er in das enge Büro von Inspektor Forrest geführt, einem hageren Mann mit schütterem, schwarzem Haar und traurigen, dunklen Augen.

»Oberinspektor Pitt«, sagte er überrascht und stand auf. »Guten Morgen, Sir. Was können wir für Sie tun?«

»Guten Morgen, Inspektor.« Pitt schloß die Tür und setzte sich auf den angebotenen Stuhl. »Ich habe mir sagen lassen, daß Sie vor sechs Jahren auch schon in dieser Wache im Dienst waren?«

»Das ist richtig. Ich habe in der Zeitung gelesen, daß Sie den Mörder gefaßt haben.« Forrest ließ sich wieder hinter seinem Tisch nieder. »Sehr gut. Das ist uns damals nicht gelungen. Allerdings war ich da noch Wachtmeister.«

»Es gab hier also tatsächlich einen Mord, der nach demselben Muster begangen wurde?« Pitt hatte Mühe, seine Verärgerung nicht durchblicken zu lassen.

»Ja. Bis ins letzte Detail, soweit ich mich erinnern kann«, bestätigte Forrest und lehnte sich vor. »In den Zeitungen wurde nicht groß darüber berichtet, aber ich werde es bis an mein Lebensende nicht vergessen. Die arme Kleine. War wohl kaum mehr als fünfzehn oder sechzehn. Hübsch, haben die anderen gesagt, bevor er sie so zugerichtet hat.«

»Sie«, verbesserte Pitt ihn.

»Oh.« Forrest schüttelte den Kopf. »Ach ja ... sie, natürlich. Die ganze Zeit dachte ich, es sei ein Mann gewesen. Ich habe es als ein Verbrechen gesehen, das mit Sexualität zu tun hatte, und zwar der pervertierten Sexualität eines Mannes, der zu seinem Vergnügen Menschen quälen und erniedrigen muß. Ein Mann, der Macht über andere haben möchte, um zu sehen, wie sie ihm hilflos ausgeliefert sind. Übel. Eigentlich kann ich nicht glauben, daß es eine Frau war. Wenn Sie aber ein Geständnis haben, dann muß es wohl so sein.«

»Ich habe kein Geständnis dafür, nur für den letzten Mord, den an Nora Gough. Tatsache ist, daß sie gesagt hat, vor sechs Jahren sei sie in Manchester gewesen.«

Forrests Augen wurden groß. »Aber es muß derselbe Täter gewesen sein. Selbst in diesem Sündenpfuhl von einer Stadt kann es nicht zwei Verrückte geben, die Frauen so etwas antun.«

»Warum haben Sie mir von dem Fall nicht berichtet?« fragte Pitt und versuchte, nicht vorwurfsvoll zu klingen, was ihm aber nicht gelang.

»Ich?« Forrest sah ihn überrascht an. »Warum ich Ihnen nicht davon berichtet habe?«

»Ja. Herr im Himmel, das hätte uns doch helfen können! Wenigstens hätten wir davon gewußt! Und wir hätten herausfinden können, welche Übereinstimmungen es gab und wer vielleicht alle drei Frauen gekannt haben könnte.«

»Ich habe es Ihnen nicht berichtet, weil … hat Inspektor Ewart es Ihnen nicht gesagt? Das war sein Fall damals!«

Pitt erstarrte.

»Ich bin davon ausgegangen, daß er Ihnen alles berichtet hat«, sagte Forrest, und das leuchtete ein. »Wollen Sie sagen, er hat nichts erwähnt?« Sein Gesicht und seine Stimme drückten Erstaunen aus. Er sah Pitt an, als glaube er ihm nicht.

Pitt vermochte es selbst kaum zu glauben. Er sah Ewart vor sich, erinnerte sich an dessen Zorn, seine Bestürzung und die Angst.

Aber es gab keinen Grund zu lügen? Die Wahrheit lag ohnehin klar auf der Hand.

»Nein, er hat nie davon gesprochen.«

Nun war es Forrest, der verstummte.

»Kennen Sie Ella Baker?« fragte Pitt. »Oder wissen Sie von ihr? Haben Sie ihren Namen mal gehört?«

Forrest sah ihn ausdruckslos an. »Nein, und ich kenne die meisten Frauen auf den Straßen in dieser Gegend. Aber ich frage mal Dawkins. Er ist seit Jahren hier und kennt sie alle.« Er stand auf und verließ mit einer Entschuldigung das Büro. Wenige Minuten später kam er mit einem korpulenten, älteren Wachtmeister mit ergrautem Haar wieder. »Dawkins, haben Sie von einer Frau gehört, einer Prostituierten hier in der Gegend, die Ella Baker heißt?« Zu Pitt sagte er: »Wie sieht sie aus, Sir?«

»Groß, gewöhnliches Gesicht«, sagte Pitt. »Aber sehr schönes helles Haar, dicht und gewellt.«

Dawkins überlegte einen Moment, dann schüttelte er den Kopf. »Nein, Sir. Die Frau, die der Beschreibung am nächsten kommt, ist Lottie Bridger, und die ist vor einigen Monaten an Pocken gestorben.«

»Sie sind sich da ganz sicher, Dawkins?« bedrängte Forrest ihn.

»Ja, Sir. Den Namen Ella Baker habe ich noch nie gehört, und hier war noch nie eine auf der Straße, die so aussieht wie die, die Sie beschreiben.«

»Danke, Dawkins«, sagte Forrest. »Das wäre alles.«

»Jawohl, Sir. Danke, Sir.« Mit verdutztem Gesichtsausdruck verließ Dawkins das Büro und zog die Tür mit einem scharfen Klicken hinter sich ins Schloß.

»Was heißt das nun?« Forrest sah Pitt hilflos an. »Bedeutet das, daß diese Frau unseren Mord damals nicht begangen hat?«

»Ich weiß nicht, was das bedeutet«, gab Pitt zu. »Haben Sie von diesem Fall noch Unterlagen, die ich mir ansehen könnte?«

»Klar. Ich lasse sie holen.« Forrest entschuldigte sich erneut und kam nach einer langen, frustrierenden Viertelstunde mit einer dünnen Akte wieder. »Hier sind sie. Viel ist es nicht.«

»Danke.« Pitt öffnete die Akte und las. Forrest hatte recht; es war in der Tat sehr wenig, doch in den Einzelheiten glich der Fall dem von Ada McKinley und Nora Gough. Es war alles präzise und emotionslos in sauberer Handschrift beschrieben. Der Name des Opfers klang irgendwie unwirklich: Mary Smith. War das ihr echter Name? Oder wußten sie damals nicht, wie man sie nennen sollte? Sie war neu in der Gegend, neu im Gewerbe. Es gab weiter nichts über sie zu sagen, kein Herkunftsort, keine Familie wurde erwähnt, kein Hab und Gut aufgelistet.

Pitt las die Liste der vorgefundenen Gegenstände sorgfältig durch. Nichts wurde erwähnt, was man als Hinweis betrachten könnte. Und natürlich waren keine Dinge aufgezählt, die Finlay FitzJames oder einem anderen Gentleman gehörten.

Er las die Zeugenaussagen, doch die vermittelten ihm kaum etwas. Sie hatten gesehen, wie Männer gekommen und gegangen waren, aber was sollte man bei einer Prostituierten schon anderes erwarten? Es gab keine persönlichen Einzelheiten über die Kunden, nur die Feststellung, daß sie ziemlich jung waren.

Es war alles sehr dünn. Kein Wunder, daß der mit der Aufklärung betraute Polizist den Täter nicht finden konnte. Die Zuständigen waren die Polizisten Trask und Porter, Ewart war der ermittelnde Inspektor gewesen. Der Polizeiarzt, der die Leiche am Tatort und danach untersucht hatte, war Lennox.

Warum hatte keiner der beiden ihm etwas davon gesagt? Er konnte sich keine einleuchtende Erklärung dafür denken.

»Ich kann mich nicht erinnern, darüber in der Zeitung gelesen zu haben«, sagte er zu Forrest, der die ganze Zeit still und mit sorgenvoll gefurchter Stirn dabeigesessen hatte.

»Es wurde nicht darüber berichtet«, entgegnete er. »Nur ihr Tod wurde erwähnt, sonst nichts. Aber keine der Einzelheiten. Sie wissen, wie es ist: Man hält es zurück, weil man vielleicht so jemanden in die Falle locken kann. Vielleicht weiß einer etwas und läßt eine Bemerkung fallen ...«

»Ich weiß«, sagte Pitt, doch die Antwort beunruhigte ihn zutiefst. Seine düstersten Befürchtungen bekamen neue Nahrung.

Als er Ewart zwei Stunden später in dessen Büro mit seinen Erkenntnissen gegenübertrat, sah der ihn mit starren Augen bestürzt und fassungslos an.

»Nun?« fragte Pitt. »Warum haben Sie mir von dem ersten Fall nichts gesagt, Himmelhergott?«

»Wir haben ihn nicht aufgeklärt«, gab Ewart verzweifelt zurück. »Da war nichts drin, was uns hätte helfen können.«

»Machen Sie sich nicht lächerlich!« Pitt marschierte zum Fenster, drehte sich abrupt um und sah Ewart an. »Sie können nicht wissen, ob es geholfen hätte oder nicht! Warum haben Sie es für sich behalten?«

»Weil es den Blick auf die gegenwärtige Situation nur verstellt hätte.« Auch Ewarts Stimme wurde lauter. »Es gibt keinen Anhaltspunkt dafür, daß es derselbe Täter war. Es war in Mile End, vor sechs Jahren. Menschen ahmen Verbrechen nach, besonders solche, die verrückt oder dumm oder bösartig sind. Sie lesen etwas, und das läßt sie nicht mehr los, und sie –«

»In welcher Zeitung stand es?« fragte Pitt knapp. »Die meisten Einzelheiten wurden nicht erwähnt, das wissen Sie so gut wie ich. Ich hatte von dem Fall noch nie gehört, und die Leute, die an unserem gearbeitet haben, auch nicht. Keiner in Whitechapel hat eine Verbindung hergestellt – außer Ihnen. Und Lennox!«

»Ja, aber es gibt doch auch keine Verbindung, oder?« sagte Ewart mit beeindruckender Logik. »Oder glauben Sie jetzt, daß Ella Baker diese Gough nicht umgebracht hat?«

»Nein, natürlich nicht.« Pitt drehte sich um und sah aus dem Fenster auf die grauen Gebäude und den dunkel werdenden Oktoberhimmel. »Sie hat den Mord gestanden. Und ich habe ihre Haare auf Noras Bett gefunden, lange, blonde Haare. Nora muß sie ihr ausgerissen haben, als sie miteinander kämpften.«

»Also, was wollen Sie?« fragte Ewart mit wachsender Sicherheit. »Ich hatte recht, es gibt keine Verbindung zwischen den beiden Fällen.«

»Woher wollen Sie wissen, daß Ella Baker nicht die erste Frau umgebracht hat, diese Mary Smith oder wie sie nun wirklich hieß?«

»Ich weiß es ja nicht. Vielleicht hat sie sie umgebracht. Das ist doch jetzt egal. Den ersten können wir ihr nicht anhängen, und für diesen Mord wird sie auf jeden Fall bestraft.«

»Und sie sagt, daß sie noch nie von FitzJames gehört hat«, fuhr Pitt fort.

Ewart zögerte einen Moment, dann sagte er: »Sie lügt.«

»Und Augustus FitzJames sagt, er hat noch nie von ihr gehört«, fuhr Pitt fort.

Darauf sagte Ewart nichts. Er atmete ein und stieß den Atem leise wieder aus.

»Gab es am Tatort des ersten Mordes irgend etwas, das Finlay belastete?« fragte Pitt knapp.

Ewart sah ihm direkt in die Augen. »Natürlich nicht. Wenn, dann hätte ich das gesagt. Das wäre ja von Belang gewesen. Wir hatten nicht den geringsten Hinweis auf den Täter. Es gab keine Spuren ... nicht eine.«

»Verstehe.«

Doch Pitt verstand gar nichts. Von Whitechapel fuhr er direkt in die City und ging in Cornwallis' Büro.

Cornwallis begrüßte ihn mit ausgestreckter Hand und strahlendem Gesicht.

»Gut gemacht, Pitt. Großartig! Ich gebe zu, daß ich alle Hoffnung auf eine befriedigende Lösung aufgeben hatte – und nun können Sie gar mit einem Geständnis aufwarten!«

Er ließ die Hand sinken, weil er merkte, daß etwas nicht stimmte. Das Lächeln schwand von seinem Gesicht, sein Blick verdüsterte sich. »Was ist los, Mann? Was gibt's? Setzen Sie sich! Setzen Sie sich doch.« Er deutete auf einen der lederbezogenen Sessel und setzte sich in den anderen. Mit ernstem Gesicht und uneingeschränkter Konzentration lehnte er sich nach vorn.

Pitt erzählte ihm von dem Verbrechen in Mile End.

Cornwallis war sprachlos. »Und Ewart hat es Ihnen jetzt erst erzählt? Das ist ja unglaublich!«

Pitt wußte nicht, wie er von den Ereignissen berichten sollte, ohne Charlotte mit hineinzuziehen, doch dies war nicht der Augenblick für Lügen und Ausweichmanöver.

»Ewart hat mir gar nichts gesagt«, antwortete er finster. »Meine Frau hat es entdeckt und mir erzählt.« Er bemerkte den Blick auf Cornwallis' Gesicht. Vielleicht hatte Vespasia einmal eine Bemerkung ihm gegenüber gemacht, denn er stellte keine Fragen.

»Aber Sie haben mit Ewart gesprochen?« wollte er bestätigt wissen, die Augen von einer Vorahnung umschattet.

»Ja«, sagte Pitt. »Er meinte, er hätte nichts darüber gesagt, weil er es für irrelevant gehalten habe.«

»Das kann man sich gar nicht vorstellen.« Cornwallis war sehr ernst, sein Gesicht drückte tiefe Besorgnis aus. »Und Lennox hatte auch damit zu tun?«

»Ja. Obwohl das leichter zu verstehen ist. Er wird gedacht haben, daß Ewart es mir gegenüber erwähnt hat. Es wäre Ewarts Aufgabe gewesen, nicht seine.«

»Aber warum?« sagte Cornwallis aufgebracht. »Ich kann das überhaupt nicht verstehen! Warum sollte er den ersten Mord verschweigen?« Er hatte die Hände zu Fäusten geballt und war unruhig. »Gut, er hat den Fall nicht aufgeklärt, aber das schadet doch seinem Ruf nicht. Nach Ihrer Aussage gab es keine Spuren, denen man hätte nachgehen können. Die Zeugen haben nichts gesehen, was Aufschluß geben konnte. Mehr hätte er nicht tun können. Pitt...« Er wirkte niedergeschmettert und konnte sich kaum überwinden, das zu sagen, was er sagen wollte.

»Ich weiß es nicht«, sagte Pitt auf die Frage, die nicht gestellt worden war. »Ich kann mir nicht vorstellen, daß Ewart in einen Mordfall verwickelt ist, und schon gar nicht in drei. Aber ich muß es herausfinden. Ich werde die Zeugen in dem Mordfall von Mile End aufsuchen. Die Namen kenne ich, und auch die Adresse, wo der Mord verübt wurde. Es ist allerdings nicht mein Revier und nicht mein Fall. Ich brauche Ihre Erlaubnis, um Ewarts Vorgehen in jener Nacht untersuchen zu können.«

Cornwallis' Gesichtsausdruck zeugte von seinen Qualen. Zu viele Jahre hatte er Befehlsgewalt ausgeübt, um die menschlichen Schwächen und Fehler nicht zu kennen und zu wissen, daß Mut und Verführbarkeit, Treue und Selbstbetrug nah nebeneinanderlagen.

»Die haben Sie«, sagte er ruhig. »Wir müssen es wissen. Nehmen Sie sich den ersten Mord vor, Pitt. Ich glaube nicht, daß Ewart der Täter ist. Mit Sicherheit hat er nicht den zweiten und dritten begangen, das wissen wir. Aber wenn Ella Baker es nicht getan hat, wer um Himmels willen dann?« Er runzelte die Stirn. »Halten Sie es wirklich für möglich, daß wir drei außergewöhnliche Morde haben, die alle dieselben Foltermethoden und Fetische aufweisen – die zusammengeknöpften Stiefel, das Wasser –, und drei verschiedene Täter?«

»So sieht es aus«, erwiderte Pitt. »Aber glauben tue ich das nicht. Das ist grotesk. Es gibt etwas Grundlegendes, das wir noch nicht wissen, und ich habe keine Ahnung, was es ist.« Er stand auf.

Auch Cornwallis erhob sich und ging zu seinem Schreibtisch, wo er eine kurze Erlaubniserklärung für Pitt ausfertigte. Wortlos reichte er sie Pitt und drückte ihm mit steifer Haltung fest die Hand. Er sah ihn an und wollte seinen Gefühlen Ausdruck verleihen, aber er brachte kein Wort über die Lippen. Er atmete tief ein, verharrte einen Moment und atmete wieder aus.

Pitt nickte, dann drehte er sich um und ging. Er trat in die klare Oktoberluft hinaus, winkte eine Droschke herbei und fuhr wieder nach Mile End. Es war vier Uhr nachmittags.

Um Viertel nach fünf hatte er sich den Dienstplan für Mary Smiths Todestag angesehen. Es war unmöglich, daß Ewart an dem Mord beteiligt war, genausowenig wie er an denen von Ada McKinley und Nora Gough beteiligt gewesen sein konnte.

Anschließend ging er zu dem Haus in der Globe Road, in dem Mary Smith umgebracht worden war. Er fragte den unrasierten Vermieter nach dem ersten Namen auf der Zeugenliste.

»Wohnt Mr. Oliver Stubbs hier?«

»Kenn ich nich«, sagte der Vermieter barsch. »Versuchen Sie's woanders.« Er wollte schon die Tür schließen, als Pitt seinen Fuß dazwischenstellte und ihn so zornig ansah, daß der Mann zögerte.

»He, was haben Sie vor? Nehmen Sie Ihren Fuß da weg, sonst hol ich den Hund!«

»Wenn Sie das tun, lasse ich Ihr Haus schließen«, erwiderte Pitt ohne Zögern. »Es geht um Ermittlungen in einem Mordfall, und wenn Sie nicht als Komplize am Strang enden wollen, werden Sie mir soweit wie möglich helfen. Also, wenn Oliver Stubbs nicht hier ist, wo ist er dann?«

»Weiß ich nich!« Die Stimme des Mannes wurde vor Empörung schriller. »Der is vor zwei Jahren abgehaun. Aber der hat keinen ermordet, soweit ich weiß.«

»Mary Smith«, sagte Pitt knapp.

»Wer?« Der Mann machte große Augen. »Hörn Sie mal! Haben Sie ne Ahnung, wie viele Mary Smiths es hier in der Gegend gibt? Jede Nutte, die neu anfängt, nennt sich Mary Smith.«

»Aber nicht jede wird gefoltert, erdrosselt und ans Bett gefesselt«, stieß Pitt zwischen den Zähnen hervor.

»Mannomann! Die Mary Smith.« Der Mann erbleichte unter seinen Bartstoppeln. »Sind Sie da nich n bißchen spät dran? Das war doch vor sechs oder sieben Jahren.«

»Vor sechs. Ich muß mit den Zeugen von damals sprechen. Wenn Sie das verhindern wollen, finde ich einen Vorwand, um Sie festnehmen zu lassen.«

Der Mann drehte sich um und brüllte den dunklen Flur hinunter: »He! Marge! Komm mal her!«

Keine Antwort.

»Komm schon, du lahme Kuh!« Seine Stimme wurde noch schriller.

Es dauerte noch einen Moment, dann erschien eine dicke, rothaarige Frau und kam nach vorn zur Tür.

»Was is los?« Sie sah Pitt völlig desinteressiert an.

»Warst du vor sechs Jahren hier?« fragte der Mann sie.

»Ja. Und?« gab sie zurück.

»Dieser Polyp will mit dir sprechen. Und sei gefälligst freundlich zu ihm, sonst läßt er uns alle hochgehn.«

»Wofür denn?« sagte sie verächtlich. »Ich hab nichts getan, was nich gesetzlich is.«

»Is mir egal«, sagte der Mann mit einem heiseren Husten. »Jetzt red schon, du blöde Kuh. Du warst hier. Sag's ihm.«

»Sind Sie Margery Williams?« fragte Pitt sie.

»Ja.«

»Waren Sie eine der Zeuginnen, die vor sechs Jahren im Mordfall Mary Smith von der Polizei vernommen wurden?«

Der Frau war unbehaglich, aber ihr Blick blieb fest. »Ja. Ich hab denen alles erzählt. Wozu wollen Sie das jetzt wissen? Den schnappen Sie jetzt nicht mehr.«

»Haben Sie ›den‹ gesagt?« Er musterte sie genau. »Gehen Sie davon aus, daß der Täter ein Mann war, oder hätte es auch eine Frau sein können?«

Ihr Gesicht drückte Verachtung aus. »Welche Frau würde ner andern so was antun? Mann, wo kommen Sie denn her, Mister? Klar war das n Mann! Haben Sie denn nich gelesen, was ich gesagt hab? Die haben das alles aufgeschrieben auf ihre Papierschnipsel. Die ganze Zeit haben sie was gekritzelt.«

Der Mann stand neben ihr, sein Blick wanderte zwischen der Frau und Pitt hin und her.

»Wahrscheinlich wurden sie nicht aufgehoben«, sagte Pitt und erkannte überrascht, daß offensichtlich vieles als überflüssig weggeworfen worden war, als man den Fall als ungelöst zu den Akten legte. »Erzählen Sie mir, was Sie von dem Mann noch wissen, so genau wie möglich bitte.«

»Herr im Himmel, wozu das jetzt noch?« Sie verzog das Gesicht und sah ihn mißtrauisch und neugierig an. »Sie wolln doch nich etwa sagen, daß Sie wen geschnappt haben, oder? Nach all den Jahren!« Sie zögerte einen weiteren Moment und war tief in Gedanken. »He! Wolln Sie sagen, daß es derselbe war, der die andern Frauen in Whitechapel umgebracht hat?«

Dieser Schluß schien ihm so naheliegend, daß er sich einen Augenblick lang über die Dummheit der Frau wunderte. Dann erinnerte er sich, daß in den Zeitungen nicht über die Einzelheiten des ersten Mordes berichtet worden war. Wenn sie die Leiche nicht selbst gesehen hatte und die Polizei, insbesondere Ewart, ihr nichts gesagt hatte, dann wußte sie über die Übereinstimmung in der Methode bis ins kleinste Detail nicht Bescheid.

»Ja«, sagte er einfach. »Möglich ist es.«

»Ich hab gehört, daß es ne Frau war. Stimmt das denn nich?« Sie drehte sich zu dem unrasierten Mann um. »Dieser Davey Watson hat mich angelogen! Der hat gesagt, ne Hure hat sie umgebracht. Na warte, wenn ich den zu fassen krieg!«

»Es war eine Frau, die Nora Gough umgebracht hat«, beschwichtigte Pitt sie. »Beschreiben Sie jetzt bitte den Mann für mich, so genau wie möglich, und fügen Sie nichts hinzu, und lassen Sie auch nichts weg. Bitte.«

»Also gut.« Sie hob die breiten Schultern. »Es waren vier. Die kamen alle zusammen. Einer war dunkel und sah ein bißchen wie ein Künstler aus, aber kein besonderes Gesicht, wenn ich mich richtig erinnere. Ganz gewöhnlich, außer daß er sich für jemand Besonderen hielt. Maler oder so.«

Im Haus erklang ein Klirren, und eine Frau fluchte.

»Der zweite?« forderte Pitt sie auf.

»Ein eingebildeter Fatzke, aufgeblasen bis zum Gehtnichmehr, dachte, er sei wer weiß wer.«

»Wie sah er aus?« Pitt spürte, wie die Spannung in ihm stieg.

»Nicht besonders. Scheißgewöhnlich, ehrlich gesagt.« Sie sah ihn gespannt an und fragte sich, warum es ihm so wichtig war, daß seine Stimme sich fast überschlug. »Den würd ich nich erkennen, und wenn er hinter Ihnen durch die Tür käm.«

»Und der dritte?« wollte er wissen.

»Noch so n eingebildeter Pinkel, der denkt, ihm gehört die Welt«, sagte sie. »Sah aber gut aus. Hübsches Gesicht, klasse Haare, ganz dicht und gewellt. Hätten ner Frau auch nich schlecht gestanden, solche Haare.«

»Hell oder dunkel?« Pitt ahnte die Antwort im voraus, als er die Frage stellte, und sein Magen krampfte sich zusammen. Das alles hatte Ewart gewußt. Er hatte es vor sechs Jahren aufgenommen. Wie konnte er so dumm oder feige sein, das zu verschweigen?

»Hell«, sagte sie ohne Zögern.

»Ein Gentleman?«

»Ja, wenn die Kleider einen zum Gentleman machen, dann ja. Ich hätt ja keinen Penny für den gegeben. Widerlicher Kerl. An dem war was Gemeines… irgendwie war der… so aufgeregt, als wär er… weiß auch nich.« Sie gab den Versuch auf.

»Und der letzte?« Eigentlich wollte Pitt es nicht wissen, aber es mußte sein, es gab kein Entrinnen. »Können Sie sich an den auch erinnern?«

»Klar. Der war ganz anders.« Sie schüttelte leicht den Kopf, und ihre rote Mähne pendelte von einer Seite zur anderen. »n bißchen dünn vielleicht, aber ein Gesicht, das man nich vergißt. Augen, als würd innen was brennen, in seinem Kopf…«

»Meinen Sie, er war ein bißchen verrückt? Oder betrunken? Oder was?«

»Nein.« Mit ihrer fetten Hand winkte sie ungeduldig ab. »Als wüßt er was innen drin, was so wichtig war, daß er es allen sagen mußte, wie n Poet oder n Musiker vielleicht. Der gehörte nich dazu, eigentlich.«

»Verstehe. Und was passierte dann? Haben Sie gesagt, daß die zusammen gekommen sind, oder einer nach dem anderen, oder wie?« Er fragte, obwohl er die Antwort bereits kannte.

»Die kamen alle zusammen«, erwiderte sie. »Dann sind alle in verschiedene Zimmer gegangen. Danach sind alle zusammen weggegangen. Da haben sie nichts mehr gesagt. Weiß wie die Wand waren die. Ich dachte, die haben die Hucke ordentlich voll, bis ich dann hörte, was sie gemacht haben… oder einer von denen. Aber ich glaub, die wußten das alle.«

»Verstehe. Und wissen Sie noch, wer zu Mary Smith ins Zimmer gegangen ist?«

»Klar.« Sie nickte. »Erst waren sie alle vier bei ihr drin, dann is der mit den Haaren drin geblieben, und dann sind die andern auch wieder rein. Wer sie umgebracht hat, weiß ich nich, aber ich wette, es war der mit den Haaren. Der hatte so was in den Augen.«

»Verstehe.« Pitt war schwindlig und leicht übel. »Danke, Mrs. Williams. Würden Sie diese Aussage wiederholen?«

»Wie? Vor Gericht?«

»Ja.«

Sie dachte einen Moment nach. Den Mann neben sich fragte sie nicht, er stand stumm und überflüssig dabei.

»Klar«, sagte sie schließlich. »Klar, wenn Sie das wolln. Die arme Mary. Das hatte sie nich verdient. Keins meiner Mädchen hat so was verdient, auch von keiner andern die. Den Kerl würd ich gern baumeln sehen, wenn Sie ihn kriegen, natürlich!« Sie lachte spöttisch. »Das wär's dann, Mister?«

»Im Moment, ja. Danke.«

Langsam ging Pitt davon. Inzwischen war es fast sechs, und es wurde dunkel. Von Osten kamen dicke Wolken, von einem scharfen Wind getrieben, der den Geruch vom Fluß, von Salz und toten Fischen mit sich brachte.

Alle Ausflüchte waren vergebens. Margery Williams hatte die vier jungen Männer so präzise beschrieben, daß nur noch der winzigste Zweifel blieb, der sich aus Hoffnung nährte, nicht aus der Vernunft. Es waren die Männer vom Hellfire Club: Thirlstone, Helliwell, Finlay und Jago Jones. Pitt war völlig niedergedrückt. Langsam entfernte er sich von Mile End und ging nach Whitechapel. In einer halben Stunde würde er Coke Street erreichen. Er wünschte, er würde länger brauchen.

Die unterschiedlichsten Menschen eilten an ihm vorbei auf dem Weg von ihrer Arbeit nach Hause: Angestellte mit tintenverschmierten Fingern und steifem Rücken, von denen manche die Augen zusammenkniffen, nachdem sie den ganzen Tag auf weißes Papier mit schwarzen Buchstaben gestarrt hatten. Verkäufer gingen in Zweier- und Dreiergruppen. Auch die Arbeiter hatten bald Feierabend und würden in ihre Mietswohnungen zurückkehren, dem eng bemessenen Raum, in dem ihre Familien lebten und sie ihre kargen Besitztümer aufbewahrten.

Pitt überquerte die Straße, wobei er nur knapp einen Zusammenstoß mit einer Droschke vermied. Es war jetzt dunkel und beträchtlich kälter.

Er stellte den Mantelkragen hoch und beschleunigte unbewußt seine Schritte. Er wollte nicht schneller an sein Ziel gelangen, aber seine Gefühle, Wut und Ungeduld, trieben ihn.

Er ging die Mile End Road entlang, die nach der Kreuzung mit der Brady Street in die Whitechapel Road überging. Sein anfängliches Zögern war umgeschlagen in den Wunsch, die Begegnung schnell hinter sich zu bringen. Er schritt rasch aus und bemerkte die anderen Menschen auf dem Gehweg kaum. Die Straßenlaternen waren schon angezündet. Sie leuchteten orangefarben in der Dunkelheit, und die Kutschen waren nur dunkle Umrisse mit seitlichen Kutschlampen. Pferdehufe klapperten auf dem nassen Pflaster, und die Räder zischten.

Er bog nach links in die Plumbers Row ein, die zur Coke Street führte. Zeit und Ort waren so, daß er sicher sein konnte, Jago Jones anzutreffen. Er hatte die feste, vielleicht irrationale Überzeugung, daß Jago ihn nicht belügen würde, wenn er, Pitt, ihn mit der Wahrheit konfrontierte.

Als er um die Ecke bog, sah er den Karren unter einer Gaslaterne stehen. Im Licht funkelten die Griffe, deren Holz über Generationen von vielen Händen glänzend gerieben worden waren. Jago Jones, dessen magerer Körper in abgetragenen Kleidern steckte, teilte Suppe an die letzten zerlumpten Gestalten aus. An seiner Seite ging ihm in schweigender Harmonie Tallulah FitzJames zur Hand.

Pitt lehnte sich im Schatten der Laterne an die Wand und beobachtete beide, bis sie fertig waren und die Sachen zusammenpackten. Die Suppe war alle, es blieb nie etwas übrig.

»Pfarrer Jones.« Pitt lehnte sich vor und sprach mit leiser Stimme.

Jago sah auf. Es überraschte ihn nicht mehr, Pitt zu sehen. Dazu war er in den letzten Wochen und Monaten zu häufig aufgetaucht.

»Was gibt's, Oberinspektor?« fragte er geduldig.

»Es tut mir leid.« Pitt meinte es aufrichtig. Selten hatte er etwas Unabwendbares so sehr bedauert. »Ich kann die Sache nicht auf sich beruhen lassen.« Er sah zu Tallulah hinüber, die noch mit dem Zusammenpacken beschäftigt war.

»Was gibt es Neues?« fragte Jones mit unruhigem Blick.

»Mehr, als ich gesagt habe, weiß ich nicht. Mit Ella Baker habe ich ein- oder zweimal gesprochen, aber sie stand auf ihren eigenen zwei Füßen. Sie brauchte meine Ratschläge nicht.« Er lächelte bedauernd. »Oder vielleicht sollte ich sagen, sie wünschte sie sich nicht. Ich kannte sie nicht so gut und wußte nichts von ihren Qualen. Vielleicht ist das mein Versäumnis, doch ist es für sie jetzt zu spät.«

Im Schein der Lampe drückte sein Gesicht Kummer aus und das Gefühl, versagt zu haben. Er entfernte sich etwas weiter von Tallulah, damit sie ihn nicht hören konnte. »Bitten Sie mich nicht, sie zu verhören, Oberinspektor. Selbst wenn sie mit mir sprechen würde, wäre das, was sie zu sagen hat, zwischen ihr und Gott. Ich könnte ihr nur ein klein wenig menschlichen Trost bieten und versprechen, daß Gott manchmal, wenn wir ehrlich sind, ein gütigerer Richter ist, als wir annehmen. Und ich glaube, auch unnachgiebiger, wenn wir es nicht sind.«

»Wenn wir ehrlich sind, Herr Pfarrer?« Pitt merkte, wie seine Stimme stockte.

Jago sah ihn an. Vielleicht erkannte er nun die Ironie und den anderen Hintergrund, aber auch die Pein. Er drehte sich halb zu Tallulah um, besann sich dann aber, oder vielleicht glaubte er nicht, etwas erreichen zu können.

»Worum geht es, Oberinspektor? Sie sagen das Wort, als hätte es eine größere Bedeutung für Sie.«

Pitt hatte nicht damit gerechnet, daß Tallulah dasein würde. Spontan wollte er sie bitten zu gehen, damit er mit Jago allein über seine neugewonnenen Erkenntnisse sprechen konnte. Sein Gefühl für Anstand sagte ihm, daß er den Mann nicht vor einem Menschen, der offenbar den größten Respekt vor ihm hatte, zur Rede stellen sollte. Doch dann begriff er, daß Tallulah es auch erfahren mußte. Es betraf sie ganz unmittelbar. Finlay war ihr Bruder. Was auch immer hier im Dunkeln und in der feuchten Kälte der Coke Street gesagt wurde, wäre später im Salon des Hauses in der Devonshire Street ebenso erschütternd. Die Verzögerung würde ihr das Unglück nicht ersparen.

»Das hat es, wenn es von uns im Zusammenhang mit den Morden an Ada McKinley und Nora Gough benutzt wird.«

Jagos Blick blieb standhaft.

»Darüber weiß ich nichts, Oberinspektor.«

Tallulah hatte alles verstaut und näherte sich ihnen.

»Was ist mit Mary Smith?« fragte Pitt, und auch sein Blick blieb fest. »In der Globe Road, in Mile End, vor ungefähr sechs Jahren. Wollen Sie –« Er brach ab. Jagos Gesicht war aschfahl. Selbst im gelblichen Schein der Gaslaterne war er leichenblaß. Pitt brauchte den Satz nicht zu beenden. Jago würde ihn nicht belügen. Ausflüchte wären grotesk, eine nicht wiedergutzumachende Entwürdigung.

»Sie waren da«, sagte Pitt leise und versuchte, Tallulahs Augen, in denen das Entsetzen dämmerte, nicht zu beachten. »Sie, Thirlstone, Helliwell und Finlay FitzJames.« Er formulierte dies nicht als Frage, seine Stimme duldete keinen Zweifel.

Langsam schloß Jago die Augen. Mit äußerster Mühe versuchte er sich zu beherrschen. Er sah aus, als würde er zu Boden sinken, wenn er nur einen Moment nachgab.

»Ich werde für mich sprechen, Oberinspektor, aber für keinen anderen.« Er schluckte. Seine verkrampften Hände zitterten. »Ja. Ich war da. Als ich jünger war, habe ich vieles gemacht, wofür ich mich jetzt schäme, aber nichts war so schlimm wie dies. Ich habe zuviel getrunken, meine Zeit vergeudet und Dinge geschätzt, die wertlos sind. Mir war es wichtig, was die Menschen von mir dachten, Liebe spielte keine Rolle. Auch Achtung und Ehrgefühl nicht.« Er sprach die Worte mit Bitterkeit. »Es war mir egal, ob ich Menschen weh tat. Ob ich ein gutes oder schlechtes Beispiel abgab. Wichtig war mir nur das äußere Gehabe und mein Auftreten. Ich wollte klüger und witziger sein als jeder andere.«

Tallulah sah ihn immer noch an, doch er nahm sie nicht wahr, so heftig spürte er den Haß auf den Mann, der er einst war. Sie trat einen Schritt näher, dennoch bemerkte er sie nicht.

»Globe Road«, sagte Pitt und brachte ihn zum Ausgangspunkt des Gesprächs zurück. Nicht nur, weil das sein Anliegen war, sondern auch, weil er über Jagos Jugendsünden, ganz gleich welcher Art, nicht zu richten hatte und darüber nichts wissen wollte.

»Ich war dabei«, gab Jago zu. »Ich habe Mary Smith nicht umgebracht.« Seine Stimme wurde zu einem heiseren Flüstern, als stünde die Erinnerung daran klar vor seinen Augen. »Aber ich weiß, was ihr angetan wurde, möge Gott mir vergeben. Ich habe mein Leben seither in dem Bemühen verbracht, das wiedergutzumachen –«

»Wer hat sie umgebracht?« fragte Pitt leise. Er glaubte, daß es Jago nicht war, nicht nur, weil er sich das wünschte, sondern auch, weil er in dessen Augen eine Leidenschaft sah – die Qualen der Schuld und der Erinnerung. Er erkannte darin einen Widerwillen gegen sich selbst, aber auch den Mut, endlich die Wahrheit zu sagen und zugleich sein Ehrgefühl zu erhalten.

»Das sage ich Ihnen nicht, Oberinspektor, Verzeihung.«

Pitt zögerte einen kurzen Moment. Er brauchte sich nicht zu entscheiden.

»Herr Pfarrer...« Er benutzte die Anrede bewußt. »Mary Smith wurde nicht nur umgebracht, sondern zuerst gequält und erniedrigt. Sie wurde mit ihrem eigenen Strumpf, einem intimen Kleidungsstück, am Bett festgebunden...« Er sah die nackte Pein in Jagos Gesicht, fuhr aber fort. »Sie war außer sich vor Angst und Schmerzen. Ihre Finger und Zehen waren entweder ausgerenkt oder gebrochen worden. Sie war keine erfahrene Hure!« Er hörte den harten Ton in seiner Stimme. »Sie war ein junges Mädchen, das gerade angefangen hatte –«

»Oberinspektor!« Der Ruf kam von Tallulah. Sie trat vor, stellte sich neben Jago und sah Pitt an. »Sie brauchen nicht fortzufahren. Wir wissen, was den Frauen in Whitechapel angetan wurde. Wir nehmen zur Kenntnis, daß es bei Mary Smith genauso schrecklich war. Keiner, kein Lebewesen sollte so behandelt werden, und Sie müssen herausfinden, wer es getan hat, und den Täter bestrafen –«

»Tallulah!« rief Jago aus und wollte sie zur Seite schieben. Sein Gesicht glänzte von der Feuchtigkeit des nebligen Abends oder von dem Schweiß der inneren Qual. »Du weißt nicht ...« Er brach ab und konnte nicht fortfahren. »Du ...« Sein Atem ging stockend, zu Pitt sagte er: »Oberinspektor, ich verstehe, was Sie sagen wollen, und ich weiß besser als sie, wie ... wie entsetzlich das war. Ich gestehe meinen Anteil. Ich war da, und ich habe geholfen, die Tat zu verschleiern. Daran bin ich schuldig. Mehr sage ich nicht.«

Er fuhr fort. »In den Jahren, die seither vergangen sind, habe ich alles getan, um ein Mensch zu werden, der der Vergebung würdig ist. Der Ausgangspunkt war mein Reuegefühl. Jetzt verrichte ich diese Arbeit aus Liebe zu ihr. Jemand muß sich um diese Menschen kümmern, und mein Lohn ist größer, als man ermessen kann. Aber ich begreife, daß ich mich schuldig gemacht habe, weil ich ein Verbrechen verschleiert und die Aufdeckung der Wahrheit vereitelt habe. Für alles gibt es einen Preis. Darf ich bitte den Karren wieder zur Küche zurückbringen, bevor ich mit Ihnen gehe? Er wird morgen gebraucht. Jemand muß meine Aufgabe übernehmen.«

»Das mache ich«, sagte Tallulah. »Billy Shaw hilft mir bestimmt, wenn ich ihn frage, und Mrs. Moss.«

»Danke.« Jago sprach, ohne sie anzusehen.

»Ich will Sie nicht mitnehmen, Herr Pfarrer«, erklärte Pitt bedächtig. »Ich glaube, daß Sie Mary Smith nicht ermordet haben, und ich weiß, daß Sie die beiden Morde in Whitechapel nicht begangen haben.«

Jago stand stocksteif und sah ihn verwirrt an. Auch jetzt brachte er es nicht fertig, den Blick auf Tallulah zu richten. Sein

Gesicht war von ihrem abgewandt, als könne er den Ausdruck ihrer Augen nicht ertragen.

Pitt zögerte.

»Jago«, sagte Tallulah sanft und nahm seinen Arm. »Du kannst ihn nicht länger schützen. Es war doch Finlay? Irgendwie hat Papa es geschafft, die Sache zu vertuschen. Er muß den Polizisten bestochen haben.«

Erinnerungen kamen in Pitt hoch, viele kleine Eindrücke. Ewarts Stolz auf seinen Sohn, die teure Ausbildung, die Tochter, die eine gute Ehe eingegangen war. Welche Erfolge! Aber zu welchem Preis?

Er erinnerte sich an Ewarts Bestreben, einen anderen Schuldigen zu finden, an seinen Gesichtsausdruck, als Augustus erwähnt wurde, die seltsame Mischung aus Angst und Haß. Mit einem Mal war nur allzu offensichtlich, warum er die Aussagen der Zeugen des Mordes in der Globe Street vernichtet und den Fall als ungelöst zu den Akten gelegt hatte und warum Pitt nie einen Bericht davon erhielt. Welche Alpträume mußte ihm der Gedanke bereitet haben, daß Finlay FitzJames das Verbrechen wiederholt hatte und er, Ewart, es wieder vertuschen mußte. Und dann wurde diesmal über seinen Kopf hinweg ein ranghöherer Polizist mit den Ermittlungen betraut. Kein Wunder, daß er nicht schlafen und nicht essen konnte und beim Betreten der Wache jedesmal aussah wie ein Mann, der gerade noch einmal der Hölle entgangen war.

Dann hatte Pitt Costigan verhaftet, und es schien zweifelsfrei festzustehen, daß er der Täter war. Costigan hatte die Tat nicht geleugnet. Ewart mußte sich befreit gefühlt haben.

Dann das andere Verbrechen in der Myrdle Street. Ein zweiter Alptraum für Ewart ... ein zweites qualvolles Manöver, mit dem er beweisen wollte, daß Finlay nicht der Täter war, mit dem er Pitt Schritt für Schritt wegführte von Finlay zu einer anderen Lösung, egal welcher!

Und Pitt hatte Ella Baker gefunden. Und auch sie hatte ihre Schuld nicht geleugnet.

Tallulah stand ganz nah neben Jago und hatte den Arm um ihn gelegt, fast als würde sie ihn stützen. Ihr Gesicht glänzte feucht vom Nebel, um die Augen lagen dunkle Schatten. Entsetzen und Trauer standen deutlich in ihrem Gesicht. Doch da war auch eine Stärke, die zuvor nicht sichtbar gewesen war, fast ein heller Schein, als hätte sie in sich etwas gefunden, von dem sie wußte, daß es kostbar und unzerstörbar war. Mit der Zeit würde es zu größerer Schönheit erblühen als alles, was das Leben in der Devonshire Street ihr geben oder nehmen konnte.

»Du kannst ihn nicht mehr schützen«, wiederholte sie, und ihre Augen ruhten auf seinem Gesicht.

»Aber ich kann ihn auch nicht verraten«, flüsterte Jago. Er lehnte sich ein wenig bei ihr an, fast widerstrebend, als täte er es gegen seinen Willen, könnte es aber nicht verhindern. »Ich habe mein Wort gegeben. Ich war auch schuldig. Ich bin mitgegangen. Ich wußte, was in ihm war, der Zorn, der Wunsch nach Macht, und trotzdem bin ich mitgegangen.«

»In Finlay FitzJames?« fragte Pitt.

Jago antwortete ihm nicht.

Pitt wußte, daß es keinen Zweck hatte, ihn weiter zu bedrängen. Die Beweise reichten nicht aus, um Finlay für den Mord an Mary Smith zu verhaften, nicht, wenn Jago sich weigerte, eine Aussage zu machen. Margery Williams würde vielleicht die vier Männer identifizieren, aber es waren immerhin sechs Jahre verstrichen. Und was galt die Aussage einer solchen Frau neben der von Finlay FitzJames und dem Gewicht der Macht seines Vaters?

Würde Tallulah nach Hause in die Devonshire Street gehen und Finlay warnen? Würde Pitt, wenn er dort eintraf, feststellen müssen, daß Finlay fort war, vielleicht auf dem Weg nach Europa oder noch weiter fort? Nach Amerika?

Die drei standen regungslos unter der Gaslaterne in der Coke Street, Jago und Tallulah nebeneinander, ihr Arm um seine Mitte gelegt, und Pitt gegenüber. Sie froren. Die Feuchtigkeit hatte eine beißende Kälte mitgebracht. Unten am Fluß dröhnte ein Nebelhorn, dünn und kläglich, und sandte sein Echo über das Wasser.

»Wer hat Finlays Manschettenknopf und die Anstecknadel in Ada McKinleys Zimmer hinterlegt?« wollte Pitt wissen. »Waren Sie das? Oder einer der beiden anderen?«

»Ich war es nicht«, sagte Jago überrascht. »Und ich bin mir absolut sicher, daß es keiner der anderen beiden war. Helliwells größte Angst ist es, in Verruf zu geraten, ganz zu schweigen von einem Mord, mit dem man ihn in Verbindung bringen könnte. Und Thirlstone will das Ganze einfach hinter sich lassen. Der Hellfire Club existiert nicht mehr, und wir haben uns geschworen, uns nie wiederzusehen.«

Tallulah sah von Jago zu Pitt, ihre Stirn war sorgenvoll gefurcht.

»Es ergibt keinen Sinn, Oberinspektor. Die Leute, die die beiden Frauen umgebracht haben, lebten, haben Sie gesagt, in Whitechapel. Die können doch nie von Finlay gehört und schon gar nicht seine Sachen in die Hände bekommen haben. Und warum sollten Mortimer oder Norbert so etwas tun?« Sie war kalkweiß, die Augen lagen in tiefen Höhlen. »Der einzige, der es bestimmt nicht war, ist Finlay.« Ihre Stimme war nur mehr ein Flüstern. »Er war beim ersten Mal der Täter, nicht beim zweiten Mal. Das weiß ich, Oberinspektor, das kann ich beschwören! Ich habe ihn wirklich auf der Party gesehen!«

»Ich glaube Ihnen, Miss FitzJames. Und Ewart war es auch nicht. Er hat alles getan, damit kein Verdacht auf Finlay fallen sollte, geschweige denn Anklage gegen ihn erhoben würde. Vielleicht haßt er Ihren Vater, vielleicht auch Finlay, aber er könnte alles verlieren – seinen Beruf, seine Familie, selbst seine Freiheit –, wenn Finlay überführt würde. Und mein Gefühl sagt mir, daß Ihr Vater, sollte es soweit kommen, der erste wäre, der ihn wegen seines Versagens ins Unglück stürzen würde. Auf keinen Fall würde er ihn schützen.«

Tallulah schwieg. Sie konnte es nicht leugnen, aber es zu bestätigen, war zu schmerzlich. Es ging über das hinaus, was sie ertragen konnte.

Sie legte ihren Arm fester um Jago.

»Es gibt noch etwas Grundsätzliches, das Sie nicht wissen«, sagte Jago mehr zu sich selbst als zu Pitt. »Etwas, um das es eigentlich geht.«

»Was denn?« Pitt und Tallulah sprachen fast gleichzeitig.

»Ich weiß es nicht«, gestand Jago. »Ich weiß nur, daß da noch etwas ist, und es ist schrecklich wichtig.«

Noch während er sprach, wurde Pitt die Frage klar, die er noch ungelöst in seinem Hinterkopf hatte.

»Mary Smith«, sagte er. »So ein gewöhnlicher Name. Viel zu gewöhnlich. Wer war sie? Wer war sie wirklich?«

Jago schloß wieder seine Augen. »Ich weiß es nicht. Sie war jung. Sie war hübsch und sehr unglücklich. Gott, vergib uns ...«

»Aber es leuchtet doch einfach nicht ein!« protestierte Tallulah und sah Pitt an. »Sie haben Finlays Sachen in den Zimmern der Frauen gefunden. Wer könnte sie denn dort hingelegt haben, außer dem, der sie umgebracht hat? Hatte Mary Smith etwas mit Costigan oder Ella Baker zu tun?« Die Verwirrung stand in ihrem Gesicht. »Aber sie haben doch nicht zwei

Frauen umgebracht, nur um Finlay zu belasten! Das ist doch Wahnsinn!«

Während Pitt da in der Kälte stand, die in ihn hineinkroch, in dem schummrigen Licht der Gaslaterne, kam ihm eine andere Antwort in den Sinn, eine absurd einfache und zugleich tragische. Wenn das die Antwort war, würde sie alles erklären.

»Ich muß noch einmal zur Polizeiwache«, sagte er. Seine Stimme war die gleiche, doch seine Gefühle hatten sich komplett verändert. Er mochte diese Antwort nicht, und dennoch trat sie immer deutlicher in seine Gedanken, selbst nach diesen wenigen Momenten.

»Ich nehme Tallulah ... Miss FitzJames ... mit zurück zur Kirche«, sagte Jago mit Fassung und richtete sich gerade auf.

Pitt lächelte schwach. Es war eine Geste der Wärme, doch nur ein schwacher Schein, wo er sich ein kräftiges Leuchten wünschte.

»Eine gute Idee, Herr Pfarrer. Vielleicht ist das der beste Ort für sie. Darf ich vorschlagen, daß Sie sie dort behalten, wenn die Regeln des Anstands das zulassen?«

»Aber ...«, hob Jago an.

»Ich weiß, wo ich Sie finden kann, sollte ich Sie brauchen«, unterbrach Pitt ihn. »Aber ich glaube nicht, daß das nötig sein wird. Ich weiß, daß Sie keine Aussage gegen Finlay machen werden, und niemand wird eine gegen Sie machen. Lassen Sie sich in Ihrer Arbeit nicht beirren. Sie tun viel Gutes. Auf Wiedersehen.« Er drehte sich um und ging bis zur nächsten Ecke. Einmal blickte er zurück. Er sah zwei Gestalten unter der Laterne, so eng umschlungen, daß sie eine hätten sein können. Ein Mann und eine Frau in einer Umarmung, auf die beide gehofft und gewartet hatten, bis die Wirklichkeit süßer war als die Hoffnung.

Ewart war überrascht, Pitt zu sehen. Ruhig blickte er von seinem Tisch auf, kein Verdacht, keine Angst vor dem, was bevorstand, spiegelte sich in seinem Gesicht.

»Ist Dr. Lennox hier?« fragte Pitt. »Wenn nicht, lassen Sie ihn bitte holen.«

»Ist Ihnen nicht gut?« fragte Ewart, und noch während er sprach, erlosch jeglicher Ausdruck in seinem Gesicht. Er erkannte klar, daß Pitt wohlauf war, wenn auch voller Pein und düsterer Gedanken.

»Holen Sie mir Dr. Lennox«, wiederholte Pitt. »Wie gut kennen Sie ihn?«

»Ehm ... einigermaßen.« Ewart wurde blaß, das Blut wich aus seinen Wangen. »Warum?«

»Was hat sein Vater gemacht?«

»Was?«

»Was war sein Vater von Beruf?« wiederholte Pitt.

»Ich ... ich weiß nicht ... keine Ahnung! Warum?« Er wirkte ehrlich verwirrt. »Hat er etwas Falsches getan? Was ist los, Pitt? Sie sehen furchtbar aus. Setzen Sie sich, Mann. Ich hole Ihnen einen Brandy. Dr. Lennox!«

»Ich will keinen Brandy.« Pitt haßte es. Ewart war um ihn besorgt, trotz der Angst, die sich seiner bemächtigte. Pitt verachtete Männer, die käuflich waren. Ewart hatte einen brutalen Mord verschleiert, einen der schlimmsten, mit denen Pitt je zu tun hatte. Weiß der Himmel, was er noch alles auf Augustus FitzJames' Geheiß getan hatte. Eine Nötigung, eine Erpressung zog weitere nach sich. War man erst einmal gestrauchelt, gab es keinen Weg zurück, außer durch ein Geständnis – und eine Wiedergutmachung. Die Polizei würde keinen in ihrer Mitte dulden, der der Korruption überführt worden war. Mary Smith, oder wie sie auch heißen mochte, wurde man so nicht gerecht.

»Bringen Sie mir Lennox!« stieß Pitt zwischen den Zähnen hervor.

Mit weißem Gesicht ging Ewart zur Tür und verschwand auf dem Flur. Einen Moment später kam er zurück. »In einer Viertelstunde ist er hier«, sagte er, unsicher, ob er angesichts der Anspannung, die Pitt verbreitete, sitzen oder stehen sollte.

»Ich habe mich gerade mit Pfarrer Jones unterhalten«, erzählte Pitt mit Bedacht.

»Aha?« Ewart wußte nicht, ob es ihn etwas anging.

»Über den Mord an Mary Smith«, fuhr Pitt fort. »In der Globe Street vor sechs Jahren.«

Ewart wurde leichenblaß. Er rang nach Atem und verschluckte sich. Langsam fühlte er nach dem Stuhl hinter sich und sank darauf nieder.

»Warum haben Sie die Zeugenprotokolle vernichtet?« fragte Pitt. »Ich kenne die Antwort, aber ich gebe Ihnen die Chance, es selbst zu sagen, sollten Sie noch ein Fünkchen Ehrgefühl haben.«

Ewart saß schweigend da. Die Qualen standen ihm deutlich ins Gesicht geschrieben. Haß und Trauer und Versagen sowie der innere Schrecken, dem man nie entrinnen kann, dem der Selbsterkenntnis.

»Er hat mir Geld geboten«, sagte er so leise, daß Pitt ihn kaum hören konnte. »Geld, damit ich meiner Familie ein besseres Leben bereiten konnte. Meine Söhne im Gegenzug zu seinem. Er sagte, es sei ein Unfall gewesen. Finlay habe das Mädchen nicht töten wollen. Als er sah, was er getan hatte, versuchte er, sie wiederzubeleben. Deswegen hatte er das Wasser über sie geschüttet. Aber er war natürlich zu weit gegangen. Das Spiel war ihm entglitten und hatte sie das Leben gekostet. Er muß sie geknebelt haben, bevor sie schreien konnte. Die Abdrücke waren auf ihren Wangen zu sehen.«

Er beugte sich vor und bedeckte das Gesicht mit den Händen. »Aber die anderen hat er nicht umgebracht.« Seine Stimme klang halb erstickt. »Sie hatten den richtigen Mann. Costigan war der Täter, das schwöre ich! Und Ella Baker! Ich weiß nicht, wie Finlays Sachen in die Zimmer gelangt sind. Das war einer der schlimmsten Tage in meinem Leben, als ich die dort sah. Als würden sich die Pforten der Hölle vor mir öffnen.«

Pitt schwieg. Er konnte es sich vorstellen: das plötzliche Entsetzen, die Angst, das verzweifelte Suchen nach einem Fluchtweg, der unerbittliche Schrecken, während sich die Fakten anhäuften, und die Unbegreiflichkeit des Vorgangs insgesamt.

Vom Flur kam kein Geräusch, von der Straße drangen nur ferne Laute herein.

Fünfzehn Minuten quälender Stille waren vergangen, als sich die Tür öffnete und Lennox hereinkam. Er wirkte erschöpft. Sein Blick fiel zuerst auf Ewart, zusammengesunken auf seinem Stuhl, dann auf Pitt ihm gegenüber.

»Was ist los?« fragte er. »Geht es Inspektor Ewart nicht gut?«

»Wahrscheinlich nicht«, sagte Pitt. »Kommen Sie herein und schließen Sie die Tür.«

Lennox war perplex, tat aber, wie ihm geheißen.

Pitt blieb sitzen.

»Sie waren als erster am Tatort bei Ada McKinley nach Wachtmeister Binns, richtig?«

»Ja. Warum?« Er wirkte nicht beunruhigt, nur verdutzt.

»Und bei Nora Gough auch?«

»Ja. Das wissen Sie doch schon.«

»Sie haben die Leichen untersucht, bevor ein anderer sie gesehen hat?«

Lennox sah ihn aufmerksam an, langsam begann er zu verstehen.

»Auch das wissen Sie.«

»Und Sie haben sich um die Zeugen gekümmert, bevor wir mit ihnen gesprochen haben?« fuhr Pitt fort.

»Ja. Sie waren... völlig durcheinander. Das ist ja verständlich.«

»Waren Sie auch der erste am Tatort nach dem Mord an Mary Smith?«

Lennox wurde blaß, bewahrte aber die Fassung.

»Mary Smith?« fragte er stirnrunzelnd.

»In der Globe Street, vor sechs Jahren«, sagte Pitt leise. »Ein junges Mädchen, hatte gerade erst als Prostituierte angefangen, ungefähr fünfzehn oder sechzehn Jahre alt. Sie wurde nach derselben Methode umgebracht. Aber stimmt das überhaupt, Dr. Lennox?«

Sekundenlang rührte sich keiner. Man hörte nicht einmal ein Atmen. Dann hob Ewart sein eingefallenes Gesicht und sah Lennox an.

Doch der Schmerz in Ewarts Augen war lediglich ein Schatten, ein Hauch, verglichen mit dem, der sich nun in Lennox' Miene und seinem ganzen Körper ausdrückte.

»Sie war meine Schwester«, flüsterte er. »Mary Lennox. Sie war sechzehn, als dieses Monster ihr das angetan hat!« Er sah auf Ewart hinunter. »Und Sie hatten die Beweise und haben ihn laufenlassen! Was hat er Ihnen gegeben, daß es Ihnen das wert war, Ewart? Was in Gottes Namen war es wert?«

Ewart schwieg. Verzweiflung und Selbsthaß hatten ihn so benommen gemacht, daß er keinen weiteren Schlag mehr fühlen konnte.

»Deswegen haben Sie«, fuhr Pitt fort und richtete sich an Lennox, »als Sie bei einem Prostituiertenmord, bei dem kein Messer im Spiel war, zum Tatort gerufen wurden und der erste dort waren, Finlay FitzJames' Sachen unter die Leiche gelegt, ihr die Finger und Zehen gebrochen, damit es wie bei Mary aussehen sollte. Sie haben sie mit einem Strumpfband angebunden, die Stiefel zusammengeknüpft und Wasser über sie gegossen, und dann gewartet und gehofft, daß wir in den Ermittlungen auf Finlay FitzJames stoßen würden.«

»Ja.«

»Woher hatten Sie die Anstecknadel und den Manschettenknopf?«

»Ich stahl sie von Ewart. Er hatte sie behalten, damit sie nicht als Beweisstücke aufbewahrt wurden«, erwiderte Lennox.

»Als Finlay nicht als Täter festgenommen wurde und wir Costigan vor Gericht brachten, und als sie der erste bei Nora Gough waren, haben Sie dasselbe noch einmal getan«, fuhr Pitt fort. »Haben Sie auch die Zeugen vorbereitet? Sie überredet, daß sie einen Mann wie Finlay gesehen hatten?«

»Ja.«

Ewart stand auf, wankte und wäre beinah gefallen.

Keiner der beiden anderen sprang ihm zu Hilfe.

»Ich muß raus«, sagte er heiser. »Mir ist übel.«

Lennox trat zur Seite und ließ ihn vorbei. Ewart drehte unbeholfen am Türknauf, riß die Tür auf und stolperte hinaus; hinter ihm blieb die Tür weit offen stehen.

Lennox sah Pitt an.

»Für das, was er Mary angetan hatte, hätte er den Tod verdient«, sagte er mit leiser, heiserer Stimme. »Werden Sie ihn jetzt unter Anklage stellen, oder kommt er wieder ungestraft davon?« Die Worte kamen ihm aus tiefster Seele.

»Ich habe nicht genügend Beweise, um ihn vor Gericht zu bringen«, sagte Pitt mit Bitterkeit. »Es sei denn, Ewart legt ein Geständnis ab. Vielleicht tut er das, aber vielleicht gewinnt er auch seine Fassung wieder, sobald ihm klar wird, wie dünn die Beweislage gegen Finlay ist.«

»Aber ...« Lennox war verzweifelt.

»Ich werde sehen, ob Margery Williams bereit ist, ihn zu identifizieren«, sagte Pitt. »Vielleicht ist sie es. Desgleichen die anderen Zeugen, die ihn damals gesehen haben. Es ist außerdem möglich, daß Helliwell und Thirlstone es mit der Angst zu tun bekommen und bereit sind auszusagen, wenn die Gefahr besteht, daß sie selbst auch identifiziert werden.«

»Sie müssen es versuchen!« Lennox beugte sich vor und packte Pitt so fest am Arm, daß er ihm weh tat. »Sie müssen es tun ...«

Er kam nicht weiter, weil Wachtmeister Binns besorgt den Kopf zur Tür hereinsteckte.

»Sir ... Mr. Ewart ist gerade aus dem Haus gerannt, als wäre der Teufel hinter ihm her, Sir, und hatte diese Dynamitstangen, die wir aus dem –«

Pitt schoß hoch und hätte Lennox beinahe umgerissen. Er rannte an Binns vorbei in den Korridor. Dann drehte er sich abrupt um und stand den beiden Männern gegenüber, die ihm auf den Fersen folgten.

»Binns, besorgen Sie eine Droschke. Beschlagnahmen Sie eine, wenn nötig. Sofort!«

Binns gehorchte und rannte die Treppe hinunter, sie hörten seine Schritte auf den Dielen im Untergeschoß.

Pitt sah Lennox an. »Reichen Sie auf der Stelle beim Wachtmeister Ihre Kündigung ein. Wenn ich zurückkomme, will ich Sie hier nicht mehr sehen. Sagen Sie mir nicht, wohin Sie gehen, dann werde ich nicht nach Ihnen suchen.«

Lennox stand bewegungslos vor ihm. Dankbarkeit stand in seinem Gesicht, seine herben Züge entspannten sich, und seine Augen füllten sich mit Tränen.

Pitt hatte keine Zeit für weitere Worte. Er stürzte hinter Binns die Treppe hinunter, rannte durch die Eingangshalle und die Stufen hinunter auf die Straße hinaus. Dort wartete Binns schon mit einem erbosten Droschkenfahrer und hielt die Tür auf.

»Devonshire Street Nummer achtunddreißig!« brüllte Pitt und sprang auf den Sitz, Binns direkt hinter sich. »So schnell Sie können, Mann! Es geht um Leben und Tod!«

Der Droschkenfahrer spürte die Spannung und Dringlichkeit. Er ließ die Peitsche durch die Luft sausen, und das Gefährt setzte sich in Bewegung. Kurz darauf ratterte es durch den Verkehr, und alles, was ihm in die Quere kam, war in Gefahr.

Weder Pitt noch Binns sprachen. Sie wurden in der Droschke herumgeworfen und klammerten sich, um nicht verletzt zu werden, an den seitlichen Griffen fest. Bei dem Lärm der klappernden Hufe und Räder, dem Knarren von Holz und den Schreien erregter Kutscher hätten sie sich auch nicht verständigen können.

Als sie in der Devonshire Street zum Stehen kamen, stieß Pitt die Tür auf und sprang auf den Gehweg, Binns war dicht hinter ihm. Er rannte die Stufen hinauf und zerrte so heftig an dem Klingelzug, daß er ihn beinahe aus der Fassung herausgerissen hätte. Dann schlug er mit den Fäusten an die Tür.

Binns schrie ihm etwas zu, aber er beachtete ihn nicht.

Die Tür öffnete sich, und der freundliche Butler sah ihn aufgeschreckt an.

»Ist Ewart hier?« fragte Pitt. »Der Polizist... Inspektor Ewart! Dunkel, schütteres Haar, wahrscheinlich mit einer großen Tasche!«

»Ja, Sir. Er kam vor ein paar Minuten an. Er wollte Mr. FitzJames sprechen.«

»Wo?«

Der Butler wurde blaß. »In der Bibliothek, Sir.«

»Ist Feuer im Kamin?« Pitts Stimme überschlug sich, die Anspannung war fast unerträglich.

»Ja, Sir. Was ist geschehen, Sir? Wenn ich –«

Er kam nicht dazu, den Satz zu vollenden. Die Wucht der Explosion zerstörte den Kamin und die Außenwand der Bibliothek. Sie hob die Tür zur Halle aus den Angeln, und die Druckwelle warf die Männer zu Boden, wo sie verletzt liegenblieben. Pitt wurde zurückgeschleudert und prallte gegen den Tisch, Binns fiel vornüber. Überall waren Bücher und Papiere, und eine Wolke grauer Asche senkte sich auf sie.

Sekundenlang herrschte Stille, nur das Poltern von Steinen und Schutt war zu hören, dann fingen Schreie an zu gellen.

Pitt rappelte sich hoch, wankend, schwindlig und verletzt. Er bemerkte weder die blutenden Hände noch die Kratzer und blutigen Striemen im Gesicht. Er stolperte zur Bibliothek und sah hinein. Die Bücher, die aus den Schränken geschleudert worden waren, bedeckten den Boden, und in der Mitte lagen glühende Kohlen und versengten den Teppich. Ewarts Leiche lag zusammengekrümmt und blutüberströmt auf dem Boden, und weniger als einen Meter entfernt erkannte er die Überreste von Augustus FitzJames zwischen Holzteilen, die einmal ein Tisch gewesen waren. Ein Holzspan hatte sich in seine Brust gebohrt, doch das bereitete ihm keine Schmerzen mehr.

Pitt drehte sich um und sah, wie der Butler langsam auf die Knie sank, sein Gesicht vom Schock grau. Binns machte eine Bewegung und wollte ihm helfen.

Auf dem Treppenabsatz im Obergeschoß schrie ein Hausmädchen unablässig.

Aloysia FitzJames stand an der Treppe.

Finlay kam aus dem Salon. Er blickte ungläubig um sich, als traue er seinen Augen nicht. Verärgert drehte er sich zu Pitt um.

»Was in Gottes Namen haben Sie getan?« fragte er barsch.

»Wo... wo ist mein Vater?«

»Er ist tot«, sagte Pitt ruhig, und der Rauch legte sich auf seine Stimme. »Und... Inspektor Ewart... auch. Aber seine Unterlagen bleiben zurück. Finlay FitzJames, ich verhafte Sie wegen der Folterung und Ermordung von Mary Lennox, am zwölften September 1884.«

Finlay warf einen verzweifelten Blick in die zerstörte Bibliothek.

»Diesmal kann er Ihnen nicht helfen«, sagte Pitt. »Und Ewart auch nicht. Sie können manche Dinge aufschieben, Mr. FitzJames, aber eines Tages holen Sie sie ein. Haben Sie den Mut, sich zu stellen. Für ein würdevolles Ende ist es noch nicht zu spät.«

Finlay starrte ihn an, dann blickten seine Augen wild umher und suchten einen Ausweg, suchten Hilfe, irgendwas, nur nicht Pitt, der vor ihm stand.

»Das kann ich nicht! Ich will nicht! Ich ...« Seine Stimme wurde schriller. »Das können Sie nicht beweisen –«

»Ewart hat vor seinem Tod ein Geständnis abgelegt.«

Langsam kam Aloysia die Treppe herunter und stellte sich, ohne ihren Sohn zu berühren, neben ihn. Sie sah Pitt an.

»Er wird in Würde mit Ihnen gehen, Oberinspektor«, sagte sie sehr leise. »Ich werde ihn begleiten. In den letzten Minuten habe ich alles verloren, was ich mein Leben lang zu besitzen glaubte. Aber ich werde dieses Haus nicht wimmernd verlassen, und wie es in meinem Inneren aussieht, wird keiner erfahren.«

Finlay starrte sie an, seine Bestürzung verwandelte sich in Zorn.

»Du kannst nicht zulassen, daß er ...«, fing er an. »Du mußt etwas tun!« Seine Stimme überschlug sich fast vor Entsetzen und Empörung. »Du mußt etwas tun! Du darfst nicht zulassen, daß er mich mitnimmt! Sie werden mich hängen!« Er begann Widerstand zu leisten, aber Binns hielt ihn so fest am Arm, daß Finlay sich nicht weiter widersetzen konnte, ohne sich die Schulter auszukugeln. »Mutter! Du ...«

Aloysia hörte ihn nicht mehr. Langsam ging sie die Stufen hinunter, gefolgt von Binns mit Finlay, dessen Gesicht tränenverschmiert und vor Zorn verzerrt war.

Hinter ihnen wankte der Butler, zerzaust und rußgeschwärzt, aber immer noch mit freundlichem Gesicht, zur Tür und schloß sie.